商务新知书系

投资并购实务
理念、工具和实践

罗熙昶 著

Investment Merger
and Acquisition Practice

上海财经大学出版社

图书在版编目(CIP)数据

投资并购实务:理念、工具和实践/罗熙昶著.—上海:上海财经大学出版社,2020.11
(商务新知书系)
ISBN 978-7-5642-3651-9/F·3651

Ⅰ.①投… Ⅱ.①罗… Ⅲ.①企业兼并-研究-中国 Ⅳ.①F279.214

中国版本图书馆 CIP 数据核字(2020)第 177521 号

□ 责任编辑　温　涌
□ 封面设计　张克瑶

投资并购实务
——理念、工具和实践

罗熙昶　著

上海财经大学出版社出版发行
(上海市中山北一路 369 号　邮编 200083)
网　　址:http://www.sufep.com
电子邮箱:webmaster@sufep.com
全国新华书店经销
上海叶大印务发展有限公司印刷装订
2020 年 11 月第 1 版　2020 年 11 月第 1 次印刷

710mm×1000mm　1/16　21 印张(插页:2)　366 千字
定价:86.00 元

引 言

企业如何进一步做强、做大？

企业发展是选择内部管理提升，还是选择外部投资并购？

企业如何培育出与资本扩张相匹配的控制能力？

……

这一系列问题不仅在考验着企业高管，也在见证着无数企业的兴起与衰落。乔治·约瑟夫·斯蒂格勒[①]认为："一家企业通过兼并其竞争对手的途径成为巨型企业，是现代经济史上的一个突出现象。"他还指出："没有一家美国大公司不是通过某种方式、某种程度的兼并或合并成长起来的。几乎没有一家大公司能主要依靠内部扩张迅速成长起来。"

回顾优秀企业发展历程，我们就会发现，在它们从优秀走向卓越的过程中，一般情况下，首先是通过对行业内的相关企业进行横向并购，从而实现较高的市场占有率；其次是通过纵向并购，实现产业链上下游的通畅；最后是实行混合并购，发展成为现代化集团企业。其间，并购成为一种加快企业发展的有效资本运作模式（参见图I—1）。

[①] 乔治·约瑟夫·斯蒂格勒（George Joseph Stigler，1911—1991），美国经济学家、经济史学家，1982年诺贝尔经济学奖得主。

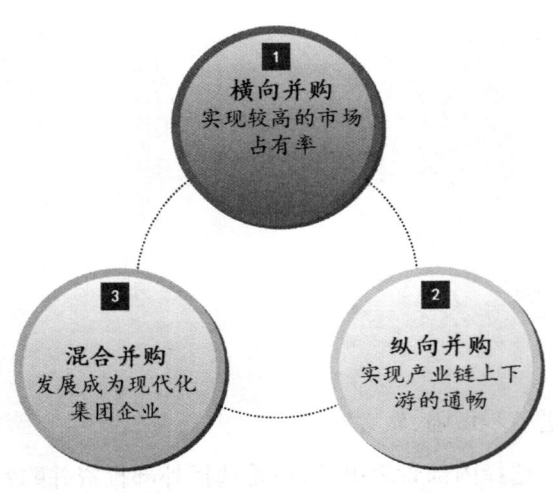

图 I-1 并购推动企业跨越式发展

近年来,全球并购市场风起云涌,无论是国内并购还是跨国并购,越来越多的企业开始着眼于全球市场,通过投资并购、整合全球优质资源,为企业注入优秀基因,实现跨越式发展。例如,华为、百度、阿里巴巴、腾讯、联想、海尔、吉利、三一重工等企业为了加快推进自身企业的国际化发展进程,开辟国外市场,学习别国的先进技艺与管理经验,通过跨国并购方面的努力取得了巨大的成就。

经济全球化时代,企业家必须具备更宽广的视野,在全球范围内参与竞争,跨国并购将为企业全球扩张提供巨大的市场机会。

作为现代企业跨界经营、整合资源、谋求竞争优势的重要途径,并购在现代企业运营策略中扮演重要角色。从某种意义上来讲,投资并购不仅是一种投资手段,更是一种战略手段,成为企业实现战略目标的高效路径,既为进入新业务领域和目标市场提供了捷径,也为优化资源配置提供了实现途径。卓越的企业经营能力持续提升,资金实力更加强大,顺应经济全球化潮流,稳步推行国际化经营战略。例如,联想并购 IBM 的 PC 业务就是通过跨国并购有效提升了自身战略优势。

在经济转型升级的背景下,资本市场供给侧结构性改革也在稳步推进,而并购重组凭借其灵活性和特殊性,或将成为盘活资本市场存量资源的主战场。通过并购重组实现对产业资源的整合,推动企业去产能、去杠杆,助力产业龙头骨干的培育和发展,将有效服务实体经济高质量发展。[①] 当然,我们也不能忽视并购风险,而且要对并购风险高度重视,就像金融界中流行的一句话:"金融只关乎两个词——风险和收益,但首先关注的是风险,其次才是收益。"

当前,越来越多的并购由"价值发现"转变为"战略发掘",这种情况意味着,并购是完全由企业战略驱动的企业行为,其根本目的在于追求竞争上的长期战略优势,使企业适应不断变化的环境,而并非单纯追求规模扩大和财务上的短期盈利。因此,投资并购始于战略。企业并购活动要在战略指导下开展,并购不能脱离企业的战略定位和战略目标,企业战略选择决定着并购目标的选择、谈判、整合及管理。

罗熙昶

2020 年 9 月

---

① 盘和林. 并购重组严把质量关[N]. 证券日报,2019-09-07(A03).

目 录

引言 ………………………………………………………………… 1

第 1 章　强大的并购力量 ………………………………………… 1
　1.1　持续扩张的动力 ………………………………………… 1
　1.2　奇怪的"并购悖论" ……………………………………… 6
　1.3　并购是什么？ …………………………………………… 15
　1.4　并购有风险，企业须谨慎 ……………………………… 23

第 2 章　战略性并购 ……………………………………………… 31
　2.1　从战略层面审视并购 …………………………………… 31
　2.2　并购提供战略动力 ……………………………………… 36
　2.3　战略性并购的成功举措 ………………………………… 43

第 3 章　清晰的并购流程 ………………………………………… 50
　3.1　建立科学的并购流程 …………………………………… 50
　3.2　开展充分的并购准备 …………………………………… 56
　3.3　高效推进并购实施 ……………………………………… 64
　3.4　加强并购整合管理 ……………………………………… 70

第 4 章　精准的并购目标 ………………………………………… 78
　4.1　寻找并购目标企业 ……………………………………… 78
　4.2　收集和分析并购信息 …………………………………… 85
　4.3　筛选和确定并购目标 …………………………………… 93
　4.4　并购目标系统分析 ……………………………………… 102

第5章 详尽的并购尽职调查 ······ 112
5.1 尽职调查是成功并购的前提 ······ 112
5.2 尽职调查内容 ······ 121
5.3 尽职调查实施 ······ 133
5.4 尽职调查关键点 ······ 145

第6章 科学的并购估值 ······ 151
6.1 并购估值是并购的核心 ······ 151
6.2 并购目标企业估值影响因素 ······ 158
6.3 目标企业估值方法 ······ 164
6.4 并购估值的关键点 ······ 175

第7章 双赢的并购谈判 ······ 180
7.1 认识并购谈判 ······ 180
7.2 APRAM 谈判模式 ······ 185
7.3 高效的谈判团队 ······ 190

第8章 灵活的并购谈判技巧 ······ 197
8.1 并购谈判前期技巧 ······ 197
8.2 并购谈判中期技巧 ······ 202
8.3 并购谈判后期技巧 ······ 207

第9章 完善的交易结构设计 ······ 212
9.1 交易结构设计 ······ 212
9.2 交易结构影响因素 ······ 219
9.3 交易结构基本模式 ······ 224

第10章 全面的并购整合 ······ 231
10.1 科学,还是艺术? ······ 231
10.2 并购整合模式 ······ 238
10.3 并购整合管理 ······ 244

第11章 多样化的并购整合策略 ······ 250
11.1 企业战略整合 ······ 251

11.2 企业文化整合 ………………………………………… 256
11.3 人力资源整合 ………………………………………… 264
11.4 财务整合 ……………………………………………… 271
11.5 其他关键整合 ………………………………………… 276

第 12 章 严谨的并购风险管控 ………………………………… 285
12.1 理解并购风险 ………………………………………… 285
12.2 并购风险类型 ………………………………………… 290
12.3 并购风险管理的价值 ………………………………… 295
12.4 并购风险管控 ………………………………………… 299

附录 ………………………………………………………………… 307
附录 1 并购项目尽职调查资料清单 ……………………… 307
附录 2 股权投资尽职调查的十大要诀 …………………… 311
附录 3 测试：你是否适合并购谈判？ …………………… 314
附录 4 世界各国商务谈判的特点和对策 ………………… 317
附录 5 并购操作 Q&A …………………………………… 322

第 1 章
强大的并购力量

当前,世界经济处于大发展、大变革、大调整时期,经济运行总体保持稳定,全球结构调整步伐加快,新一轮产业革命蓄势待发,制造业发展迈向更高水平。2008 年金融危机以来,全球价值链①格局正在逐渐被打破。以美国为代表的发达国家采用各种手段,推出"再工业化"等战略,吸引资本回流,在具备比较优势的产业或价值环节上力争保持竞争力;以中国为代表的新兴经济国家通过产业转型升级,大力发展先进制造业和战略性新兴产业,逐步向产业链高端延伸,力图突破传统国际分工对发展空间的束缚。

为了取得竞争优势、扩大市场份额,并购成为很多企业发展的战略性举措。 从总体上来看,无论是国内市场还是全球市场,企业面临的竞争越来越激烈。在此背景下,通过投资并购活动,企业不仅能够获得目标企业的资产,还可以获得人才资源、管理资源、技术资源、销售资源等,有助于从根本上提升核心竞争力。

1.1 持续扩张的动力

企业不是一个静态组织,而是一个动态发展的组织。通常情况下,企业的规模会由小变大,竞争力由弱变强,管理制度由缺失到完善,组织架构由

---

① 全球价值链是指为实现商品或服务价值而连接生产、销售、回收处理等过程的全球性跨企业网络组织,涉及从原料采购与运输到半成品和成品的生产与分销,直至最终消费和回收处理的整个过程。

低级到高级，随着企业的不断扩张，其生产规模、市场竞争力、资本雄厚程度、品牌影响力都会日益扩大。

扩张是企业资本的要求

企业是资本存在的形式和载体，没有资本，企业也就成了无源之水。从某种意义上来讲，企业因资本的建立而存在，而资本则以企业作为其增值的手段和途径。[1]随着市场规模扩大，扩大生产规模能够使企业集中更多的资源，进而带来更多的利润。作为市场经济条件下的企业，其本质是实现股东财富最大化，或者说是实现长期利润最大化，因此，企业的本质决定着任何国家的任何企业都要追求扩张。

维持或获取新的竞争优势，取决于企业内外资源整合和协同创新。 进入信息时代，传统主导市场的要素资源发生了变化，技术进步迅速改变着整个经济结构。例如，随着人工智能与5G、物联网的深度融合，人工智能将进一步释放历次科技革命和产业变革积蓄的巨大能量，创造新的强大引擎，推动社会生产力整体跃升。外部环境的剧烈变化向现代企业提出了更高的要求，企业必须构建和更新其组织能力，快速整合、建立并重构其内外部资源、技能和能力，形成新的竞争优势。20世纪90年代以来，随着经济实力的逐步增强，我国一批大型企业集团相继进入"世界500强"。资金、管理、技术、品牌等方面的优势使它们得以融入全球价值链、整合国际优质资源，企业的国际化程度大幅提升。[2]

新的市场需求和新技术的出现成为拉动企业增长的诱因，而富于进取的企业管理能力的增加是企业扩张的动因。 通常情况下，每一家企业所面临的机会、市场和能力都存在差异，如果一家企业拥有与众不同的资源和能力，或者是在企业的价值链中拥有更为领先的组织结构，那么该企业就具备良好的扩张能力。实践中，寻求扩张的企业面临着两种选择：内部扩张和企业并购。例如，雀巢集团董事会给自己定下的发展战略是：2/3靠并购，1/3靠内部增长，平均每月一家的收购速度和并购后良好的整合消化能力，造就了如今2 000个品牌的日用消费品雀巢商业帝国。

内部扩张式增长

作为市场的竞争主体，企业的增长受多种因素的影响。从内部来看，主要包括企业所拥有的知识和技能、管理资源和自身效用等因素；从外部来看,主要涉及市场规模、市场增长和竞争优势等因素。内部和外部因素相互作用、相互影响,共同推动企业由小到大、由弱到强。在资本市场上,仅仅通过讲故事、描绘预期等方式已经无法唤起市场的热情,市场更加关注企业内生性的增长。

市场竞争的关键在于,企业能够掌握核心技术、高效渠道、优良品牌等优势资源。

传统意义上,市场、资金、技术和人力资源是企业增长的关键要素,进入新经济时代,高科技、信息化和全球化已经成为这个时代的特征,商业模式、管理团队、供应链和产业链等因素越来越成为企业成长的关键。因此,企业内部扩张式增长不仅仅是指企业员工人数的增加、产品种类的丰富、生产规模的扩大和公司利润的增加,还指企业技术进步和智能化、人力资源结构的优化、品牌内涵的提升、市场渠道的拓展等(参见图1—1)。

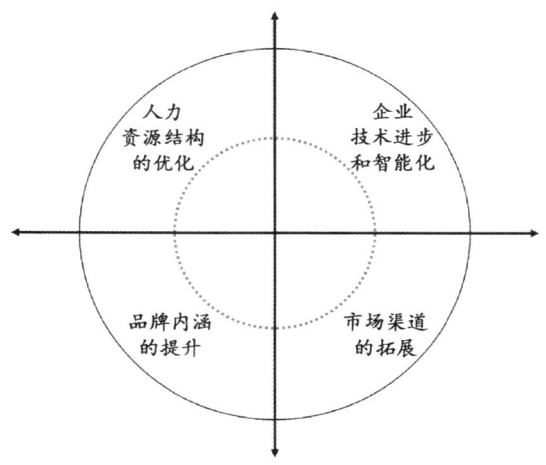

图1—1　企业内部增长的途径

投资并购式发展

内部扩张可能是一个缓慢而不确定的过程,但并购是企业快速扩张的有效途径,尽管会带来更大的不确定性。企业通过并购获取战略性资产,就能在短时间内学习、消化、吸收先进技术,快速跟上技术发展的步伐,为企业发展战略提供助力。另外,在经济放缓的背景下,一些大公司难以通过内生性增长提高收益,转而以并购的形式扩展自身的市场份额,以达到减少竞争、维持盈利的目的。

投资并购是在市场经济体制下优化配置资源的重要力量。 具有战略眼光的企业会预测其所处产业在何时达到饱和点,以便及时向新的方向发展或发展新的业务模式。以雀巢集团①为例,最初成立时,它只是一家规模很小的奶制品公司,在其长达百年的发展过程中,我们可以发现,雀巢正是通过有效的资本运作频繁地进行并购,逐步拓展经营范围、提高市场份额、增强企业的竞争力,才最终成为世界级食品生产业的巨头。与之类似,很多世界知名企业,如通用电气、西门子、福特、微软、甲骨文、三星、苹果、联想等,都是从并购浪潮中涌现出来。在控制了足够多的国内资源之后,它们开始走向国际市场,成为知名的跨国企业,树立了企业成功发展的典范。一般情况下,通过并购实现企业增长和多样化经营,其有利因素包括:

1. 通过并购,可以更迅速地实现企业战略发展目标;
2. 企业内部新建成本可能会超过并购的成本;
3. 通过并购获得增长的风险更小、成本更低,或者获得相应市场份额所需要的时间更短;
4. 企业可能利用有价证券实现并购,却缺少必要的内部资金以获取相应的资产和制造能力;
5. 能够比目标企业更有效地运营资产或具备更强的管理能力;
6. 能够获得税收优惠。

总体上来讲,企业是采用内部增长还是外部并购,均取决于上述6个方面的优势。当优势很小时,企业更加倾向于内部增长,其所面临的风险会更小。

企业可以通过并购进行战略调整,提高市场占有率,获得协同效应,提升市场竞争力。 目前,中国经济发展进入了从高速增长到高质量增长的新时期,受"一带一路"建设、国际产能合作等重大因素的推动,中粮集团收购荷兰尼德拉、海尔并购美国通用电气(GE)家电业务、美的收购库卡……中国跨国公司加快进行全球化布局,海外投资领域日渐多元化,投资更具战略性,投资方向从产业链整合转向全球资产配置,在全球价值链中不断上移。例如,海尔集团2011年收购三洋白电,2012年收购新西兰斐雪派克,2016年6月宣布对通用电气公司的家电业务完成收购,以约55亿美元的价格实现了对

---

① 1867年,亨利·内斯特(Henri Nestle)创办雀巢公司,总部设在瑞士日内瓦湖畔的韦威(Vevey)。1905年,雀巢公司与英瑞公司合并,组成了我们现在所熟知的雀巢集团。目前雀巢集团在全球拥有500多家工厂,是世界上最大的食品制造商。

通用电气家电业务模块的收购。通过不断地并购扩张，有效地扩大海尔在全球市场的业务，增强其市场影响力和品牌美誉度。

资料链接 1—1　GE 产融结合发展变迁

产融结合是指产业资本与金融资本相互渗透融合，金融资本以金融产品、金融信息、金融服务立体作用于产业的运作，成为产业资本增值与扩张的助推器，而产业资本则成为金融资本发展的源泉与依托。

GE 是一个全球领先的数字工业公司，提供包括交通、能源、医疗、金融领域的多元化服务，致力于通过技术和服务创造更美好的生活。GE 曾经是公认的将产业和金融结合得最好的公司，其产业与金融结合的发展模式不仅为其利益相关者创造了最大价值，而且也为各国企业"由产而融"提供了一个成功典范。

在 GE 成长发展过程中，它以各种方式并购了国内外许多企业，逐步合并了意大利、法国、德国、比利时、瑞士、英国、西班牙等国的电工企业而成为一个庞大的跨国公司。1981 年，杰克·韦尔奇上任之后，减少管理层级和冗员，将原来 8 个层级减到 3~4 个层级，并撤换了部分高层管理人员。同时，他坚持"数一数二"市场经营原则：任何事业部门存在的条件是在市场上"数一数二"，否则就要被砍掉——整顿、关闭或出售。

通过一系列改革，通用电气公司砍掉了 25% 的企业，削减了 10 万多个工作岗位，将 350 个经营单位裁减合并成 13 个主要的业务部门，卖掉了价值近 100 亿美元的资产，新并购了 180 亿美元的资产。韦尔奇在任 20 年间，在其领导下，通用电气的市值从他刚上任时的 130 亿美元上升到了 4 800 亿美元，也从全美上市公司盈利能力排名第 10 位上升到第 1 位，成为世界第二大公司。

GE 资本（GE Capital）是 GE 集团旗下独立专业化运作的金融服务公司，专注于服务客户和与通用电气工业业务相适应的市场。GE 资本的业务模式与集团产业背景紧密相关，为集团产业提供全方位的金融支持是 GE 资本的核心目标，多年来其业务结构也随着 GE 主业的调整而调整。其广泛服务于 GE 所有产业链的上下游，提供各种融资、租赁、设备管理、消费服务等多元化的金融服务，与产业实现高度协同，每年为 GE 贡献超过 30% 的利润。

2008 年金融危机后，GE 金融业务被实施了更为严格的监管标准，盈利能力被削弱。2015 年 4 月，GE 宣布剥离旗下价值 3 630 亿美元

GE资本的大部分金融业务,只保留与高端制造业相关的金融业务,更专注于与GE主业的产融结合。其中,GE资本的商业房地产及相关贷款业务被剥离,航空金融服务、能源金融服务、医疗保健服务被保留。商业房地产及相关贷款业务被剥离后,GE资本与GE集团的产融结合越来越集中和专注,逐渐向"产业链金融"靠拢。

借鉴美国GE集团的经验,产融结合是一把"双刃剑",在提升企业综合竞争力的同时,也蕴含着风险。企业集团应明确企业发展战略和规划,充分考虑自身行业特点和实体业务对于金融个性化的需要,以产业发展为本、以真实需求为支撑推进产融结合。如今,这种"产融结合"模式为国内越来越多的企业所接受。联想集团、海尔集团、复星集团……越来越多的企业依靠这种模式取得了巨大成就。

资料来源:李政丹.美国GE产融结合变迁带来的启示[J].中小企业管理与科技(下旬刊),2019(6):65+112.

1.2 奇怪的"并购悖论"

实践中,企业发展成长的途径多种多样,但综观整个国际市场上众多企业的发展历程,大型企业绝大多数是通过并购这一途径发展壮大的,因此,对资源进行整合是企业发展永恒的话题。然而,不断增长的并购规模,与大多数并购以失败而告终形成了鲜明的对比。

国内并购规模持续高企

适者生存、优胜劣汰是企业竞争的基本规律。 无论是传统企业还是新兴产业,在它们发展到一定阶段、获得一定成就之后,都会逐渐产生同业并购或跨界并购的意愿,以此来完善公司的技术,增强企业的能力,从而一步步做强做大。[3]"强强联合"式的横向并购已成为当今企业并购的新趋势。经济全球化进一步发展,大型企业为实现优势互补,形成资金、技术、信息和市场的共享,降低销售成本,达到规模经济,彼此之间加强横向联合,从而增强了自身的市场竞争力,扩大了在世界市场中所占的份额。

1. 并购市场表现持续超出预期

自2008年世界金融危机以来,跨国并购浪潮在全球风起云涌,呈现出范围广、数量多、金额大、跨国化等一系列特点,随着并购交易规模持续扩大,其复杂性同样与日俱增。2014年以来,供给侧改革战略使我国的经济结构发生巨大改变,传统工业大幅削减产能,移动互联、人工智能、信息技术等新兴产业蓬勃发展,传统行业为了适应信息化浪潮而并购高新技术企业,中国并购市场迎来快速发展,交易数量和规模屡创新高。根据Wind数据统计,2015~2018年间,国内并购共发生32 685起,金额高达98 651亿元,并购重组行为主要集中在与产业结构调整需求较密切的工业、信息技术、可选消费、材料、医药五大行业。

2017年,并购交易规模再创新高——超过1.89万亿元,中国成为继美国之后全球第二大并购投资市场。

从总体来看,受5股并购力量的推动(参见图1-2),中国一举成为全球第二大并购投资地,国内并购市场逐渐繁荣。

图1-2 推动并购发展的5股力量

从企业发展逻辑来讲,企业并购能够加速资本的集中、增值和资产规模的扩张,从而促进部分巨型公司与大型跨国公司的产生与发展,推动产业升级和资本结构优化配置,对经济发展起到巨大的推动作用。2015年以来,企业在收购新兴技术方面的支出总额已达6 340亿美元,而这些颠覆性技术并购交易将是推动并购市场增长的一个重要因素。

2. "监管"与"创新"成为并购市场关键词

进入2016年,国内资本市场出现两大压力。一方面,股票市场的大幅度波动使监管机构加强了对企业并购活动的监管(参见图1-3);另一方

通过投资并购操作，企业能够在较短时间内获得发展所急需的关键技术、专利和销售渠道。

面，面对人民币持续贬值、资金出境政策收紧的新形势，跨境换股、私募可交换债等创新并购形式得以发挥应用。

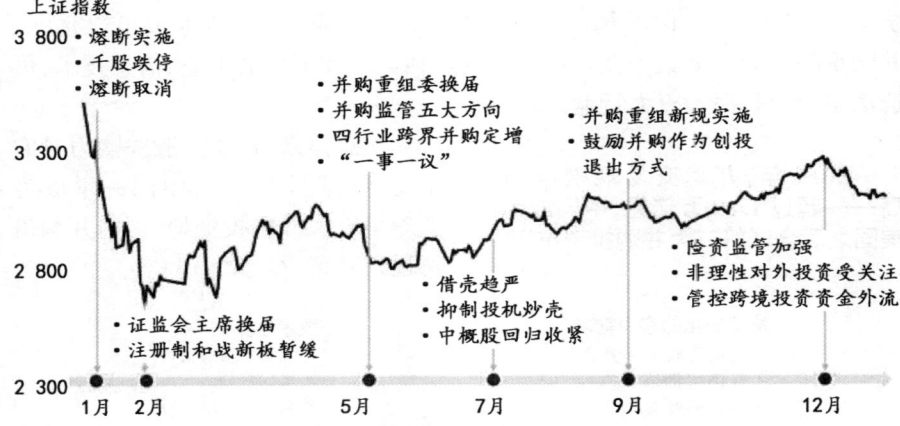

图1—3　2016年监管机构加强对企业并购的监管（示例）

之后，中国并购市场受一系列因素的影响，诸如国内经济下行压力、金融行业去杠杆和中美贸易摩擦等。宏观层面上，中国政府持续规范并引导企业跨境并购行为，同时境外市场对我国企业跨境并购的审核趋严，中国企业跨境并购的外部环境明显收紧；微观层面上，企业对并购实施的考量更加审慎和全面，注重将并购策略与企业长期发展战略相结合。

"一带一路"建设使得中国企业与其他国家的交流合作日益密切，并购交易日益活跃，呈现出爆发式的增长。

受多种因素叠加影响，传统并购资金供给渠道承压，与之相对应的是，未来多渠道的资金合作会更加活跃，创新的多层次融资结构也会越来越多地涌现，与企业共同完成大体量的产业收购活动。例如，在2016年艾派克联合太盟投资（PAG）和君联资本以27亿美元收购Lexmark的并购方案中，艾派克通过引入SPV[①]、上市公司＋PE等模式，完成了"自有资金＋PE投资＋银行贷款＋股东借款＋发行私募EB"等多种方式的融资，从而实现了资产体量规模相差约8倍的"蛇吞

---

① SPV，全称special purpose vehicle，即特殊目的实体。SPV是指仅为特定、专向目的而设立的法律实体，通常情况下是没有经营和业务职能的壳公司。

象"收购。

3. 并购市场进行理性调整

随着越来越多的管理者在投资企业增长措施和能力建设时选择并购而非自建,2018年全球并购市场企稳。贝恩公司《2018年全球并购市场年度报告》显示,2018年全球战略并购交易金额为3.4万亿美元,较2017年的2.9万亿美元出现明显反弹,接近历史最高点。

然而,中国并购市场受内外部环境影响,出现理性调整。从外部来看,中美贸易摩擦不断,中企对美投资并购交易多次被美国外资投资委员会(CFIUS)否决。在CFIUS对中企并购活动审查趋严的情况下,欧洲相关部门也收紧了中国企业赴欧并购的监管审核门槛,尤其是对中企最青睐的芯片制造、半导体等高新技术领域加强了干预。从内部来看,政府持续发布资产管理规定,诸如4月份正式发布资管新规,7月份出台"一行两会"资管新规细则,确定了防范及化解金融风险的总体政策导向。

受内外部多种因素影响,并购资金持续紧张,企业可用于实施并购的资金量锐减。具体来看,2018年,中国并购市场共完成并购交易2 584起;披露金额的并购案例总计2 142起,共涉及交易金额12 654亿元人民币(参见图1-4)。在中国并购市场已初具规模的情况下,2018年有所回调亦属正常规律。随着企业并购交易经验的不断丰富,企业对并购实施的考量也更加审慎和全面,注重将并购策略与企业长期发展战略相结合。

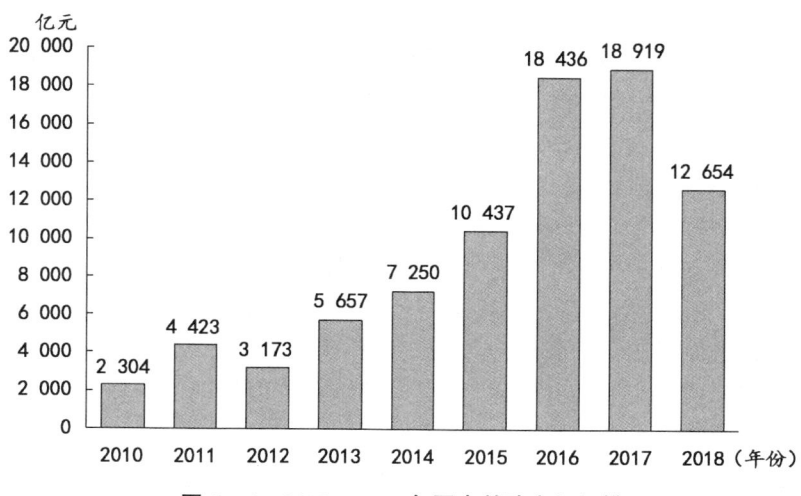

图1-4 2010~2018年国内并购市场规模

多数并购难以摆脱失败命运

随着企业并购作用的日渐突出,并购案越来越多,或许大多数人认为,在不同类型的并购中,成功的案例比失败的案例多。然而,现实情况恰恰相反,并购失败的案例比成功的案例更多。

1. 并购是"走钢丝"式交易

如今,市场竞争范围不断扩大,越来越多的竞争对手不再是传统的同行竞争对手,而是跨行业对手,不同的理念和不同的运营模式给市场带来一轮又一轮的巨大冲击。为适应新的竞争形势,很多企业不得不以更前瞻的眼光审视自己的定位,寻求更好的并购机会,实现产业融合和跨行业发展,提升核心竞争力。

传统企业实现转型升级过程中,并购重组似乎成为不少企业的选择。

然而,作为一项复杂的资本运作项目,并购从来不是一件简单的事情,必须遵循严格的并购流程,不仅涉及各企业之间的利益分配,还与法律政策相关,不同行业、不同性质的企业也有不同的并购流程和手续。在这个过程中,任何一个环节出现失误,都可能会导致并购项目流产。

以共享单车市场为例,2017年摩拜与ofo两家市场占有率约为95%,且两家企业的用户高度重合,双方实力相当,激烈竞争明显是一种"双输"格局,二者实现合并有助于股东利益最大化。然而,摩拜与ofo的投资人分别代表腾讯系与阿里系,导致双方不可能合并,最终,摩拜被美团全资收购,ofo拒绝被滴滴要约收购,资金链断裂,逐渐在市场上消失。

2. 并购数据无法令人乐观

毕马威、埃森哲和麦肯锡的研究数据表明,并购后的企业会出现零增长。另有调查显示,并购的失败率达到惊人的75%,从并购后的股票价值、投资回报及利润来分析,只有15%的企业并购达到了财务目标(参见表1—1)。为了从更为广泛的角度来观察并购的成功与失败概率,科尔尼管理咨询公司选取了1 345个典型并购案例作为研究样本。最终结果表明:绝大多数研究样本企业在并购以后,自身的综合价值出现了下降。

3. 并购是一把"双刃剑"

通常情况下,随着市场日益饱和,难免会出现过度竞争情况,这会让整个行业利润出现下降。以国内热缩材料行业为例,长园集团与沃尔核材之间的竞争使得行业利润出现持续下降,由此导致沃尔核材谋求控股长园集团,企图借助并购,整合过剩产能,形成行业龙头地位和建立内部交易市场,优化社会资源配置,使产品产出更多、更优和更经济。

表1—1　　　著名信息咨询公司对企业并购成功率的统计研究结果

公司名称	时间范围	样本选取标准	样本量	并购绩效评价标准	结　论
McKinsey	1990~1995年	大于5亿美元	150	资本成本	17%大量回报;33%少量回报;20%损害利益
McKinsey	1998年以前	"世界500强"	116	资本成本	61%失败
Mercer	1980~1999年	大于5亿美元	270	行业平均收益率	34%成功;57%失败

企业并购更多是一种实践,必须直面问题,广泛听取意见,明确工作努力方向和改进措施。

然而,如上所述,并购是一把"双刃剑":如果并购做得好,就会促进企业的加速发展;如果并购做得不好,它对企业来讲就可能是一场灾难,会给企业带来巨大的损失。例如,2004年,上汽集团以5亿美元高调收购韩国双龙汽车48.92%的股权,然而,由于并购双方在文化、财务、战略等方面难以融合,最终走向失败。

并购一定会遇到各种难题

企业想要获取目标企业拥有的各种资源,或者与目标企业优势互补,会更多地选择投资并购方式。对并购方来讲,绝大多数企业在获得产品和业务经营的成功之后,往往希望通过资本运营的方式促进企业进一步地快速成长,但并购、重组、整合的成功率经常不高。通常情况下,并购过程中都会遇到如下8个难题(参见图1—5)。

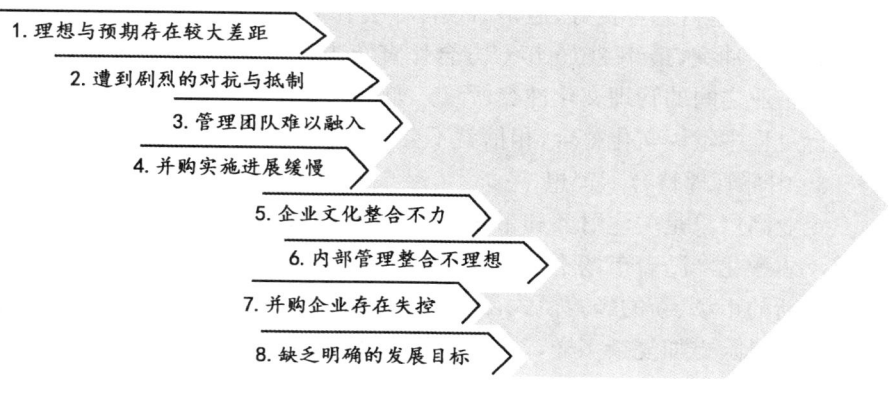

图1—5　并购面临的8个难题

1. 理想与预期存在较大差距

被并购企业的实际情况与预期有较大的出入，难以对企业未来的运营发展带来实质性的动力和效果。例如，某企业在投资、并购了一些目标企业之后，却发现这些企业无法实现预期的财务状况，出现了流动性危机，对投资企业的财务形成了极大的压力。

2. 遭到剧烈的对抗与抵制

在并购目标企业的过程中遭遇到了极大的对抗与抵制，派出的总经理无法正常开展整合工作，同时，目标企业的关键性员工纷纷被挖走，使得目标企业成了一家"空壳"公司，不仅无法产生价值，反而不断吞噬利润。

3. 管理团队难以融入

并购之前没有进行充分沟通，老板临时指派一些管理人员到目标公司接手工作，造成管理脱节，等真正走进公司才发现，管理团队与并购目标企业的管理团队出现了无法相融的现象。

4. 并购实施进展缓慢

收购谈判进展顺利，双方迅速敲定了并购协议，但是，之后的整合工作出现了"龟速"进展。例如，6个月过去了，许多基本问题无法解决，组织架构也没有进行相应调整，这种情况让很多人感到疲惫不堪，从而失去了信心。

5. 企业文化整合不力

文化作为企业并购中存在的一个不可忽略的因素，对于并购后企业目标和企业价值具有重要的影响。并购双方企业文化整合不力，双方在做事和管理的风格上差异很大，管理协调非常困难。例如，2010年，我国某新能源国有控股企业打算引入西方某知名企业的战略投资，联合成立新能源开发企业，双方各出资1.2亿美元共同开展光伏产品的研发、生产与营销。成立初期，企业运营态势良好，但是后期由于合作双方对一些产品的研发与营销理念产生冲突，最终2015年双方合作宣布失败。分析原因，就是由于不同类型企业之间的管理文化冲突所致。如果该混合所有制企业从成立之初到运行过程中重视文化整合，相信就不会发展到后来不可挽回的境地。[4]

6. 内部管理整合不理想

企业高层只是关注财务和市场，不重视内部整合，使得企业管理混乱，内部矛盾激化。随着市场不断地细分化，经营环境日趋复杂，并购企业或许面对着新的市场、新的经营模式，这些全新的挑战是企业未曾接触过的，并且整合的风险更加复杂多样，并非简单的个别风险，企业如果未能准确识别整合中的风险并制定相应的对策，那么企业将会出现严重的并购失败的风险。[5]实践中，企业应该选择恰当的并购整合模式，突出整合重点，重点解决并购中的各项融合问题,提升业绩,增强企业并购后的综合实力。

7. 并购企业存在失控

缺乏并购目标企业信息,很难控制所并购的企业。通常情况下,企业内部控制是由董事会、管理层和其他相关员工制定的,有助于提升企业经营效能,为企业发展战略提供强力支撑。然而在实践中,很多企业进行并购时将获取资源作为并购的目的,并不重视并购前的尽职调查工作,缺乏明确的战略目标和风险管控举措,进而导致内部管理失控,并购失败。

8. 缺乏明确的发展目标

随着经济形势日趋复杂,企业内部控制已经扩展到战略、经营、财务和合规性等各个领域,是财务控制、业务控制和风险控制的有机结合体。

在很多并购案例中,企业更多的是从宏观战略层面出发,而对具体层面的制度关注不足,缺乏相应的计划,造成并购后难以整合双方的具体业务。在业务整合无序的情况下,则无法让并购企业的管理层及员工建立明确的目标,也没有明确的工作计划,从而使得整个并购企业人心浮动,效率大幅下降;同时,由于整合不力,还会造成有能力的人才流失、没能力的人造谣等恶劣局面。

以上问题也是并购的一个方面,即并购风险。对大多数企业来讲,要相信一句话:并购的风险一定会超出你之前的预期。因此,在并购之前一定要谨慎,而且要最大限度地借助专业机构的力量,否则很有可能会吞下苦果!

资料链接1—2 上汽并购韩国双龙

2004年10月28日,上汽集团以5亿美元的价格正式收购了韩国双龙汽车公司的股权,凭借所持有的48.92%的双龙汽车股份实现了对其生产经营的控制。此后,上汽集团先后十几次购买双龙股票,将其持股比例提升至51.33%,实现了对双龙汽车公司的绝对控股。该案例曾被视为中国汽车行业走向国际化的重要标志。但是,良好的开端并不一定会有美好的结局,是"馅饼"还是"陷阱",在当时不得而知,不过走国际化路线确实是我国企业必须迈向的目标。

2005年1月,作为韩国双龙汽车公司的第一大股东,上汽集团在双龙汽车董事会议上拉开了并购整合的大幕。上汽集团制订了"百日整合计划",双龙汽车管理层维持不变,同时承诺员工继续留用。

并购之初,并购双方在沟通上表现得相当积极,但随着并购整合的不断推进,上汽集团发觉要深入双龙的研发中心很困难,无法获取双龙汽车的核心技术及其他重要文件资料。在并购整合期间,双龙汽车原社长苏镇瑁不但没有起到积极的作用,反而阻碍了上汽集团与双龙公司实现技术层面协同的进度。

2005年11月5日,解除苏镇瑁职务事件引起了双龙汽车工会与员工的强烈不满。双龙汽车工会随即专门召开了记者招待会,以"阻止双龙汽车作用降低及汽车产业技术流出的总罢工"为主题,用投票决定的方式,号召双龙汽车同上汽集团的不作为开展斗争。

2006年,双龙汽车业务扭亏为盈,上汽集团正式将双龙汽车并入上海汽车集团股份有限公司。

2008年金融危机爆发,双龙汽车现金流面临枯竭,为了维持双龙汽车的正常经营,上汽集团与双龙汽车管理层制订了减员增效、收缩战线的方案,但遭到了双龙汽车工会的强烈反对。

2008年12月7日,双龙汽车公司工会成员以泄露核心技术为由,扣留了中方平泽工厂的管理人员。

2009年2月9日,随着上汽集团的中方管理人员返回中国,上汽集团与双龙汽车公司的并购活动以失败告终。

这一失败的并购可以提供一些宝贵的经验教训,归纳如下,供读者参考。

教训1:上汽集团缺乏并购整合方面的经验,与韩国双龙汽车公司并购之后,由于韩国工会的强势,一直未能形成稳定的管理,竞争优势在并购后也没有得到加强。

教训2:要重视并购危机管理。并购牵扯面很广,尤其对于跨国并购来讲,沟通上存在着巨大的文化障碍,这需要并购方从一开始就制订全方位的沟通计划;否则,一旦出现员工情绪不稳,就会乱了方寸。

教训3:并购既讲究战术时机,也讲究战略时机,一定要在大格局下看待并购,全面了解并购目标的市场情况以及未来发展趋势,不能只看好的方面,而忽视了坏的方面。例如,这次并购之所以失败,还有一个很重要的原因,就是在全球经济不景气的情况下,韩国停止了对柴油的补贴,这对双龙汽车的影响非常大。

教训4:并购尽职调查一定是重中之重。跨国并购与国内资产重组不同,跨国并购受瞬息万变的国际经济形势以及被并购企业所在国家复杂的政策、法律、文化环境等一系列因素的影响。例如,韩国的工会不同于中国的工会,它不仅仅是劳方利益的代表,更是一个管理者、一个政治机构。在上汽集团并购前,双龙汽车工会就曾举行过大罢工,直接造成了高昂的经济损失。

1.3 并购是什么？

实践中，并购并不是大企业的专利，无论是大型企业还是中小型企业，无论是上市公司还是非上市公司，都有可能并购其他企业，或者被其他企业所并购。随着企业经营管理能力不断提升、战略思维不断拓展，会有越来越多的企业参与并购。因此，对于现代管理者来讲，一定要了解并购是什么，不仅要知道并购现象，还要了解并购的概念和理念，这对于未来的职业生涯发展大有裨益。

并购是一种复合概念

并购是产业经济学中一个极其重要的概念，其内容涵盖了兼并、重组、收购、清算以及资源重新配置等问题。国际上，兼并和收购通常统称为 Merger&Acquisition，简称 M&A。该术语包含两个概念：一是 Merger，即兼并或合并；二是 Acquisition，即收购或收买。

> 没有哪一家成功企业是靠自然的内部增长实现的，要想在激烈的市场竞争中脱颖而出，从很大程度上来讲，并购是必选项。

实际上，兼并和收购存在一定的区别：兼并往往是一家企业与另一家企业合为一体。一般情况下，可以分为两类：新设兼并和吸收兼并。新设兼并是指两家企业合并后，资产归为一体，以一家新的企业名称存在，原来的两家企业都不复存在。吸收兼并则是指两家企业合并后，资产归入一家企业，但是最终以其中一家企业的名称存在。而收购则是指一家企业通过支付一定的现金或股票，取得另一家企业一定比例的股份或资产来实现对该企业的控制权，但是两家企业继续以各自的原名称存在。

总体来讲，并购是指境内并购方企业通过受让现有股权、认购新增股权，或收购资产、承接债务等方式以实现合并或实际控制已设立并持续经营的目标企业的交易行为。[①] 实际操作过程中，兼并和收购有时会交织在一起，很难严格地区分，所以常常统称为"并购"。本书并不是强调并购理论的创新，而是强调并购实务操作，因此，"并购"泛指企业通过市场机制，谋求控制其他企业的产权交易行为。从本质上来看，并购是指一个企业取得另一个企业的资产、股权、经营权或控制权，使一个企业直接或间接对另一个企

---

① 引自 2008 年 12 月，中国银监会发布的《商业银行并购贷款风险管理指引》中对并购的定义。

业发生支配性影响。

常见的并购类型

如前所述,无论是大型企业还是中小型企业,无论是国有企业还是民营企业,无论是内资企业还是外资企业,都会出现并购行为,既可能是主动并购其他企业,也可能是被其他企业所并购。然而,企业性质不同、发展阶段不同,其并购目的也就不同,进而基于不同的标准,可以划分出很多种并购类型(参见图1—6)。通常情况下,应用最为普遍的是依据行业进行的分类:横向并购、纵向并购和混合并购。我们在此对这3种类型进行简单的介绍;有关其他的分类,读者可以在需要时自行查阅相关书籍。

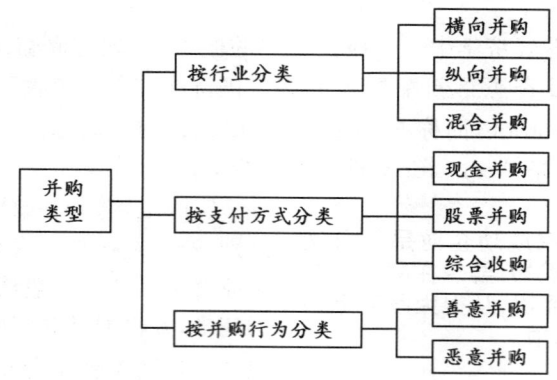

图1—6 常见的并购类型

1. 横向并购

横向并购是指同行业中存在竞争关系的企业以降低成本、增加市场份额、获取自己本没有的优质资源为目的的并购。通常情况下,横向并购出现在同行或竞争者之间,意味着并购双方处于同一行业,或者其产品同类或相近,或者其工艺相同或相似。这时,并购的目的主要是为了集中资源和客户,从而扩大规模、提高知名度、增强在行业中的竞争能力,控制或影响同类产品市场。

如果一个行业处于成长阶段及成熟阶段的初期,那么在这个行业中的企业将随着利润最大化的驱使和竞争压力的增加,进行横向并购来提升行业集中度,实现规模经济。随着行业竞争愈发激烈,并购似乎是头部企业寻求利润增长点的一条出路。例如,2008年2月,美的电器在与四川长虹的竞争中获胜,收购了小天鹅约24%的股份。2018年10月,美的集团和控股子公司小天鹅宣布,美的集团拟以发行的3.42亿股换股吸收合并小天鹅。

美的与小天鹅的合并可以实现平台之间的资源共享与优化,小天鹅的中高端产品定位将可以完全弥补美的在高端市场的空白,与对手在细分的市场上竞争份额。

2. 纵向并购

如果一个行业处于成熟阶段,行业集中度已经很高,产品的供给能力过剩,利润率呈下降趋势,则该行业中的企业为了保证生存,就需要进一步降低成本。这时,纵向并购就是一个很好的选择。

> 纵向并购是一把"双刃剑",如果行业技术变动不大,则企业竞争力会增强;但如有重大技术变迁,则可能致命。

纵向并购通常出现在上下游企业之间,纵向并购目的主要是,不仅帮助企业降低成本,还能有效解决供应链内部矛盾问题,进行更合理的资源配置,提高生产效率,提升企业的核心竞争力。例如,大同煤业在巩固并不断整合煤炭采选主业的同时,并购活动向煤炭下游产品领域(如煤化工等相关产业领域)深化,关注以煤炭深加工和综合利用为目的的产业链条上的相关企业。这样可以进一步完善产业链、优化产业结构、生产附加值更高的化工产品、提高公司盈利水平,进而发展成为我国煤化工行业中产业链最完善的上市公司。

3. 混合并购

混合并购是指并购双方不属于同一行业,也不属于上下游行业,在其产品无直接关联性的情况下,并购方为了实现多元化经营而实施的并购行为。如果一个行业到了衰退阶段,该行业中的企业应该考虑从该行业中退出,或者进行多元化经营以开辟新的经济增长点,这时混合并购就是一个有效的退出机制。

通过混合并购,企业可以迅速实现产业多元化,从而降低企业经营风险。例如,20世纪60年代,世界第一大烟草公司菲利普·莫里斯(Philip Morris)公司实施战略转移,通过一系列混合并购,成功进入饮料、食品、金融房地产等业务,成为当今世界上第一大烟草制造商,同时也是世界上第二大食品制造商。

混合并购同时具有横向并购和纵向并购的特征。通过混合并购,能扩大市场活动范围,实现资源优势互补,分散企业的经营风险。在决定进行混合并购之前,企业应更多地考虑自己的能力和资源,充分了解自己所拥有的核心竞争力,在自己拥有一定优势的领域附近经营,而不是简单地考虑市场吸引力,盲目进入其他领域,特别是进入那些与其核心优势缺乏战略关联的产业领域。

成功实现了混合并购扩张的主体,往往是拥有优势品牌或其他核心竞争力的大型和巨型企业。

混合并购受到的争议最多,被形象地称为"多元化经营的馅饼与陷阱""多元化陷阱与并购泡沫"等。从实践来看,混合并购的成功案例和失败案例有很多,但只有围绕核心竞争力的混合并购才是可行的,才能够达到企业预期的目标,才能够为实现企业的长期战略做出应有的贡献。

并购目的是创造价值

并购是企业开展资本运营的重要方式,也是企业为了突破内部资源约束,实现快速成长、规模扩张而采取的战略行动,其实质是在公开市场开展的一种资源再配置。并购最直接的目的,是为了实现收购方的资产、销售和市场份额的增长与扩张,然而,这只不过是一种中间目的,最根本的目的是通过收购,给收购方增加或创造巨大的竞争优势,从而为股东增加财富。

1. 企业发展绕不开并购

通常情况下,产业发展要经过4个阶段:初创阶段、规模化阶段、集聚阶段、平衡和联盟阶段,在不同产业发展阶段的公司数量会出现明显变化(参见图1—7)。无论是哪一个阶段,都会产生企业并购行为:一方面,企业通过并购交易可以显著拓展原有业务范围和经营规模,实现规模经济,降低交易成本,分散经营风险;另一方面,企业可以快速获得持续发展所必需的资源、人才、营销网络、市场、无形资产等企业核心能力。

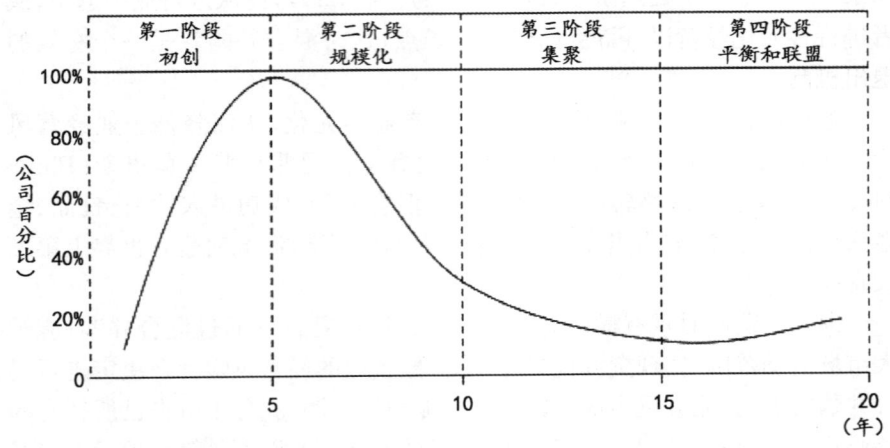

图1—7 企业数量在不同产业发展阶段的变化(示例)

美国战略学家安索夫认为,企业可以通过并购实现资金、技术、设备、人力等资源的共享,使资源被充分利用、营业成本降低、抗风险能力增强、创造规模效应,从而实现并购的价值。

国内外成功的大型跨国公司大多经历过通过兼并、收购、重组等资本运作手段实现快速规模扩张的过程。并购带来的价值主要包括规模化运营、成本降低和技术共享等诸多优势,这是企业提升竞争能力、扩大市场份额、提高股东价值的重要途径。

面对无法阻挡的并购整合浪潮,现代企业与其固执己见,对其视而不见,还不如根据自己的实际情况,通过恰当的并购策略发展自己。退一万步来讲,现代企业最起码要了解并购,进行必要的人力资源配备,以便抓住机会,这种机会有可能是并购其他企业,也有可能是以更好的价格被其他企业并购。

2. 并购创造价值的机理

从长期视角来看,并购必然会席卷所有产业,而长期的成功势必属于那些具有长远规划和战略性眼光的企业。主要产业的发展趋势必然是强者愈强、弱者愈弱,大多数产业会在并购过程中淘汰越来越多的企业,最终只有少数强势企业存活下来。这就是市场的"竞争"机制,它并不以人的意志为转移。

> 协同效应不仅是并购效应和并购整合效应,同时,协同效应也是并购整合的主要目的,并且应成为衡量整合速度、程度、深度的重要标准。

我们暂且不论企业能否实现价值增值,但至少在并购实施之初,从并购预期来讲,还是要以创造价值为目的。这种价值增加并不仅仅是以好的价格买了一家好的企业,从而增加了利润,更重要的是通过并购,让企业所有的存量资源得到更好地配置,从而产生各种协同效应,进而带来价值的几何级数增长(参见图1—8)。

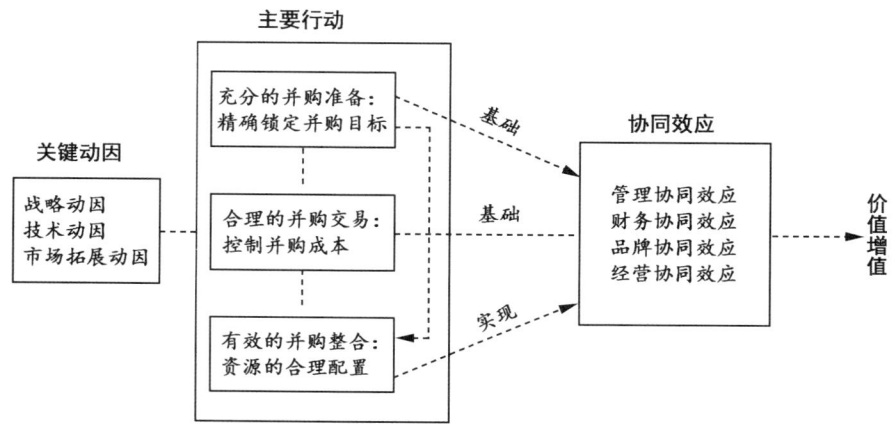

图1—8 并购创造价值的机理

另外，从全球市场角度来看，企业通过兼并或收购，还可以获得目标企业的生产能力、专利技术、分销渠道等，这些可以有效地降低产业壁垒，从而规避东道国政府在外国企业进入政策方面的限制。

3. 并购创造哪些价值？

尽管并购存在着巨大的风险，但实践中投资并购热度不减，归根到底，是因为科学的并购能够为企业带来巨大的战略价值和财务回报。那么，并购可以带来哪些价值呢？通常情况下，综合理论与实践，投资并购创造的价值可以归纳为7个方面（参见图1—9）。

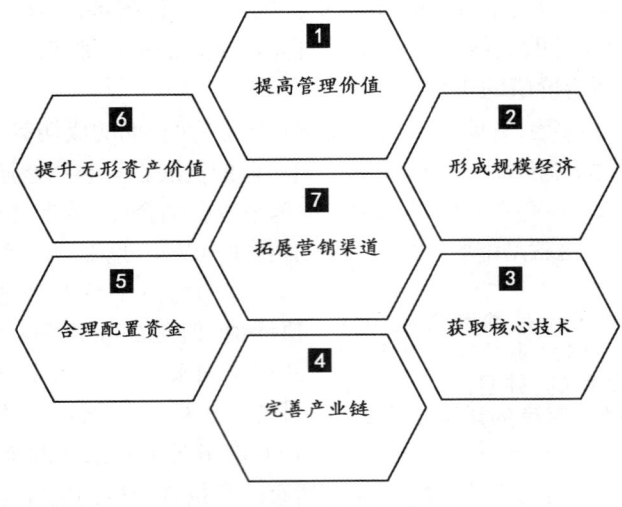

图1—9　并购创造的价值

（1）提高管理价值。当两家企业存在管理上的差异时，通过并购，彼此之间可以取长补短，提出新的管理理念，让企业的管理更加优化。与此同时，并购后的企业可以在更大的平台上，运用以往的经验，将企业的人力、物力和财力在更高的水平上进行有效配置，使这些因素为企业的发展奠定良好的基础，促使企业不断进步，不断增加企业的价值。

（2）形成规模经济。当发展到产业生命周期的成熟阶段时，市场份额增长速度放缓，越来越多的企业在争夺有限的市场份额，这时实力强大的企业就开始寻找能够产生协同效应的并购目标。通过收购竞争对手企业，可以获得规模经济、降低成本、提高利润率。在此过程中，就需要对潜在并购目标深入了解，从中筛选出最富潜力的企业，通过并购整合，把企业理念、管理和技术等资源在整个集团内进行重新优化配置，从而产生更大的价值。

（3）获取核心技术。提高技术水平一般有两种方法：一是自主开发，二是购买核心技术。通过并购,尤其是跨国并购,在某种程度上,可以在购买企业的同时既购买对方的技术,又能获得对方的技术人员,为企业的后续技术开发提供一个良好的平台。例如,2001年华立集团收购荷兰皇家飞利浦在美国的CDMA技术部门、2003年京东方以38亿美元收购韩国现代显示技术株式会社的TFT-LCD业务等案例都是出于这一目的。

(4)完善产业链。企业通过纵向并购,可以减少产品流转环节,节约交易成本,增强对生产经营的控制,以及增强产业链上各个企业的配合。同时,并购之后的公司获得了更多的资源,这些资源可能是企业以前所没有的,也可能是以前未充分利用的;并购之后,企业会综合利用这些资源,使其充分发挥作用,增加企业的价值。

(5)合理配置资金。并购可以有效提高企业整体资金利用率,这主要体现在以下3个方面:一是提高筹资能力;二是增强偿债能力;三是降低经营风险。

(6)提升无形资产价值。无形资产主要是品牌、专利技术和企业文化,它是任何一家企业都不能忽视的重要资源。在企业并购中,无形资产可以通过协同效应为企业创造价值。

(7)拓展营销渠道。在竞争激烈的市场环境中,如果企业从零起步,建立让消费者接受的品牌,那么所要付出的营销成本和时间成本将极为巨大,因此,越来越多的企业更倾向于通过并购,利用市场中原有企业、品牌和渠道来抢占市场。例如,2008年7月,福建双飞日化有限公司以800万美元的价格购买了美国Solar公司旗下"Body&Earth"和"Green Canyon Spa"两个品牌及其所有营销网络,同时,公司迅速在美国注册分公司,通过各种措施保证两个品牌分销途径畅通。

资料链接1—3 三一重工并购德国普茨迈斯特

三一集团有限公司成立于1989年,是我国最大、世界第五的工程机械制造企业,也是国内最大的混凝土机械制造商。三一重工作为装备制造业企业,以工程机械作为主体,主要的产品包括混凝土、筑路、挖掘、桩工、起重、港口、风电设备等全系列机械产品。

2012年,三一重工并购德国普茨迈斯特,大大改变了行业的竞争格局。

德国普茨迈斯特有限公司总部位于德国斯图加特附近,其子公司分布在十多个国家,主要从事开发、生产和销售各类混凝土输送泵、工业泵及其辅助设备,这些设备主要用于搅拌并输送水泥、砂浆、脱水污泥、固体废物和替代燃料等黏稠性大的物质。

普茨迈斯特拥有良好的技术优势,但其市场战略出现严重失误。公司仅注重欧美等西方高端市场,对亚洲市场置若罔闻。同时,产品线仅注重高端机械研发,缺乏中低端配套产品开发。鉴于以上方面原因,公司在亚洲区市场和中低端产品方面几乎没有市场,在金融危机中失去发展的后劲,这为我国企业提供了良好的收购机遇。

德国普茨迈斯特寻求收购的消息一经传出,三一重工的行动最直接、态度最积极。在2012年初,三一重工董事长梁稳根直接给Karl Schlecht写信,表示出三一重工的收购诚意。在收到回复之后,三一重工迅速派高管与普茨迈斯特管理层接触,详细洽谈收购问题。鉴于三一重工的诚意,双方高管接触后,很快达成初步意向。两周后,收购价格和范围进一步确定下来。2012年1月21日,双方对外正式宣布:中国三一重工将与德国普茨迈斯特签订合并协议。此后,三一重工董事会正式通过《关于收购德国普茨迈斯特公司的议案》。至此,三一重工并购德国普茨迈斯特正式宣告成功。

通过这一并购案例,可以给我们如下启示:

1. 并购方要清晰地确定并购的目的所在,也就是说,动机要明确。这次并购的动机主要包括以下几点:一是通过并购锁定知识产权,实现研发与技术的新突破,降低三一重工研发成本;二是借助这些被并购企业的品牌、知识产权和全球销售服务网络,加速实现工程机械企业的国际化;三是拓展海外市场,开拓新兴市场,实现国内外市场互补;四是拓展三一重工国际品牌,推动企业国际化,谋求进一步发展。

2. 并购不一定能够实现"1+1>2"的效应,有可能出现国内外文化方面的差异、被并购企业员工抗议等,需要双方长时间磨合。再从企业的产业链角度来说,如能使产品生产线更加完善、两者互补,则是理想的结果。

3. 并购存在着巨大风险。例如,在技术整合、研发团队利用、新产品共同开发方面,德国员工更加保守,认为向中国输出技术将引发生产向中国转移,导致本地企业减产甚至关闭,威胁自身未来职业发展。因此,三一重工可能最终无法真正获得普茨迈斯特的核心技术。

4. 并购成功离不开清晰的并购战略。不同国家制造业的发展情况和经营环境不同,海外并购路线也各具特色。三一重工在"走出去"的过程中,应当结合自身具体情况,选择明确的发展方式,制定合适的并购战略。在金融危机的大背景下,海外并购必须坚持从企业长远战略出发,切不可因为低廉的价格而一叶障目。一个好的并购战略不仅能够满足企业的发展需求、提高企业的核心竞争力,而且能为企业实现长期战略目标铺平道路。

5. 并购成功与否源于最终的整合效率。结合国外经验,并购失败原因常常最终归咎于整合不力。并购交易的完成只是并购的开始,要想使并购获得成功、产生预期经济效益,就必须合理有效地完成并购整合。由于海外并购双方所处经营环境以及经营方式和理念的差异,使得并购双方的融合难度更大。

6. 充分应对海外并购的风险,审慎评估海外经营的监管压力。海外并购应该谨慎进行,要全面认识并购中的风险,充分掌握并购信息,谋定而后动,尽量避免不必要的损失。

1.4 并购有风险,企业须谨慎

后金融危机时代,国内外竞争进一步加剧,在这种情况下,很多企业把并购作为集中产业链的有效途径。诚然,一次成功的企业并购活动有可能改善企业的绩效、提升企业的综合竞争力,令企业尽快实现资源整合和产业调整,进而达到企业的战略目标。

并购失败的原因复杂多样

并购是一个系统性工程,是一个有机的整体,涉及战略决策、经营管理、财务、法律等多个方面,面临的风险也是多方面的。导致并购失败的原因多种多样(参见图1—10)。并购失败的风险源自不确定性,造成并购失败的原因主要包括决策不当的并购、并购后不能很好地进行企业整合、支付过高的并购成本、跨国并购面临政治风险。

回顾国内企业的并购案例,尤其是跨国并购,出现了很多令人印象深刻的并购失败案例,其中包括 TCL 集团收购法国汤姆逊公司、万向集团收购在纳斯达克上市的环球汽车工业公司(UAI),以及前面提及的上汽集团收购韩国双龙汽车公司等。因此,企业投资并购过程中,必须着重实地走访调研,真正了解目标企业的情况,掌握实情,弄清楚并购存在的潜在问题有哪些、症结在什么地方,并购团队多渠道进行沟通,集思广益,提出解决并购难题的实招和硬招。

> 投资并购调研既要重视一手调研,切实走访目标企业,也要重视二手调研,从历史材料中发现目标企业运营的情况。

投资并购实务:理念、工具和实践

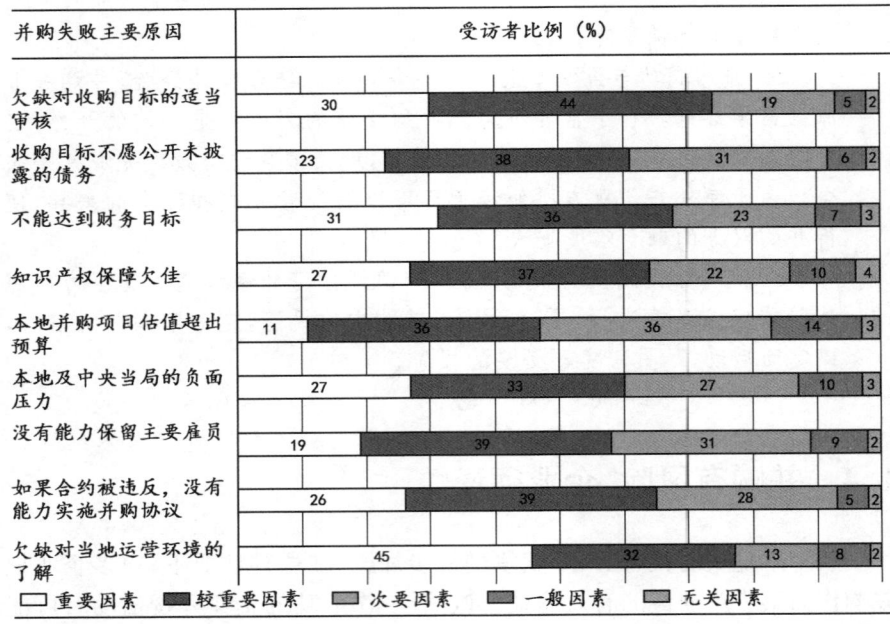

图1—10 并购失败的主要原因(示例)

国内企业并购面临的挑战

尽管导致并购失败的原因众多,但综合分析和归纳,并购整合失败的原因集中在企业战略、并购估值和并购整合3个方面(参见图1—11)。

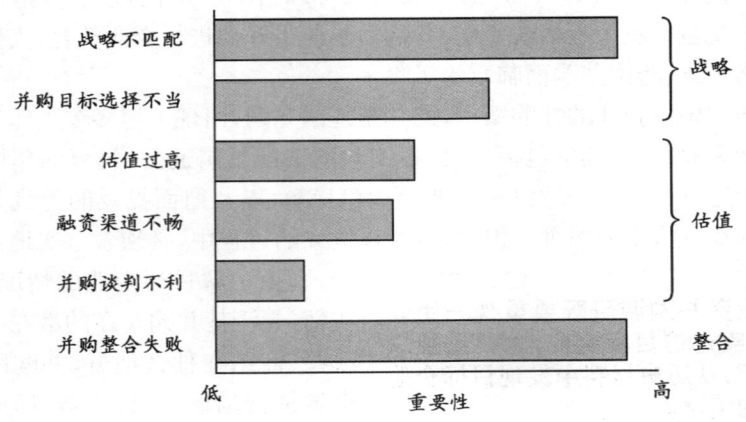

图1—11 并购整合失败因素分析

1. 企业战略面临的挑战

企业之所以进行并购,很大程度上取决于能否实现战略目标,而不仅仅是财务目标。因此,企业必须明确自己的发展战略,以此来指导并购工作的高效开展。但是,现实中,很多企业并购往往会偏离企业发展战略,更多的是源于所谓的"机会"和"价格便宜",很少从战略层面上来思考并购的价值。

通常情况下,成功并购是实现企业发展战略的手段:一方面,可以有效消除过度竞争,扩大市场占有率;另一方面,可以从中长期角度给企业带来持续稳定的价值。例如,腾讯并购中国音乐集团的战略目的主要是为了增加其在线音乐市场的市场份额。并购之后,新的音乐集团拥有彼此的平台及流量,腾讯的收入和利润得到了提高,财务绩效得到提升,实现了财务协同效应。另外,腾讯并购中国音乐集团后,市场占有率超过阿里系虾米音乐等,达到56%,可以减少竞争资源消耗,节约竞争成本,获取行业市场地位。

2. 并购估值面临的挑战

企业财务报表存在不规范现象,甚至出现财务报表做假;另外,并购目标企业债务情况不清晰,对并购方来讲,存在着巨大的债务风险。因此,企业应该建立并购风险评估体系,在并购前调查了解目标企业,选择与自己长期发展战略一致的对象,建立财务评估体系。若企业并购的资金量较大,企业应该根据自身经营和财务状况,制订融资计划,使得并购的融资成本和风险最小。[6]

并购市场同样存在"市场失灵"现象。在市场狂热期间,并购交易中对多数并购标的进行了较高估值,而这也为身为并购方的上市公司带来了巨大的商誉泡沫,然而高估值并购带来的不只是表面光鲜亮丽的股价上涨和业绩补充,其背后还存在"爆雷"的隐性风险。例如,游久游戏的核心运营主体游久时代和公司近两年收购的标的在2017年出现了集中"爆雷"现象,公司在商誉、长期股权投资、可供出售金融资产方面的计提减值准备达到了4.66亿元,超过了公司营收的2倍。

3. 并购整合面临的挑战

"居安思危,思则有备,有备无患。"企业的并购必然存在经济业务、制度和财务方面的差异,并购后经济实体的选择是根据并购方企业的发展来确定的,而不是固定不变的。很多企业并购公司价值没有得到预期增长,甚至出现了降低,主要原因是缺乏并购后的整合风险意识。

实践中,很多并购既不是出于战略需要,也不是出于财务需要,甚至仅仅是为了炒作概念,因此,并购计划或者说并购战略与实际脱节,在整合阶段,无法实现人员、财力和物力的有效匹配,造成了巨大的资源浪费。成功的并购整合过程中,企业不仅要关注目标企业在技术、人事、品牌、渠道等方面的优势,同时要分析自身所拥有的资源和状况,寻找将二者整合起来的最佳通道。

有效管控企业并购风险

　　风险和收益是投资业务的两个关键词。并购风险就是企业并购失败的可能性,它是客观存在的,不以人的意志为转移。企业的并购经验越丰富,对要进行的并购活动所承担的风险就越小,挖掘出潜在价值的可能性就越大,从而并购成功的概率也就相应增大。因此,并购经验和教训对于企业而言是一笔巨大的财富。对企业并购风险来说,除了具有丰富的并购经验之外,还要从多个方面降低并购风险,或者对并购风险进行有效管控(参见图1—12)。

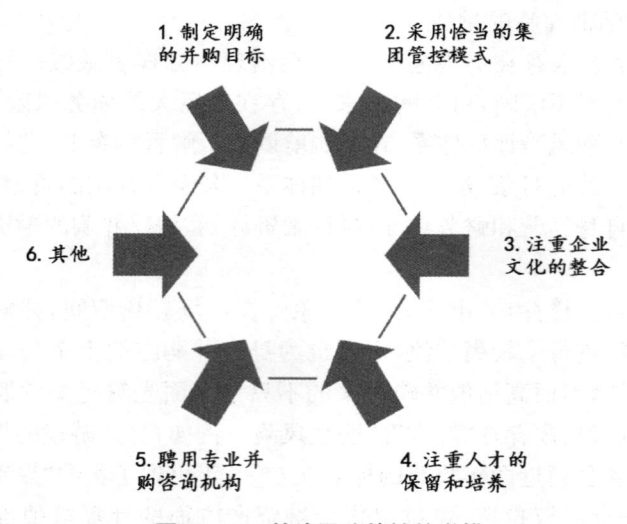

图1—12　并购风险管控的举措

1. 制定明确的并购目标

　　企业是否拥有丰富的并购经验,对于所进行并购活动的成败非常关键。

　　企业并购的根本价值在于通过并购获得对方的各种资源,增强自身的核心竞争力,巩固企业在行业中的优势地位,实现战略意图,从而获得高额的经济回报,实现企业的长远发展。因此,企业要根据自身的发展战略,培育核心竞争力,有针对性地开展投资并购。明确的并购意图和目标有助于并购标的的筛选和确认,这也是企业并购能够取得成功的重要经验之一。

2. 采用恰当的集团管控模式

对于并购主导方而言,通常要具备良好的管理能力,同时针对并购企业采用有效的管控模式。通常情况下,集团管控模式可以分为战略管控、运营管控和财务管控三种。采取哪种管控模式,需要根据并购企业的特点,既要全面考虑各个国家、地区分公司的不同情况和市场环境,也要考虑公司管理和运营效率。

通常情况下,并购管理的要诀就是"抓大放小",即集团总部制定大的方针政策,然后充分下放具体的决策权力,让各分公司在遵守总体规则的前提下进行一定程度的自由发挥。尤其在并购实施初期,大多采用战略管控模式,一方面保证并购企业的战略方向与集团一致,另一方面又要保证企业整合高效、平稳地进行。

3. 注重企业文化的整合

企业投资并购不仅注重资产、技术、市场等硬性资源,更要关注企业文化、品牌、渠道等软性资源,尤其是在并购整合阶段,对不同地域企业的文化整合更多地采取尊重与保留的方式,继续发扬被并购企业优秀的企业文化,使不同国家、不同企业的文化和传统能够很好地融合到一起,并与集团公司的经营理念和价值取向相辅相成、共同发展。

通过有效的企业文化整合,能够使被并购公司更快地融入集团运营中,避免文化冲突,为并购的成功和企业的发展奠定重要的基础。

4. 注重人才的保留和培养

企业并购不只是获取目标企业的技术,更重要的是获取人才及其管理能力。如果有能力借力于被并购企业原有的核心人才,将大大简化并购的难度。一般强势企业拥有完善的组织结构和管理体系,为了最大限度地发挥强势企业的先进管理能力和有效留住核心人才,可以考虑采用高度自治的组织结构与人力资源管理模式。此外,要及时公布整合计划来消除被并购企业员工的不安全感,避免抵触情绪,降低人员流失率。[7]

成功实施并购更需要有成功经验的团队,而不是吸取了失败教训的团队。 事实上,并购团队很难从过去的错误并购中得到教训,通常在下一个并购项目中会犯类似的错误。

加强并购沟通,不仅要让企业中高层了解企业未来的发展前景,还要让基层员工看到希望,把员工的发展同企业的发展有机地结合起来,使员工感到每一天自己和公司都在共同进步,为他们营造良好的工作氛围和充足的发展空间。例如,雀巢集团并购的成功是基于自身已有的资源确认的稳健模式,并购只是手段,选择已有成熟品牌和模式的企业进行收购,未来通过渠道、研发等资源的嫁接,保持原有管理层、企业文化的稳定,实现被收购企业的进一步成长。

5. 聘用专业并购咨询机构

尽管企业有可能通过并购降低竞争威胁、博取市场地位和规模经济、快速获得资源与能力,但是此类战略行为的确需要投入大量资源,不确定性很大,风险性很高,企业需要投入额外资源来控制和管理这些风险。并购之前,并购企业主要在获得准确信息、识别目标企业真实价值上面临不确定性;而并购之后,不确定性主要存在于合并后企业中的机会主义行为和整合障碍上。所以,如果并购企业可以准确把握目标企业的价值和协同作用,将会节省大量的并购成本,创造更多的价值。

并购双方之间的知识和信息差距为目标企业隐藏内部信息、阻碍整合过程创造了条件。

对并购企业而言,除了可以利用内部人才,还可以借助专业咨询机构等独立第三方的力量,来改变信息方面的劣势,准确判断并购中可能出现的问题。在并购前信息不对称程度较高、并购企业缺乏用以评价目标企业价值的信息和知识时,以及在并购后整合风险较高、并购企业面临各种管理方面的困难时,都会更倾向于聘用专业咨询机构,借助其知识和经验来控制风险。[8]

资料链接1—4　TCL集团并购汤姆逊公司失利原因分析

2003年11月,TCL集团与法国汤姆逊公司就收购达成了一致意见,双方决定共同成立一家合资公司来开发、生产与销售彩电及其相关产品,TCL集团旗下TCL国际将占合资公司67%的股份,而汤姆逊公司则占33%的股份。双方商定合资公司并不直接拥有TCL集团与汤姆逊公司的商标,而是以签约付费的方式使用。2004年7月,双方合资成立TTE公司,总部位于深圳TCL大厦,并购双方各自派出人员组成了TTE公司的跨国管理团队。

然而,在运营TTE公司的过程中,遇到了一系列棘手的问题。一是未能找到合适的首席执行官,原汤姆逊公司管理层中不断有人因无法理解中方人员的做法而离职;二是受欧洲工会的影响,TCL集团的欧洲人员调整计划无法顺利推进下去;三是市场需求发生变化,TTE公司欧洲市场出现了6 000万欧元的巨额亏损。

1. TCL集团在人力资本储备方面明显不足。我们从TTE公司高管的频频更迭不难看出，TCL集团在人力资本储备方面还远远不能适应其国际化发展战略的需要，跨国经营管理人才的短缺已成为制约TCL集团实施海外并购的一个"瓶颈"。收购汤姆逊公司的彩电业务对TCL集团来说，既存在机遇，也面临挑战：机遇是，TCL可以利用汤姆逊公司的市场渠道、技术、专利以及人力资源；挑战是，TCL集团的人力资本储备、跨国经营运作能力与经验不足，难以有效地驾驭国际化的大型企业。

2. 跨文化整合能力的欠缺是并购后陷入被动局面的诱发因素。在并购之前，TCL集团对自身企业文化建设方面不够重视，以至于在集团内部形成了山头主义和诸侯文化氛围，核心价值观没有得到强有力地推行。在运作TTE公司的过程中，面对来自不同国家、具有不同文化背景的员工，TCL集团不仅难以找到合适的具备跨文化背景的高管来主导并购后的整合，而且所制订的针对欧洲部门的人员调整计划也未能充分考虑到在欧洲国家普遍存在的强势工会文化。

3. TCL没有充分认识到无形资源适配性的特点。并购双方，尤其是目标企业原有的这些优势无形资源并没有被完全纳入TTE公司，中外双方原有的品牌、专利技术与营销网络等无形资源，在一定程度上与TTE公司的人力资本等其他无形资源要素处于相对游离的状态，TTE公司的这种运营模式在一定程度上降低了无形资源各个构成要素之间的适配性。

4. TCL集团忽视了无形资源所具有的创新性特征。在收购汤姆逊公司彩电业务前后，欧美等发达国家的彩电市场正经历着由基于CRT技术的传统电视向液晶电视的更新换代过程。而TCL在收购汤姆逊彩电业务时，尽管也意识到了彩电市场未来的发展趋势，但是彩电市场中液晶平板彩电技术的迅猛发展却是TCL集团始料不及的。

资料来源：魏涛.中国企业海外并购热潮下的"冷"思考——基于TCL集团并购法国汤姆逊公司彩电业务的分析[J].金融经济，2017(18)：8—10.

注释：

[1]王凤芝.关于企业规模扩张中财务风险的研究[J].中国总会计师，2009(5)：60—61.

[2]刘志强.中国的跨国公司什么样[N].人民日报，2017—05—08(19).

[3]宋清辉.跨界并购失败"综合征"[J].董事会,2018(7):58-59.

[4]刘惟佳.混合所有制改革中的企业文化整合研究[J].企业改革与管理,2019(10):190-191.

[5]徐朝霞.对企业并购整合管理的思考[J].财会学习,2019(19):178-179.

[6]杨玉国.互联网企业战略并购动因与财务协同效应分析——以腾讯并购中国音乐集团为例[J].商业会计,2019(5):33-36.

[7]张方方.中国企业跨国并购整合风险分析[J].现代商业,2014(20):181-182.

[8]孙轶,武常岐.企业并购中的风险控制:专业咨询机构的作用[J].南开管理评论,2012,15(4):4-14+65.

第 2 章
战略性并购

作为资本运作的重要手段之一,成功的并购确实可以让企业获得超常的发展。从实践来看,成功的并购都是以成功的并购战略为基础的,收购方通过对目标公司的仔细研究,充分考虑实施并购对公司核心竞争力提升的贡献率,然后进行具体的收购业务。失败的并购证明,如果对被并购方没有以并购战略为基础进行仔细研究,而是在理想的光环和憧憬中匆忙做出决定,最终的结果往往令人失望。

明确的战略是企业并购活动顺利进行的前提和基础,对未来的并购整合及扩张发展具有重要影响。

2.1 从战略层面审视并购

企业并购活动本身具有战略意义,作为企业实施整合战略并获取竞争优势的重要方式之一,它受到企业管理人员和学术界的高度关注。例如,奥飞娱乐(002292)最初通过授权合作生产动漫衍生品获取利润,处于动漫产业链的下游,之后由玩具公司转型反向进入动漫市场。2009年9月,奥飞娱乐在深交所上市之后,作为中国动漫产业上市公司龙头,制定了"以IP为核心"的泛娱乐战略,通过大规模并购,致力于打造泛娱乐产业,构建一个面向国际的、开放的大娱乐平台。

投资并购始于战略

由于企业战略性并购能够获得并购目标公司的人才、管理、知识以及技术等,从而取得不同的协同效应或其他整合好处,因此并购能帮助实现企业发展战略,提升企业核心竞争力(参见图2—1)。随着经济转型和发展,主动并购成为越来越多上市公司的发展战略选择,通过进行产业内横向、纵向以及多元化并购来实现价值链的延伸,充分利用外部机会和内部优势,巩固市场竞争地位。[1]

企业并购能够产生协同效应,主要包括经营、财务和管理上的协同,有助于提升运营效率,使并购产生额外的价值。

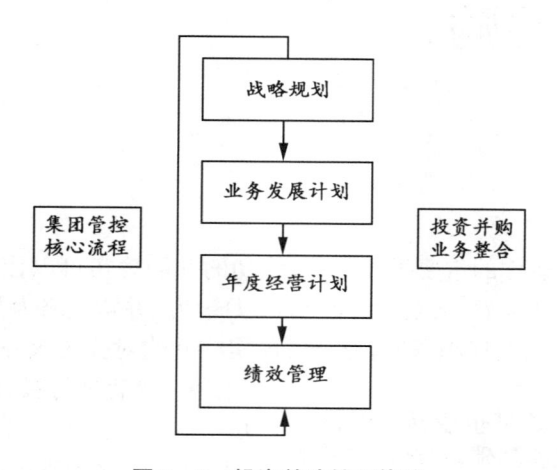

图2—1 投资并购始于战略

1. 把握并购市场环境

企业进行并购时,决策者无疑要具备战略眼光;也就是说,对国际和国内经济及政策大势要有深刻理解,只有了解了当前并购的背景,才能够对并购战术操作做到游刃有余。就国内来讲,近年来,提到最多的词就是"新常态"。2015年5月21日,在百度搜索"新常态",对应的信息高达144万条;2019年9月5日,对应的信息则高达3 120万条。这种情况说明,当前并购市场的基本环境要充分适应新常态,即当前中国经济处于深层次调整阶段,经济增长速度进入换挡期,从而进一步放缓,进入经济的"新常态"。

另外,从国际上来看,随着经济全球化进程的加快,越来越多的中国企业家具备全球竞争思维,他们知道,无论是否选择跨国经营,都将面临激烈竞争。全球化条件下,每个企业都面临着国内和国际两条战线的压力,这时,与其等着国外企业"打到门口",不如提前通过并购走到国外,培养自己的长线战略优势。然而,"走出国门"的跨国并购,其操作程序更为复杂,受不确定因素的干扰更大,因此需要更加关注风险管控。例如,2018年阿里巴巴旗下蚂蚁金服收购美国速汇金，这本是一项双赢的合作，然而美国外国投资委员会以威胁国家安全为由正式拒绝批准该并购项目。随后，速汇金股价收盘大跌9%，市值跌至不足7亿美元，而蚂蚁金服支付速汇金3 000万美元解约金，最终落得"两败俱伤"。

2. 从战略角度思考并购

知识经济时代，企业越发重视并购的战略性，主要围绕相关产业的发展战略进行并购活动。在这种情况下，成功并购不再仅仅局限于被并购目标是否实现资产升值和达到特定财务运营指标，而是在整个动态过程中满足投资者进行并购的初衷和远景战略目的。2003年并购数据统计显示，自20世纪90年代第5次并购浪潮以来，大约有80%的并购事件属于企业购买业务，而有36%的目标公司是与主并购企业完全相关的，另有44%是与主并购企业高度相关的。

经过5次并购浪潮的发展，战略并购已经成为企业并购的新趋势，战略并购能给并购企业股东创造更多的价值。

战略是并购能否成功的关键，因此在进行并购之前，一定要对并购目标有清晰的了解，而这一目标的确定又基于企业发展战略。如果企业出于"贪便宜"的心态进行并购，缺乏明确的并购动机和整合、营运能力，就很容易掉入投资陷阱。例如，2007年11月，中国平安人寿保险股份有限公司斥资约18.1亿欧元（均价19.05欧元/股）购买富通集团9 501万股股份，成为其最大单一股东，但这次并购不仅没有带来财务和战略上的优势，反而造成高额浮亏，亏损额一度高达157亿元人民币。

与公司内部成长相比，并购仍是公司成长过程中优先选择的发展战略，已经成为全球经济中重新分配资源和实施公司战略的重要途径。

并购是一项系统性工作，涉及企业并购的动因、协同效应以及行业选择等方面，这些方面是并购绩效的直接"动力"和"源泉"。从某种意义上来讲，并购是实现企业战略目标的一种手段，只有明确了企业发展战略，才能正确地选择并购目标公司，通过一系列并购运作，最终高效实现企业战略目标。

战略引导并购

成功并购所需要的关键能力包括战略、选择、估值和整合。如何最终确定并购是成功的呢？这既要从战略上进行评估，也要从财务上进行评估。无论如何，并购只有创造了价值并产生战略优势才能算得上成功。特别是并购整合阶段，更是成功与否的关键所在。以奥飞娱乐并购为例，自2010

年并购嘉佳卡通开始,奥飞娱乐试图打造中国迪士尼,并购重点往往只在于引进受欢迎的品牌形象,而不注重在并购后期对企业间的文化和资源进行整合以及对品牌文化的推广和延续,这导致企业并购后的绩效表现不佳。

> 围绕企业发展战略,科学运用并购战略指导企业并购活动,是有效实现规模效应和低成本扩张的着力点。

为何强调在并购之前一定要梳理企业发展战略呢?这主要还是为了让企业在并购过程中能够始终把握并购方向。其实,企业之所以开展并购,要么是看中了目标企业的技术,要么是看中了对方的市场,或者还有其他目的。在并购过程中,要将这些目的牢记于心。以美国强生整合子行业为例,它把原有业务划分为三大核心产业:日用消费品、医用设施和诊断设备、药品。通过并购,强生建立并强化了每个核心业务的竞争力,促进了核心业务的协同效应,同时对同质化的业务以及毛利率大幅下降的业务进行剥离和分拆,最终强生的三大核心业务成为公司发展的推动力和增长点。在此过程中,并购整合能力也成为该公司的核心竞争力之一。

并购推进战略

成长性行业更偏向于使用最新的技术成果,因为它代表最新的需求方向,具有更高的劳动生产率和利润率,因而拥有广泛的吸引力,而并购可以实现资源从衰退性行业和成熟性行业向成长性行业流动。在现实的并购运作过程中,很多企业随着并购的深入,不断受到种种"诱惑",有客观的因素,也有主观的因素,以至于对并购目标企业越看越爱,无法把持住自己,从而偏离了并购初衷,进而导致并购协议漏洞百出,为并购整合失败埋下了种子。

在成功的并购案例中,联想并购 IBM 的 PC 部门无疑是最突出的案例之一。在这次"蛇吞大象"的并购之初,很多专家和经济学家并不看好,然而事实证明,这是一次成功的并购,帮助实现了联想国际化战略目标。联想于 2001 年提出"高科技的联想、服务的联想、国际化的联想"的企业愿景;2002 年,联想召开技术创新大会;2003 年 4 月 8 日,联想启用新的英文标识"Lenovo";2004 年,联想签约成为国际奥委会合作伙伴。这些都是联想国际化的组成部分。此次收购 IBM 的 PC 部门是联想国际化战略的继续,是联想高层在合适的时间做出的一个合适的决定。在并购协议中以及并购后的整合过程中,联想时刻贯彻这一战略目标,因而业绩不断提升。

总之,企业发展战略决定了企业的长期发展方向,但是,如何推动并购活动并顺利实现企业的并购战略目标,是很多企业面临的重大挑战。只有在战略的指导下,企业的并购重组才会与企业定位相吻合,更多地考虑与企业处于同行业或上下游,且与主营业务具有协同效应。

资料链接 2—1　紫光股份收购华三通信

华三通信主要提供 IT 基础架构产品及方案的研究、开发、生产、销售及服务。华三通信因其强劲的竞争力在资本市场一直颇受欢迎,服务器、存储和技术服务均处于市场领先地位。2016 年 5 月,紫光股份收购华三通信 51% 的股份,产生 139.92 亿元的大额商誉。

1. 紫光股份的战略性选择

紫光股份聚焦于 IT 服务领域,主营信息电子产业,致力于打造一条完整而强大的产业链,即"云—网—端"产业链,向云计算、移动互联网和大数据处理等信息技术的行业应用领域全面深入。公司在 IT 领域积累了广泛而稳定的渠道资源,形成了强大的销售网络,搭建了高效的运营平台,为业务规模的扩张奠定了良好的基础。

基于这样的战略目标,紫光股份近年来开始了大规模的收购活动,从收购展讯、锐迪科,到收购华三通信,紫光集团的业务由芯片设计延伸至存储和服务器领域,开始全产业链的战略布局。

紫光股份收购华三通信的战略性意义,集中体现在以下几个方面:

(1)战略上:除了迅速并购芯片资产以外,紫光股份正在加速 IT 全产业布局。此次收购华三通信是清华产业逐步实现从芯片设计与制造、软件与系统集成,直到网络设备全线的新举措。

(2)产品上:紫光股份收购华三通信的控股权有助于公司产品线的完善,实现产品互补,推动 IT 领域产品线进一步完善,为打造 IT 生态圈打下基础。

(3)研发上:研发对于企业的成长至关重要,尤其是对更新换代迅速的通信制造业来说。华三通信在研发方面一直具有很强的竞争力。

(4)税收上:华三通信享受国家重点软件企业所得税优惠政策,紫光股份收购华三通信,享受到了这项税收优惠。

2. 对华三通信的效应

对于华三通信来说,国有控股的身份使其可以更好地应对国产化趋势的挑战,它将显著改变中国服务器和存储市场的竞争格局。如果华三通信能够有效地管理这一转变,必将成为中国企业业务市场最有竞争力的厂商之一,并能够对华为和联想等本土厂商发起挑战。

3. 并购绩效分析

紫光股份并购华三通信有助于绩效改善。

(1) 盈利能力方面：从销售净利率和基本每股收益看，并购在一定程度上使公司盈利能力有所提高。

(2) 偿债能力方面：2016年紫光股份并购华三通信交易完成后，公司的资产负债率指标均有所改善，这说明公司长期偿债能力有所增强，公司整体的抗风险能力上升。

(3) 成长能力方面：紫光股份在本次并购交易后一直处于快速扩张期，企业的营业收入、净利润以及总资产规模不断增加，此次并购行为进一步提高了紫光股份的成长能力。

紫光股份对华三通信的收购对我国通信制造业的并购活动具有如下借鉴意义：通信制造业要明确公司战略，在选择并购对象时，充分考虑并购动机，选择与公司战略布局相一致的目标企业，充分发挥目标企业的作用以及积极的财务协同效应，提升公司价值。

资料来源：章煜，何卫红．通信制造业战略并购与财务协同效应——基于紫光股份收购华三通信的案例分析[J]．经济研究导刊，2018(23)：153—156．

2.2 并购提供战略动力

不管是什么样的企业，其要做大做强无非有两种路径，要么是内涵式发展，要么是外延式发展。在企业处于发展阶段时，其实力较弱、控制的资源较少，如果没有大规模的资源注入，一般会选择内涵式发展。然而，当企业具备一定的实力之后，则更多地采用外延式发展，在众多扩张手段中，并购成为最重要的手段和工具。

尽管理论界不断地向人们灌输专业化经营的好处，但是在实践中，更多的企业还是义无反顾地选择了多元化发展。

为企业创造发展机遇

企业为什么要进行多元化经营呢？一方面是为了分散风险，至少很多企业认为是这样。但实际上，情况恰恰相反。很多企业之所以无法基业长青，往往是由于在经济景气周期内迅速扩大了规模之后，一遇到经济低迷，马上就陷入了困境,又被其他企业以极其"低廉"的价格并购了。另一方面是希望通过多元化经营,可以将自己的成功管理经验输入更多企业,从而带来丰厚回报。

成功的投资并购必须基于对宏观形势的把握,着眼于未来,围绕价值提升开展并购(参见图2—2)。例如,随着国家对机器人产业政策的支持,美的、格力、海尔等家电行业巨头开始在相关领域加快并购动作,2016年5月美的集团以115欧元/股的价格向德国库卡提出要约收购,2017年1月获得库卡94.55%的股权并且承诺维持库卡公司独立性不变,完成了并购交易。从美的集团的并购动机来看,通过在全球经济下行期并购库卡,不仅可以有效地降低并购成本,而且能够通过整合库卡企业的技术优势和市场资源,突破家电行业发展瓶颈,并拓宽海外业务市场。

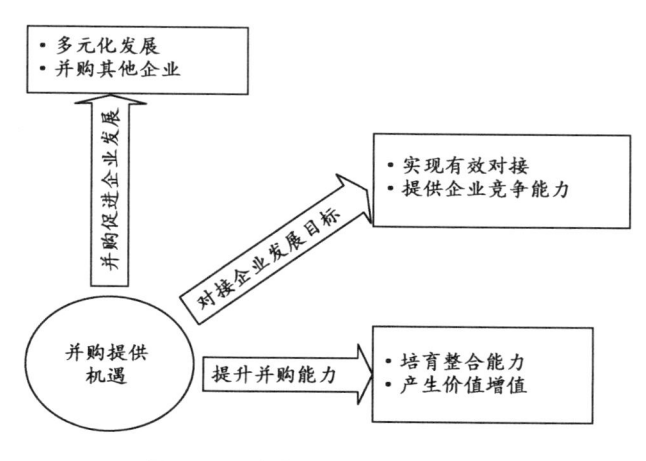

图2—2 并购为企业创造发展机遇

1. 并购促进企业发展

在多元化发展过程中,无非有两条路可供选择:一是自己投资新设企业;二是并购目标企业。例如,中信产业基金在医院并购方面采取控股型投资,2013年开始投资弘慈医疗,主要是针对公立医院、国有企业医院的改制合作,后来陆续投资了几个专科平台,包括妇产科的专科平台,还有长庚医疗以及从事肾科的几家医疗中心、骨科等平台。以弘慈医疗为主平台,引进以京东集团为主的战略投资者,把相关的专科平台整合到弘慈医疗旗下,形成新的医疗集团。

> 并购成败受多种因素影响,但最核心的在于如何有效地管控,只有对并购进行有效管控,才能实现并购的核心价值。

综观许多国际性大公司的成长历程,我们会发现,它们都是通过某种程度、某种方式的并购成长起来的,其发展或多或少与企业并购相关联。以微软为例,在发展自身业务过程中,其不断地收购处于初创阶段的企业以保护自己的市场地位,同时,它还以其巨量现金不断收购新业务以维持其市场领导地位。

2. 对接企业发展目标

企业在进行并购时,首先考虑目标企业是否满足自身发展的需要。2004年6月,兖州煤业并购了德国最大的煤炭生产商RAG AG下属的一家焦炭厂,并把这家工厂拆解后运至中国重建。该焦炭厂年生产能力约为200万吨,并拥有国际领先的尖端技术。此次并购不仅提高了兖州煤业的焦炭产量,更重要的是提升了企业的技术含量。2009年8月,兖州煤业又并购了Felix公司,该公司是澳大利亚的一家煤炭上市公司,其产品主要包括动力煤、高炉喷吹煤和半软焦煤,此外还持有纽卡斯尔港煤炭基础设施集团15.4%的股权,并拥有超洁净煤技术的专利资产。本次并购不仅扩大了兖州煤业公司资源储量和客户基础、提升了公司盈利能力,更重要的是带动了公司开采技术与设备的输出,并获得了清洁能源技术。

3. 提升并购能力

在选定目标后,还要评估自己是否有充足的资源或能力对目标企业进行整合,当并购目标企业在行业内的表现超过本企业时,则必须对本企业的并购能力进行全面的审慎评估,只有通过评估确认具备了整合能力,才可以实施并购;否则,并购后若无法完成对目标企业的整合,并购企业则可能遭遇严重危机。例如,中国化工集团的发展战略是从石油贸易、物流逐步向成品油零售市场发展,拟沿着完整的价值链建立一个以天然气产业为主体、上下游一体化的国际石油企业。为此,中国化工集团进行了多次海外并购。2016年,中国化工集团宣布与先正达正式签订收购协议,对先正达的并购对价高达450亿美元,成为迄今为止我国最大规模的跨国并购交易。

适应战略环境变化

并购既是一种复杂的经济活动,又涉及政治、经济、法律和文化等社会诸多方面,例如,就我国而言,只有选择符合我国经济、法律等要求的目标企业,才有可能得到政府支持。

1. 适应产业发展趋势

跨国并购涉及两个或多个国家，由于政治和法律环境、经济政策以及市场状况与规则的不同，更容易出现信息不对称的状况，面临更多的风险。

全球新一轮科技革命、产业变革正在加速演进，科技革命正在重塑国际竞争格局，作为资源价值再分配、支持实体经济不断转型升级的重要资本工具，并购尤其是高新技术产业并购在经济转型期具有特别重要的作用。腾讯、阿里巴巴、华为等领军企业的爆发式增长，带动了以移动互联网、互联网和通信等行业为代表的电子信息产业的高速发展，产业内企业普遍获得大量融资，发生频繁并购，进入新一轮快速发展阶段。

当前，国内一些关键技术、重要产业对外依赖程度比较高，必须通过重大创新突破关键技术瓶颈。

新一代信息技术向经济社会各个领域渗透，对生产和流通方式产生了重大影响，为经济社会发展注入新的动能，新业态也在改变着人们的生活方式，如第三方支付、网上购物、网络约车、网上订餐、在线医疗等模式日新月异，逐渐替代传统产业，成为经济增长的新动力。未来5～10年，是全球新一轮科技革命和产业变革从蓄势待发到群体迸发的关键时期，在这个过程中，对传统产业会产生颠覆式创新，并购必须适应产业发展趋势，促进企业实现突破式发展。

2. 并购与战略相适应

并购与企业战略密不可分，并购总体上是为企业战略服务的。例如，资源对于采矿业具有十分重要的战略意义，决定着企业的竞争优势和可持续发展。大同煤业依据集团公司总体规划及自身发展要求，通过收购、合作、控股等方式掌控煤炭资源，加大资源储备，如对内蒙古召富、华富的股权收购，合作开发"色连一号"矿井项目，投资建设梵王寺矿井项目等，都是实现资源储备战略的重大举措。

既然并购服务于企业发展战略，那么企业在进行并购时，一定要厘清企业的战略，全面了解企业所处的环境，从而制订相应的并购规划。以美国医疗市场为例，由于美国反垄断的强力审查，多起大型商保公司和零售药店的并购最终夭折，因此纵向并购成为并购的主流。对于大型商保公司和大型药品零售公司来说，其并购模仿的标杆都是美国第一大商保公司 United Health。历经数十年的发展，United Health 集团旗下涉足保险、医疗服务和药品零售、医疗信息化等领域。[2]

3. 全面梳理并购环境因素

通常情况下，企业并购是在专业机构的协助下完成的，即使这样，由于并购业务的复杂性与不确定性，并购完成3年之后再来考察其财务指标，成功率不足50%。因此，在开展并购前必须了解当前的战略环境，调研产业政策、金融政策以及财税政策等外部环境。

首先，明确国家对何种产业持支持态度并鼓励其发展、何种产业属于限制和禁止发展范畴，以及了解有关的国家区域发展计划。选择国家支持的主导产业方向，不仅并购成功机会大，而且可以享受相关的优惠政策和财政支持。例如，国内经济处于转型阶段，面临较大的下行压力，在此背景下房地产、零售、传统制造业等行业景气度普遍下降，为了规避结构性风险，企业纷纷选择跨行业并购。

在并购活动中，市场经济交易手段的效率更优，然而政治因素则更容易对并购绩效产生消极影响。

其次，全面了解并购相关政策，诸如金融政策、财税政策和相关法律法规。通常情况下，基于具体的金融政策和实际运营情况，企业选择并购支付方式，降低并购成本；依据财税政策，确定并购对象的行业和区域；另外，全面了解并购法律环境，不仅需要了解涉及并购的基本法律条款，而且要了解涉及目标企业主导产业、管理体制以及组织架构的法律法规条文等。

并购战略对市场竞争和政策环境的适应能力越强，并购活动就越能创造价值。

最后，还要准确理解相关政府部门的意图。跨国并购需要取得东道国政府的支持；国内并购则要得到上级主管单位的支持。无论是国内还是国外，政府支持与否很大程度上决定了并购能否实现。例如，香港恒胜公司曾意图兼并内地两家企业，尽管兼并对双方有利，但最终因主管部门干涉而失败。

推动企业跨越式发展

当前，短期财务性并购[①]的案例相对较少，主要由一些专业财务公司或者专业机构进行并购操作。对大多数企业而言，并购主要是战略性并购，目的是希望通过并购活动，更好地发挥并购双方的核心竞争能力，通过并购后的整合来优化并购企业和被并购企业的资源配置，在适当范围内继续强化主营业务，实现价值增值。

---

① 实施财务性并购的企业往往并不打算长期经营被并购企业；相反，其最终目标是要卖掉企业，从而获得收益。因此，并购企业并没有打算将被并购企业的资产、资源、战略等融入自己的经营范围之内。

对于并购企业来讲,其希望能够把自己的战略意图输入目标企业,从而实现战略方面的整合,进而将这种战略意图贯彻到各个职能中去,从而实现并购双方资源配置的优化,创造出更大的价值。

> 界定企业是否为跨国公司有3个指标:资产、营业收入、员工数量中海外部分占公司总规模的比例。如果这3个指标占比达到20%以上,就算是跨国公司。

当然,并购目的是多种多样的。实践中,很多企业在进行并购的时候,只关注短期的高额财务利润,对并购后企业的长远发展缺乏战略思考。因此,常常出现的一种情况就是,什么行业的利润高,企业就涌向什么行业,资金就流向那里,而对长期发展战略并不是特别关注,也无意于利用并购提升自己的核心竞争力。但是,这种追求短期效应的并购,失败的概率极高。

> 市场竞争取得成功有两种情况:一是成为更有效率的企业,提供更有价值的产品和服务;二是对竞争对手进行并购。

作为资本运作的重要手段之一,成功的并购确实可以让企业获得超常的发展。然而,成功的并购离不开成功的并购战略,企业必须通过对并购目标公司的仔细研究,充分考虑实施并购对公司核心竞争力提升的贡献率,然后才能进行具体的并购行动。失败的并购证明,如果对被并购方没有以并购战略为基础进行仔细研究,而是在理想的光环和憧憬中匆忙做出决定,最终结果往往令人失望。

资料链接 2—2　推动企业并购重组有助于促进经济升级

并购重组是指企业之间的兼并、收购和资产的重新整合,是企业在经营过程中出于自身发展需要,对于企业所拥有的股权、资产和负债进行收购、置换和重新整合的活动,是目前许多企业在发展过程中采取的一种重要的经营战略行为。对于产能过剩行业来说,并购重组是有效实现去产能、去杠杆的重要方法;对于新兴行业来说,强强联合、以强并弱等并购重组是实现规模化和效率快速提升的有效手段;对于较为成熟、发展潜力较大的行业来说,并购重组也是扩大已有优势的有效方式。

1. 适度提高产业集中度,实现规模经济

企业发展需要良好的产业环境,而合理的产业结构十分重要。产业内的大规模横向并购,可以适度提高产业集中度,防止国内产业内部的低层次无序竞争。企业通过并购,可以降低固定成本;可以拥有更大的生产和销售规模,在与上下游供应商和经销商进行协商谈判时,将具有更大的话语权;可以通过合并,减少重复设置的部门,削减重叠的职能,进而降低支出,产生协同效应,最终获得规模经济。

当前,我国许多产业存在集中度过低、低层次无序竞争的问题,导致企业盈利能力低下、创新能力不强、技术水平不高,尤其是在国际上竞争能力不强。高度分散化还带来了环境污染、低层次产能过剩、创新能力不足等一系列问题。并购重组是产能过剩行业消化、转移和淘汰过剩产能的重要手段,对于传统产业,产业间的并购、重组、整合可以有效控制行业内市场竞争者的数量,减少无序和恶性的竞争,企业可以借此机会调节产能,提高全要素生产率。并购重组对于新兴产业而言,既可以帮助企业拓宽产品线、进入新市场,还可以帮助企业延伸产业链、进入细分行业。目前,传统产业和新兴产业都在充分利用并购重组来实现自身的转型升级和快速发展,并购重组无疑是快速整合过剩产能、优化资金与技术的配置、开拓新领域、实现规模经济、提升资本效率的有效途径。

2. 清晰制定并购战略,促进整合型并购,实现技术进步,提升企业经营效率

清晰制定并购战略,通过一系列并购重组,使得相关产业的企业在内生发展的基础上,通过外生动力,在短期内积累资源、人才、技术、产品、渠道等优势,淘汰落后产能,提升生产力和竞争力,实现规模效应和协同效应,进一步有效推动实体经济进行必要的转型和发展。横向并购能够推动企业多元化和业务转型,实现规模效应,确立市场优势地位;纵向并购能够推动产业链向上下游延伸,提升企业利润水平和竞争力;跨界并购能够推动企业跨行业协同发展和产业转型升级。

实体经济企业赖以发展壮大的根基是技术研发能力,企业通过战略性并购,可以获得被并购方的高端技术和品牌,实现产业链、价值链由低层次向高层次的逆袭;也可以通过并购其他产业中具有高端技术的企业,趁机进入新兴行业。基于此类并购具有明确的战略目的,一旦收购成功,企业将获得高端技术和品牌,竞争能力将大大增强。近些年来,西方各国对我国企业发起的跨境并购交易非常警惕,经常以国家安全、反垄断审查为名加以阻止和否决。为此,我们必须注意并购的策略,遵循国际惯例与规则,使用国际上通行的方法。

3. 活跃资本市场,激活直接融资

资本市场是产业并购的重要平台,在并购重组、盘活存量上发挥重

要作用,为国企国资改革、化解过剩产能、僵尸企业市场出清、创新催化等方面提供专业化服务,加快对产业升级的支持力度。上市公司并购重组既是企业做大、做强的有效途径,同时产业并购所需的资金、尽职调查、咨询等服务可有效提高资本市场参与者(如券商等专业化融资机构)服务能力,提升市场股权交易活跃度,为市场发展注入活力,充分发挥市场对资源整合的基础作用。并购重组有利于上市公司市值的提升,对于上市公司加速发展具有助推器的效用;并购重组使上市公司增量又提效;从营运能力指标来看,虽然整合困难不容小觑,但整体资源运转效率肯定会有所提高。

资料来源:黄志凌. 通过并购重组提升企业核心竞争力[N]. 经济参考报,2019—05—22(007).

2.3 战略性并购的成功举措

并购是一个复杂的问题,成功并购更需要天时、地利、人和。并购的影响因素众多,不仅要考虑并购企业的发展战略与自身条件,还要考虑目标企业的状态,另外要考虑国家产业政策、金融政策、法律环境、制度环境与市场竞争结构等外部环境的变化。全面分析外部环境之后,基于企业自身的资源和能力,采取有效的举措,才能够取得战略性并购的成功(参见图2—3)。

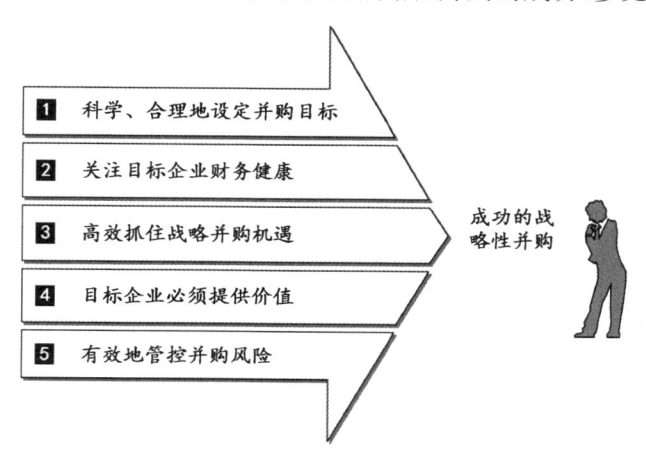

图2—3 战略性并购取得成功的举措

科学、合理地设定并购目标

并购可以创造价值,并购的每个环节都会对下一个环节产生重要影响。企业通过精准锁定并购目标、合理控制并购成本和实施有效的并购整合,最终会产生协同效应,从而提升企业价值。实践中,经常有一些企业看到别人在做并购,而在不考虑自身条件及战略发展规划的情况下,也积极推行并购策略,但并购后却发现目标企业不仅不会为自己带来效益,反而增加了自己的负债,这属于典型的盲目并购。

谨慎选择目标企业是保证并购成功的关键,并购方要有能力对目标企业进行全面的整合。 企业在并购前必须清楚地了解自己通过并购所要达到的战略目标,之后再根据战略目标甄别、选择市场上的目标企业,只有这样才能保证自己所并购企业能真正为自己所用,达到整合资源、扩张规模的根本目的。从战略角度来看,不同并购比例也彰显了企业的不同战略目的(见表2-1)。

表2-1　　　　不同并购比例与企业的不同战略目的

并购比例	少数股权(<20%)	相对控制(20%~50%)	绝对控制(>50%)
战略投资者	・作为获取更多股份的第一步 ・加强战略联盟 ・对某些经营行业施加影响	・为许多投资者所采用 ・允许投资者用更灵活的方式保护投资 ・市场价值往往高于账面价值	・为避免少数股份无法控股的问题,战略投资者越来越多地采用控股方式 ・相对昂贵的方式,须支付控股溢价
财务影响	・无股本及净利润合并的会计影响 ・只有由投资者产生的股利收入 ・无须合并报表	・股权投资的会计处理方式 ・对总收入无影响 ・无须合并报表	・合并财务报表 ・确认少数股东权益
对抛售股份的限制	・最易抛售所持有的股票 ・可能存在短期或中期的股票抛售限制	・优先否决权,对普通股存在长期禁止抛售或其他限制条件	・可能对股票的抛售存在限制 ・收购多数股权意味着长期的投入
控股程度	・最低控制力、影响力 ・无须股东同意即可投资 ・无法利用被投资公司的现金流	・须获得股东同意 ・能指定管理层和董事会成员 ・可否决公司行为	・在保护少数股东权益的条件下,可使用控制权 ・控制董事会,指定管理层 ・日常有效控制

因此，企业在并购之前，首先要明确自己在行业中的地位和竞争中的不足，而完善这些方面需要整合企业的上游或下游，同时迫切需要进一步扩大现有生产规模，从而分别采取前向一体化、后向一体化、横向一体化等并购策略。企业在并购前明确自己的优势和不足以及通过并购希望达到的目标是至关重要的，不可掉以轻心。

作为企业领导者，必须关注行业以及企业所处的阶段，据此制定恰当的发展战略。因此，制定企业并购战略、引导企业进行产业内整合就成为企业高层管理者的重要任务。我们可以回顾一下通用电气 CEO 韦尔奇的建议，他把通用电气并购战略概括为 3 种能力：一是预测产业并购趋势；二是塑造并购后整合能力；三是让并购进来的企业与原有业务保持一致。

关注目标企业财务健康

企业在不同的发展阶段，并购的战略目的也有所区别。通常情况下，企业在发展阶段，其并购目的就是在技术和财务上扩大规模，迅速达到临界值，实现规模经济。例如，美国生物技术行业中的企业就是通过并购实现了规模上的迅速扩张；新成立的生物技术企业吸引了大量风险投资，实现了快速上市融资目的。在该行业内，尽管并购数量在一段时间内出现了下降，但是交易金额却在不断上升，这种情况就说明，行业内的企业通过并购迅速实现了规模化。

财务性并购的目标更多地偏向于财务指标，主要是通过并购目标公司来获取财务收益。例如，上市公司并购非上市公司资产，带动股价大幅上扬，从而为收购方带来巨大收益。

当企业发展到成熟阶段后，所追求的主要是经济回报，而不是市场份额。这个时候，尽管并购数量较少，但往往会出现超大规模的并购现象，还会出现业务组织的调整，在并购的同时，会对原有不具备吸引力的业务进行剥离。

目前，更多的并购偏向于战略性并购，即并购双方以公司发展战略为基础，以各自核心竞争优势为起点，通过优化资源配置来强化主营业务。例如，2016 年，ADI 公司收购 Linear 公司，合并后的营业总额达到 50 亿美元，毛利为 70%，净利为 40%，造就了一个新的半导体行业巨头。这两家公司的理念相近，都信奉工程师文化，每年都会在研发方面进行大量的投入。在合并之后，公司在技术层面的优势更为明显。

然而，战略性并购并非忽视目标企业的财务状况，而是更加重视业务的战略性整合。从实践来看，只有财务状况良好的目标企业，并购后才能提供更大的价值，同时在并购整合过程中，更容易开展工作。以中粮并购蒙牛乳业为例，在乳品行业整体面临危机，蒙牛乳业盈利能力欠佳、营运能力下降、资金枯竭的情况下，中粮于2009年并购蒙牛乳业。从表面上看，这属于典型的财务并购，是为了谋取短期的并购溢价。但在对蒙牛乳业持续盈利能力、营运能力和产生现金流的能力进行深层次分析后，我们发现，蒙牛乳业是具有长期投资价值的企业。同时，无论是在盈利能力、营运能力还是在产生现金流的能力方面，蒙牛乳业都具有领先于同行业企业的巨大优势，具有战略合作的潜质。此外，结合中粮的战略规划背景分析，可以肯定的是，本次中粮并购蒙牛乳业实质上属于战略并购，其寻求的是长期战略目标和增值协同效应。[3]

高效抓住战略并购机遇

在一个市场竞争不断加剧和技术变化不断加快的时代里，传统的积累式发展存在越来越多的局限性，市场不再给企业成长提供更多的机会。"小鱼吃大鱼""快鱼吃慢鱼"，商业模式的创新需要通过并购的力量迅速占据市场。展望未来，未来并购更多的是以行业内的兼并、整合为主的战略性并购。"62%的中国受访者认识到，并购策略需兼顾各方利益以获得所有利益关联方的支持。在未来12个月内，以下六大领域最有可能成为中企并购的热门行业：汽车与运输、金融服务、科技、消费品及零售、生命科学以及采矿和金属。中国企业并购的前五大投资目的地依次是中国、美国、日本、英国和韩国。此外，中国继续成为全球第二大投资目的地，仅次于美国。"[4]

并购成为一种企业竞争方式，超过了价格、产品、市场和人才竞争。

并购可以使企业把握时机，赢得先机，获取竞争优势，然而战略性并购的机会稍纵即逝，企业必须多渠道搜寻并购信息，提高并购能力和效率，当战略性并购机会出现时，能够及时抓住机会。以耐克为例，它在非核心业务方面，通过并购取得了一系列成功，但是，由于没有收购 The North Face 和 Converse，使得耐克丧失了拥有绝对行业控制权的机会。在运动鞋领域，虽然有乔丹和"老虎"伍兹的助力，但由于缺乏长期战略的支撑，它还是无法取得长期稳定的成功，面临越来越多的竞争和挑战。这说明，当企业处于行业领导地位时，不仅要成为战略专家，还要擅长对不同子公司进行管理。

并购可以让企业迅速实现规模扩张，实现经济结构战略性调整，扩大生产规模，实现规模经济效益以及资本和生产的集中，增强企业竞争力。

类似的例子还有，当可口可乐公司发现自己的业务集中于碳酸饮料行业时，就想利用同宝洁公司的合作，把宝洁公司的 Pringles 薯片和 Sunny Delight 果汁饮料与自己的美年达果汁业务相结合,但最终功败垂成,从而落后于百事可乐。而百事可乐则通过并购佳得乐,获得了新的发展动力。

目标企业必须提供价值

并购往往是一个战略问题,而不仅仅是一个战术问题,因此,并购必须以完成企业发展战略为目标。通常情况下,并购目标企业是为了实现本企业的发展战略,因此必须具有"主体意识"。在进行并购时,需要仔细思考和评估目标是否具有价值、能为企业做出哪些贡献,诸如技术、管理、市场和人才等方面。只有对企业有价值的目标企业,才能够促进并购的成功。例如,2019年7月,抖音母公司字节跳动(Byte Dance)宣布收购英国音乐AI公司Jukedeck。Jukedeck目前由15个不同领域的工程师组成,他们中有人工智能研究员、软件工程师、音乐家等,他们都是既了解音乐又懂人工智能的人才。抖音之所以购买Jukedeck,一方面是因为Jukedeck能帮助创作者省去大量找配乐的时间;另一方面是因为Jukedeck生产的音乐都是即时原创的,抖音能够省下一大笔音乐版权费用。

> 企业并购重组要掌握好其中的科学性和艺术性,围绕基本原则开始工作,方能趋利避害,最终取得成功。

企业必须依据发展战略,统领其并购重组行为,围绕主营业务,发挥比较优势,获取品牌、渠道、技术、原料等资源,创造企业价值。2012年3月,苏伊士集团宣布收购英国国际电力公司的剩余30%股权,在双方对收购价格出现分歧时,法国燃气果断提高报价至110亿美元,仅用3个月就完成了交易。通过该项并购,进一步巩固了法国燃气作为全球最大独立电力生产商和能源服务提供商的地位,扩大了其在迅猛发展的新兴市场的份额,并增加了获取资本的渠道。分析师认为,考虑到国际电力的强劲增长前景,此项交易符合法国燃气的发展战略,预计国际电力的中期盈利增长将令法国燃气的利润增长率从9%提高至12%。[5]

有效地管控并购风险

企业并购是一种风险极大的企业行为。据美国贝恩公司调查,有20%的兼并案由于谈判失败而流产,实现兼并的企业中也只有30%创造了新的价值、获得了成功,其他70%的企业不仅没有创造新的价值,反而破坏了原有的价值。也就是说,100家进行兼并谈判和实现兼并的企业中,只有24%是成功的,其余76%都是失败的。[6]

全球各国政府正在采取更严格的方法来审查潜在地威胁其国家安全,特别是涉及高新技术的海外并购交易。

近年来,全球化程度加深,企业跨国并购越来越频繁,但跨国并购机遇与风险并存,并购风险同样是必须受到重视的问题。根据中投研究院 2018 年对 A 股上市公司跨境并购意愿的调查显示,有 13% 的跨境并购交易失败的原因是未通过当地政府投资审查;在考虑跨境并购风险时,超过 65% 的企业认为当地政治环境是最大的影响因素。2018 年美国《外国投资风险评估现代化法案》开始生效,该法案不仅进一步扩大了美国外资投资委员会的审查范围、加强了少数股权投资的审查,还增加了对特定领域投资的强制性申报以及"特别关注国"名单,而中国属于"特别关注国"。当时,多元化的跨界并购是市场主流,但与之对应的是,并购市场出现效率下滑,并购标的资产整体 ROE 水平降低。2016 年 9 月 9 日,证监会发布《上市公司重大资产重组管理办法》,加大了并购重组的监管力度。

资料链接 2—3　中国企业跨国并购应遵循五项基本原则

　　就个人观点,对中国企业而言,国际化之难,难在中外企业文化的差异,难在对国外人文环境的理解,难在对各国贸易壁垒的突破,难在没有国际化的人才,难在相当多的中国企业还在用中国式的思维做国际化的事情。这一系列挑战造成了中国企业走出去,尤其是海外并购中的水土不服。

　　中联重科基于自身的思考和实践,总结出了中国企业跨国并购的五项基本原则——包容、共享、责任、规则、共舞。

　　所谓"包容",就是用尊重理解和主动适应达成文化的融合。中西方文化存在很大的差异,而这种差异会成为国际并购整合中的重大障碍。消除障碍最需要的就是包容,想让别人理解,首先要去理解别人;想要达成共识,首先要去换位思考;只有跳出固有的思维海涵他人,才能融合东西方文化的差异。

　　所谓"共享",就是成果和风险共担,打造利益共同体。国际化不是经济殖民,不是征服,而是要在共同的愿景下,建立一个利益共同体,实现共同的发展。一个行之有效的方法,就是在企业并购后,对管理团队进行股权激励,在绑定利益的同时凝聚人心。

　　所谓"责任",就是用负责的行为赢得当地的尊敬。走出去的中国企业应当具备的基本素质是,对员工负责,对企业的未来负责,做一个好的企业公民。

所谓"规则",就是现代市场经济的契约精神。只有建立规则、认同规则、遵守规则,管理才有章法,做事才有规矩,评价才有标准。规则是硬性的,是不可突破的底线。敬畏规则、遵从规则,需要从一开始就做到约法三章,令行禁止。对被并购的企业,需要将其纳入同一个管理体系,由同一种标准形成统一的管理语境,处理问题一视同仁,信任而不放任。对不适应企业发展、不利于资源整合、不按规则办事的人必须换掉,这就是规则。

所谓"共舞",就是定好角色、定好流程,各就各位。共舞是收购之后的整合行为,更是持续的经营行为,只有共舞才能实现战略上的统一、管理上的一体化、技术上的协同、市场上的渠道共享和文化上的和谐。

我们坚信中国企业在跨国并购中,只要秉承包容、共享、责任、规则、共舞这五项基本原则,就能更好地融入全球主流的产业生态,成就世界级的企业。

资料来源:詹纯新.中国企业跨国并购应遵循五项基本原则[N].中国经济导报,2013—01—05(B01).

注释:

[1] 盘和林. 并购重组严把质量关[N]. 证券日报,2019—09—07(A03).

[2] 赵衡. 纵向并购美医疗市场寻求新增长[N]. 医药经济报,2019—07—15(006).

[3] 曹建新,董瑞超. 基于财务视角的战略并购管理研究——中粮并购蒙牛乳业的案例分析[J]. 财会月刊,2010(7):19—20.

[4] 安永报告. 中国企业并购意向创历史新高[J]. 中国对外贸易,2017(12):33.

[5] 马立. 并购重组的六大原则[J]. 首席财务官,2013(8):98—101.

[6] 孔浩. 公司战略并购及其风险分析[J]. 经济师,2011(7):255—256.

第 3 章
清晰的并购流程

并购过程中,风险与机遇并存。任何一个并购环节出现失误,都有可能导致企业并购失败,使得企业步入险境,甚至是破产。因此,企业并购的每一个流程都至关重要,要科学设计并细心实施,将并购失败的可能性降至最低。

3.1 建立科学的并购流程

并购不是一种简单的"购买"行为,而是一种复杂的行为。首先,对于进行投资并购的企业而言,要具备清晰的主营业务和明确的业务流程,这是能否为目标企业所接受并进行成功整合的基础所在。其次,企业必须具备并购操作和运营能力,无论是管理层还是基层骨干员工,都具有丰富的经验。最后,并购始于战略,终于整合。

> 在整个并购流程中,需要引入财务人员、法务人员、商务人员等专业人士的参与,有力协助企业积极、审慎地完成交易。

要想让并购为企业创造出更大的价值,必须依照清晰的流程开展工作(参见图 3—1)。

三阶段并购流程

并购是企业的一项长期性任务,因此,需要与专业的财务顾问合作,依据企业行业状况、自身资产、经营状况和发展战略确定自身的定位,形成并购战略。之后,在并购战略的指导下,选择适合的目标企业,开展并购工作。完整的公司并购基本流程应该包括以下 3 个阶段:并购准备阶段、并购实施

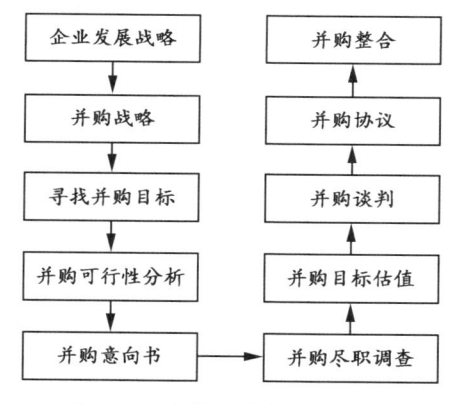

图 3—1　清晰的并购流程(示例)

阶段、并购整合阶段(参见图 3—2)。

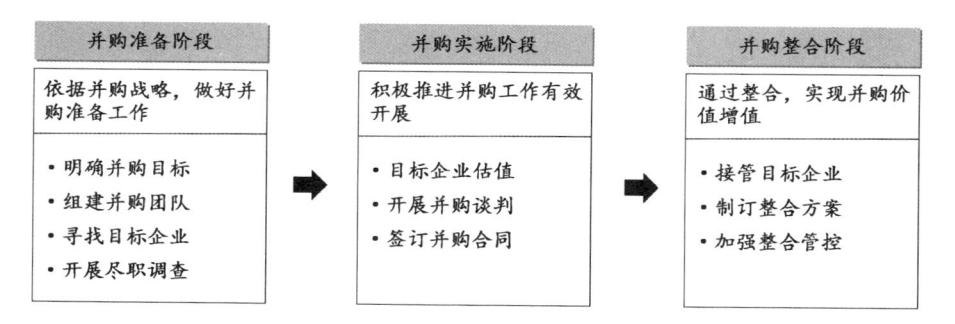

图 3—2　企业并购流程的 3 个基本阶段

1. 并购准备阶段

通常情况下,进入并购准备阶段时,企业就已经明确了并购目标。这个阶段的首要任务是组织并购团队,着手开展并购项目。根据并购项目对企业的重要程度,确定团队负责人,之后在企业内部和外部选择团队成员,一般包括法务人员、财务人员、专业投行顾问、商务人员。如果并购涉及较为复杂的技术问题,还应该聘请技术顾问。

外部专业顾问和机构的聘用,并不能保证企业并购"绝对"成功,只能保证企业在并购活动中不犯严重的、明显的错误。

接下来,对目标公司进行尽职调查,主要包括并购外部环境和目标公司的基本情况,如行业环境、法律法规、金融投资环境、目标公司的组织架构、财务情况、人力资源等。企业并购交易过程中,并购前的尽职调查起到"承上启下"的作用:"上"是印证了并购战略的正确与必要,"下"是为接下来的并购谈判、估值、整合打下坚实的基础。[1]现代企业的并购尤其重视尽职调查工作,诸如商业银行在贷款给企业之前,一定会对贷款企业进行贷前调查;基金投资要一家企业,也一定会对这家企业做必要的调查;并购购买方欲整合被并购企业,更要对目标方企业做全面、详细的调查。

2. 并购实施阶段

并购实施阶段是并购三阶段模式的中间环节,不仅涉及并购对价的支付,还需要详细谋划接下来并购整合环节的相关事项。除此之外,由于参与并购实施阶段的主体较为复杂,因此需要更加深刻的思考与安排。通常情况下,并购的实施阶段主要包括并购谈判、签订并购合同、履行并购合同。

该阶段是并购成本管控的关键阶段,企业要通过各种手段和途径控制并购成本,在提高目标企业对自身价值的同时,增强资源利用效率,降低成本,增强企业整体运营质量。

3. 并购整合阶段

成功的企业并购,不仅依靠并购方在并购前做出的各类尽职调查、双方在生产经营上的共同之处,以及并购方在并购过程中对被并购方做出的管理工作,更取决于并购后两家企业的各要素整合。例如,2012年汇孚集团正式完成对FinnKarelia的收购。汇孚集团没有贸然砸钱在海外办厂,而是选择谨慎收购品牌。然而,在收购了FinnKarelia之后,汇孚还是遭遇了无法避免的客户流失。自收购FinnKarelia和旗下SEEQ品牌后,汇孚将该品牌欧洲管理层20余人的劳资关系和医疗保险转移到杭州,留下关键设备,剥离当地厂房。公司高层考虑到汇孚集团的未来发展,只能忍痛暂停对FinnKarelia公司的继续投入。

投资并购有助于企业优化资源配置,实现产业转型升级,提升参与国际竞争的能力。

对于企业而言,仅仅实现对企业的并购是远远不够的,最后必须对目标企业的资源进行成功的整合和充分的调动,产生预期的效益。企业在重视对目标企业进行价值评估的同时,还应该对自身资金渠道、人力资源、管理运营实力进行合理的评估,减少对企业现状不切实际的盲目乐观和对自身实力的夸大,从而降低并购整合的风险。企业应该根据并购的类型选择相应的并购整合模式,突出整合重点,重点解决并购中的各项融合问题,降低并购的风险,加强企业对并购方的管理和控制,提升业绩,管理并购后的发展,增强企业并购后的综合实力。[2]

细化关键并购流程

无论是跨国并购还是国内并购,整体并购流程差异并不大。然而,具体到某一个并购项目,则要根据实际情况,对并购流程进行细化,这将充分体现并购项目流程的差异性。并购团队必须把握重点环节,有效地分配资源,循序推进并购工作的开展。

> 并购不是一个线性推进的过程,经验丰富的并购专家将并购流程看作一个并行的结构,有大量的重叠和前后参照。

企业并购的3个首要问题是:并购谁?如何并购?如何进行并购整合?实践中,企业并购的流程不尽相同,然而,无论是上市公司还是非上市公司,都遵循基本的流程和规律。通常情况下,企业投资并购的基本流程包括搜寻并确定目标企业、并购意向谈判、并购尽职调查、正式并购谈判(包括商务条款谈判和技术条款谈判)、签署并购协议、并购交易实施,以及并购整合等基本流程。

具体到每一个并购项目上,并购流程要根据具体情况进行细化。实际上,并购流程的每一个关键环节都可以进一步细化,每个环节都有明确的内容(参见图3-3)。为了规范并购工作,很多大型企业制定了并购流程作业手册:一方面,可以通过手册来规范企业并购项目运作;另一方面,有助于对并购最佳实践进行总结,形成知识化模块。企业制定并购流程手册,为同类并购工作提供参考标准,采用明确的流程步骤和流程操作规范。

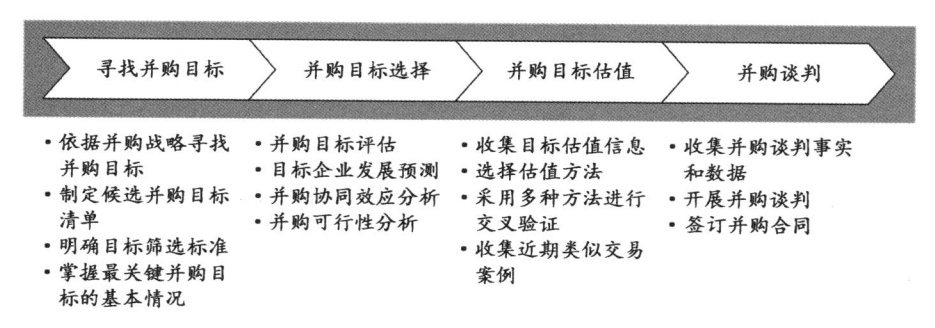

寻找并购目标	并购目标选择	并购目标估值	并购谈判
• 依据并购战略寻找并购目标 • 制定候选并购目标清单 • 明确目标筛选标准 • 掌握最关键并购目标的基本情况	• 并购目标评估 • 目标企业发展预测 • 并购协同效应分析 • 并购可行性分析	• 收集目标估值信息 • 选择估值方法 • 采用多种方法进行交叉验证 • 收集近期类似交易案例	• 收集并购谈判事实和数据 • 开展并购谈判 • 签订并购合同

图3-3 并购环节的细化内容

形成并购流程体系

企业并购风险巨大,这在客观上要求企业具备很高的并购管理能力;同时,为了保证并购的成功推进,通过多年的实践,专业从事并购咨询的公司归纳出了严格的并购流程体系(参见图3-4)。其中,不仅涉及各企业之间

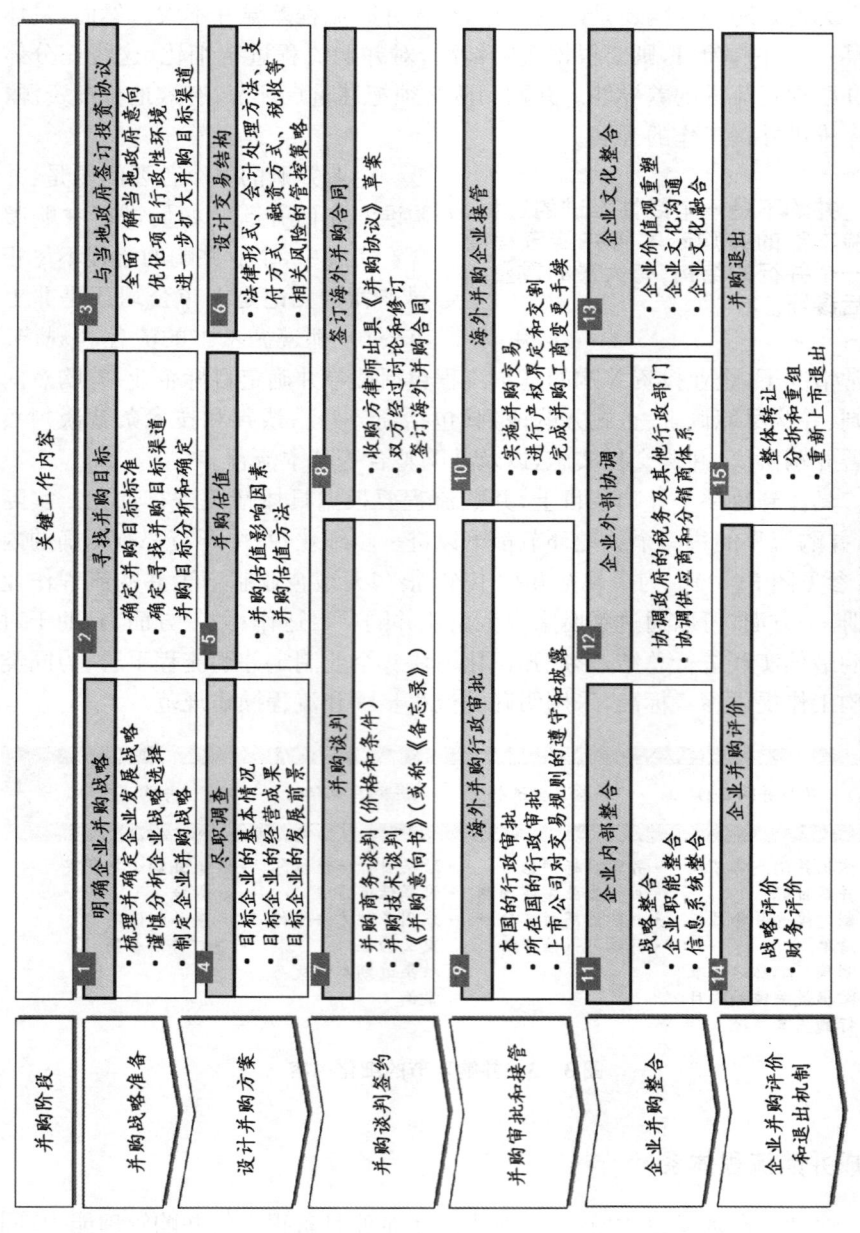

图 3-4 并购流程体系

并购阶段	关键工作内容
并购战略准备	**1 明确企业并购战略** · 梳理分析企业发展战略 · 谨慎分析企业并购战略选择 · 制定企业并购战略
	2 寻找并购目标 · 确定并购目标标准 · 谨慎寻找并购目标渠道 · 目标分析和确定
	3 与当地政府签订投资协议 · 全面了解当地政府意向 · 优化项目行政性环境 · 进一步扩大并购目标渠道
设计并购方案	**4 尽职调查** · 目标的基本情况 · 目标的经营成果 · 目标的发展前景
	5 并购估值 · 并购估值影响因素 · 并购估值方法
	6 设计交易结构 · 法律形式、会计处理方法、支付方式、融资方式、税收等相关风险的管控策略
并购谈判签约	**7 并购谈判** · 并购商务谈判（价格和条件） · 并购技术谈判 · 《并购意向书》（或称《备忘录》）
	8 签订海外并购合同 · 收购方律师出具《并购协议》草案 · 双方经过讨论和修订 · 签订海外并购合同
并购审批和接管	**9 海外并购行政审批** · 本国的行政审批 · 所在国的行政审批 · 上市公司对交易规则的遵守和披露
	10 海外并购接管 · 实施并购交易 · 进行产权界定和交割 · 完成并购工商变更手续
企业并购整合	**11 企业内部整合** · 战略整合 · 企业职能整合 · 信息系统整合
	12 企业外部协调 · 协调政府的税务及其他行政部门 · 协调供应商和分销商体系
	13 企业文化整合 · 企业价值观重塑 · 企业文化沟通 · 企业文化融合
企业并购评价和退出机制	**14 企业并购评价** · 战略评价 · 财务评价
	15 并购退出 · 整体转让 · 分拆重组 · 重新上市退出

的利益分配,还与法律政策相关,不同行业、不同性质的企业也有不同的并购流程和手续。

投资并购更多是一种实践,只有在项目上积累经验,才能建设一支强大的并购团队。例如,2004年,五矿集团发起对加拿大一家上市公司的并购,尽管此次并购并未取得成功,但通过并购实践操作积累了经验,锻炼了队伍。2009年,五矿集团收购澳大利亚OZ矿业的铜、铅、锌和镍矿资产后,在澳洲成立了新公司MMG,负责矿业资产的管理、开发和运营。通过此次并购,不仅获得了可观的矿产资源,更重要的是得到了一支国际化的矿业运营管理团队,为五矿集团的国际化矿业发展奠定了基础。

这里,我们无意于深入、全面探讨并购的详细流程,而是从整体的、共性的角度来对并购关键流程进行梳理和说明。这也就意味着,读者未来从事具体并购事宜时,仍然需要从其他专业书籍中或者从专业机构那里获得详细的工作流程,并在此基础上制订出周密的并购工作计划。

资料链接3—1 成功并购的4步流程

我们与客户一起工作时发现,成功的并购交易,在甄别、评估和整合潜在目标公司以显著增加成功机会方面,都遵守4步流程。

1. 选择合适的目标公司

对于潜在收购方,亚太金融服务业有许多目标公司。但对于跨国并购的公司,这却是一个潜在危险区,需要深入调查、评估公司如何竞争。成功交易始于明确的并购主题:它建立在明确的增长战略之上,即某项并购将如何增强收购方的核心竞争力,以及如何为并购后的公司创造价值。最精明的收购方撒大网挑选潜在目标公司,但只关注那些能逐渐深入了解的公司。重点放在甄别规模合适的交易上,从小的并购交易入手,提高并购技能,然后做更大的并购交易。

2. 知道何时放弃

成功的交易人都自下而上地分析目标公司,确定独立价值,谨慎地验证其投资主题。对他们而言,尽职调查过程并不仅仅是划勾勾叉叉。通过了解目标公司的实际能力、竞争对手、客户群和现金流,他们评估,如果达成交易,是否能真正实现协同效应,以及何时能实现。预先确定放弃的基准:一旦在尽职调查中出现这些问题,立即放手。在达成交易之前,他们积极地查找潜在问题:过高评估交易的潜在价值;被目标公司华而不实的漂亮外表所诱惑;在竞标过程中失去理智。如果不深入调查或在问题浮出水面时不及时终止,过于热切的收购方极有可能掉入陷阱。

资深交易商凯雷集团是美国著名的私募基金公司,已在亚太投资7.5亿美元,是该地区最活跃的收购公司之一。该公司以苛刻的交易调查风格闻名。在公司投入资金之前,凯雷合伙人将任何交易限定在凯雷熟悉的行业内。真正熟悉当地市场环境和拥有全球资源网络,让凯雷极具竞争力。

3. 整合关键业务

一般而言,有效整合是影响交易成功最重要的单项因素,它可以令交易顺利前行或背道而驰。每个整合项目(正如每笔并购交易)都各不相同,但几乎全部整合工作有许多通用准则。这些准则都关系着一项核心事务:真正需要整合哪些领域,以及可完全独立运作合并公司的哪些业务?在领导力议程上,合并公司的领导将文化放在突出位置,以符合交易投资主题的方式重建企业环境。无论选择什么样的整合计划,他们都使用硬性的战术(组织架构、薪酬激励和放权政策)来进行文化整合。

4. 坦然面对意外之事

计划跟不上变化。对于并购后困难,绝大多数公司领导缺乏准备。他们把精力都放在落实交易条款和研究详尽的整合计划上,对具体问题却漠不关心。当执行并购后计划偏离正轨时,警醒的收购者应忘掉过去,承认错误,果断采取强硬措施将交易扳回正轨。无论是可管理的问题,还是突发性问题,成功的收购者都借助强有力的预警机制主动发现困难,趁危险尚在萌芽状态,便积极应对、毫不拖延。

成功地摆脱并购的危险困境,正逐渐成为进军亚太金融服务利基市场的全新课题。过去的实践证明,实现这一目标无捷径可走。只有为发现之旅做好准备,训练有素、纪律严明,时刻警惕陌生市场的危险,谨慎且合理地利用资源,并购之旅方能硕果累累、满载而归。

资料来源:Edmund Lin, Gary Turner, Chul Joon Park, Oliver Stratton. 成功并购的四步流程[J]. 中国企业家,2006(11):89—91.

3.2 开展充分的并购准备

企业在考虑任何一项并购交易时,都必须做好充分的准备(参见表

3—1）。这里不仅有资源方面的准备，诸如资金、管理、人员等，而且有精神方面的准备，诸如企业文化融合、并购整合压力、并购谈判准备等。很多时候，企业需要通过专家评审会，集中回答几个并购的关键问题：为什么合并后的公司会更成功？目标公司能够带来哪些价值？合并后存在哪些风险会影响到新公司的正常运营？人才流失率会有多大？并购整合的资源是否足够？等等。

表3—1　　　　　并购准备阶段的关键工作和责任者（示例）

序号	关键工作	责任者
1	制订年度并购计划	战略发展部
2	寻找并购目标企业	企业高管、战略发展部
3	确定并购目标	董事会
4	并购目标企业初步调研	市场部
5	撰写《并购可行性分析报告》	并购项目组
6	审议《并购可行性分析报告》	董事会

明确并购战略

在现代经济中，并购既是一项资本运作，也是一项战略行动，目前在越来越多的企业战略决策中，把并购作为一种资源整合和优化配置方式（参见表3—2）。要想在激烈的竞争市场中建立并保持核心竞争力，有必要选择并购来实现其长期发展战略。因此，企业开展并购活动，首先需要考虑的就是并购的战略和目标。

表3—2　　　　　美的集团对外投资并购和战略布局

时间	并购目标	战略布局
2004年	重庆通用	布局大型中央空调领域
	合肥荣事达	增加白色家电产品品类
	广州华凌	提升制冷产业竞争力
2005年	江苏春花	进入吸尘器产业
2008年	小天鹅	提升冰箱、洗衣机产业竞争力
2010年	埃及Miraco公司	开拓非洲市场
2011年	开利拉美空调业务	提高国外市场占有率

续表

时间	并购目标	战略布局
2014年	小木科技有限公司	战略合作伙伴
2016年	意大利Clivet	将大型中央空调市场扩展到欧洲及全球
	社群科技	拓展自媒体营销市场
	神州通付	进入互联网支付领域
2017年	以色列Sevotronix	完善机器人产业布局
	库卡（KUKA）机器人	获取技术支持，推进"双智"战略
	小卖柜	进入无人零售业务
2018年	Sound Hound	战略投资语音AI企业

为了制订更切实有效的战略计划和发展目标，并购方必须在法律规范的约束下，结合企业自身行业状况、经营需要、筹资能力、发展需求，合理设置并购战略目标，制订战略规划（参见图3—5）。

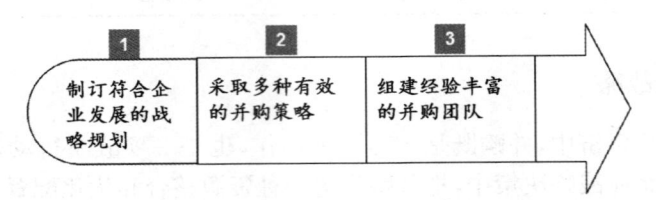

图3—5 推进并购战略的关键举措

1. 制订符合企业发展的战略规划

企业管理层收购经验越丰富，其长期战略前景就越看好。 对于具体公司来讲，在业务、区域、技术、文化等一系列资源上，都会具有特色性。正是这种特色性，才使之以独特性赢得客户，也就是做与竞争对手不同的活动或以不同于对手的方式完成类似活动，以特别的活动能力为基础创造独特的、有价值的地位。战略规划要权衡利弊得失。原因在于：一是决策者及公司的资源、能力、时间有限，只能结合特色建设做出选择，有所为、有所不为；二是只有围绕自身特色做出取舍，才有可能使竞争对手欲学而不能，若想仿效，就会鱼和熊掌难以兼得；三是让人活，自己才能活，在为他人留有生机的同时，可为自身长期发展奠定基础。

让投资人充分理解公司的产业演进战略并获得其认可是成功收购的前提。 战略规划要将公司资源与能力集中到某一个或几个领域,这就意味着公司要清晰界定自己的发展方向,知道哪些业务和哪些行为是受到限制的。唯有这样,公司才能将自己的产业清楚定位,也才能知道要采取什么方式经营才会做得更好。[3]例如,2016年8月,滴滴收购了优步中国,优步中国的品牌、业务、数据等全部资产在中国内地运营,双方的创始人分别加入对方董事会。滴滴并购优步中国,一方面,结束了双方数年的不良竞争,降低了运营成本;另一方面,通过横向并购,滴滴实现了规模扩张,扩大了市场份额,提高了竞争优势。同时,规模的扩大有助于滴滴达到上市公司的入市标准,实现公司上市的战略规划。对于积极推动并购的企业来讲,参与企业并购的各部门都要为决策者提供相关信息,收集、整理相关数据,共同制订出一个有利于公司发展的战略规划。

2. 采取多种有效的并购策略

并购策略在成功并购中具有极其重要的地位,公司高级管理层必须在这一点上达成一致。通常情况下,企业应该为目标公司选择合理的并购策略,主要表现为以下两点:一是把产业整合以及业绩提高的理念融入公司并购策略中;二是注重突出主业、提高竞争力的并购策略。以上市公司为例,为了能够保持上市公司的股价能够持续增长,上市公司在选择收购对象时必须要理性,最好是从战略性的产业整合以及公司业绩的增长贡献角度来考虑交易行为。

企业必须形成适合自身进行收购的核心业务模式,并为每一项业务的核心功能和程序设计整合模板,为顺利收购奠定基础。 适应外部和内部环境的发展和变化,企业必须重视并购工作,仔细选择合适的并购目标和策略。但是,企业在主动进攻的同时,还要具备强大的防御能力。也就是说,对于能帮助企业发展的并购,要积极推进;对于有害于企业发展的并购,则要通过并购防御机制,主动制止。

3. 组建经验丰富的并购团队

并购团队的构建对于并购成功与否起到十分关键的作用,建立一支专业化、全面化的并购执行团队能够有助于并购后期工作的开展。通常情况下,并购团队包括3种力量:一是企业内部负责并购的业务团队成员,主要包括法务、财务和商务人员,通常情况下,并购团队负责人是企业内部高管,不但要进行前期并购机会的判断,还要进行并购谈判和整合;二是专业中介咨询机构人员,主要包括与并购相关的专业人员,诸如行业专家、并购专家、法务和财务专业人士等;三是并购整合人员。如前所述,并购是一项系统性工作,从一开始就必须考虑到整合事宜,这样可以大大增强并购成功的概率。

如何选择合适的并购对象并采取合适的并购策略,已经是企业高级管理人员必不可少的一项重要能力。

无论是横向并购还是纵向并购,抑或是混合并购,并购双方产品服务、组织架构、企业文化、管理风险都会有明显差异。应尽早让并购团队成员介入企业并购的过程,确保在并购策略设计的开始阶段,就能够让并购团队关注并购后的整合过程,同时并购团队需要对并购企业和目标企业的产业环境、市场发展趋势、产业链分布、并购企业和目标企业的核心资源及竞争能力加强认识和了解,最后并购团队应对并购整合过程存在的风险有清楚的识别和防控。

选择目标公司

当产业进入规模化发展阶段,产业中处于领导地位的企业必须持续分析下一个收购目标或评估一个新的增长战略。通常情况下,目标公司的选择是十分重要的问题,并购方应根据并购战略规划,初步选定目标公司,与目标公司初步谈判,或与其股东进行洽谈,了解情况,进而达成收购意向,签订收购意向书。

1. 明确并购动机

投资并购为企业快速获取技术储备、提高市场份额、实现利润增长提供动力。

成功的并购首先取决于选择一个合适的并购目标,而赖以选择的因素就是企业的并购动机。并购动机是并购行为的出发点,而并购目标的选择是企业投资并购行为中的第一项挑战。因此,如何基于企业并购动机选择合适的并购目标,以获得最佳的并购效果,是企业投资并购迫切需要解决的问题。

企业应根据行业状况、经营需要、资金管理能力和发展战略确定并购计划,进而初步确定并购目标公司。

实践中,企业对并购的动机存在很大差异。比如说,有的企业寻求更大的市场份额,有的企业则注重战略互补,还有的企业在寻找新的利润增长点。无论企业投资并购的动机如何,都要对目标企业进行详细分析,确定其能够提供的价值所在。

2. 价值增长矩阵

价值增长矩阵是《价值增长者》(*The Value Growers*)中提出的概念,是评估行业中哪个公司将是制定成功并购策略的最佳目标公司的一种方法。通常情况下,根据收入增长和价值增长两个维度,以行业平均水平为界,将并购目标企业划分为经营不善型、简单增长型、利润寻找型和价值增长型这4种类型(参见图3-6)。

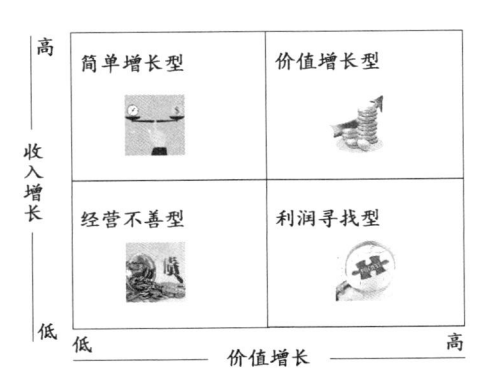

图3-6 科尔尼价值增长矩阵

(1)经营不善型:此类企业必须进行彻底变革,其收入增长和价值增长均低于行业平均水平,经营风险很大。

(2)简单增长型、利润寻找型:由于这些目标企业已经具有成长基础,在收购价格适当的情况下,管理层无须花费过多的精力。

(3)价值增长型:这类企业是最好的战略性并购目标,但价格很高,需要具备较高的风险控制能力。

3. 确定并购目标

在选择目标并购企业的过程中,一般情况下,我们应该选择"简单增长型"和"利润寻找型"企业。企业顺着产业演进曲线而上时,最快的就是最成功的。其中的关键因素是并购的速度,动作迟缓的公司会成为收购目标,最终从曲线上消失。

开展尽职调查

企业并购的最大风险源于信息不对称,从而导致诸多并购陷阱,如债务陷阱、担保陷阱、无效资产陷阱等。然而,如果在并购合作的初期,双方由于相互不信任而产生强烈的防范心理,那么最终可能导致企业并购失败。因此在并购交易中,尽职调查占有非常重要的地位。可以说,没有尽职调查,就没有并购之后整合的基础,况且并购中的尽职调查还直接关系到并购价格的确定、并购双方谈判的依据、并购风险的控制等。[5]

尽职调查是一项专业的工作,通常由专业中介公司来完成。过程中须注重实质内容,而不是按部就班的"流水式作业"。 通过并购尽职调查,了解目标企业的过去、现状与未来,倾听企业内外有关人员(尤其是企业管理人员)对企业兼并收购的意见与建议,了解他们对并购项目的需求及期望值,了解他们的困惑和抱怨,根据经验认真分析,做到心中有数,从而初步确定调研的重点。

并购方应在目标公司的协助下对其资产、债权、债务进行调查。对目标公司进行尽职调查,具体包括目标公司的股权结构,决策层意见,产品、技术和经营情况,财务状况,担保诉讼情况,人力资源及用工状况,所在地政府态度,以及并购的内外部环境(相关政策、法规,存在的问题、风险及对策等);同时,对并购目标公司的价值做出初步判断,对并购可行性进行分析。

在经济全球化的影响下,越来越多的企业选择走向国际市场。专业的尽职调查工作有助于企业发现目标企业的价值和问题,确保并购信息的真实可靠,使企业通过并购扩大经济规模、提高经济效益,进一步达到预期的并购效果。例如,尽管西方发达市场信奉公开透明的自由市场竞争原则,但由于存在不同历史因素、不同资源禀赋情况以及约定俗成的潜在市场规则,这些规则往往是成熟市场中的理性做法,在合法合规的前提下,新进入者需要顺应市场规则,充分认识市场环境、合作伙伴和竞争对手的实力,不吃独食,发扬"合纵连横"的策略,融入当地市场。

资料链接 3—2　并购团队成功的六大"金律"

打造了并购团队后,并购团队如何才能取得项目上的成功?以下是并购团队成功必不可少的几点因素:

1. 长期对项目机会的跟踪、分析及寻找良好的买入时机

离开对市场上项目机会的长期跟踪、分析,仅仅孤立地去分析和评价市场上出现的单个项目机会,而不考虑与公司战略的合拍及公司能力,就不是优秀的海外并购团队。良好的交易进入时机对中国公司来说也很重要。例如,笔者亲自参与的一个大型并购交易,就是等相关国家的地方选举结束后才开始进行。可以预想,如果不等政治选举的结束,该并购交易必将在选举期间成为政治人物攻击的靶子和公众情绪的宣泄口,可能一开始就会定下失败的基调。

2. 熟悉、理解并掌握国际通行规则，灵活利用当地规则

这一条说起来容易，做起来难。海外并购流程、交易、文件都是国际化的规则，并购团队有相应经验后，处理国际化的通行规则并不是最难的，难点还在于需要理解资产所在国的当地规则。一个成功的并购团队一定是既懂国际通行规则，又能深刻理解并运用本地规则的团队。不理解或不能利用本地规则，往往会导致并购团队做出错误的结论。

3. 良好的团队构成

海外并购的成功，绝对离不开人的因素。内部团队和外部顾问的选任及合作，是并购项目能够成功的核心要素之一。内部团队和外部顾问需要向公司管理层提供合理的商业方案，需要同卖方及卖方顾问有良好的沟通及谈判。凡此种种，均是成功并购交易的重要因素。

4. 公司的文化及企业精神

并购团队的行事方式、工作态度、专业精神，都是由公司文化及企业精神所决定的。笔者参与过不少海外并购项目，也同很多外部顾问及交易对手打过交道，中国国有石油公司的开放性、商业性、国际性及灵活性的公司文化，往往留给交易参与方非常深刻的印象。

5. 公司管理层对并购团队的支持及敢于决策

海外并购的成功受到政治环境、政府支持、交易对手、合作伙伴、第三方、公众情绪、商业技术法律风险等各类因素的影响。无论并购团队多么有经验、多么懂并购流程或者交易文件的风险控制，如果没有公司管理层对并购团队的支持及面对风险时敢于拍板决策的信心和勇气，并购交易也是无法成功的。笔者曾经参与的一个大型跨国交易，在对方董事会将是否接受"地狱条款"（Hell or High Water Clause，即签署交易后不论任何困难，包括无法通过政府审批，均不能阻止交易交割付款）作为交易破裂点的威胁时，笔者所在公司的管理层通过对目标公司各种情况的分析，勇敢地拍板坚持不接受该条款，最后成功完成交易，并控制了公司在交易中的风险。

6. 与并购交易所涉政府的积极沟通及获取本国政府支持

鉴于油气资源重要的战略地位，海外油气并购不可避免地带有某种政治色彩。在进行大型的油气并购交易时，积极与资源国政府接触或者与交易所涉及的政府审批机构保持通畅的沟通渠道，对交易的成功将大有裨益。对中国企业来说，获取政府支持，积极地与资源所在国的外交、商务部门进行沟通，了解当地的政治生态、利益团体，获取信息及沟通渠道，也是促使并购交易顺利完成的有利因素。

不仅仅是中国政府为中国企业走出海外提供了帮助,在其他国家,亦是如此。例如,2012年在中海油并购加拿大Nexen公司的同时,亚洲的另一家国有石油公司Petronas以约52亿加元购买了加拿大的Progress Energy,一开始该交易受到加拿大政府的否决,认为该交易不能给加拿大带来净利益(net benefit,加拿大审批外国投资的标准之一是判断该项投资能否给加拿大带来净利益)。在加拿大政府否决该交易后,马来西亚总理曾公开表示支持Petronas与Progress的交易,并认为该交易能给加拿大带来净利益。在Petronas向加拿大政府进一步做出相关承诺后,比如投资LNG项目、修建LNG液化厂等,加拿大政府最终批准了Petronas与Progress之间的交易。

一个成功海外并购团队的打造,绝非一朝一夕之功。海外并购团队取得项目上的成功,除了需要时间、经验的积累和得当的谋划外,有时候,还需要那么一点点运气。

资料来源:张伟华.打造成功海外并购团队的要诀[J].法人,2015(11):53—54.

3.3 高效推进并购实施

完成并购准备之后,企业就要围绕收购目标开展工作,通常情况下,需要明确双方的并购意向,制订并购方案,充分准备并购谈判,确定好重要人员的安排,以免失去并购后前100天的黄金时机。[①] 在并购实施阶段,并购双方需要进行全方位的深入沟通,就企业可持续发展做好安排:一方面,消除目标企业员工的消极情绪,保持良好的运营水准;另一方面,围绕企业协同,实现制度和流程的高效对接(参见图3—7)。

推进并购实施的举措
1. 明确并购意向
2. 制订并购方案
3. 开展并购谈判
4. 办理交接手续

图3—7 推进并购实施举措

---

① 国际上通常认为,企业在并购之后100天内的表现,对于并购整合的效果十分关键。

明确并购意向

在并购前一个阶段,主要确定并购目标企业,开展并购尽职调查,对并购目标企业有了明确的意向之后,由并购方向被并购方发出并购意向。通过向目标企业传达并购意图,可以判断目标企业对并购的态度。如果目标企业同意进行并购,就可将工作进行下去;如果目标企业不同意并购,就要进行更多的沟通;之后仍然无法取得同意,就只能停止并购工作。

通常情况下,企业并购采取善意并购,要经过谈判、磋商,只有并购双方都同意,才会有并购发生。如果被目标企业不同意并购条件,那么该项并购就不会继续。

向目标企业提交并购意向书,不仅传达并购的意向,还会列明并购的基本条件和说明,让目标企业更清晰地知道在并购过程中可以实现哪些目标,如财务、研发、战略、人力资源等方面,为并购的下一步工作提供基本思路。

通常情况下,并购意向书内容简明扼要,主要包括并购费用分担、保密协议、并购期间不得与第三方进行并购、相互提供资料等内容。这些内容有助于目标企业在其董事会或股东会上讨论,方便做出决议。同时,意向书都含有保密条款,要求无论并购成功与否,并购双方都不能将其所知的有关情况透露或公布出去。如果并购的目标公司是国有企业,那么必须取得负责管理其国有财产的国有资产管理局或国有资产管理办公室的书面批准同意;否则,并购不可以进行。

投资并购实践中,很多企业采用直接与目标企业沟通的方法,并不发出明确的并购意向书,从而更加直接地了解目标企业的真实态度。

制订并购方案

在完成对目标企业的尽职调查基础上,并购团队需要依据相关信息和资料制订并购方案,形成正式的书面文件。通常情况下,并购方案的内容涉及目标企业管理及财务现状的描述、存在的问题和根源、目标企业对并购的目标和需求、并购企业的战略目标、现状与战略目标的差距及近期扩张方案、并购方案实施的基本投资预算、并购方案的实施计划、效益分析及风险预测等。

并购方案设计应围绕降低并购成本、提高并购效率展开,力求维持并增强并购方资产的流动性、盈利性和增值能力。

在具体的并购项目实践中,需要依据并购项目进展情况,组织外部专家和内部专业人士对并购方案进行评估和论证,听取多方面的建议和意见。之后,与目标企业的相关决策者和管理者进行讨论,听取目标企业对并购方案的建议。由于目标企业是并购整合的参与者,因此必须取得其对并购方案的理解和支持,通过对方案的修改与完善,使目标方案得到企业认可。

当并购双方企业对投资并购项目取得认同之后,拟制并购方案报告,通过有关部门发布并购信息,确定并购的目的与意向,告知被并购企业的债权人、债务人和合同关系人。

开展并购谈判

在并购双方取得共识之后,接下来就是比较复杂的谈判问题。并购谈判主要包括并购形式、价格、支付方式、并购交接以及整个并购进程的安排等重大问题。其中,最重要和最核心的条款在于并购形式和价格。在并购谈判过程中,双方还可以根据谈判取得的阶段性成果对已有方案进行必要的修正。

并购双方应对并购方案及主要合同文本的条款进行详细谈判,最终达成一致意见。 无论是并购前准备、并购谈判还是并购整合,都离不开专业人士的指导和参与。通常情况下,通过聘请专业的财务、法务和商务人士,能够使并购方有效地避免并购陷阱,为客户节省并购成本,促进并购的成功。

谈判取得成功之后,拟订并购协议文本,召开并购双方董事会,形成决议。之后,董事会还应将该决议提交股东大会讨论,由股东大会予以批准。在股份公司的情况下,经出席会议的股东所持表决权的三分之二以上股东同意,可以形成决议。在私人企业和外商投资企业的情况下,该企业董事会只要满足其他企业章程规定的要求,即可形成决议。在集体企业的情况下,则由职工代表大会讨论通过。

企业通过并购决议,同时也会授权一名代表,代表企业签订并购合同。并购合同签订后,在目标公司是私人企业、股份制企业的情况下,只要签署盖章,就发生法律效力;在国有小型企业的情况下,双方签署后,还必须经国有小型企业的上一级人民政府审核批准后方能生效。在外商投资企业的情况下,则必须经原批准设立外商投资企业的机关批准后方能生效;在集体企业的情况下,也须取得原审批机关的批准后方能生效。

并购双方所签署的合同生效后,并购方就成为目标公司所有者,开始接管目标公司。

办理交接手续

并购合同生效后,并购双方办理交接手续。一方面,并购方要向目标公司支付合同约定的对价,包括现金、股权或其他资产;另一方面,目标公司需向并购方移交所有的资产和各类文件,包括公司的法定文件、公司注册证书、权利证书、动产的其他相关文件。并购方除接受目标公司的资产外,还要对目标公司的董事会和管理架构进行改组。另外,还要到工商管理部门完成相应的变更登记手续,如更换法人代表登记、变更股东登记等。

通常情况下,在办理交接过程中,并购双方要依据协议中的约定,履行兼并协议,办理各种交接手续,主要包括产权交接、财务交接、管理权交接、变更登记、发布公告等事宜(参见图3-8)。

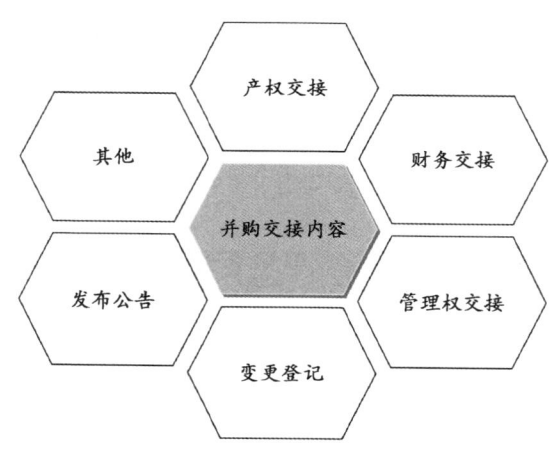

图3-8 并购交接的主要内容

1. 产权交接

并购双方的资产移交,需要在国有资产管理局、银行等有关部门的监督下,按照协议办理移交手续,经过验收、造册,双方签证后会计据此入账。目标企业未了的债券、债务,按协议进行清理,并据此调整账户,办理更换合同债据等手续。

2. 财务交接

财务交接工作主要在于,并购后双方财务会计报表应当依据并购后产生的不同的法律后果做出相应的调整。例如,如果并购后一方的主体资格消灭,则应当对被收购企业财务账册做妥善保管,并对收购方企业的财务账册做出相应的调整。

3. 管理权交接

管理权的移交工作是每一个并购案例必须完成的交接事宜，完全有赖于并购双方签订兼并协议时对管理权的约定。如果并购后，被收购企业还照常运作，继续由原有的管理班子管理，管理权的移交工作就很简单，只要对外宣示即可；但是，如果并购后要改组被收购企业原有的管理班子，管理权的移交工作则较为复杂。这涉及原来管理人员的去留、新管理成员的驻入，以及管理权的分配等诸多问题。

4. 变更登记

这项工作主要存在于并购导致一方主体资格变更的情况：续存公司应当进行变更登记，新设公司应进行注册登记，被解散的公司应进行解散登记。只有在政府有关部门进行这些登记之后，兼并才正式有效。兼并一经登记，因兼并合同而解散的公司的一切资产和债务，都由续存公司或新设公司承担。

5. 发布公告

并购双方应当将兼并与收购的事实公布于社会，可以在报纸上刊登，也可由有关机关发布，使社会各方面知道并购事实，并调整与之相关的业务。

资料链接 3—3　跨境并购交易如何获得政府审批

跨境交易中政府审批风险的分配一直是交割双方争议的焦点，国际并购项目中影响交易确定性的因素众多，来自投资人本国、东道国以及其他国家政府部门的审批结果是决定交易能否顺利完成的重要因素。

1. 谈判阶段的提前分析

在计划并购的尽职调查阶段，交易的买方就应当在外部顾问的协助下，对交易所涉及的政府审批及风险分配进行现实的评估。这个评估非常重要，买方和卖方在交易过程中对政府审批种类和风险约定奠定基础。

在交易尽调阶段，买方需要考虑如下一些问题：交易获得政府审批的可能性有多大？可能的耗时会有多长？获得监管审批的成本有多大？获得政府审批是否需要做出承诺？需要做出哪些承诺？这些承诺最多不应超过多大限度？在交易文本中如何分配政府的监管风险？

2. 对获批时间表做好预测

对于交易的政府审批流程，交易双方需要做好时间表。这个时间表决定了交易的最终完成日、延期等安排。从全球并购交易实务的发展来看,现有并购交易在获取政府审批过程中所耗费的时间越来越长了,基本上6~12个月的时间长度为正常,不少交易需12~18个月才能完成政府审批。

如果交易双方对政府交易获批的可能时间表无法达成一致,也会影响双方对交易的安排。

3. 审批过程中进行各类良好安排

交易双方需要对交易过程中的政府游说工作计划、合规计划、获批计划等进行良好的安排。

首先,要做好并购交易中的政府游说工作计划。如何说服政府相信交易双方的交易不会给相关市场的竞争带来损害、不会给相关国家带来国家安全威胁等,需要聘用相关的外部律师、政府公关顾问、媒体顾问等进行协助。这些专业顾问了解政府审批的关切点,能解决政府担心的压力点,熟悉并购交易中向政府提交的申报文件,能够仔细地评估交易双方向政府提交方案的利弊,将对交易的获批提供一定的专业意见和帮助。

其次,要做好并购交易中的合规计划。

最后,要做好所谓的获批计划。具体包括:交易双方愿意剥离多少资产来获得反垄断机构审批,是否愿意与国家安全审查机构达成安全风险减轻计划,能否向外商投资审查机构做出投资、项目等承诺以获得政府监管机构的审批等。

4. 审批风险各因素综合考虑

关于交易双方在交易文件中安排政府审批的风险,主要应考虑如下几个因素:

(1)交易双方在交易过渡期,买方采取何种方式去获得监管机构的审批,主要有最大努力程度(Best Efforts)、合理努力程度(Reasonable Efforts)和排除万难(Hell or High Water)三种层次的义务。

(2)在交易文件中约定好获取政府机构审批的条件。

(3)明确约定政府的审批形式。

(4)明确约定获取政府审批的最终完成日。

(5)在未取得政府审批的情况下,买方是否需要给卖方一笔补偿费(反向分手费)?这笔补偿费的额度有多大?

(6)明确在交易过渡期间,发生政府审批方面的法律法规变化的风险承担。

(7) 可预见的政府政策变化是否纳入重大不利变化中?

(8) 在交易文件中加入更多的灵活性。

(9) 最后,在上市公司收购中,如果交易文件需要进行披露,对于一些不明显的需要获取的政府审批不直接进行披露,这样为交易进行过程中,交易双方放弃一些不影响交易的政府审批创造条件。

5. 配合政府的监管审批

对于交易双方来说,良好的配合是获取政府审批的一个重要因素。在获取政府审批的过程中,通常是由一方主导审批过程(买方更愿意在交易中去主导交易的审批),另一方积极配合。作为交易的一方,需要在交易过程中,谨慎地观察对方态度,避免交易另一方通过对获取政府监管审批的拖延来导致交易最终无法完成而从中获利。

6. 采取行动解决监管机构的担忧

在并购交易中,要打消监管机构关于反垄断、国家安全等方面的担忧,并不仅仅是进行事先准备、在交易文件中分配好风险就能过关的事情,还需要有实际行动,比如提出减损措施、寻找潜在的合适买家。

7. 对审批机构应持续关注

监管机构对于并购交易的监管越来越严格,尤其是在要求交易双方采取减损措施的情况下。比如在美国通过了《外国投资风险评估现代化法案》之后,加强了对于大数据、高科技、高端制造等行业的并购审查。监管机构不仅仅关注合并交易对现有竞争格局的影响,还越来越集中关注交易可能对未来行业发展的影响。例如,对行业未来的创新、研发投入的影响,也会被监管机构一并考虑在内。

资料来源:张伟华. 如何获取并购交易政府审批[J]. 法人,2019(8):95—98.

3.4　加强并购整合管理

如今,世界经济瞬息万变,经济危机下"现金为王",并购很难在短期体现效果,财务性并购已经很难吸引企业股东去投资,股东更倾向于战略性并购,更注重价值创造。在这种情况下,如果并购双方战略匹配性不好,将导致并购后创造的价值有限,所以并购企业要充分认识战略整合的重要性。

并购无法实现市场价值的大幅增长，只有将两个公司成功地整合在一起，才会产生长期的效果。

企业之间的并购并不是天然的 1+1＞2，各行各业每天、每时无不在开展新的并购整合，有成功的，也有失败的。从诸多实践案例来分析，如果一家企业在并购后没有得到有效的整合，将会互相拖累、互相掣肘，结果可想而知，往往是并购业务推进得越快，企业衰败得也就越快。因此，要想实现并购初衷，就必须对被并购企业实施有效的整合。[6] 如果企业并购后的整合不能达到实现战略、经营和管理等多方面的协同这一预期目标，那么将最终导致并购的失败。

建立并购整合团队

推进并购整合离不开强有力的执行团队，因此企业必须及时建立并购整合团队（参见表3－3）。并购整合团队由并购双方的高层管理者、战略规划部或市场部人员、外聘管理专家、并购整合专业人士等组成，负责制订并购整合工作计划，推进相关并购管理工作。

表3－3　　　　　　　　　投资并购整合项目团队

团队层次	成员构成	核心任务
指导委员会	并购双方高层管理人员（2~4人）	・制订并购整合战略 ・定期开会，讨论整合工作计划 ・批准整合计划 ・监督整合推进情况
整合管理团队	专业人员（3~5名）	・企业并购整合常设机构 ・制订并审核整合工作计划 ・管理并购整合日常工作 ・负责并购信息沟通和传达 ・向委员会汇报并购整合工作进展
整合技术团队	各方面专业人员	・负责并购整合的具体技术问题，诸如人才管理、财务整合、营销整合等 ・接受整合管理团队指令，完成相关任务

实践证明，提早谋划并购整合人员的配置并确保其及时到位，有助于目标公司在并购后迅速进入正常生产经营的轨道。

实践中，并购整合团队不同于并购交易团队，二者的构成不同，所需要的能力也不同。通常情况下，并购整合团队更加强调专业性、制度化和流程化。通过专业的并购执行团队，可以提高并购整合工作效率,有助于将过去并购后整合的经验集结起来,使之工具化和模块化,从而更有效地推进并购交易的整合。如果关键人员能力缺位,就需要有目的地空降一些专业的管理人员参与后期的整合。

制订并购整合计划

并购整合涉及企业架构、企业文化、企业发展战略等诸多方面,往往会引起目标企业较大的变革,不利于并购双方的员工稳定性,如果并购整合计划推进不及时,容易让谣言影响整合进程,造成很多不必要的麻烦。为了高效推进并购开展,必须依据并购双方企业的实际情况,制订具有可操作性的并购整合计划(参见图3—9)。

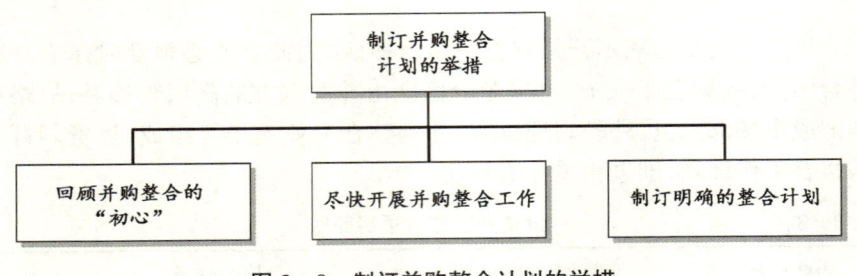

图3—9 制订并购整合计划的举措

1. 回顾并购整合的"初心"

如前所述,并购整合的起点并不是在办理完交易手续之后,而是始于并购战略制定之时,也就是要重新明确企业投资并购的"初心"。对于任何一项企业投资并购,都要梳理战略思路,明确并购的关键目标。

只有明确了并购交易的目标,才能厘清整合的逻辑和思路。 通常情况下,企业通过投资并购要实现的目标有4个主要方面:一是从市场运营层面来讲,通过并购获得市场支配地位,创造协同效益,提升运营效率,削减成本,业务纵向拓展;二是从生产制造层面来讲,通过并购控制原材料和市场两头,拥有更多生产线,减少开发新技术的巨大成本风险;三是从企业战略布局层面来讲,通过并购应对全球市场扩张的需要,应对政府管制,集中管理层的能量,应对技术的变化,应对行业整合的需要;四是从财务管理层面来讲,通过并购获得来自股市、债市融资的支持,缓解来自股东提升价值的压力等。

2. 尽快开展并购整合工作

并购交易结束后,收购方应尽快开始并购后的企业整合,安抚为此焦虑不安的各方人士。有关组织结构、关键职位、报告关系、下岗、重组及影响职业的其他决定,应该在交易签署后尽快制定、宣布并执行。持续几个月的拖延变化和不确定性,不仅会增加目标公司管理层和员工的焦虑,还可能会影响目标企业的业务经营。

3. 制订明确的整合计划

企业并购整合计划是一个纲要性的文件,同时更是获取并购价值的进度表和概览图。并购双方对目标企业的战略性资源进行全面梳理,对组织架构和公司治理做出明确的规定,制订出并购整合计划,指导制定并购双方业务的详尽整合步骤,进而获得协同效应,提供并购价值。

并购整合计划需要明确如何协调并购双方的资源要素,以实现新合并公司的战略目标。

事实证明,在并购中应尽快通过并购整合计划,在接下来的接触和谈判中针对双方都关注的问题进行讨论,沟通思路、明确理念、建立原则、缩小差距。实际上的整合已经展开,优秀的并购方企业会在协议签订之前与被并购方基本达成整合方面的共识,在真正进入企业后并购整合计划将成为最为有效的资源调配表和理由说明书。

企业并购效果不理想的最主要问题就在于,企业并购后整合难而效果不佳,并购有时没有发挥效益最大化的作用,特别是,对企业文化、资源、人才、品牌等方面整合能力不足是众多企业并购失败的最主要原因。

明确整合关键原则

并购企业和目标公司共同明确并购整合任务,确保在交易完成后,目标公司能够有效、有序、有质地融入并购企业。通常情况下,借鉴成功的并购整合实践,保证并购战略的高效运行,需要明确4个基本原则(参见图3-10)。

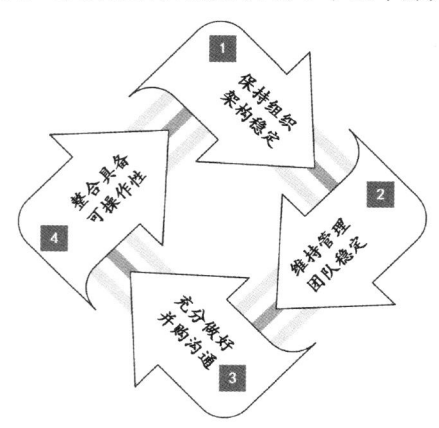

图3-10 并购整合的基本原则

1. 保持组织架构稳定

通过科学的并购整合,让目标公司真正同并购企业其他板块产生良好的协同效应,推动整个企业的业务升级,是战略并购的终极目标。 在并购准备和实施过程中,需要对目标公司进行全面、详实的分析和研究,从战略和财务角度,充分评估目标公司的发展战略、管理能力和技术储备等情况。进入并购整合阶段后,通常情况下,首要的任务是保持目标公司组织架构的稳定,仅派出少量的管理人员进入目标公司,使之保持相对独立运作,维持其现存的管理机制、体制、管理文化和组织架构。

2. 维持管理团队稳定

从战略角度来看,并购不仅看重目标公司的资产质量,更看重管理层的能力。因此,必须充分考察目标公司管理团队的过往经营业绩和未来经营思路,一旦认可目标公司管理团队,就需要对目标公司现有的经营层进行充分授权,确定每个高级管理人员的权力、汇报关系和职责。之后,依据企业运营的情况,对管理授权进行适当调整。

3. 充分做好并购沟通

并购整合是一个复杂烦琐的过程,其间会不断出现各种矛盾,只有加强并购双方的沟通,做到"知己知彼",才能保证并购整合工作高效进行。

一是与被收购企业进行沟通。为了赢得被收购企业全体员工的信任和尊重、增强其对并购后企业发展的信心、实现运营平稳有序,并购企业要与目标企业的各级人员,包括高层管理者、中层管理者、基层主管、骨干员工和普通员工代表,要进行及时、定期、充分的沟通,全面掌握目标企业的发展动态,实现业务和经营的顺利开展。

并购沟通要以诚相待,并购双方要坦诚地沟通,企业当前面临什么情况、未来的计划是什么。 加强沟通协调,明确企业生存目的和定位,使企业的产品或服务、市场、观念、盈利情况、公众形象体现并贯彻企业的文化及优秀的管理理念。通过加强沟通协调,对并购企业的发展做出全局性、长远性谋划,重新确定并购双方的经营范围和发展方向等一系列战略性的重大问题。

二是收购方的内部沟通。通常情况下,出于保密或稳定等考虑,企业并购公开性较弱。整合前,企业参与并购交易人员较少,这种情况意味着并购信息在企业内部并不充分,在进行整合过程中,需要各个相关部门抽调人员参与整合工作。

并购沟通方式多种多样,包括专题会议、座谈、重点谈话、慰问、一对一交流等。

并购整合面临的实际工作更加复杂琐碎,加之两个阶段工作和人员的不连续性,容易产生误会甚至矛盾,这些都需要充分的沟通来解决。

4. 整合具备可操作性

并购整合是一项实践性任务,必须充分考虑并购双方的资源要素以及员工心理等条件。并购整合所涉及的程序和步骤应当是在现实条件下可操作的,或者操作所需要的条件或设施在一定条件下可以创造或以其他方式获得,不存在不可逾越的法律和事实障碍。实践中,为有效推进并购整合,整合的方式、内容和结果应该充分让公司员工、股东等利益相关者知晓、理解并能控制。

资料链接 3—4　十大准则排除并购整合风险

并购后整合(PMI)是跨国并购最重要的部分,它甚至可以决定整个并购的成败,因此整合的过程需要良好的计划和执行。在众多的跨国并购案例中,有些公司凭借周详的计划和谨慎的实施取得了良好的效果。

通过研究这些成功进行并购后整合的企业,我们发现,成功的整合首先需要首席执行官的领导力和早期参与;其次,管理层应当关注并应用 10 条明确而行之有效的准则。具体而言,这些准则分别是:

1. 战略意图。与前期的并购一样,整合阶段也需有明确方向。战略意图将战略远景规划转化为整合指导方针,它应该清晰,并在公司的愿景、如何创造价值、组织变革、整合目标以及实现目标的关键计划等方面得到全体管理层的认可。

2. 利益相关者的积极性。整合涉及的利益相关者包括客户、合作伙伴、分销商及其他渠道伙伴、供应商、财务环境、当地政府以及监管机构。例如,上汽集团并购过程中突出的并购后整合问题就是遇到强硬且不妥协的工会组织、不合作的双龙汽车管理层和有敌意的双龙汽车员工。利益相关者多样化的需求应该得到重视和有效管理。

3. 一个公司。新公司为企业短期和长期的发展建立整合的组织、流程和基础设施计划。业务管理包括维持现有业务、获取协同效应、整合最优方法,以及尝试全新市场。组织结构需要从双方机构同时推举领导层,创造并推广新的架构,在企业家精神与结构和控制间寻求平衡。流程和系统协同则包括信息系统、设施以及激励等。新公司最终的组织结构、业务管理模式和流程应在交易结束前确定。

4. 获取价值。确定并获取合适的短期/中期协同效应,通过达成明确的"认可"以及建立与利润表的连接来实现协同效应。

5. 充满活力的团队。确保人尽其用,充分调动员工积极性,制定系统的人员管理流程至关重要。

6. 平稳过渡。确定平稳实现变革的方法,对于每一次重大转型,应建立稳定的管理计划以及解决问题的机制。

7. 执行管理。在实施过程中维持好的发展势头,并进行跟踪、监测、调整。明确第一天的任务并在整个实施过程中监测和跟踪所有的整合工作。

8. 文化整合。并购后整合中的文化冲突是很多中国企业会面临的问题,如 TCL 并购汤姆森电视业务遭遇失败,其中遭遇的中西方文化冲突是很重要的原因。应当采用系统的方法来有效地管理跨文化整合的挑战。"组织 DNA"工具可以被用来帮助中国企业解决文化整合方面的问题。

9. 沟通。中国企业应采取正确的沟通方式,并在整合过程中传递一致的消息。成功的沟通将在新的组织内部起到重要的协调作用。例如,北京第一机床厂于 2005 年并购了德国 Waldrich Coburg 公司。并购获得了成功,Waldrich Coburg 于 2008 年销售收入翻倍,净利润翻两番,而同时北京第一机床厂获得 Waldrich Coburg 的技术,并进入德国市场。在并购之前,北京第一机床厂由专业的中介机构进行了详细的尽职调查,并与当地政府积极沟通,与当地工会组织保持良好关系,而且保留德方管理层并给予其独立运营的权力,最终开发出整合采购、销售、研发、售后服务等系统的详尽计划。

10. 严格的项目管理。项目管理工作在帮助管理层协调整合方面至关重要。制订完整的整合计划、明确的目标和时间表对于项目管理是必不可少的。

总之,越来越多的中国企业开始通过跨国并购来实施自己的战略目标,只有同时具备行之有效的整合的方针策略,并购才会最终获得成功。

资料来源:柯安德,庞复兴. 海外并购成功整合之道[J]. 董事会,2009(9):70—71.

注释：

[1]季小马.上市公司并购中尽职调查与成本控制问题研究[J].纳税,2019,13(6):231-232.

[2]徐朝霞.对企业并购整合管理的思考[J].财会学习,2019(19):178-179.

[3]罗熙昶.战略规划(第2版):公司实现持续成功的方法、工具和实践[M].上海:上海财经大学出版社,2018.

[4]郭建鸾,胡旭.中资银行海外并购的现实动因及目标选择策略[J].中央财经大学学报,2013(3):17-22.

[5]宋向前.如何做好并购交易中的尽职调查[J].山东国资,2018(10):100-101.

[6]翟雄鹰.企业并购策划与整合问题探讨[J].现代商业,2018(27):118-119.

第 4 章
精准的并购目标

投资并购是伴随经济全球化不断深入而产生的一种必然趋势,不仅推动着企业制度创新,实现产品和服务结构的优化,还充分促进了资本和人才的交互流通。当企业决定以并购促进企业迅速发展,实现其战略目标之后,紧接着就涉及并购目标企业选择问题。以日化行业为例,外资并购动作频繁,仅仅在2010年11月,就先后有3家中国医药公司被外资收购:赛诺菲—安万特以5亿美元收购太阳石药业,瑞士奈科明以2.1亿美元控股广东天普生化,国际香水巨头科蒂以4亿美元收购丁家宜约50%的股权。

> 投资并购实践证明,并购绩效主要取决于并购模式、并购动因、并购目标和并购后的资源整合。

4.1 寻找并购目标企业

现实中,市场上充斥着大量的并购信息,企业开展投资并购,通过各种渠道,会接触到很多目标公司出售的消息。如何在众多目标公司之中慧眼识珠,筛选出理想的公司,实现自己的战略目标,是企业在投资并购中重点思考的主题。通常情况下,企业最初的并购目标不会太清晰,谁是潜在并购目标?并购目标的潜在需求是什么?如何与并购目标企业接触?……这一系列问题的答案都是模糊的,需要在市场上以科学化方式进行选择。

> 并购目标选择在很大程度上是企业发展战略的延伸,只有适应企业发展战略的并购目标才是有效的选择标的。

成功并购的第一步

并购企业要在自我评估及对备选目标企业基本情况充分了解的基础上,进行并购的依据性分析和可行性论证,并在分析并购所能带来的经济和社会效益的基础上选择目标企业。举例来讲,IBM 的 PC 业务是亏损的,联想凭什么敢接手这个"烫手的山芋"呢?从财务角度来看,IBM 的 PC 业务毛利率高达 24% 却没赚钱,联想的毛利率仅为 14%,却有 5% 的净利润。究其原因,IBM 的高昂成本是其亏损的根本原因。除此之外,联想还想借助此次并购,突破品牌和技术"瓶颈",为联想国际化战略铺平道路。

并购谈判能否顺利进行,并购整合能否为企业带来价值,都与并购目标选择密切相关。

并购目标选择是一个逐步细化的过程,就像漏斗筛选一样,最初根据一些基本原则,收集较为宽泛的目标企业;之后在不同阶段,依据不同的标准进行选择;最后通过科学的目标企业选择流程,高效而准确地确定并购目标企业(参见图 4—1)。

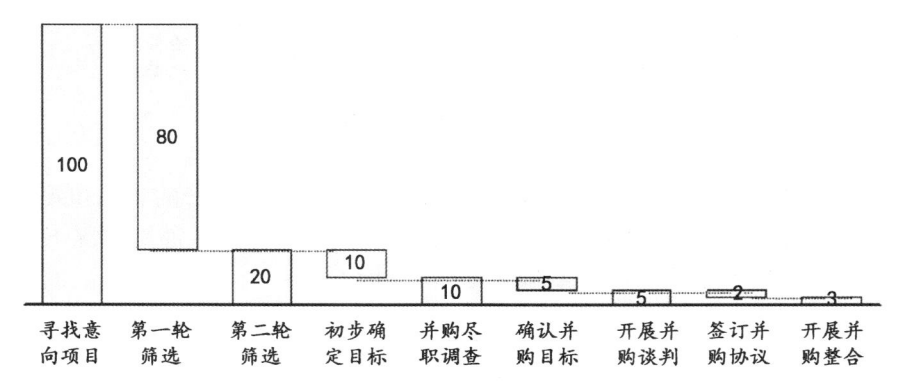

寻找意向项目	第一轮筛选	第二轮筛选	初步确定目标	并购尽职调查	确认并购目标	开展并购谈判	签订并购协议	开展并购整合
100	80	20	10	10	5	5	2	3

图 4—1 并购目标最终确认需要经过大量的筛选和分析

并购是一个复杂的系统性工程,选取合适的并购目标也不是随意的,需要先从"知己"开始,深入了解自身业务情况,确定业务发展方向和企业发展战略,进而确定战略并购方向,继而借助专业能力梳理并筛选合适的并购目标,从而做到"知彼"。[1]客观上来讲,合理选择目标企业是并购成功的根本保证,在企业开展并购活动时,需要通过科学、严密的分析过程,进行并购目标选择。

明确并购目标选择原则

通常情况下,企业投资并购都是在自己的并购战略指导下进行的,成功的并购需要企业具备很多相关能力,诸如并购目标的选择、财务管理、并购估值、并购谈判、并购整合等,其中,首要的是并购目标的选择(参见图4—2)。

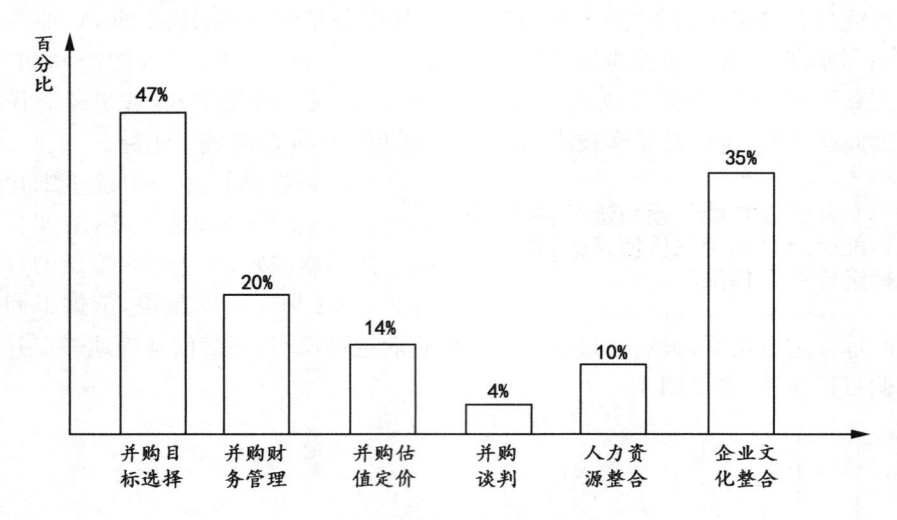

图4—2 并购成功的关键能力

在很大程度上,对并购目标企业的选择决定了日后整合的效率和效果,提升并购目标选择的准确性可以大幅提高并购成功概率。通常情况下,并购目标选择坚持四项基本原则(参见图4—3)。

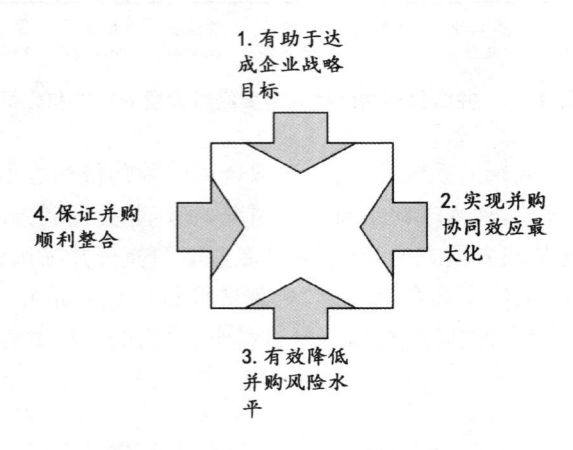

图4—3 并购目标选择的基本原则

1. 有助于达成企业战略目标

在很大程度上,并购是企业的一种战略选择,目的是实现企业的战略发展目标,因此只有从企业战略的角度出发,才能保证选择的目标企业同企业战略相匹配。假如企业战略目标是扩大生产规模、提高市场占有率,那么就会考虑横向并购。例如,雀巢公司通过并购徐福记,可以获取其厂房、仓库等使用权,避免了重复投资,企业规模的扩大也带来了规模效益,资本设备被更加有效地利用。

以国内医药行业为例,从整体来看,医药企业规模小、分布散、研发能力不足,在高质量发展的背景下,医药企业必须扩大自身规模、调整产品结构、增强新药研发能力、提高企业核心竞争力,因此受市场环境和政策的推动,并购重组手段成为促进医药产业升级和行业结构调整的重要路径。

2. 实现并购协同效应最大化

如前所述,企业开展投资并购,目的就在于优化配置资源,重建或提升核心竞争力,实现"1+1>2"的协同效应。如果通过投资并购无法实现协同效应,那么并购的价值创造就无从谈起。通常情况下,并购协同效应包括经营协同、财务协同和公司治理协同。例如,2015年3月,中国化工集团并购倍耐力公司[1],不仅凭借75亿美元的成交额成为当年最高金额的并购案,同时,也因本次并购实现了高端乘用胎与工业胎产品互补、打通国内外市场的目标,成为目前中企海外并购案中发挥协同效应的成功典范。

3. 有效降低并购风险水平

无论是国内并购还是跨国并购,都存在较大的风险,这主要源自对未来收益的不确定性,因此企业要充分认识并购所带来的风险,并对风险进行有效控制。企业选择并购目标时应对可能产生的风险进行充分的分析评估,明确风险的来源、风险的分布情况、风险的严重程度,尽量选择风险小的并购目标。

企业要做好风险防控,尽量规避、转移和减少并购风险。

除战略考虑外,决策者在筛选过程中当然也会重点关注企业本身,毕竟那些盈利水平稳定、发展前景良好、法律风险可控的优质资产才是上佳选择。[2]实践中,目标公司筛选会经历3轮评估,通常在第一轮筛选过程中,只会对部分信息进行初步分析,而不会聘请专业公司开展尽职调查。

4. 保证并购顺利整合

并购实践中,很多失败的并购并不是因为目标企业质量不高或者运营

---

[1] 倍耐力是一家拥有一百多年历史的意大利上市公司,其作为全球第五大轮胎制造商,在全球设有24家现代化工厂,拥有2万多名员工。

情况不佳,而是因为并购整合进行得不顺利,使得并购双方无法产生良好的协同效应,甚至出现负向效应。因此,在并购前,企业必须分析和评估并购目标的整合问题。例如,20世纪90年代末,惠普公司收购康柏公司,由于并购整合无法实现预期目标,导致惠普的股价跌了一半,股东们损失惨重。

制定并购目标选择流程

目标企业的选择需要根据并购企业的战略和优劣势,制定选择标准,然后经过筛选做出决策。[3]具体来讲,科学的并购流程有助于正确确定目标公司,同时减少并购目标选择的时间成本。通常情况下,并购目标企业选择流程包括以下4个主要步骤(参见图4—4)。

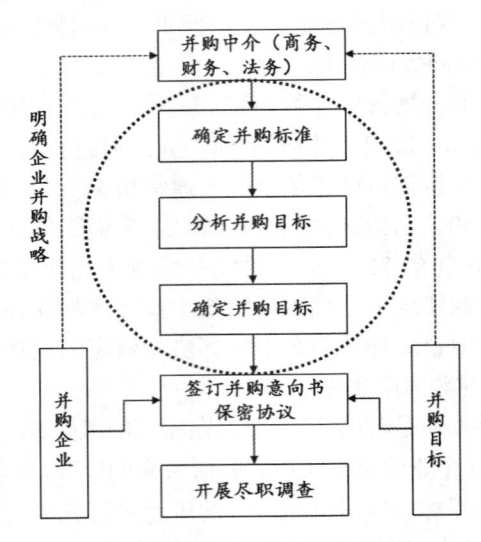

图4—4 确认并购目标的流程

1. 明确企业并购战略

企业战略关系着未来的发展方向、发展道路与发展行动,因此成功的并购必须依据和遵循发展战略,以此拓展核心竞争力,实现持续发展。实践中,不同形式的并购方案取决于企业的战略规划和战略选择,进而产生不同的价值。

投资并购问题应该放到企业战略和商业战略框架中进行统筹考虑。

另外,并购方式还取决于并购结果、对目标公司的评估框架、目标公司的形象以及收购后之整合等因素的影响。因此,并购目的、并购方式、并购基本原则和并购方向都必须与企业发展战略协调、一致。并购活动能否取得成功,关键看其是否实现了并购的策略性目标。并购的策略性目标又只能从并购后企业整体营运的绩效和投资的收益情况来衡量评价。

2. 确定并购标准

在并购决策过程中,不仅需要考虑并购企业发展战略,还应考虑并购方与并购目标的适配情况。其中包括:(1)用财务指标表示的收购规模上限;(2)由于管理上的不足而不应考虑的产业;(3)确定一个能够在生产、技术上产生协同作用的广泛基础。这一步中不应引入对目标公司盈利能力的衡量指标。

3. 分析并购目标

在众多并购失败的案例中,收购方出价过高是较为常见的理由之一。收购方之所以愿出高价,大多是出于对目标估值过高或对并购协同效应的态度太过积极。因此,要想通过成功并购创造出巨大价值,需要对目标企业进行全面有效的评估,从而使企业投资并购更加理性。

通常情况下,目标企业的分析和评估需要从以下 3 个方面着手:(1)行业因素分析能解决企业选择进入何种行业的问题。(2)财务分析能解决并购企业为并购交易提供多少资金以及目标企业规模问题;另外,财务分析还能提供目标企业资产、负债等情况,说明目标企业财务状况。(3)经营因素分析可以明确并购企业与目标企业的各自优劣势所在,帮助并购企业更好地判断是否可以改变目标企业经营管理状况以及实现资源共享、互补协同和重组价值。

4. 确定并购目标

通过筛选并购目标公司,首先剔除不合适的产业部门,即根据上一步骤所确定的标准来衡量个别产业,从中剔除那些显然不合适的产业部门。其次,对有发展前景产业中的候选目标企业进行细选。最后,依据具体标准,确定并购目标公司,通常情况下选择时可以考虑两个方面:一是企业在营销、制造等各个经营环节中的生产、技术和工艺状况;二是并购的预期财务绩效。

总之,并购是一个长期而复杂的过程,在整个周期内,将花费并购方巨大的人力、物力、财力,因此将给企业的生产经营带来一定的影响,同时也将暂时无法全力开拓新的市场,甚至原有市场也会被竞争对手抢占。如果目标企业选择不正确,将会造成企业资金成本的巨大浪费。因此,企业并购一定要选择适合自己的目标企业,同时要注意对目标企业进行尽职调查,从人力资源、无形资产、财务资源等各个方面对目标企业进行综合了解,并对目标企业进行正确的评估。

资料链接 4—1　跨国并购也要会说"不"和"卖"

"什么是成功的并购？一句话，就是并购项目要'看得懂、买得起、管得了、用得着'。"钱立强概括道。专家认为，海外并购不是"买买买"，不能光图好看、好听，更应当突出技术、品牌、市场，要避免花大钱买了一些"中看不中用"的项目。

风险总是同预案联系在一起。在企业成功应对跨国并购风险的案例中，往往都是预案先行。

"我们在对 GE 家电有并购意向的时候，就已经做好了反垄断评估报告，结合伊莱克斯收购失败的情况对可能遇到的反垄断风险做出了各种预案，因此收购过程中，全球反垄断审查非常顺利，很快就完成了整个交易。"海尔集团总法律顾问张翠美介绍。

预案怎么形成？早早走出去的中资跨国企业已有意识地搭建起自己的全球法律平台和风险管理平台，而对于很少甚至从未进行过海外并购的企业来说，借助外脑进行尽职调查是海外并购必不可少的环节。钱立强说，经常可以看到跨国并购项目中，外脑团队人员比本地公司团队人员还要多，因为并购机会往往转瞬即逝，企业来不及像做产品那样慢慢了解东道国的文化、语言、法律环境、并购流程等，应当在做好决策后将专业的并购流程交给专业的咨询公司等中介团队来做。

跨国并购要做好预案，但并购也是动态变化的，并购过程中可能出现各种不确定性，比如竞争对手、市场变化、社会问题等，预案可能"防不胜防"，因此动态调整并购方案也十分重要。

高晓宇介绍了五矿集团海外并购"失败"的案例。2011 年，五矿集团要收购海外一个铜矿，在五矿集团报价后，世界上最大的黄金公司出来竞争，报价比五矿高 16%。"外界普遍认为五矿集团作为中国的国企，会不惜提高报价来击败竞争对手，但是我们算了算经济账，觉得不划算，还是放弃了。"高晓宇说。当时五矿的这桩并购案被《金融时报》正面报道，认为中国国有企业是尊重商业规则、经济规律的。

"在并购过程中，事实上说'不'非常需要技术。当不可预见的事件发生，导致并购偏离了目标，或者发现了长期无法解决的问题时，果断说'不'、及时止损是最好的方式。"钱立强认为，跨国并购也要讲失败文化。

跨国并购不是一"买"到底，可以说"不"，也可以说"卖"。高晓宇列举了另一件让西方国家改变对中国国企印象的例子。"今年我们出售两项资产，其中一个还是在产的矿产项目，但因为规模小、未来勘探潜力不大,我们觉得不符合核心资产的标准,所以拿到合理报价就卖掉了,腾出资金和团队去并购质量更高的资产。"高晓宇说,这打破了外界对中国国企海外并购只会买不会卖的印象。围绕企业核心定位和价值最大化动态调整并购策略和方案,中国企业的并购理念正日益成熟。

资料来源:赵展慧.跨国并购不是"买买买"[N].人民日报,2017—05—22(019).

4.2 收集和分析并购信息

企业进行投资并购,有着不同的动机和战略需求。以中国企业跨国并购为例,上汽集团并购英国罗孚,是为了获取先进的技术与知识技能;中石油收购哈萨克斯坦石油公司 67% 的股权,是为了控制战略资源;海尔收购日本三洋位于泰国的冰箱工厂以及海信收购韩国大宇南非工厂,是为了建立海外生产能力;雅戈尔收购美国服装巨头 Kellywood 旗下的衬衣品牌 Smart,是为了绕过贸易壁垒进入美国高端市场并提升企业形象;联想并购 IBM 个人电脑业务,是为了利用其品牌效应与国际市场渠道。企业进行投资并购之前,要明确并购的动机和目的,接下来就是并购目标信息的收集与分析,在此过程中,要强调主动性与广泛性。

充分重视并购信息的价值

无论是战略、营销还是谈判,在众多商务领域中,信息的重要性越来越引起人们的重视。事实上,古人也对信息极为重视,举个可能不是特别恰当的例子,为什么古人认为"耳大有福"呢?其中很大一部分原因在于,耳朵是信息的接收器官,耳大可以比其他人更有效地接收信息,并对这些信息加以利用,从而创造出财富。

1. 有效减少并购信息不对称风险

当经济疲弱、动力不足时,企业价值会被低估,通常情况下这是企业采取投资并购的好时机。

并购是一个相对漫长的交易过程,从初始尽职调查直至最后顺利完成或交易取消常常需要连续几个月,甚至几年的时间耗费。一旦并购交易签订后交易被取消,则意味着并购方前期投入的大量人力、物力和时间成本变为沉没成本,无法通过协同效应进行补偿。[3] 并购方和目标方之间的信

充分利用目标公司的公开财务报告，有助于合理确定并购价格，降低中途失败的风险。

息不对称，导致并购方无法获取关于目标方的全部信息。客观上，由于交易成本的存在和时间限制，了解目标公司情况主要依赖于财务报告，辅之以专家访谈和相关人士座谈。

2. 多渠道收集并购信息

在并购的不同阶段，对并购信息的处理方式不尽相同。最初阶段，并购信息强调识别和评估潜在的并购目标，因此，更多地依赖于目标公司的公开资料，诸如财务报表、公司介绍、媒体报道、高管的情况等，获取信息的途径可以是网站、报纸杂志、产品手册等。为了确保相关信息不会泄露给并购竞争者和潜在目标公司，初始尽职调查阶段通常由并购方内部的战略规划小组承担。

3. 细化并购信息收集方法

通过并购信息收集和初步分析，并购方对潜在目标方价值具有更为详细的了解。但是，值得注意的一点是，并购方与其他市场参与者相比并不具有信息优势，因为其与潜在目标方之间尚未发生直接接触。通常情况下，我们可以将并购信息的收集和分析细化为 3 个步骤（参见图 4—5）。

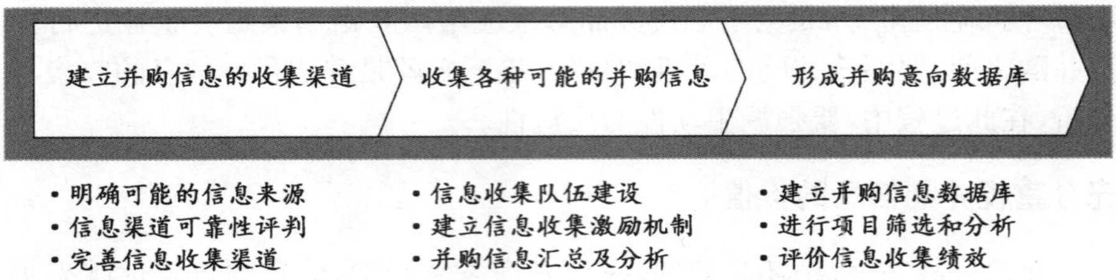

建立并购信息的收集渠道	收集各种可能的并购信息	形成并购意向数据库
・明确可能的信息来源 ・信息渠道可靠性评判 ・完善信息收集渠道	・信息收集队伍建设 ・建立信息收集激励机制 ・并购信息汇总及分析	・建立并购信息数据库 ・进行项目筛选和分析 ・评价信息收集绩效

图 4—5　并购信息收集和分析步骤

建立并购信息的收集渠道

对并购工作来讲，能否拥有充分的信息，往往是并购成功与否的关键性因素。要想获得更多、更及时、更有效的并购信息，离不开信息渠道的建立。

事实上，并购信息的来源是多种多样的：有公开的，有私下的；有可靠性强的，有可靠性差的……诸如此类，不胜枚举。很多人过分相信私人间的信息沟通，这种思路是有问题的。市场上大多数并购项目，尤其是比较靠谱的项目，通常情况下，是通过公开渠道来发布信息的，因为这样可以更大限度地实现企业的价值。正常情况下，企业收集并购信息主要依赖 3 种渠道（参见图 4—6）。

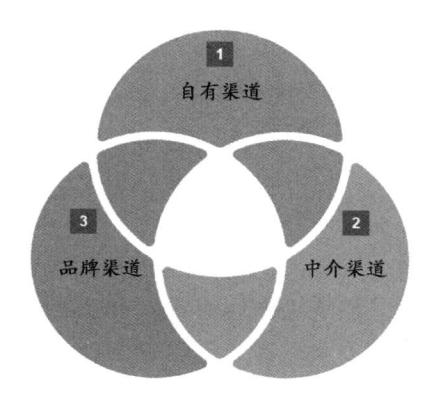

图 4—6　并购信息收集渠道

1. 自有渠道

自有渠道的建立是企业主动性行为,通过企业相关部门和人员的关系网络,收集与并购目标相关的信息。对于将并购作为增强企业战略能力的企业来讲,必须建立并购团队,专门负责并购信息的收集、分析、谈判和整合工作。

企业在寻求并购目标企业时,可以优先通过公开渠道来搜寻信息。当然,在此过程中,有必要设立跨部门并购项目小组[①],这是极为关键的一项决策。无论是通用电气的韦尔奇还是重组大王艾可卡,都极为擅长运用跨部门小组。这样可以有效地提升工作效率,避免个别部门或个别人的偏见。

在并购信息搜寻的具体过程中,可以采取线上线下相结合的策略。线下可以参与专业展览会,通过与目标公司的双向交流,有针对性地把目标公司的情况和收购标准进行比较。另外,还可以获得诸如行业现状和发展趋势等重要信息。线上主要是通过互联网,海量搜寻目标公司网站、政府或行业主管网站和专业数据库。这些信息不仅量大,而且质量也非常高,通过及时掌握这些信息,不仅可以减少从其他途径获取信息的成本,还可以及时捕捉并购时机,初步选定目标公司,减少企业甄别中的不确定性。

[①] 投资并购需要企业制造、采购、质量、销售、研发、现场服务等各部门参与。由于并购是一项系统的工作,受到时间和资源的限制,不能由单个部门独立完成,因此,需要各部门的代表组成"跨部门小组"来推进并购工作的开展。

2. 中介渠道

市场经济条件下,越来越多的中介服务机构在不同领域发挥"桥梁"和"纽带"的作用。 作为专业性中介机构,在长期的并购服务中积累了大量关于并购企业、市场、价格、产权方面的信息。通常情况下,中介渠道主要是投资银行、证券公司、律师事务所和会计师事务所等。通过专业机构,可以获取更为明确的并购目标信息。一方面,它们具有良好的专业素质、健全的企业并购服务功能;另一方面,它们能提供较为齐全、准确的相关法律、法规及政策指导。通过中介渠道中的专业机构,可以在投资并购工作中得到强有力的支持,既能有效识别目标公司,又能降低识别成本。

3. 品牌渠道

品牌渠道是通过积极建设企业在产业投资领域的品牌知名度,让更多企业了解自己的并购意向,吸引意向企业,这要依赖于线上营销和线下营销的互动。举例来讲,2006年,在河南双汇集团股权出让过程中,漯河市国资委就全权委托北京产权交易所处理挂牌事宜。双汇集团资产合计约为22.23亿元,负债合计约为15.56亿元,评估后的净资产为6.6755亿元,挂牌价格为10亿元。同时,为了双汇集团未来的发展,对意向并购方还设置了诸多条件。

作为世界上最大的潜在消费市场,中国企业可以实现大规模创新,利用资本的力量,有效对接市场的需求和供给。 对于新兴行业来讲,迅速扩大规模、提升市场占有率是一项战略性任务。以互联网企业为例,盈利模式很大程度上依赖于自身规模的扩大乃至垄断某一行业的网络资源,所以互联网行业的并购讲究以快打快,对资源的整合力度明显强于传统行业。因此,实力强大的互联网企业,诸如阿里巴巴、百度、腾讯等,都在行业内建立自己的品牌影响力,通过一系列并购完成互联网生态的构建,不断提升企业核心竞争力。受企业在并购市场中品牌的影响,很多中小企业或中介机构会将大量的并购项目提供给相关企业,以寻求达成并购结果。

收集各种可能的并购信息

投资并购,信息为王。开始的时候,不必设定严格的并购标准,而应多角度、全方位地收集并购信息,要注意该过程的广泛性。企业也不要将自己限定于特定的行业,甚至要积极发现一些看似不可能的机会,从而创造出真正的价值。

政府产业经济部门负责从中央到地方的政策制定,对经济市场和经济活动起到引导和推进作用,通过其内部会议、公开文件、新闻发布会,可以有效收集并购信息。

信息的收集是一个持续的过程,要将源源不断的并购信息输入信息库,并且随着时间推移,在丰富信息的同时,也要对原有项目信息进行补充和完善。尽管并购工作听起来十分振奋人心,但实际上,这也是一件极为枯燥的事情,更多的时候,需要并购人员对信息不断地进行充实和完善(参见图4—7)。

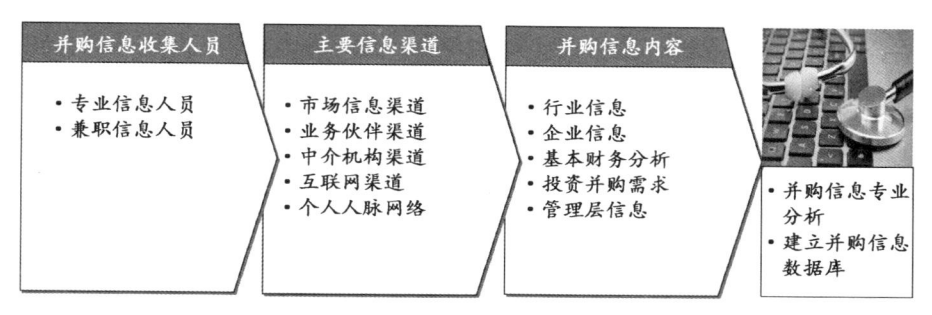

并购信息收集人员	主要信息渠道	并购信息内容	
• 专业信息人员 • 兼职信息人员	• 市场信息渠道 • 业务伙伴渠道 • 中介机构渠道 • 互联网渠道 • 个人人脉网络	• 行业信息 • 企业信息 • 基本财务分析 • 投资并购需求 • 管理层信息	• 并购信息专业分析 • 建立并购信息数据库

图4—7 并购信息收集渠道和内容

并购目标企业信息一般包括两个方面:企业所在行业情况以及该企业的竞争地位。通过行业分析,可以判断这个行业的竞争情况、未来发展前景以及该行业在国家或地区产业发展中的地位;通过竞争地位分析,可以明确该企业的实力以及竞争者的情况,明确该企业的优势和劣势,甚至还可以发现该企业未来可能的发展方向和潜力。

形成并购意向数据库

对所收集到的并购信息进行科学分析,对潜在的并购意向进行标准化录入,定期保存和更新并购信息数据库,能为未来的并购工作奠定坚实的基础。通常情况下,并购项目信息根据不同的类型,可以编制成标准化表格,诸如目标企业基础信息(参见表4—1)、上市公司基础信息(参见表4—2)和战略投资企业信息(参见表4—3),以便于并购信息的分析。

并购项目信息库为企业投资并购提供可靠的原始资料,以及准确和高质量的信息。然而,只有在丰富的项目信息数据的支持下,才能对并购项目信息进行识别、选择、分析等工作,才能充分发挥信息库管理的功能。

表 4—1　　　　　　　　　　目标企业基础信息(示例)

信息编号		目标企业		输入时间		负责人员	
企业背景							
企业名称			地址			联系电话	
所在行业		地区		所有制		法人代表	
主营业务		销售额*		营业利润*		资产总额*	
总经理		性别		年龄		背景	
副总经理/关键人员		性别		年龄		背景	
企业分析							
管理层意愿							
下一步计划							

注：* 表示在数据可获取性高的情况下，应以争取收集过去 3 年历史数据为佳。

表 4—2　　　　　　　　　　上市公司基础信息(示例)

信息编号			上市公司		输入时间		负责人员	
上市公司背景								
企业名称				地址			股票代码	
所在行业				所有制		法人代表		联系电话
股本结构		总股本		流通股		法人股	国家股	职工股
经营业绩				年份 A		年份 B		年份 C
	主营业务收入							
	净资产收益率							
	资产负债率							
	每股净资产							
	每股净收益							
	每股价格							

续表

股权结构	前五大股东	企业名称	持股比例

公司近期重大事项

表4—3　　　　　　　　战略投资企业信息(示例)

信息编号		目标企业		输入时间		负责人员	
战略投资企业背景							
企业名称		地址		联系电话		联系人	
所在行业		地区		所有制		法人代表	
主营业务		销售额		营业利润		资产总额	
目标收购金额				收购时间			
目标收购行业		企业规模		企业性质		盈利能力		其他	

主要动因分析

建立并购项目信息库,能够充分利用现代计算机技术和互联网技术对并购项目进行高效管理。 并购项目信息库的构建是并购信息管理的基础,且为投资并购项目实施提供了基础数据环境。通过建立和完善并购项目信息库,以项目为主线,构建投资并购年度计算表,将并购预算、执行和监督结合起来,促进项目流和资金流的高效对接。

资料链接 4—2 高新技术企业并购目标选择是关键

目前全球已进入一个新的技术竞争时代,全球技术资源状态与研发体系以及技术变更速度的加快改变了原来的产业竞争方式,以速度为支撑的技术竞争成为主流,通过并购获得技术优势成为新的选择。高新技术企业凭借其高成长性和未来预期的高收益性,目前已成为全球并购市场的焦点。

并购的目标企业选择至关重要,它直接关系到并购成败。假如选择了不合适的目标企业,那么并购方向从一开始就南辕北辙了,后果可想而知。因此,企业一定要基于战略进行并购并选择并购目标。并购应当是企业实现其自身战略的一种手段,能够继续维持并不断增进企业的核心竞争力。并购基于战略就意味着企业的并购行为应当是为实现通用战略(成本领先战略、差异化战略和专一化战略)目标中的一个或者多个,因而将战略性并购分为三大类型:以扩大某一市场或细分市场的市场份额为目标的产业整合型并购、以整合产业链或高度相关的产业群为目标的产业扩展型并购、以获得核心技术并由此发展新的产品或者相关产业为目标的新产业构建型并购。在高新技术产业中,新产业构建型并购战略被广泛应用。

高新技术企业并购的目标企业选择,要符合企业的最高战略。站在并购方企业战略的高度来审核目标对象,就可以从根本上保证目标企业的战略匹配。未来产品或服务单一的高新技术企业很难获得客户的青睐,因为客户需要的是全面解决方案,而不仅仅是单一的产品。高新技术企业主要是通过并购来实现其产品多样化的目标。

进行高新技术企业并购的目标企业选择,要确保并购协同效应的最大化。并购的目的就是为了实现"1+1>2"的协同效应,"技术—产品对"越多,高新技术企业从中获得的技术协同效应就会越多,技术多样化与产品多样化紧密相连,体现了技术创新过程中的规模经济效应和范围经济效应。高新技术企业可以通过并购这些行业相关互补企业,迅速获得自己所需的优势技术或产品,从而完善企业技术能力,扩充企业产品和业务线,实现企业的快速增长。对高新技术企业来说,收购的实质是收购人才。

进行并购的目标企业选择,需要确保并购以后的整合能够顺利开展。并购整合得顺不顺利,应该从一开始的并购目标企业选择上就切实抓起来。如果一个企业很容易并购,却不容易被消化整合,这个企业就不是合适的并购目标企业。目标企业到底能不能在并购后被同化整合,有几个方面需要重点考察:人力资源,尤其是高管团队;文化理念,主要看对方企业的文化理念是否与并购方企业相近或相容;有时还要看对方企业的市场客户、战略伙伴的态度。

综观世界500强企业的发展历程,它们无一不是通过并购成长起来的。诺贝尔经济学奖获得者斯蒂格勒就曾指出:"没有一个美国大公司不是通过某种程度、某种方式的兼并成长起来的,几乎没有一家大公司主要是靠内部扩张成长起来的。"并购也必将成为我国高新技术企业实现跨越式发展的关键助力。

资料来源:程国辉. 高新技术企业并购目标选择是关键[N]. 科学导报,2015—02—10(B01).

4.3 筛选和确定并购目标

囿于并购的时间成本原因,不可能对所有的并购目标都进行实地走访和洽谈。因此,必须通过评估和分析,明确恰当的并购目标。通常情况下,并购目标的确定是一个循序渐进的过程,需要若干轮筛选才能最终确定几个重要并购目标,之后再寻求接洽、谈判。

并购项目初步筛选

战略性并购意味着,企业收购目标企业是与之进行全面整合,提升运营效率,促进持续发展。

实践中,并购目标公司不同将对并购绩效产生重大影响,选择相匹配的目标公司有助于提升企业的竞争力,因此,企业在实现并购战略过程中,必须结合自身发展战略,对目标公司进行科学的评估和分析。在大多数并购目标选择过程中,目标企业的初选一般需要两轮筛选,其目的在于尽快确定并购目标清单(参见图4—8)。

投资并购实务：理念、工具和实践

第一轮初步筛选
- 根据并购理念和原则进行迅速筛选，剔除明显不符合要求的目标企业
- 针对经过第一轮初选的项目分配人员，进一步收集相关信息
- 战略投资部负责实施

第二轮初步筛选
- 与目标企业管理层、政府等相关各方进行沟通，明确并购项目的可行性
- 专业研讨，确定具体的并购目标清单
- 项目经理负责组织

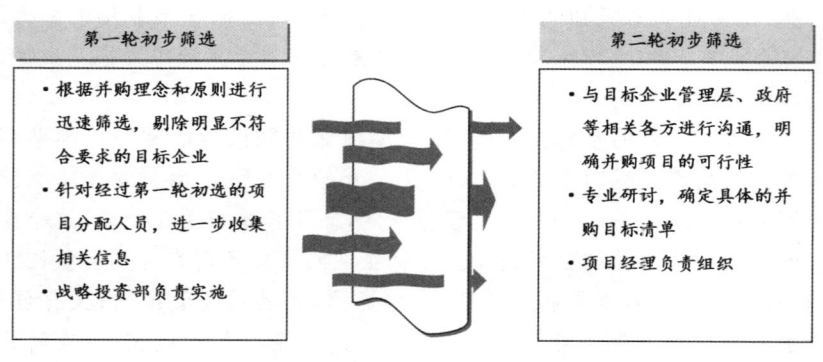

图4-8　并购目标企业初选

第一轮筛选重点依据企业投资并购理念和相关标准，剔除明显不符合要求的目标，形成初步并购目标清单。之后，分配相关人员对清单上的目标企业资料进行深入收集。具体到企业内部，通常是战略投资部根据投资理念和既定原则对目标企业进行初选。

第二轮筛选主要依据目标公司的行业、管理能力、规模经济、资源匹配等方面的信息，进一步与公司管理层和相关政府管理部门进行接触和沟通，明确并购项目的可行性，通过小组讨论和专家论证，确定具体的并购目标清单，组织尽职调查团队开展工作。

> 选择是否与本企业相适应的并购目标公司，决定了并购能否成功和并购绩效能否顺利实现。

进一步筛选并购目标

在确定初步并购目标清单之后，接下来要对经过初选符合条件的目标企业进行更深入的分析、调查。通常情况下，还要通过两轮更加细致的筛选，确定最终的并购目标企业（参见图4-9），这样可以大大提高并购目标选择的效率。

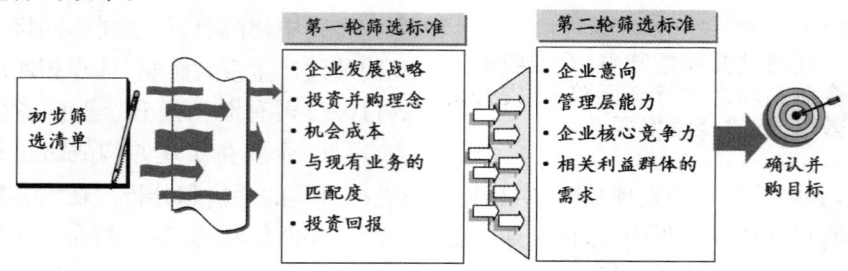

初步筛选清单

第一轮筛选标准
- 企业发展战略
- 投资并购理念
- 机会成本
- 与现有业务的匹配度
- 投资回报

第二轮筛选标准
- 企业意向
- 管理层能力
- 企业核心竞争力
- 相关利益群体的需求

确认并购目标

图4-9　进一步筛选并确认投资并购目标

对于多轮的目标公司筛选,并购清单上的公司会越来越少,通常情况下,最终并购目标不会太多,尤其是在短期内,往往只有单一的并购目标,这就需要对并购目标信息库中的并购信息进行详细筛选。

并购目标要与企业战略有一定的匹配性,企业应尽量选择与本企业行业性质类似的并购目标进行并购,同时企业需要具备能够妥善整合并管理并购目标企业的能力。

当目标公司筛选进入最终阶段,为了获得更为详尽的信息,需要与目标公司进行更为广泛和深入的沟通,用一手资料来提升并购信息的可靠性和科学性。在很多情况下,如果条件许可,并购企业可以直接与目标企业接触,通过实地考察来进一步确认目标企业的真实状况,为下一步与目标企业并购整合提供参考。

实践中,需要对目标企业进行管理层和决策层的实地访谈(参见表4-4),获得目标公司的意图以及关键组织能力信息。当然,表中的访谈提纲是一个大致描述,实践中的访谈提纲要根据项目情况进行扩充。无论如何,最根本的目的是获取对目标企业的更深入的认识,同时还能够面对面地了解目标企业管理层的态度、管理能力和并购意愿。

表4-4　　　　目标企业管理层和决策层访谈提纲(示例)

目标企业管理层访谈提纲	1. 目标企业背景概况 • 简要介绍企业基本情况,包括发展历程、人力资源、研发能力、核心竞争力等。
	2. 目标企业定位 • 企业战略定位是什么? • 关键客户有哪些可代替产品和服务?
	3. 市场规模和竞争 • 行业现状及发展趋势如何? • 存在哪些细分市场?企业所在的细分市场是哪些? • 现有竞争对手有哪些?各自的优势和劣势是什么? • 未来潜在竞争对手有哪些?
	4. 合作与联盟 • 目标企业与哪些合作伙伴签订了合作和联盟协议?
	5. 资本扩张与并购 • 企业现有股权结构情况如何? • 企业资本市场运作的需求有哪些? • 未来可能的投资标准有哪些?
	6. 其他关键议题

续表

目标企业决策层访谈提纲	1. 目标企业背景概况 • 请简单介绍企业发展历程,包括初创期、发展期和目前所采取的发展策略。 2. 并购意向 • 企业经营的目标是什么？是否愿意进行并购？ • 企业对主并购企业有什么样的标准？ • 现有激励机制是否有利于保留人才队伍？ 3. 资本运作与合作意向 • 企业希望采用什么样的并购模式？ • 企业主要股东之间的关系情况如何？ • 企业是否希望通过并购来实现新的发展？ 4. 其他关键议题

明确并购项目评估标准

对于进入最终并购清单的企业,还要从 6 个标准开展评估(参见图 4－10)。通常情况下,在这个阶段主要由企业财务部和战略规划部完成,并不需要聘请外部专业的中介机构,目的是从企业发展战略和财务资源角度来评估并购项目的可行性。

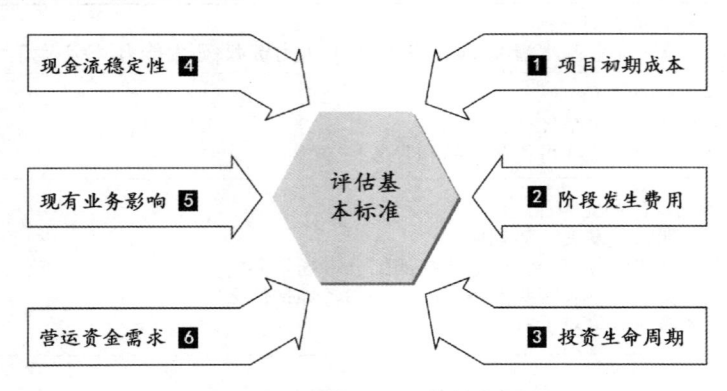

图 4－10　并购项目评估基本标准

1. 项目初期成本

对于投资并购项目来讲,初期成本往往占有很大的比例,会给企业的营运资金带来巨大的压力。因此,企业必须依据真实的情况,组织内部人员对并购项目的初期成本进行核算,一方面明确并购资金渠道的可靠性,保证并购项目能够顺利开展,另一方面还要对项目进行盈亏平衡核算,保证并购后企业现金流正常运行。

2. 阶段发生费用

通常情况下,并购整合是一个过程,同时并购对价的支付也是一个过程,因此企业必须对未来3～5年内所发生费用进行预算,当然,最好是细化到每个月的大致情况,诸如固定支出有哪些、变动成本有多少等。

3. 投资生命周期

无论是投资新建还是并购目标企业,都存在一个项目生命周期;也就是说,当前并购的项目大概在多少年之后就会出现衰退,甚至是基本结束,再运作下去也不会有赚钱的可能。通常情况下,投资生命周期和产品周期是一致的,但也有很多项目会先于产品周期就结束了。

4. 现金流稳定性

现代企业必须将现金管理提高到战略层面,不能追逐高收益,盲目扩大规模,导致出现巨大的现金流缺口,而应该注重现金流的管理,保证现金流的平稳运行。因此,投资并购必须明确从什么时候开始能有实实在在的现金流进来,就是要预计从什么时候开始有销售收入(并产生利润)或者其他形式的收入。

> 预算管理是一项重要的管理工具,能帮助管理者进行计划、协调、控制和业绩评价。

5. 现有业务影响

理想的并购目标对企业现有业务产生正面影响,有助于减少同行业竞争,共同对抗外部竞争,同时通过协同效应,使得并购双方的资源和能力优势更大程度地发挥出来。然而,并非所有的并购都会产生正面影响,在很多时候,并购项目不仅没有为企业带来价值,反而将企业拖入失败的深渊。因此,分析投资并购项目,必须分析它有没有可能为其他项目增加利润,比如购入其他项目的产品作为原料;另外,是否增加了与现有资源之间的冲突,比如集团内部竞争等。

6. 营运资金需求

营运资金是企业在经营中可供运用、周转的流动资金净额,也是企业在生产经营过程中保证连续性、周期性生产所必要的资金。企业要维持正常的运营,必须拥有适量的营运资金。因此,营运资金管理是企业财务管理的重要组成部分。通常情况下,财务经理有60%的时间用于营运资金管理,即对资金运用和资金筹措的管理。企业投资并购对于营运资金规模产生巨大的影响,因此必须分析和研究营运资金需求,明确目标企业的存货、付款周期和收款周期情况,提高资金使用效率。

通过上述6项标准,结合企业自身竞争实力分析,可以初步确定该行业范围内的目标企业。其中,主要是以目标企业规模、技术、经营管理、财务状况等方面与并购发起企业目前实力是否匹配为原则进行筛选。

确定最终并购目标

通过投资并购,现代企业可以控制更多的可支配资源,进而对这些资源进行高效配置,从而产生更大价值。以 A 股市场上围绕长园集团(600525)的股权之争为例,随着大股东李嘉诚退出长园集团,优质的股权引来了各方争夺。公司管理层、沃尔核材(002130)实际控制人周和平、上海复星等机构都对长园集团的资源垂涎三尺。沃尔核材及一致行动人一路增持,谋求取得长园集团的控制权。研究这个案例会发现,沃尔核材与长园集团存在着业务重合;同时,沃尔核材董事长是前长园集团高管,其之后发动大规模二级市场买入,目的不在于短期的财务目标,而是看重未来长期战略目标,也就是对两家企业的资源进行重新配置,创造出更大价值。

上面的例子可以说是民企之间的纯市场性并购,然而由于我国国有企业的独特性,也存在由地方政府和相关部门共同推动的并购。例如,2008年11月在国家烟草专卖局与当地政府的推动下,两大烟草巨头红云集团和红河集团合并成为中国最大的卷烟生产企业——红云红河烟草集团有限责任公司。这种并购目标更多在于整合国有资源,扩大规模,提高国际竞争力。

无论是失败的并购还是成功的并购,无论是大规模并购还是中小规模并购,都需要明确并购目标企业。而且我们也知道,并购双方是一种平等关系,不是说你有钱就一定可以并购成功,也不是说你控制了企业,就一定会带来价值增值。事实上,并购的过程更像是双方"谈恋爱"的过程,从中间人介绍,到两个人相互了解,再到两个人明确可为对方带来的价值,最后到情投意合、缔结法律合约,每个阶段都需要沟通、交流和彼此磨合。

对于通过投资并购快速发展壮大自己的企业来讲,有必要设立专职部门,时刻寻找市场上的并购机会,从中筛选出最合适的机会,进而提升自己的战略能力。这就需要不断重复下述工作:

1. 对目标企业的价值、管理能力、战略和企业文化进行评估;
2. 企业高层对业务组合和产品组合明确划分战略优先级别;
3. 全面了解所在行业的竞争情况——了解竞争对手和潜在竞争对手;
4. 确认不同机会所需要的战略和管理能力,并排出优先级别;
5. 对并购目标企业进行全面评估,由企业高层管理者进行讨论。

通过一系列的分析评估和筛选流程,企业形成项目意向筛选报告(参见表 4—5 和表 4—6),作为并购项目立项的判断基础。之后,组建并购团队对目标公司开展可行性分析。由于并购目的在于主并购企业能在近期或长期获益，需将主并购企业支付的并购支出与目标企业价值、并购收益对比分析，确定是否对选定的目标企业实施并购决策。

表 4-5　　　　　　　　　　目标企业项目意向筛选报告　　　　　　编号：

企业信息								
企业名称		地址		联系人		联系电话		
业务背景								
所在行业		企业主营业务			地区		所有制	
总经理		管理班子人数		董事会人数		成立日期		员工人数
项目评判								
业务模式	销售额		营业利润		资产总额		市场占有率	
	研发	采购		生产	分销	销售	客户服务	
市场潜力	市场规模		地区覆盖		增长潜力		政策法规	
竞争结构	企业市场地位			现有主要竞争对手数量			潜在竞争对手	
	主要竞争对手1		性质		占有率		主要优劣势	
	主要竞争对手2		性质		占有率		主要优劣势	
	主要竞争对手3		性质		占有率		主要优劣势	
管理队伍	愿景目标	管理能力		沟通能力	敬业精神	职业道德	团队协作	
总体评估								

表 4-6　　　　　　　　　　战略投资者项目意向筛选报告　　　　　　编号：

企业信息						
企业名称		地址		联系人		联系电话
总股本		法人股比例		每股价格	每股收益	净资产回报率
收购意向	□强　□一般　□没有					
目标收购行业	企业规模	企业性质		盈利能力		其他
与集团公司的合作意向			说　明		主要风险	
决策层	□强　□一般　□没有					
主要股东	□强　□一般　□没有					
主管政府	□强　□一般　□没有					
管理层激励要求						
总体评估						

在实践中，企业可以召开并购项目的定期例会，对并购项目进行评估和筛选，比如每周或每月召开并购例会，研讨相关并购项目情况。会议应该保

留详细的会议记录,以便追踪并购项目的进展(参见图 4—11)。另外,还要记住一点,在选定目标企业后,企业必须评估自己的并购能力。企业的并购能力是指企业是否有能力进行并购,这种能力体现在 3 个方面:外部环境的影响、企业资源和并购管理能力。

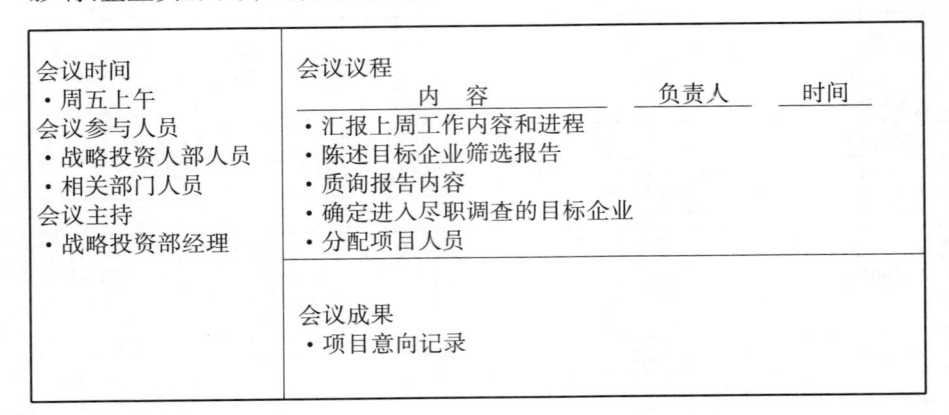

会议时间 • 周五上午 会议参与人员 • 战略投资人部人员 • 相关部门人员 会议主持 • 战略投资部经理	会议议程 内 容 负责人 时间 • 汇报上周工作内容和进程 • 陈述目标企业筛选报告 • 质询报告内容 • 确定进入尽职调查的目标企业 • 分配项目人员 会议成果 • 项目意向记录

图 4—11　企业并购定期例会内容(示例)

资料链接 4—3　中国交建筛选并购目标公司的影响因素

近几年,中国交通建设股份有限公司(以下简称"中国交建")境外投资及并购业务迅猛发展,充分体现了行业领头羊的作用。通过成功的并购可以快速制造增量,迅速实现某一区域市场的属地化经营,有助于企业战略转型升级。但同时,并购是一个复杂的系统性工程,选取合适的并购目标也不是随意的,需要先从"知己"开始,深入了解自身业务情况,确定业务发展方向和企业发展战略,进而确定战略并购方向,继而借助专业能力梳理并筛选合适的并购目标,从而做到"知彼"。

1. 自身的并购目的

收购方需要明确自身的收购目的,明确目标企业能否达到相应目的。并购目的不同,选取并购目标的思路就会不同,并购后整合和管控的思路也会有所区别。中国交建在寻求并购目标时首先是战略性目的,旨在实现公司"五商中交"的全球布局,特别是完善中国交建在发达市场的布局设点,提升公司在成熟市场中的竞争实力。中国交建通常会选择具有较好自身生存能力和发展前景的企业作为目标。

2. 目标企业的出售原因

任何企业寻求收购都有其深层次的原因,在实现收购之前,通常收购方和被收购方处于信息不平衡状态,目标企业往往从对外信息和财务数据等多方面都把自己包装得光鲜亮丽,真实的出售原因往往不为外人所知。收购方需要通过多种渠道,运用理性的逻辑分析方式,深入研究目标企业真正的出售原因。

3. 目标企业的发展战略和商业模式

在选择并购目标时,要深入分析目标公司自身现有的发展战略和商业模式,明确是否可与中国交建发展战略相一致并在业务层面产生协同效应。并购前要深入了解目标公司情况,并与目标公司原有股东及现任高管团队充分沟通,避免出现一厢情愿的发展设想,对目标公司的发展前景和业务拓展模式达成共识。

4. 目标企业的业务领域和发展前景

中国交建在选择目标公司时,通常会倾向于与自身优势业务相关联又可以形成互补的企业。选择与自身主营业务关联密切的目标企业,比较容易获得关联优势。拟进入的新业务领域应具备产业吸引力和可持续性发展能力,整体行业处于成长期或成熟期,不应盲目进入具有"泡沫"且后劲不足的行业,也不应进入发展潜力和前景都有限的"夕阳行业"。新领域往往意味着较高的不确定性,企业本身缺乏对新领域充分的认知、信息和资源,且难以进行资源共享和协同发展,风险往往较高,对企业管理者也提出很高要求。而另一方面,战略性收购通常不会是简单的复制和粘贴,单纯的规模扩张也不能完全实现战略发展目标。

5. 目标企业的规模和市场占有率

目标企业的规模一定要与收购主体的规模及能力相匹配,避免出现"蛇吞象"的情况。目标企业规模过小,则难以发挥规模效应,通常在其所在领域和市场也缺乏领先优势,较难通过收购小规模企业达到战略目标,从资金、技术和资源等方面对收购企业的贡献也非常有限,并且需要投入较大的精力进行管理和运营,一旦需要处置,也较难找到买家。而目标企业规模较大,则需要收购企业具有雄厚的实力,后期管控难度和风险较高。总之,规模过大或过小都不意味着规模经济,规模经济只有在某一区域才处于最优。

6. 目标企业的市场环境

中国交建在选择并购目标的时候,会首先着重分析目标公司所在市场的容量和需求发展情况,侧重于选择澳大利亚、巴西等体量大且具有发展动力的市场。相关区域市场普遍具备国土面积较大、人口较多、拥有基础设施建设发展的需求和计划、经济活跃、制度完善等特点。

7. 目标企业的企业文化

综观跨国并购失败的案例,很多是因为未对目标公司所处市场环境和企业文化进行充分评估而贸然以收购方的思维和习惯对目标公司进行改组改造。中资企业大多习惯于用行政命令的方式进行管理,容易忽视西方企业对人性的尊重和科学管理流程。由于历史文化等原因,西方社会对中国、中国企业和中国人仍然存在较多偏见。为应对这种"傲慢与偏见",要发挥中国文化的包容并蓄的精神,逐渐去影响和改变;应当尊重和信任目标企业的管理层和员工,同时以业绩为导向,始终坚持规则、流程为先,建立必要的制衡机制和应对各种情况的处理预案。

总体来看,经过多年的不断摸索与实践,中国交建已经形成了较为清晰的并购目标选择和并购后整合管理体系,建立了行之有效的可复制、可推广的运作模板。中国交建在完成了多宗跨国并购后,建立了与当地各级政府的良好关系,顺利完成了目标公司所有权平稳交接,迅速平复了公司员工的焦虑情绪,公司管理稳定有序。在保留目标公司品牌和核心管理团队的基础上,借助中国交建自身的优势,为目标公司注入新的增长动力,提升了公司品牌和市场认可度。中国交建将不断总结完善,进一步在目标市场选择合适的优质并购目标,针对目标企业不同经营管理情况采取相应的管理模式,在保持企业活力和创新力的同时有效防范风险,最终实现跨国并购的战略目标和经济效益,为全面建设具有全球竞争力的世界一流企业做出贡献。

资料来源:常云波,肖笛,局芳. 中国交建如何筛选并购目标公司[J]. 国际工程与劳务,2019(1):55—57.

4.4 并购目标系统分析

通过一系列评估筛选流程,企业确定并购目标,之后需要对并购目标进行更为系统的分析,详细梳理和补充之前的并购信息材料,使之更加体系化、科学化,为并购实施提供坚实的基础。通常情况下,并购目标分析需要经过5个环节:充分的准备工作、系统的企业评估、分析企业成长和潜力、明确潜在的协同作用、制订并购可行性计划(参见图4—12)。

充分的准备工作	系统的企业评估	分析企业成长和潜力	明确潜在的协同作用	制订并购可行性计划
• 并购动机 • 项目组成员 • 时间表 • 初始信息收集 • 信息渠道开发	• 产品和服务 • 市场定位 • 企业资源能力 • 市场营销 • 职能分析	• 行业发展趋势 • 市场竞争格局 • 产品研发创新 • 风险分析 • 商业模式	• 价值链潜力 • 财务协同 • 管理协同 • 市场协同 • 整合成本	• 并购资源能力 • 企业文化 • 管理团队 • 组织架构 • 资金需求

图 4－12　企业对于并购目标分析的 5 个环节

充分的准备工作

在准备工作阶段，比较关键的工作是项目团队的组建。项目团队是并购工作的主要推动者，在并购过程中，需要各种专业人员的支持（参见图 4－13）。

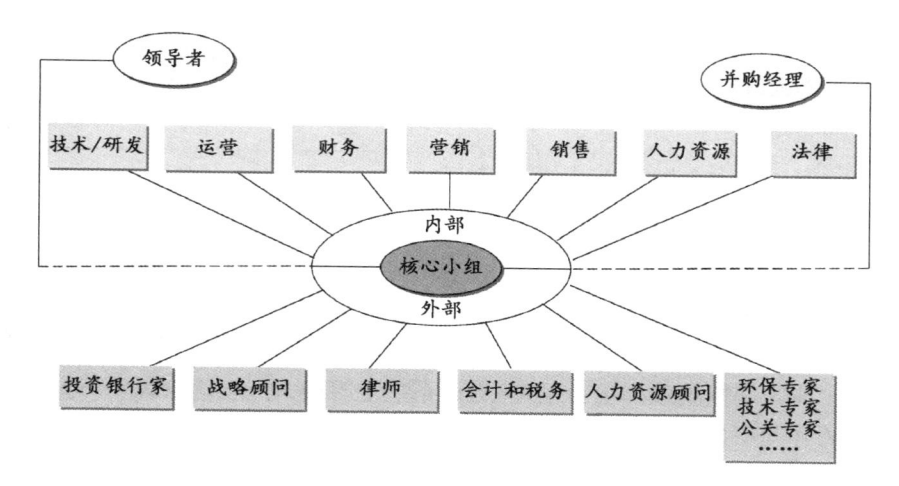

图 4－13　并购核心小组成员构成

1. 明确并购项目的方向

对于投资并购运作的企业来讲，每一个投资并购项目都是一种品牌，确定好投资并购工作方向是并购成功实施的关键所在。通常情况下，项目小组要与专家组共同讨论，明确投资并购项目工作方向，确定重点环节，高效推进并购项目的实施及整合。

2. 选择优秀的并购项目经理

并购经理是项目团队的灵魂人物，不仅具有优秀的综合素质和能力，还要具有丰富的并购实践经验（参见表 4－7）。作为投资并购项目的策划和执行者，必须在一系列的项目计划、组织和控制活动中做好领导工作，从而实现项目目标。项目经理有权决定项目成员的组成，确定项目成员的职责。为调动项目成员的积极性，项目经理要对所属成员进行绩效考核，并将考核结果与其薪酬挂钩。

表 4—7　　　　并购项目经理的素质和能力要求（示例）

特有的考核指标	必须具有	最好具有
本科及以上学历	#	
会计/财务知识教育		#
扎实的财务背景	#	
注册会计师证书		#
在行业中从业 5 年以上	#	
杰出的分析技巧	#	
高于平均水平的谈判技巧	#	
在不同行业的并购经验		#
做过并购项目	#	
具有市场、行业和企业发展能力的分析知识	#	
在行业协会或贸易协会中的活跃会员身份		#
中产阶级背景		#
在与目标公司相同性质公司中的从业经验		#

企业必须慎重选择项目经理，通过系统地答辩、评审、综合评估，选拔出优秀的并购项目经理，并与之签订项目责任书，明确经理的责任、权力与利益以及项目总目标和年度考核目标。

3. 组建并购项目团队

投资并购项目成员应该具有较高水平的相关专业知识、较强的创新精神和团队协作精神。通常情况下，为了保证并购项目团队的效率，团队成员与项目经理进行双向沟通，初步确定团队成员后，经由企业专业委员会进行最后的审核和把关。

4. 制订并购工作计划

为了保证工作的顺利开展，项目团队需要制订具体的工作计划，明确团队成员的职责以及工作节点。通常情况下，对并购目标进行详细评估的全部工作可能会持续 8 周时间，但也要视具体项目而定（参见图 4—14）。

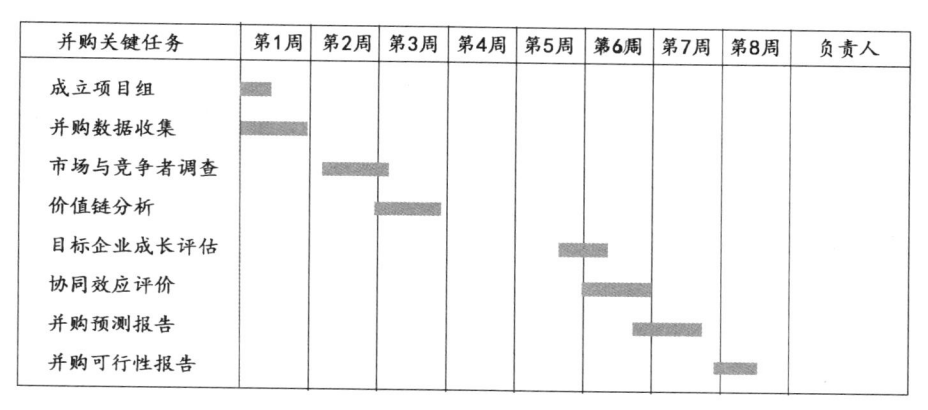

并购关键任务	第1周	第2周	第3周	第4周	第5周	第6周	第7周	第8周	负责人
成立项目组	■								
并购数据收集	■■								
市场与竞争者调查		■■							
价值链分析			■■						
目标企业成长评估				■■					
协同效应评价					■■				
并购预测报告						■■			
并购可行性报告							■		

图 4—14　并购项目评估进程(示例)

系统的企业评估

投资并购的最终目的是为了更好地发展，因此企业必须结合自身实际选择适合的并购对象。一般来说，并购同行业公司不仅能在资源整合成本上取得优势，而且能够实现并购双方企业优势互补，使合并后企业具备更强的综合实力。通过投资并购，可以为消费者提供更有价值的产品和服务，提升企业影响力，并建立强大的品牌力量。以腾讯为例，无论是用户玩王者荣耀，还是看腾讯视频，抑或是刷微信朋友圈，都是在享受该公司的产品和服务。

现代市场竞争环境中，竞争对手更加泛化，不仅来自同一个行业，而且可能来自不同的行业，都需要围绕消费者进行争夺。

对并购目标进行系统评估，有助于并购决策者突破单纯的财务视角，从企业长远利益出发，结合企业发展战略，针对并购目标公司发展规模、主营业务、经营状况等一系列因素，对并购交易实施、后期资源整合、并购绩效的影响程度做出科学、系统的分析，为并购决策者结合企业发展战略选择并购目标提供可靠的参考依据。在没有对目标公司系统分析的前提下，盲目决定对目标公司实施并购，尽管能在短期内取得企业绩效的改善，但企业后续的整合发展问题可能会严重影响企业的可持续发展。

分析企业成长和潜力

对很多企业来讲，投资并购更多是在寻找新的增长点，因此需要重点分析目标企业的成长和潜力。例如，很多传统企业在寻求并购主营业务为"互联网+"的企业。它们认为,依托互联网技术在当前环境下可以提高运营效率、分散经营风险、增强企业的市场竞争力、增强消费者的线上和线下体验、实现更广的盈利空间,从而更好地实现转型升级。

产业结构升级包括提升现代服务业发展质量、推动制造业高质量发展、实现高技术产业创新发展。

对于并购目标未来潜力的分析,通常是一个从宏观到微观的过程,也是一个从外到内的过程。首先是从宏观层面来思考并购的价值所在,主要是从内部假设和外部假设两个方面开展(参见图4—15)。通过评估分析,可以明确为并购双方带来的价值。例如,如果一家传统企业为目标企业注入更多的资本动力,反过来引入更多的创新思维,那么就能够实现两者之间的优势互补,一方面带动传统企业转型升级,另一方面盘活企业内部沉淀的资源,有助于企业内部的综合发展。

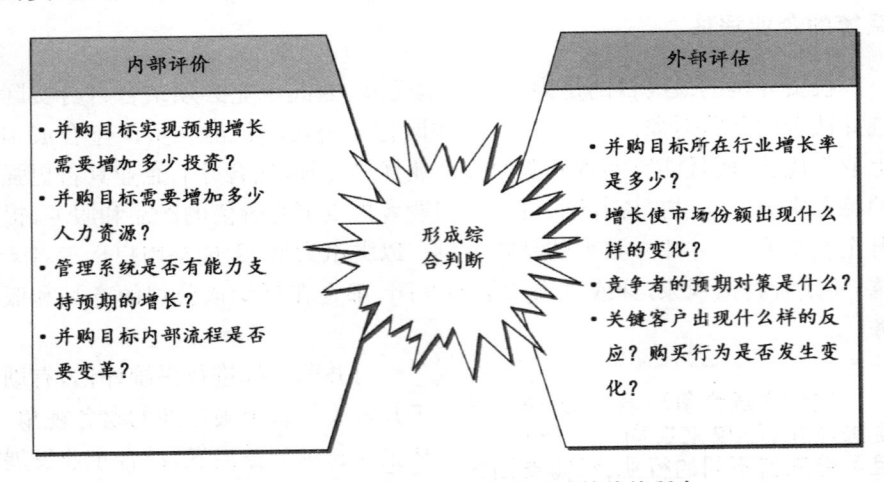

内部评价
- 并购目标实现预期增长需要增加多少投资?
- 并购目标需要增加多少人力资源?
- 管理系统是否有能力支持预期的增长?
- 并购目标内部流程是否要变革?

形成综合判断

外部评估
- 并购目标所在行业增长率是多少?
- 增长使市场份额出现什么样的变化?
- 竞争者的预期对策是什么?
- 关键客户出现什么样的反应?购买行为是否发生变化?

图4—15 从宏观层面综合思考并购的价值所在

接下来,要对并购目标企业进行更加深入的分析,主要是产业环境分析、财务状况分析和经营能力分析(参见图4—16)。

1. 产业环境分析

借助多种分析工具,确定目标企业所处产业的发展阶段、产业在社会经济中的地位和作用,以及产业的竞争情况。例如,可以借鉴产品生命周期理论,评估目标企业或目标企业所提供的产品和服务;选择进入朝阳产业,尽量避免进入夕阳产业。

2. 财务状况分析

全面评估目标企业的偿债能力、盈利能力、资本结构。首先,以流动比

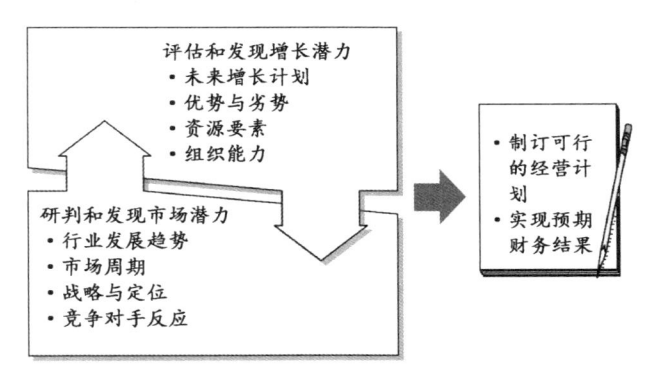

图 4—16 确定研究并购目标的计划（示例）

率、速动比率、资产负债率、利息保障倍数等指标计算并分析企业营运状况和偿债能力，通过与同行标杆的对比分析，从总体上把握目标企业的财务状况和经营情况。其次，全面分析目标企业的盈利能力，不仅要考虑企业目前的盈利能力，还要考虑企业的盈利增长潜力。如果企业设备、技术状况良好，仅仅因管理问题而造成近期亏损的，正是兼并的首选目标。最后，重点分析目标企业的资本结构，采用经营杠杆、财务杠杆等指标分析目标企业的经营风险、财务风险，以及决定兼并后如何更好地改进资本结构，合理规避风险，充分利用杠杆系数，实现更大的经济效益。

3. 经营能力分析

企业具有多方面的能力，如技术能力、生产能力、销售能力、人力资源能力等，其总和构成了企业经营能力体系。对目标企业进行经营能力分析，要对各项能力的构成进行比较、分析和评估，进而决定是否并购，以及如何开展并购整合。

> 制定清晰的战略目标，明确并购目标和实现并购的路径，是企业并购成功的基础。

明确潜在的协同作用

企业之所以进行投资并购，从根本上来讲，还是因为并购能够提升双方的效率，从而产生更大的价值。为什么并购后，能够产生效率的提升？这是源自并购双方的效率差异，通过并购整合发挥双方的优势、弥补双方的劣势，带来经营协同效应、管理协同效应和财务协同效应。

在高速发展的并购市场中，并购定价是必不可少的环节。合理预测企业并购后的协同价值并确定并购溢价上限，有助于投资者做出正确决策，实现价值增长的目的。[4]因此，通过并购目标系统分析，要发现能产生协同效应的关键领域,从本质上来讲,并购价值创造是基于公司正确的战略目标,以及实现并购协同效应的能力(参见图4—17)。

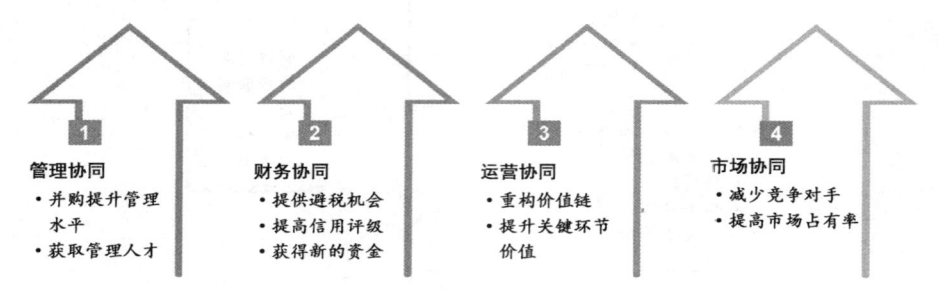

1 管理协同
- 并购提升管理水平
- 获取管理人才

2 财务协同
- 提供避税机会
- 提高信用评级
- 获得新的资金

3 运营协同
- 重构价值链
- 提升关键环节价值

4 市场协同
- 减少竞争对手
- 提高市场占有率

图4—17 投资并购价值创造(示例)

具体来看,通过经营协同效应,可以使并购双方企业实现"1+1>2",这主要体现在完成并购后,企业生产经营效率提高,由此产生规模经济效益和纵向一体化效益;通过管理协同效应,可以有效实现管理能力输出,使得管理效率显著改善,进而提升并购后企业的整体生产效率;通过财务协同效应,能够实现投资机会和内部自由现金流的相互补充,增强偿债能力,降低融资费用,并获得税收利益。

制订并购可行性计划

之所以对并购目标进行详细评估,目的是为并购目标制订可行性发展计划,让新公司发挥最大潜力,实现价值创造(参见图4—18)。例如,2019年9月,苏宁易购发布公告称,已经完成对家乐福中国的收购交接。在收购了迪亚中国、万达百货等之后,苏宁又将家乐福中国收入囊中,不断加速全场景零售布局,加快并购线下优质零售资源。通过并购,苏宁易购实现线上电子商务企业和线下商超融合发展,这是商业零售业发展的新趋势,能实现不同业态的优势互补,扩展供应链的综合服务空间。

并购能否取得成功,以及能实现多大的绩效,在很大程度上与并购目标公司的选择有关。

如前所述,越来越多的企业把投资并购作为一种战略手段和工具,更加注重其长期性和战略性,而不再是一种短期的财务行业。通过并购,并购双方可以在高新技术的交流和合作上以及企业组织管理模式的创新上形成优势互补的局面,达到改善经营环境和经营条件、扩大生产规模、提高市场占有率、长期占领和开拓某个市场、获得资金优势和市场优势的目的。[5]然而,企业并购是否可行、并购能否成功,受到多种因素的影响。企业

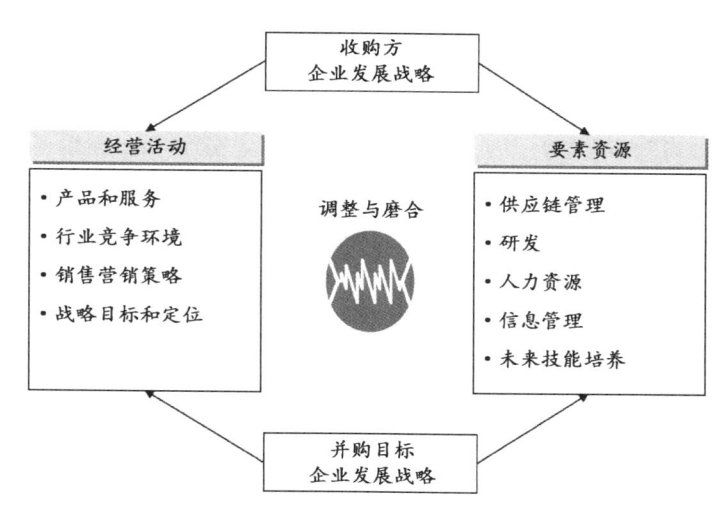

图 4—18 投资并购协同创造价值机理(示例)

可以利用多层次分析法,对并购可行性的影响因素进行优选,找出企业可行性影响因素,通过对重点因素的评估,制订并购可行性计划。

通常情况下,并购双方要具有一定的相关性,要么是行业相关,要么是业务相关,要么是市场相关。

最后,收购企业需要量力而行,不能盲目并购,企业应根据自身的实际能力及自身的发展要求进行并购,既要充分了解被收购企业的行业特点和企业发展的症结所在,同时也要善于结合自身的优势。

资料链接 4—4 伦敦证券交易所成为并购市场上的"香饽饽"

近日,香港交易所(港交所)拟收购伦敦证券交易所集团(伦交所)并最终遭拒一事引发热议。一方面,从资本市场角度看,这件事不算稀奇,因为出现类似的交易所之间的并购企图既不是第一次,肯定也不是最后一次。另一方面,这件事上也透着一点儿新奇,因为并购大戏中出现了上海证交所的身影,虽然只是"躺枪"的角色,但不免带给人更多联想。

自 20 世纪 90 年代末以来,出于获取规模效应、拓宽业务来源、赢取竞争优势等因素考虑,全球范围内掀起了一股证券交易所并购浪潮。例如,2000 年 9 月,阿姆斯特丹、布鲁塞尔、巴黎股票交易所合并,建立了泛欧股票交易所,此后该平台进一步扩大,将里斯本交易所囊括。2007 年 4 月,泛欧交易所又与纽约股票交易所合并形成了纽约泛欧交易所集团。类似的交易所之间的合纵连横在全球其他地方也屡见不鲜。

拥有超过200年历史的伦交所在2000年上市后,成为并购市场的"唐僧肉"。纽交所、NASDAQ、德国证券交易所(Deutsche Boerse)等相继发起收购或者与之合并的努力。其中,德国证券交易所更是尝试了3次同伦交所合并,不过均告失败。有研究显示,自2000年IPO以来,伦交所每隔2.5年就会拒绝一次收购要约。在过去10年里,伦敦交易所的股票市值上涨了9倍,相比之下,FTSE100指数所代表的英国最大公司的股票指数只上涨了47%。伦交所之所以令人瞩目,一个重要原因在于,国际金融危机后的监管规则对其较为有利,如场外交易回到场内的监管要求使伦交所得以通过旗下的伦敦清算所开展更多衍生品交易。

尽管收购被拒,但港交所表示不会放弃。这种态度并不难理解。在交易所全球化经营模式并未中断的背景下,不少分析人士推测,针对伦交所的收购活动并不会停止,即便不是中国香港,也可能是美国、德国。目前,英国脱欧的最后期限正日益逼近,这反倒可能提升伦交所被收购的意愿。因为一旦脱欧,合并将是确保伦交所能够继续交易以欧元计价证券的唯一保障,也是伦交所开展新的生存发展空间的重要路径。

在给港交所的拒绝信中,伦交所提到了上交所的名字。"我们认识到中国的巨大机遇,并非常重视与那里的关系。然而,我们不相信港交所为我们提供亚洲最好的长期定位或中国最好的上市/交易平台。我们重视与上海证券交易所的互利合作关系,上海证券交易所是我们获得许多中国机会的首选和直接渠道。"这是伦交所对上交所释放的善意,也是期望未来与其进一步加强合作的信号。事实上,近年来上交所和伦交所合作密切,如2019年6月已经启动的"沪伦通"业务,开创了中英两国交易所互联互通的新模式。

资料来源:田辉.港交所并购伦交所"大戏"的背后[N].中国经济时报,2019—09—23(008).

注释:

[1]常云波,肖笛,局芳.中国交建如何筛选并购目标公司[J].国际工程与劳务,2019(1):55—57.

[2] 赵健. 海外并购目标公司筛选策略[J]. 国际工程与劳务,2017(11):51-55.

[3] 杜立辉,谭久均,饶璞. 中国钢铁企业并购流程与目标企业选择指标体系研究[J]. 冶金经济与管理,2011(6):19-24.

[4] 赵璐,李昕. 目标方信息质量、并购溢价与交易终止[J]. 当代经济研究,2018(11):81-88.

[5] 孙永生,肖飒. 企业并购中协同价值评估——以久其软件并购瑞意恒动为例[J]. 财会通讯,2019(14):51-56.

[6] 梁健爱,魏宁华. 基于层次分析法的企业并购可行性影响因素探讨[J]. 商业时代,2012(17):87-88.

第 5 章
详尽的并购尽职调查

尽职调查(Due Diligence)是并购交易的保护伞和安全网。世界知名咨询公司美世咨询[①]曾发表观点："有一半的并购减少了股东财富,价值下降的主要原因就在于尽职调查不充分。"由此可见,企业在进行并购时,应该认真进行尽职调查,了解目标企业的真实情况,发现企业存在的隐患和在未来并购整合中的难点,仔细研究决定其是否具有并购价值。

并购前获取目标企业各方面信息以及东道国政治环境、经济政策、文化风俗,并购后企业要注重多方面资源整合。

5.1 尽职调查是成功并购的前提

历史数据表明,大约 70% 的并购无法给股东创造价值。这就对企业提出了警告,任何企业的并购都是一种高风险行为。摆在并购企业面前的问题是,如何提升自己的并购能力,实现并购成功,推动企业发展壮大?

什么是尽职调查?

尽职调查是企业并购过程中最重要的环节之一,也是并购运作过程中重要的风险防范工具。通常情况下,尽职调查是指并购方或投资人在与目标企业达成初步合作意向后,经协商一致,并购方对目标企业进行现场调研

[①] 美世咨询公司(Mercer)总部位于美国纽约,是世界最大的人力资源管理咨询机构,也是一家服务超过 130 个国家的机构投资顾问和金融服务公司。

和综合性资料分析。

1. 尽职调查的概念

尽职调查也称为谨慎性调查,具体是指在并购过程中,收购方对目标公司的资产和负债情况、经营和财务情况、法律关系以及目标企业所面临的机会与潜在风险进行的一系列调查(参见图5-1)。尽职调查的几个核心问题是:

(1)什么时候开展尽职调查?

(2)如何组建尽职调查团队?

(3)在尽职调查过程中,如何制定保密措施?

(4)尽职调查持续多长时间?

尽职调查是一项专业任务,需要专业人才来完成。当并购方缺乏专业人员时,通常会聘用外部专家或中介机构进行相关工作,利用管理、财务、税务方面的专业经验与专家资源形成独立观点,用以评价目标公司的优劣,作为管理层决策支持。实践中,并购尽职调查是一项综合性调查,并不仅限于财务调查、法律调查和商务调查,除了全面了解目标企业的现状之外,还要协助并购方合理地预期未来。

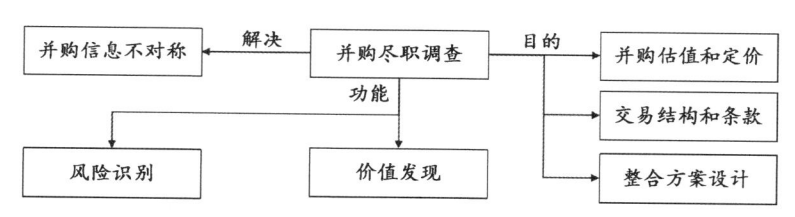

图5-1 尽职调查的作用

2. 尽职调查的目的

尽职调查是避免并购风险的有效手段。以股权并购为例,当目标公司被并购之后,其原有的风险,如负债、法律纠纷等仍然会存在,并购主导方必须根据相关规定承担股东责任。在这种情况下,如果缺乏并购前的有效尽职调查,就会埋下很多潜在的财务、法律和商务风险,最终结局是"赔了夫人又折兵"。

目标企业出于自身利益考虑,会编造有利信息或隐瞒不利信息,诱导并购方高估目标企业的资产价值,可能导致并购失败。

回顾 TCL 集团对法国汤姆逊公司的并购,就结出了一个难咽的"苦果"。并购之后,TCL 集团在 2004 年和 2005 年连续两年亏损,好不容易在 2007 年实现了扭亏,却面临汤姆逊公司高达 2.11 亿元人民币的索赔。为什么会出现这种情况呢？基本的问题还是在于并购尽职调查不完善。很多企业在并购之时，眼里全是对方的优点，只看到了一朵朵盛开的玫瑰花，却忽视了花下面的刺。它们以为支付了相应的对价之后，就可以拥抱鲜花，不料，最终却是满手的鲜血。

尽职调查的主要目的是协助投资者在做出并购决策前得到所有关于目标公司的重要资料，协助做出相对正确的商业决策。

之所以进行并购尽职调查工作，主要有 3 个目的：对并购目标公司进行估值和定价，确定交易结构和条款，以及设计后续的整合方案。要想实现以上目的，其所调查的主要领域必须涵盖宏观和市场环境、业务运营情况、财务情况、法律情况以及监管环境。

投资并购尽职调查的基本功能在于风险发现与价值发现。

因此，并购企业在实施并购前，很有必要通过实施尽职调查来弥补自身在信息方面的劣势。调查者没有进行尽职调查，会使得企业不能准确地了解目标企业的真实情况，进而目标企业的不完全信息披露可能导致并购企业高估目标企业的价值，造成并购企业的过度支付。

3. 尽职调查的范围

尽职调查的范围很广，涉及目标公司所处行业、业务、财务、会计、法律、监管、人力资源和环境等（参见图 5-2）。并购尽职调查不是表面上的调查，它的要求相对较高。例如，一般情况下，并购涉及的法律法规有反垄断法、劳工法、环境保护法等。因此，在并购前一定要仔细研究相关的并购法律条文和规定，树立良好的法律意识，避免由于缺乏对并购法律法规的了解而陷入民事诉讼或刑事诉讼的风险。

如今，并购的容错空间已经大大减小了：融资成本更高，投资方的耐心更差，资金链也更为紧张。一旦合并后的整合出现问题，分析师开始质疑，股东要撤资，员工人心惶惶，监管机构开始猜疑，而竞争对手则借机反弹。[1]

4. 尽职调查的必要性

一般来讲，尽职调查和可行性研究工作是并购企业在并购完成前最后一次可以深入了解目标企业的机会。在此过程中，要坚持专业的人做专业的事的原则，充分利用具有资质和丰富经验的独立第三方咨询机构，在可能的范围内对目标企业进行深入调查研究。不要因为想要节省一些前期费用而为日后的并购经营留下隐患。还有一个常见误区是，认为自己一定做得比别人好。某些企业陷入发展瓶颈是由多方面因素造成的，并不是换一个

第 5 章 详尽的并购尽职调查

行业
- 宏观经济环境
- 市场结构和特色
- 竞争态势
- 公司定位
- 机遇和挑战

业务
- 优势和不足
- 发展战略
- 产品和品牌
- 目标客户定价政策
- 销售和分销渠道
- 促销和广告
- 制造生产过程
- 原材料和供应商
- 研发、信息技术平台

财务
- 预算和预测
- 收入、成本的推动因素和假设
- 资本支出
- 流动资金需求
- 资本结构

会计
- 审计师报告和意见
- 会计政策
- 会计估计
- 历史趋势分析
- 或有负债
- 一次性项目
- 税收优惠
- 税务合规性

尽职调查的主要领域

法律
- 公司架构
- 股权结构
- 牌照和许可证
- 公司章程、股东协议、入股协议
- 董事会和企业治理
- 知识产权
- 法律纠纷
- 关联交易
- 主要合同

监管
- 监管部门
- 政策法规
- 企业的社会义务
- 审批程序
- 法律制度演变趋势
- 地域政治和政府支持

人力资源
- 组织架构
- 制度
- 管理层
- 员工

环境
- 环境监测管理部门
- 相关政策、法规、规章
- 环境顾问的合规性检测
- 审核程序
- 目前的操作
- 隐性成本

图 5—2 尽职调查的主要领域

股东就可以解决问题。

尽职调查的目的和主要领域之间存在着密切的联系。实际上，不同的并购尽职调查有其不同的侧重点，这要依据具体项目情况来确定（参见图5—3）。

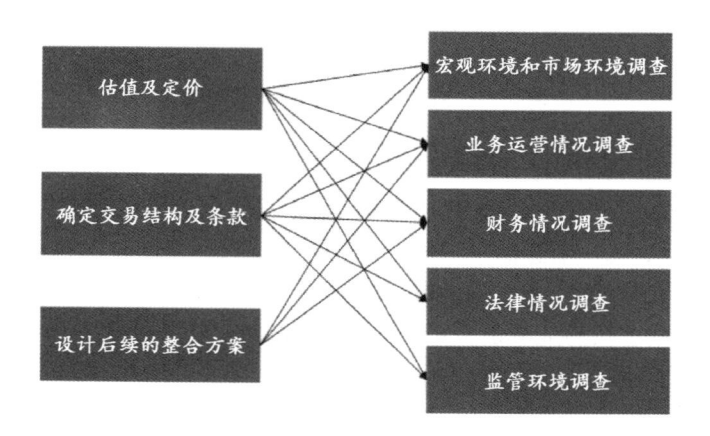

估值及定价 → 宏观环境和市场环境调查、业务运营情况调查、财务情况调查、法律情况调查、监管环境调查

确定交易结构及条款 → 宏观环境和市场环境调查、业务运营情况调查、财务情况调查、法律情况调查、监管环境调查

设计后续的整合方案 → 宏观环境和市场环境调查、业务运营情况调查、财务情况调查、法律情况调查、监管环境调查

图 5—3 尽职调查的目的和主要领域之间的联系

▶ 投资并购实务：理念、工具和实践

与此同时，在并购交易的促成和执行过程中避免失败的压力也从未如此之大。因此在这一过程中，无论是企业高管还是相关的政府监管机构，都需要对并购的合理性和可行性进行准确判断，确保并购产生价值。这一切都需要对自身战略以及并购目标企业有清晰的理解，这或许正是尽职调查不可或缺的重要原因。

尽职调查提供价值

通过尽职调查，并购方可以获得有效信息，诸如并购目标企业的财务、人力资源和市场份额等情况。这有助于并购最终的成功实施，从本质上来讲，这对并购双方是"双赢"的。

企业的并购行为建立在规范化、市场化、法制化的基础上，因此，了解目标企业所在地的并购法律法规和相关政策是非常重要且必要的。通过尽职调查，至少会让并购双方获得四大好处（参见图 5—4）。

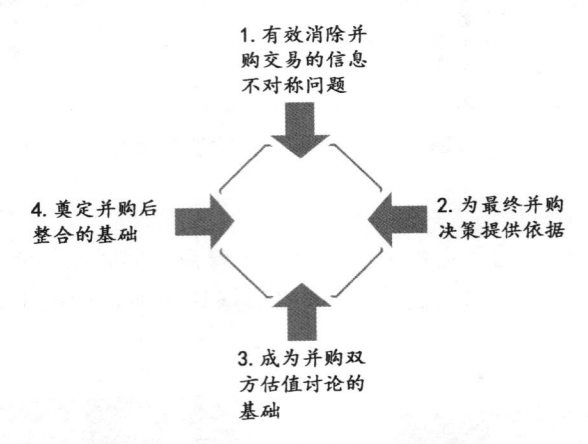

图 5—4　尽职调查为并购提供的好处

1. 有效消除并购交易的信息不对称问题
2. 为最终并购决策提供依据
3. 成为并购双方估值讨论的基础
4. 奠定并购后整合的基础

1. 有效消除并购交易的信息不对称问题

买方和卖方之间存在信息不对称，买方所获得的信息是不完备的，尽职调查可以减少这种信息的不对称，尽可能地降低买方的收购风险。收购方要根据尽职调查的各种风险情况，如法律风险、技术风险、财务风险、商务风险等，分析确定交易成败的关键点，对自己的收购方案进行调整，确定最佳的交易结构。简而言之，尽职调查使收购方及时了解风险存在的可能性，做出应对政策，最大限度地降低给收购公司带来的不利影响。

并购前对目标企业的尽职调查更是十分重要,并购方对并购过程中可能发生的风险要有足够的估计,并做出相应的计划安排。

在国内,由于企业信息披露不完善,并购目标企业的真实信息获取难度大,因此,尽职调查成本较高。在这种情况下,很多企业为了节省信息收集成本,往往会忽视尽职调查工作,跟着感觉走。特别是当企业进行跨国并购时,将面临不同的政治、经济、法律环境,充满各种风险和不确定性。

2. 为最终并购决策提供依据

企业并购决策是企业在整个并购过程中,在关于并购对象、并购价格、并购方式等的多个方案中选择一个较佳方案的过程。然而,由于并购是一项十分复杂和专业化的活动,因此必须通过尽职调查了解并购企业,最终的尽职调查结果结合并购方的风险承受能力,决定了并购是否能继续往前推进。

通常情况下,并购方企业缺乏尽职调查的专业人员,需要聘请专业中介机构协助完成相关工作,由此可以大大降低并购风险。

3. 成为并购双方估值讨论的基础

事实上,识别一个合格的收购参与者和合理的协商价格是困难的,因为分析常常受保密和时间限制而不能获得完整的公开数据,使得企业在确定并购价格的时候,很少考虑未来协同效应的实现风险,从而导致企业的过度支付,也增加了企业的并购风险。那么如何确定交易价格以及提供有效信息呢?可以通过企业总体概述调查、市场销售调查、行业竞争力调查和企业规划分析等调查,通过企业提供的财务信息进行分析,清楚企业的内部管理机制、营业额的真实情况。通过公司财务调查,可以了解清楚目标公司的主要资产及财产权,同时注重对公司股东的审查。最基本的是法律调查,保证目标企业的真实合法性。[2]

尽职调查可以帮助企业最大限度地了解并购目标企业,使双方在谈判过程中有效进行利益平衡,从而形成相对公允的并购估值。

4. 奠定并购后整合的基础

尽职调查是买卖双方知己知彼、编制合并后合作业务计划书的基础。实践中,并购尽职调查贯穿始终,不仅为并购准备和并购实施提供有力支撑,还可以确保企业在并购整合过程中更好地推进,提高整合的效率和成功率。例如,通过人力资源尽职市场调查,能够为并购整合提供强大的人才储备,有效规避企业并购和整合业务失败。

事实证明,大多数不良并购是由于尽职调查工作不完善所造成的。

尽职调查是关键环节

在投资并购实践中,并购双方的目的不尽相同,甚至大相径庭,再加上并购信息的不对称,导致了巨大的并购风险,诸如并购目标企业的资产和负债情况、生产经营状况、财务情况以及其未来将面临的潜在风险等。然而,对于主导并购的企业来讲,受人力、财力和时间等客观因素的制约,必须借助于管理、法律、财务、税务等方面的专业经验与专家资源,通常是与专业中介咨询公司合作,对并购目标进行全面的调研,并在此基础上形成并购建议。

尽职调查是买方认知卖方的过程,虽然第一阶段和第二阶段的尽职调查工作比较繁重,但其实尽职调查工作贯穿于整个并购交易的始末(参见图5—5)。对目标企业的并购会涉及目标企业的方方面面,在每个方面都有可能藏着致命的隐患,如果不对这些隐患进行详细的排查,就会给企业的未来发展埋下"地雷"。在一定的条件下,如果踩到"地雷",就有可能给企业造成巨大的损失。

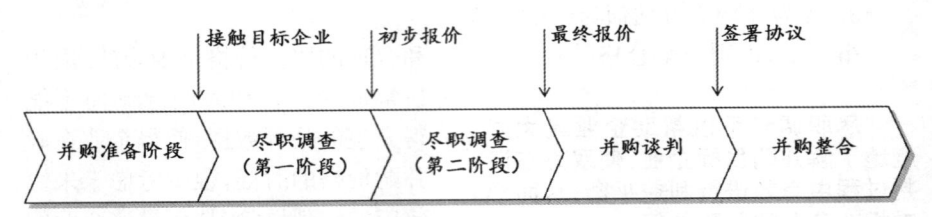

| 接触目标企业 ↓ | 初步报价 ↓ | 最终报价 ↓ | 签署协议 ↓ |

并购准备阶段 → 尽职调查(第一阶段) → 尽职调查(第二阶段) → 并购谈判 → 并购整合

- 并购目标沟通
- 收集初步信息
- 签订保密协议
- 初步报价

- 管理层访谈
- 实地走访
- 全面资料收集
- 提出具有约束力的报价

图5—5 尽职调查在并购流程中的位置

尽职调查的每一步环环相扣,既要确保调查全面,更要仔细考察并不断取证,切实地进行现场考证。

并购尽职调查就是让企业提前了解所面临的重大风险,采取预防措施,"不打无准备之仗"。如果目标企业是绩差公司,就要了解其背后的巨大风险,比如目标企业不良资产的处理情况。如果并购前没有进行彻底的清算核销,那么在并购之后就很难处理,甚至会面临经济诉讼。

资料链接 5—1　跨境并购法律尽职调查实务操作要点

尽职调查是对并购交易进行法律风险控制的必经环节和关键，并购双方一般均会聘请律师对对方进行法律、财务等方面的尽职调查，以期发现问题并在谈判中占据主动。针对目标企业的法律尽职调查主要集中在以下方面：

1. 组织形式与股权结构

调查目标企业的组织形式可以帮助律师确定该项目中对目标企业附属机构的调查范围，同时，鉴于存在国家安全、经营者集中等方面的审查程序，目标企业的主体资格、资本构成等问题或可影响中方并购者就该项目获取国内主管机构审批的过程。

目标企业的股权结构是尽职调查的工作重点，实践中常出现并购方在尽调后发现目标企业存在未披露的实际控制人或者股东之间存在委托持股等股权结构不清晰的情形，引发关联方及关联交易等连锁问题，最终导致交易方式和价格条件发生重大变化。律师在尽调中需对该等情形进行特别关注，在勤勉尽责的核查之外，辅以要求卖方做出已完整、如实披露的承诺或保证。

2. 治理结构与人事、劳工

基于企业长期发展的考虑，并购方通常希望在交易完成后顺利取得目标企业的控制权或管理权，熟悉目标企业现有治理结构与人事劳动关系则尤为重要。特别是以专项业务见长的公司，公司核心管理及技术人员是否留任对公司发展产生决定性影响。了解并掌握这些情况有助于并购方快速与目标企业的管理人员和业务人员进行融合，从而避免交易过后出现过长的"阵痛期"。

在跨境并购交易中，东道国通常会对劳工保护方面进行专门法律规制。针对其调整对象较为具体明确、与东道国经济发展水平息息相关及实施具有地域性等特点，律师应根据调查情况合理关注裁员、劳动合同承继及薪酬福利等劳工法律规制问题，必要时可在提示风险的同时出具合理的建议方案。

3. 关联关系与关联交易

确定目标企业的关联方并厘清其关联关系及关联交易，是并购交易尽职调查的另一个重点调查内容。各国证券监管机构均对实际控制人、一致行动人及/或关联方等在证券交易中的行为有所限制，对关联关系的界定可借鉴我国上海、深圳两家证券交易所对上市公司关联方的界定标准，进行充分披露并作风险提示。对目标企业关联方及关联交易的调查可与股权结构调查并行，从而节约时间成本，提高调查效率。

4. 重大资产、重大债权债务及重大合同

无论是采用资产收购方式还是股权收购方式，并购方的最终目的均是获得目标企业的资产价值及实现业务层面盈利，因此，对重大资产、重大债权债务及重大合同的核查是法律尽职调查的重头工作。对资产、债权债务及合同的核查，需特别注意对能够证明相关情况的法律文件进行核证，在某些情况下，还需取得债权人或合同对方的确认或同意文件（如金融债权或重大业务合同），以满足东道国或我国法律对并购交易的特殊规定。

在调查重大债务时，应当特别关注目标企业存在的或有债务，尽量降低并购方的潜在债务风险。此处调查可与合规性调查中的涉诉情况结合进行。

5. 财务与税务

财务与税务调查是财务尽职调查的重点，律师在法律尽调过程中仍应秉持审慎原则，对目标企业的财务数据、税务政策及其相关文件、函件进行核查，必要时可在审计报告等其他中介机构出具的文件基础上，就在财务与税务方面发现的问题对交易造成的影响发表法律意见。

6. 业务与经营情况

业务与经营情况一般由主办券商进行主要调查，律师主要就目标企业对外签订的与业务经营相关的合资/合作、研究开发、供货/销售、委托/代理、业务管理及/或产品保证等方面的协议文本模板进行审查，发现并披露已存在的法律风险，为并购完成后的后期整合提供较宽阔的考量思路。

7. 合规性调查

许多跨境交易的"夭折"常可归咎于合规性调查环节的缺失或草率行事，例如，未对东道国政策法律进行全面了解、未对目标企业的特殊违法违规情况（如产品责任、环保要求等）进行核查或未能查明或有诉讼等。律师在进行合规性调查时，应尽量获取目标企业主管当局出具或提供的合规证明文件，避免因听信企业一面之词而仅进行形式调查，未能披露风险，最终影响交易的顺利完成，甚至因此遭受委托方索赔，危及自身执业。

8. 知识产权

知识产权是跨境并购至关重要却又常被轻视的调查对象，知识产权领域带来的教训亦是不胜枚举,如今中方并购者逐渐重视对知识产权方面的调查工作。知识产权法律尽职调查应当包含明确所有权、权利价值及限制以及风险评估等内容,并根据调查结果及并购方意见进行策略性收购的体系构建。律师在参与并购交易时,应当加强自身的知识储备,尽量减少因知识产权较强的专业性问题而引发的调查操作障碍。

法律尽职调查要点不限于上述 8 个方面,其他或对并购交易构成重大影响的信息和文件也需掌握并披露。律师在尽调时应以通过清单收集的工作底稿为基础,综合网络调查、访谈调查、现场核证等多种调查手段,并借助中介机构之间的相互配合取得相对全面的调查结果。充分的尽职调查是达成公平交易价格的必要前提,对交易过程的顺利推进具有决定作用,与其他环节共同撑起了跨境并购交易的整体流程。跨境并购是挑战与机遇并存的复杂交易,随着中国企业越来越多地"走出去"参与国际商业交流和融合,相信我国律师也能不断积累经验、提高法律服务水平,与企业一起开拓海外市场,迎来更广阔的发展前景。

资料来源:刘兴燕,吴萌萌.中国企业境外并购一般流程及法律尽职调查实务要点[J].中国律师,2015(1):88—90.

5.2 尽职调查内容

企业进行投资并购,需要对并购的目标企业进行全面细致的调查,以厘清目标企业各方面的状况,作为是否投资的决策依据,也为下一步交易谈判以及对目标公司的整合提供信息支持。

投资并购业务尽职调查侧重于经营方面,法律尽职调查侧重于合规性方面,财务尽职调查侧重于财务与会计方面。

通常情况下,尽职调查的内容分为业务、法律和财务 3 个主要方面。业务尽职调查是指对并购目标企业业务发展的尽职调查,调查内容包括宏观环境、行业环境和企业经营情况等;法律尽职调查是指对并购目标企业法律状况进行的调查,调查内容包括主体的工商登记、公司治理结构、公司的控股结构、公司的资质、公司知识产权的真实性、公司的守法状况等;财务尽职调查是指对目标企业财务状况的调查,调查内容包括资产状况、负债状况、盈利状况、现金流量状况等与本次交易有关的事项。

业务尽职调查

业务层面的尽职调查主要从企业所处的宏观环境、行业环境和企业经营情况几个方面展开(参见图5－6)。

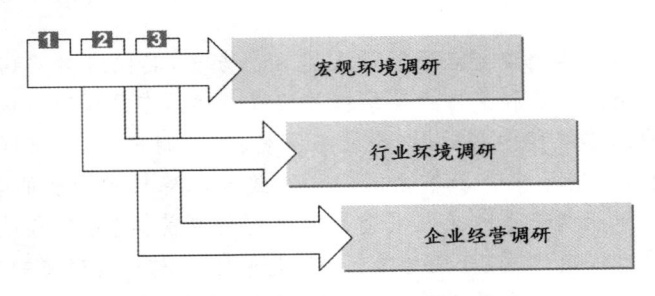

图5－6 投资并购业务层面调查内容

1. 宏观环境调研

宏观环境调查主要是对目标公司所处的政治法律环境、经济环境、社会文化环境和科学技术环境等方面的变化,以及行业所造成的影响进行归纳总结和研究。

政治法律环境是指一个国家或地区的政治制度、体制、方针政策、法律法规等方面。这些因素常常制约、影响公司的经营行为,尤其是影响公司较长期的投资行为,主要包括政府的稳定性、特殊经济政策、反托拉斯立法、环保立法、外贸立法、对外国公司的态度和就业立法等。

经济环境是指构成公司生存和发展的社会经济状况和国家经济政策,主要包括经济要素的性质、水平、结构、变动趋势,以及产业布局政策、对外开放政策和财税体制改革。通常情况下,进行经济环境分析从社会经济结构、经济发展水平、经济体制和宏观经济政策这4个维度进行。

社会文化环境主要包括文化环境和社会服务环境两个部分,具体包括一个国家或地区的社会性质、人们共享的价值观、人口状况、教育程度、风俗习惯、宗教信仰等各个方面。其中,文化环境是指项目所在地居民的宗教信仰、生活方式、人际交往、对事物的看法、对储蓄和投资的态度、对环境保护的态度、职业偏好和选择性的大小等。社会服务环境是指管辖公司的政府机构的办事效率、金融系统的服务质量、生活条件和医疗卫生条件等。

科学技术环境是指公司所处的社会文化环境中的科技要素及与该要素直接相关的各种社会现象的集合,包括一个国家或地区的技术水平、技术政策、新产品开发能力以及技术发展动向等。社会科技水平是构成技术环境的首要因素,它包括科技研究的领域、科技研究成果门类分布和先进程度,以及科技成果的推广和应用3个方面。如今,变革性的技术正对公司的经营活动产生巨大的影响。公司要密切关注与本公司产品有关的科学技术的现有水平、发展趋势及发展速度,对于新的硬技术,如新材料、新工艺、新设备,公司必须随时跟踪掌握,对于新的软技术,如现代管理思想、管理方法、管理技术等,公司要特别重视。

2. 行业环境调研

通过宏观经济分析能够把握公司战略的宏观环境以及市场环境的整体趋势,但是不同行业在一个国家不同的经济发展阶段以及在经济周期不同阶段的表现是不同的,因此就需要进行行业分析。

行业分析是发现和掌握行业运行规律的必不可少的环节,是行业内公司发展的"大脑",对指导行业内公司的经营规划和发展具有决定性的意义。

任何一个行业都不是在真空中存在和发展的,众多外部因素对行业的销售和盈利产生重要的影响。

行业分析主要目的在于:解释行业本身所处的发展阶段及其在国民经济中的地位,分析影响行业发展的各种因素以及判断对行业的影响力度,预测并引导行业的未来发展趋势,判断行业投资价值。

通常情况下,行业调研分析的主要内容包括:

(1)行业主要政策规定;

(2)行业竞争情况;

(3)行业发展的有利和不利因素;

(4)行业特有的经营模式,行业的周期性、区域性和季节性特征等;

(5)公司所在行业与上下游行业之间的关联性。

行业分析得出的结论包括公司当前发展现状怎么样(是好还是不好)、未来的发展趋势怎么样(是变好还是变坏),从而为公司战略选择确定基本方向,评估公司战略应该是趋向积极、保守还是消极。

3. 企业经营调研

企业经营调研主要包括企业资源、企业能力、核心竞争力等各种有形和无形资源。通常情况下,对公司进行历史分析,需要收集过去3~5年发展战略和战略目标、组织架构、财务状况、人力资源战略等资料。对公司现状分析主要包括现行的发展战略和目标、公司文化、各项规章制度、人力资源状况、财务状况、研发能力、设备状况、产品的市场竞争地位、市场营销能力等内容。

管理者的自身素质、管理方法及管理决策往往对企业的经营管理具有直接甚至致命的影响。 企业经营调研应当着重关注企业所拥有的资源和能力使企业在同行业中处于何种地位、企业有哪些优势和劣势、企业制定的发展战略所承担的风险大小等。例如，通过对目标公司产品或服务的市场进行详细分析、了解市场整体状况、把握市场趋势以及消费者需求趋势，就可以揭示出目标公司真实的经营状况和竞争力。例如，有些企业之所以微利甚至亏损，往往是由于经营管理不善或者资金周转困难形成的，并非缺乏盈利潜力，这些因素属于人为可控因素，通过对企业注资或者加强企业内部管理，会有很好的改善效果。

并购实践中，企业需要根据自己的实际情况，寻找合适的目标企业，例如海尔集团董事长张瑞敏曾提出著名的"收购休克鱼"理论：在收购市场中，活鱼虽然新鲜、有活力，但是太贵，而死鱼虽然便宜，但是已经腐烂。所谓"休克鱼"则是两者的折中，即鱼的肌体尚未腐烂，而是处于休克状态。海尔并购的目标企业就是"休克鱼"，也就是那些硬件条件好，但由于思想观念落后而导致盈利困难的企业。通过并购，为这些"休克鱼"注入新的管理思想，实施新的管理办法，就可以激活它们。当然，这反过来要求收购方具有强大的组织管理能力，能够在收购后为目标企业提供新的利润增长点。

法律尽职调查

详尽、准确的法律尽职调查能够帮助企业和投资者了解目标企业法务情况，避免双方因信息不对称而在市场活动中出现重大法律纠纷，提高双方的相互认识程度，提高价值评估的准确性和有效性。[3] 法律尽职调查包括两方面：一方面是目标企业本身的法律问题，如重大资产的权属、股权结构、重大交易合同、重大劳动关系纠纷、行业监管、纳税记录等问题；另一方面是在与目标企业交易中会涉及的法律问题，如并购类市场活动中的法律尽职调查、私募股权投资活动中的法律尽职调查等，主要通过目标企业的过往法律问题处理成果进行评估，充分了解目标企业在法律上的瑕疵。

企业投资并购项目中，对于不同的并购目的、并购方式、目标公司所处的行业或目标资产，法律尽职调查的侧重点有所不同，通常情况下，至少应该包括8个方面（参见图5—7）。

1. 目标公司的主体资格

要确保并购交易的合法性，目标企业必须具备主体资格，通过调查目标公司的基本信息、股东及出资情况、公司年检情况、公司变更情况以及公司

```
5. 目标公司的财产和权利        1. 目标公司的主体资格
6. 目标公司的债权债务和担保     2. 并购项目的批准情况
                        投资并购法
                        律尽职调查
7. 目标公司的人力资源          3. 目标公司的股权结构
8. 目标公司的涉诉情况          4. 目标公司的章程和主要协议
```

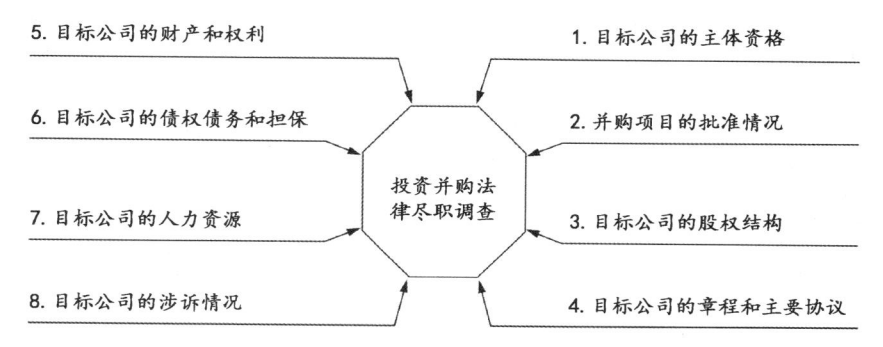

图 5—7　投资并购法律尽职调查内容

性质和所有权结构，有助于确定目标公司的设立是否符合法律的规定、目标公司是否具备合法的主体资格以及目标公司是否存在影响其合法存续的重大法律障碍等。

2. 并购项目的批准情况

不同的并购方式，以及不同的目标公司性质，可能需要不同的并购批准形式。例如，目标企业是上市公司，项目并购需要经由董事会或股东大会批准；目标企业是国有企业，并购项目需要经由职工代表大会或上级主管部门批准。只有在并购批准有效的情况下，才能够开展下一阶段工作。

3. 目标公司的股权结构

详细地调查和分析目标公司股权结构的现状、股权变化情况以及股权变更过程的合法合规性，需审查目标公司股东的出资形式、出资数额、出资程序是否符合法律和公司章程的规定，比如出资是否到位、各种形式的出资是否履行了必要的法律手续、是否存在抽逃出资现象等。

4. 目标公司的章程和主要协议

公司章程是一个公司组织活动的原则，其中的某些条款可能会严重影响或制约并购活动本身，甚至影响并购完成后收购方整个集团层面的整合。例如，审查章程中是否有反收购的条款。如果有，收购方应警惕，很可能因反收购条款的存在而导致收购失败。越来越多的公司在章程中规定了反收购内容，收购方及律师应对此保持高度的敏感，应认真审查相关条款是否可能对收购本身形成障碍及对收购后目标公司的整合造成影响。对于目标公司主要协议的审查，主要是看其中有无反对股权或资产转让的条款，或者有无不竞争条款或对目标公司运营能力的其他限制。

5. 目标公司的财产和权利

很多情况下，投资并购的主要目的在于取得目标公司的各种资产或控制权,因此,通过尽职调查,需要分析和梳理目标公司的产权关系,确保收购方取得的目标资产是完整的,不存在法律风险。例如,需要详细审查目标公司对其土地使用权、房产、在建工程、机器设备、知识产权等是否具有合法的、完整的、无瑕疵的所有权、使用权或处分权,以及在该所有权上是否设定了任何形式的担保。

> **目标企业财产权利的尽职调查,不仅要掌握当前资产的状况,还要考虑并购后资产所有权的转移是否会影响并购方的某些重要协议的签订或履行。**

6. 目标公司的债权债务和担保

详细审查目标公司合同协议,帮助收购方了解合同协议中是否存在纯粹义务性的条款和其他限制性条款,特别要注意目标公司控制权改变后该合同是否依然有效。审查目标企业所涉及的重大债务及其偿还情况,特别要注意债务数额、偿还日期、附随义务及债权人对此是否有特别限制等。

关注企业的或有债务,通过对已掌握的其他材料及关联性材料的审查,结合对目标公司的询问所取得的信息,可能对或有债务是否会发生、或有债务转变为现实债务的可能性以及或有债务对并购的影响等做出专业判断。

7. 目标公司的人力资源

详细梳理目标公司的人力资源情况,为并购后的接管、整合和运营做好准备。在法律尽职调查过程中,特别强调以下4项内容:一是目标公司发展背景、劳动证照及审批文件;二是目标公司高级理人员构成、职务、能力、待遇、目标公司对其依赖程度等基本情况;三是目标公司雇员的住房公积金、福利待遇、社会保险缴纳等情况;四是通过审阅目标公司的劳动合同文本,了解目标公司的劳资关系,判断其是否可能存在劳资纠纷,并购后已有的聘用合同是否会继续有效等。

8. 目标公司的涉诉情况

全面了解和分析目标公司过去及目前涉及的或将来可能涉及的诉讼、仲裁及行政处罚案,主要关注以下4个方面:一是目标公司生产经营是否合法合规,即是否被工商、税务、环保、产品、安全生产、劳动人事、海关、外汇等部门处罚;二是目标公司是否存在正在进行或即将发生的诉讼或仲裁、公司处于何种诉讼或仲裁地位、案件的预期结果如何;三是公司近几年来是否被追究过刑事责任或受过行政处罚;四是公司股东、董事、监事、高级管理人员的合法合规情况(是否存在竞业限制情形),以及个人征信情况(是否存在正在进行或即将发生的重大诉讼或仲裁、其处于何种诉讼或仲裁地位、案件预期结果如何)。

财务尽职调查

尽职调查旨在对目标企业的发展定位进行较为准确的评估和评价,其中,对目标企业的经济状况进行调查和了解是财务尽职调查的主要工作内容。这个过程中,财务尽职调查为目标企业的发展空间和发展潜能准备了与之相匹配的盈利能力的调查以及资料收集分析。[4]通常情况下,财务尽职调查对象主要包括企业的资产负债表、现金流量表、利润表,以及企业的薪酬税收等。

准确、完整的财务尽职调查是企业做出投资并购的核心依据,也是后续并购整合过程中对目标企业开展财务整合的重要参考材料。

财务尽职调查开展前,需要对并购行为的背景情况进行详细的了解,把握双方关注的重点,从而进一步明确尽职调查的方向与核心。[5]实践中,可以预先通过互联网、专业期刊等渠道收集目标企业在行业内的运营情况,初步掌握目标企业的市场和财务风险。实务工作中,财务报表审计与财务尽职调查有诸多交叉之处,但两类业务的内涵与外延还是有较大的不同(参见表5—1)。

表5—1　　　　　　　财务尽职调查与财务报表审计的差异

	财务尽职调查	财务报表审计
工作目的	依据历史财务资料,分析企业可持续发展的盈利能力	确定历史财务信息的真实与公允
工作内容	涉及财务报表、企业运营、人力资源、业务发展等各个方面,评价其对财务的潜在影响	历史财务报表信息
工作方法	财务尽职调查,通过询问和查询资料,做出判断	通过严格审计程序,确保完成任务
报告内容	形成财务尽职调查报告,强调目标企业的财务分析结果和判断	制定审计报告,出具真实的审计意见
报告使用	仅限于委托方使用,不直接向目标公司披露	广泛使用,包括企业内部和外部

财务尽职调查的目的包括:评价目标企业的实际财务状况、经营成果、现金流量,从目标企业获取各种企业信息,要求对信息资料的真实性、合理性、准确性进行判断;对资料进行分析,如实反映目标企业的业务情况、财务成果、法律信息等,做到对风险点充分展示。财务尽职调查的工作内容主要包括目标公司盈利质量分析(包括历史期间和盈利预测)、营运资金和负债分析、定价机制分析等(参见图5—8)。

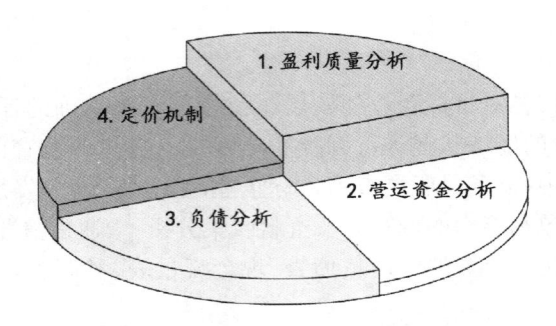

图 5—8 投资并购财务尽职调查内容

1. 盈利质量分析

通常情况下,投资并购的企业估值主要采用收益法和市场法,均注重能够创造现金流的资产,其内在价值则取决于该资产预期现金流的持续时间、金额和可预见性。以上两种估值方法的核心都是息税折旧摊销前利润(EBITDA)。通过盈利质量分析,可以更为准确地获得并购交易的盈利数据和息税折旧摊销前利润。实际上,目标公司的财务数据很可能无法反映其真正的盈利质量。

2. 营运资金分析

以目标公司未来现金流折现评估企业价值的方法,采用的是间接法现金流量表,其历史期间的营运资金的变化情况和质量直接影响目标企业的定价。[6] 通过对目标企业营运资金分析,可以更好地了解其现金流量状况,发现资金流转存在的问题、改善潜力以及交易风险。

3. 负债分析

净负债[①]重要的原因在于企业评估价值减去净负债价值等于股权价值,即买方需要支付的对价。类负债是指因并购前事项形成的债务,需要在并购之后偿还,但此类债务的偿还不能为收购方带来收益。

净负债和类负债分析,首先需分析目标企业在财务尽职调查期间来自金融机构的负债,特别是重要借款的条款是否对企业经营和投融资进行了限制。其次,需要分析资产负债表以外的承诺事项和或有事项。对于类负债要按照科目逐一分析,类负债通常包括雇员福利、衍生金融工具负债、已计提的亏损合同负债、少数股东权益和递延收益等。类负债通常是交易双方在交易价格方面谈判的焦点。

4. 定价机制分析

---

① 财务尽职调查中,净负债等于负债减现金。

恰当的定价是并购成功的首要保证。并购支付的价款过高会降低并购之后的投资回报率，甚至直接预示着未来整合的失败。股权买卖协议对于交易的定价机制通常有两种方式：锁箱机制和交割日调价机制。根据两种定价机制的不同，财务尽职调查工作的侧重点也有所不同。

资料链接5—2　海德生物财务尽职调查——财报分析

安徽海德生物科技有限公司（以下简称"海德生物"）是一家研发生产临床诊断产品的高科技企业。上海泰诚创业投资有限公司（以下简称"泰诚创投"）拟投资入股德生物，2016年2月经与海德生物接触后初步达成投资意向，泰诚创投随即聘请上海安永会计师事务所（以下简称"上海安永"）的专业会计师对海德生物展开了财务尽职调查。

上海安永在接受委托对海德生物实施财务尽职调查前，先行对标的企业所处的热启动酶产品行业进行大致了解和材料收集，挑选了熟悉生物制药的专业人员组成调查组，并针对海德生物特点以及泰诚创投在"明晰债权债务、健全内控制度"等方面的特别要求，提前制定了比较详尽的调查实施方案和核查项目清单，并提前接洽通知海德生物提供相关信息资料。海德生物提供的财务尽职调查前资产负债表如表1所示。

表1　海德生物财务尽职调查前资产负债表（2015年12月31日）　单位：元

资产		负债和所有者权益	
流动资产		负债	
货币资金	274 163.95	短期借款	
应收账款		应付账款	6 894
预付账款	1 624 330.3	预收账款	1 248 020
其他应收款	233 200	应付员工薪酬	28 032.83
存货		应缴税费	−83.95
流动资产合计		其他应付款	15 428 353.23
非流动资产		负债合计	16 711 216.11
固定资产	1 937 241	所有者权益	
在建工程	7 324 872.56	实收资本	9 770 000
无形资产	95 223 773	资本公积	84 902 000

续表

资　产		负债和所有者权益	
长期待摊费用	4 698 553.46	盈余公积	
		未分配利润	
非流动资产合计		所有者权益合计	94 672 000
总　计		总　计	111 383 216.11

由于海德生物是主动寻求引进风险投资，因而其对泰诚创投委托的财务尽职调查团队十分配合。从表1可见：

1. 货币资金由银行存款和库存现金组成。具体如表2所示。

表2　　　　　　海德生物财务尽职调查前货币资金一览表

项　目	金额（元）
库存现金	23 885.96
银行存款——建行芜湖市分行芜湖县支行	249 876.42
银行存款——芜湖县农商行	401.57
合　计	274 163.95

2. 预付账款科目应作调整。海德生物的预付账款明细如表3所示。

表3　　　　　　海德生物预付款明细一览表

收款单位	金额（元）	付款时间	用　途
上海普若麦格生物制品有限公司	1 248 020	2015年6月	购进普若麦格热启动酶
江苏天启模具有限公司	19 800	2015年9月	定制磨具首付款
芜湖市政道路排水工程有限公司	210 000	2013年5月	厂区内道路排水工程预付款
北京科林利康医学研究有限公司	120 000	2015年4月	委托开展临床试验预付款
南京森贝伽生物科技有限公司	16 300	2014年9月	定购试剂盒
吉尔生化（上海）有限公司	8 650	2015年9月	定购合成多肽预付款
其他	1 560.3		
合计	1 624 330.3		

从表3所列海德生物的应付账款明细来看，预付给上海普若麦格生物制品有限公司的款项，通过人员访谈了解到系海德生物代基点认知技术（北京）有限公司购买热启动酶，海德生物收到基点公司

1 248 020 元计入"预收账款",向普若麦格公司支付 1 248 020 元计入"预付账款"科目,按照会计操作常规,该笔预付账款与预收账款应作抵销处理;预付给芜湖市政道路排水工程有限公司的工程款 210 000 元,主要用于厂区内的道路排水工程施工,该工程虽未审计竣工验收完结,且尚欠施工方 29 万元工程尾款,但考虑到该工程已实际交付使用三年多,使用状态符合合同约定标准,该款项应调整计入"固定资产"科目。

3. 其他应收款应作调整。海德生物的其他应收款明细如表 4 所示。

表 4　　　　　　　海德生物其他应收款明细一览表

收款单位	金额(元)	付款时间	用途
芜湖鸿嘉汽贸公司	254 800	2011 年 2 月	支付购车款
张善军	4 000	2011 年 4 月	预付监理费
李伟航	3 000	2011 年 4 月	支付备用金
芜湖新通房产中介服务公司	2 000	2012 年 8 月	支付租房押金
美国拜耳森公司	—29 800	2015 年 8 月	销售样本卡货款
代缴社保——苏启荣	1 200		
合　计	233 200		

经过进一步谈话问询了解得知,支付芜湖鸿嘉汽贸公司的 254 800 元系购买丰田皇冠汽车(车牌号:皖 B19168)的全款,因购车发票丢失,故而未计入"固定资产"科目。调查组建议重新调整计入"固定资产"科目;美国拜耳森公司的 29 800 元确系海德销售样本卡产品的营业收入,调查组建议调整计入"营业收入"科目,与之相对应的会计事项调整表计入"未分配利润"栏目。

4. 固定资产核定方面的瑕疵应作完善。海德生物的固定资产明细如表 5 所示。

表 5　　　　　　　海德生物固定资产明细一览表

名　目	金额(元)	用　途
生产机器设备	739 847	加工生产企业主营产品
运载车辆	180 000	员工班车及接待用车
电气设备	729 697	生产研发
电子及通信设备	109 852	生产经营

续表

名　目	金额（元）	用　途
仪器仪表量具衡器	8 000	生产研发
家具及其他	169 845	办公用品
合　计	1 937 241	

尽职调查结果显示，海德生物的固定资产实物、会计凭证与账簿记录账实相符，但在资产管理和折旧计提方面还存在瑕疵。通过查验运载车辆行驶证和问询相关人员后发现，其中的宇通客车（车牌号：皖BA4826）系海德生物于2012年8月购进的二手车，所有权人为公司司机赵佳俊，海德生物出具的进一步书面说明表示，购进宇通客车时公司营业执照尚未办妥，按照二手车交易规则无法过户，故而以司机个人名义购置。鉴于购车款实际由海德生物支付，调查组建议尽快办理车辆过户手续，明晰企业资产不留法律纠纷隐患；由于海德生物自成立以来从未进行固定资产折旧和减值准备计提，理论上存在盈余管理虚增企业利润的嫌疑。考虑到该企业并未量产，既无营业收入产生也无利润表，应判定为会计操作疏漏。

5. 在建工程存在或有债务风险。
6. 无形资产有待进一步明晰。
7. 长期待摊费用应作调整。
8. 应缴税费清晰。
9. 其他应付款应作调整。
10. 实收资本和资本公积清晰明了。

基于海德生物所提供信息资料真实、合法、完备且被问询人员无虚假陈述的前提下，上海安永调查团队出具了财务尽职调查报告。调查报告做出的结论认为，海德生物真实掌握专有核心技术，行业和市场前景看好，无明显重大风险隐患，且未来盈利能力和成长性俱佳，因而建议上海泰诚创投向海德生物投入9 000万元风投资本。考虑到本次调查工作性质上的特殊性、范围上的局限性和时间上的紧迫性，所形成的调查报告并不能成为对海德生物财务状况的鉴证意见，调查报告仅限本次风险投资项目运作中使用。

资料来源：全丽萍. 财务尽职调查在风险投资中的运用——以海德生物为例[J]. 财会通讯，2019(2)：96—100.

5.3 尽职调查实施

"不打无准备之仗,不打无把握之仗。"在很多时候,并购要从战略高度来看待。通常情况下,企业在进行正式投资并购决策前,要经过尽职调查准备和尽职调查实施两个阶段。

明确关键议题

> 很多并购事关企业的生死存亡,由此推及,在进行尽职调查之前,准备工作是极为重要的。

尽职调查需要根据调研重点,确定调研的策略、调研的对象、调研的核心问题等,有针对性地制订调研计划和调研提纲。如果调研计划和策略不当,则会引起目标企业的不信任,难以获得真实的资料;如果调研对象选择不当,那么通过调查所获得的信息将是片面的和表面的;如果调研核心问题设置不当,就很难获得实质性的成果。因此,尽职调查的准备事项中,首先要明确尽职调查的目的,其次要明确具体的调查议题,最后还要责任落实到人,将工作进行分解。只有这样,才能保证尽职调查落到实处,而不仅仅是走过场。

尽职调查的方式多种多样,并无绝对优劣,应根据调查事项的特点选择合适的方式(参见图5-9)。各种方式应该组合运用、相互辅助、相互验证,以获得目标企业真实的、全面的信息,为投资并购提供坚实的信息基础。

尽职调查有着严格的体系(参见图5-10)。一般情况下,首先要确定尽职调查的关键方面,其次是对每个方面细分出关键议题,最后就是对每个关键议题作进一步分解。这种金字塔式的结构,可以有效地让相关人员明白尽职调查的目的所在;同时,也可以将具体工作落实到具体个人,保障尽职调查工作有序开展。

并购尽职调查具有很强的专业性,这对于大多数企业来讲,是一项艰巨的任务。因此,很多企业会选择专业机构从事相关的尽职调查,这样可以充分发挥专业机构的优势,形成相对完善的尽职调查报告。例如,2003年底,联想聘请麦肯锡作为战略顾问,通过其细致的尽职调查,以全面了解 IBM 的 PC 业务和整合的可能性。柳传志曾坦言:"当中国企业对外国政策、环境不太清楚的时候,最好雇用外国顾问公司,这是联想通过审查后得出的一条重要经验。"显然,麦肯锡对联想并购的达成起到了重要的作用。

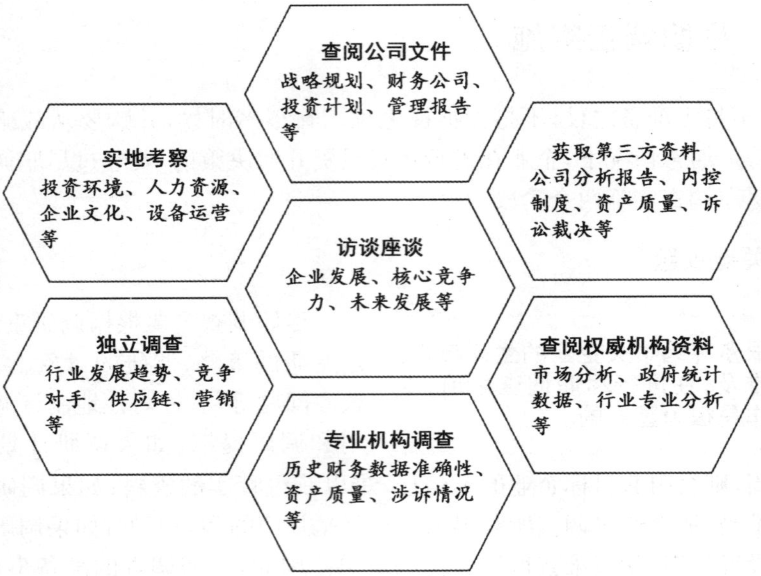

图 5—9 典型的尽职调查方式

- **查阅公司文件**：战略规划、财务公司、投资计划、管理报告等
- **实地考察**：投资环境、人力资源、企业文化、设备运营等
- **访谈座谈**：企业发展、核心竞争力、未来发展等
- **获取第三方资料**：公司分析报告、内控制度、资产质量、诉讼裁决等
- **独立调查**：行业发展趋势、竞争对手、供应链、营销等
- **查阅权威机构资料**：市场分析、政府统计数据、行业专业分析等
- **专业机构调查**：历史财务数据准确性、资产质量、涉诉情况等

图 5—10 尽职调查的体系

目标企业尽职调查的主要内容	关键议题	尽职调查的主要内容
行业/竞争结构	·市场的增长趋势 ·主要的行业竞争手段和方式如何变化 ·竞争对手的预期变化	·市场规模 ·市场细分 ·政府法规 ·产品趋势和替代品 ·行业利润 ·行业结构 ·竞争方式
目标企业	·目标企业的关键成功因素 ·目标企业持续发展的可能性和条件 ·目标企业获利能力的保持	·竞争地位 ·历史财务状况 ·成本结构 ·销售渠道 ·供应商关系
管理团队	·管理团队的能力能否保障企业的发展 ·管理团队的建设和延续性	·管理队伍背景 ·员工关系 ·人才市场状况
退出机制	·可能的投资需求 ·退出时间和方式是否令人满意	·市场标准 ·潜在的投资人 ·路径设计

尽职调查的障碍

2015年伊莱克斯与美国通用电气公司的并购案中,因为未通过反垄断审查,伊莱克斯最后交付了1.75亿美元的分手费。在海外并购中,诸如反向分手费这种与中国传统文化、商业规则、政策环境等产生的"碰撞"还有很多。东道国政策不同,法律体系不同,市场环境不同,文化观念不同,环保标准不同,知识产权保护、劳工保护的规则不同……这些差异往往会构成海外并购中的各种风险,如不妥善解决,则会在境外政府、工会、非政府组织等各种部门机构的审查和谈判中受到阻碍。

对尽职调查人员的思维灵敏度要求非常高,心思也要十分缜密。实际上,对于并购能否成功实施,并购目标企业相关信息的缺乏是潜在的主要障碍,也是未来并购风险的"潜在地雷"。另外,在进行并购尽职调查时,主要障碍在于信息不完整、不准确及并购目标未披露债务实际情况(参见图5-11)。人们把尽职调查的工作者称为"商业侦探"是非常贴切的,在日常工作中,微小的事情甚至是不经意说出的话语,都可作为尽职调查人员的依据。别看只是一些随口说出的消息,往往深究下去就会发现潜在的真相。

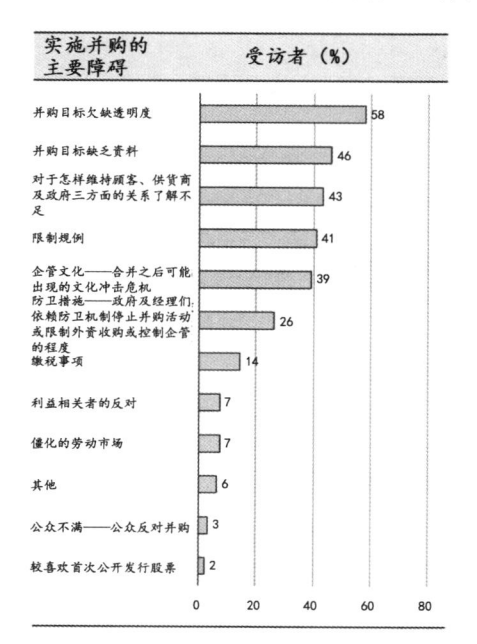

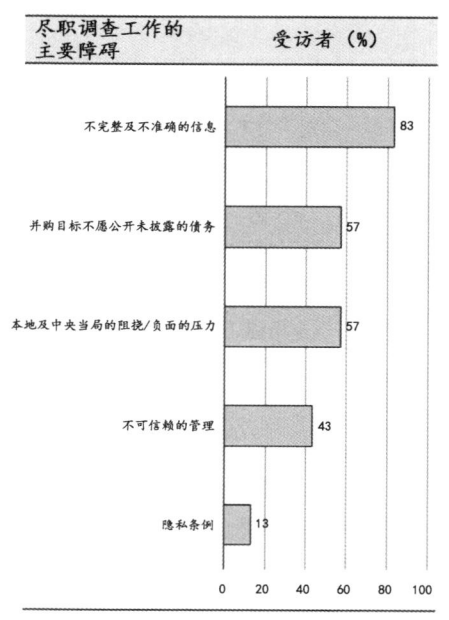

资料来源:《经济学人》,按2006年实际情况调查。

图5-11 实施并购的主要障碍和尽职调查工作的主要障碍

调查显示，国外企业更多地依靠对目标企业开展尽职调查工作来发现其存在的不足和问题，这也正是它们如此重视并购进程中这一环节的原因；而国内企业则把资产估值资料不准确，甚至存在水分视为普遍存在的现象，对此它们并不感到意外，也不会在尽职调查方面花太多时间。

在几乎所有的尽职调查中，现场考察是比较常用的方法，与线上尽职调查和信用报告形成有力的补充、互相验证。实地考察更侧重调查企业的生产设备运转情况、生产组织情况、实际生产能力、产品结构情况、订单、应收账款和存货周转情况、固定资产维护情况、周围环境状况、用水和用电情况、排污情况、员工的工作态度及纪律等。实地走访作为尽职调查流程中尤为重要的一个环节，一方面可以考察企业当地的生产经营环境状况，另一方面可以核实企业生产经营业绩及相关财务状况的真实性。

> 利用大数据与实地调查资料相互交叉验证，有助于排查并购风险，保证交易安全。

尽职调查成功原则

尽职调查必须遵循基本原则，以提升工作质量，达到并购尽职调查的目标。通常情况下，成功的尽职调查要坚持五项基本原则（参见图5—12）。

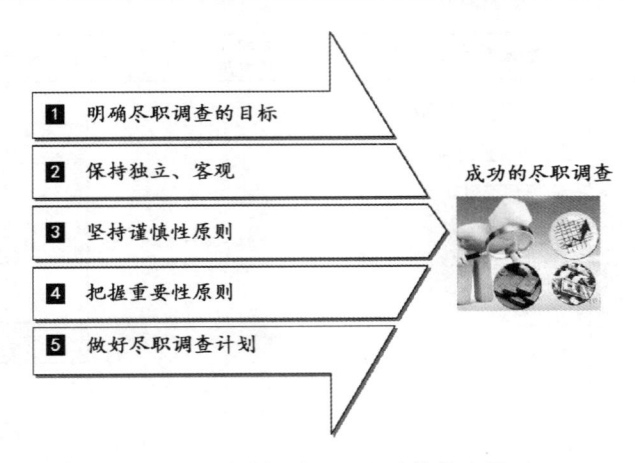

图5—12 投资并购尽职调查的基本原则

1. 明确尽职调查的目标

通常情况下，尽职调查需要围绕并购目标开展，投资并购前期的主要目标是，发现是否存在企业经营的致命缺陷，确保没有破坏交易的因素存在；投资并购过程中的尽职调查，更多是为估值及交易价格调整服务。实际上，在投资并购过程中,还要依据项目具体开展,就重要的不确定性因素进行针对性的尽职调查,以促进投资并购工作效率,实现更好的并购效能。

2. 保持独立、客观

尽职调查必须保持中立性,坚持以事实和数据为依据,尽量避免进行事前判断。通常情况下,为了保持尽职调查独立、客观,主要采用两种方法:一是对尽职调查人员进行双重管理,业务上对项目组负责人报告,同时接受所在部门主管的工作复核和领导;二是明确职责分工,各司其职,强化监督。

3. 坚持谨慎性原则

投资并购是一项高风险性项目,主并购企业必须保持合理的怀疑态度,时刻关注目标公司的综合性风险。因此,在尽职调查过程中保持谨慎态度,对工作计划、工作底稿以及最终报告都要做好保密及内部复核流程。以财务尽职调查为例,尽职调查团队成员不可高估资产和收益,也不可低估负债和费用,需要充分考虑并估算各类风险和损失因素,同时整个财务尽职调查工作应包括所有并购方关心的目标公司重大事项,不但包括资产质量、盈利质量、现金流状况,还要考虑负债、经营、资本结构、财务比例等。

财务尽职调查不仅包括账务报表项目,还要考虑或有负债、关联方交易等表外因素。

4. 把握重要性原则

尽职调查牵涉方方面面,然而受时间和资源的约束限制,只能抓住关键问题和重要因素。根据"二八"定律①,需要对所有议题和调查内容进行优先排序,集中力量抓主要矛盾;也就是说,抓住最具影响力的核心问题进行重点分析。尽职调查是公司并购能否顺利实施的关键因素,只有切实遵守尽职调查的基本原则,并将尽职调查的流程、特点充分考虑,在确保独立性的前提下正确执行规定的流程,才能够顺利实现尽职调查目标。[7]

5. 做好尽职调查计划

在尽职调查开始之前,做出详细的工作计划可以有效地提升效率、降低时间成本。依据尽职调查工作目标分解工作任务,制订高效的并购尽职调查工作计划。实践中,工作计划必须与团队成员的能力相符,科学安排时间、人员和责任者,明确尽职工作中的重点和难点,定期进行计划进展的查检,以便高效达到目标。

高效尽职调查工作计划的四大基本要素:一是明确工作内容,不仅要明确任务和要求,还要确定具体数量、质量和时间要求;二是确定科学的工作

---

① 意大利经济学家帕累托认为,在任何一组东西中,最重要的只占其中一小部分,约20%,其余80%尽管是多数,却是次要的,因此称为"二八"定律。

方法,根据主客观条件,统筹安排尽职调查工作,将"怎么做"写得明确具体、切实可行;三是明确职责分工,让每个团队成员明确任务的时间段、把工作做到什么程度,保证工作有条不紊地开展;四是总体把握时间进度,科学安排计划进展,将固定时间和弹性时间相结合。

组建尽职调查团队

由于尽职调查工作是一项复杂严谨的工作,它需要的是一个团队,其成员主要包括公司的项目小组、财务顾问、法律顾问、会计师以及其他顾问(参见图5—13)。

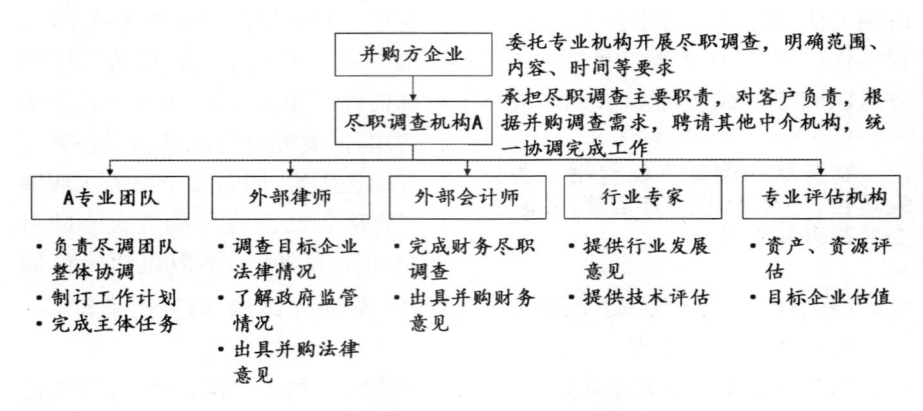

图5—13 外聘尽职调查团队(示例)

尽职调查人员的职业操守、专业能力是保证调查工作顺利完成的关键。例如,投资并购财务尽职调查要确保参与尽调的人员具备扎实的财务专业能力,并具备相关的财务管理经验及风控意识,进而降低目标企业的投资风险。另外,一项成功的尽职调查工作离不开团队成员的协调工作,其中对每一名成员的具体职责也有较为清晰的区分(参见表5—2)。

表5—2　　　　　　尽职调查工作团队成员的主要职责

机　构	主要职责
公司的项目小组中包括来自研发、生产、营销、财务、法律、人事、信息技术等各部门的人员	・审阅各项尽职调查审查资料 ・审阅各中介机构尽职调查报告 ・展开与对方管理层的对话,对对方企业高管人员及其他重要员工的素质和诚信状况做出评估 ・结合自身实际情况评估并购的可能性、并购中可能遇到的问题和解决方案

续表

机　　构	主要职责
财务顾问	・尽职调查总协调人，负责整体规划和协调各中介机构 ・协助公司做好业务尽职调查 ・结合法律顾问、会计师和其他中介机构的尽职调查报告，分析对估值的影响和相应的谈判策略
法律顾问	・审阅尽职调查中的各项法律文件 ・就存在的和可能发生的涉及法律的问题提出详尽的法律尽职调查报告书
会计师	・审阅尽职调查中的财务和税务记录 ・就公司的历史财务报告和税务合规情况发表意见，提出调整建议
其他顾问	・根据并购所处行业的特殊性或项目的特点，额外聘请一些专业领域的顾问，协助公司发现、评估这些领域的潜在问题，提出解决方案

在尽职调查过程中，需要充分调动各类专业机构共同参与，取长补短、相互印证，这样可以有效保证尽职调查的进度以及最终报告的准确性。如果企业是委托财务公司进行尽职调查，这时就要以财务顾问为主；同时，也需要其他专业机构的配合（参见图5-14）。

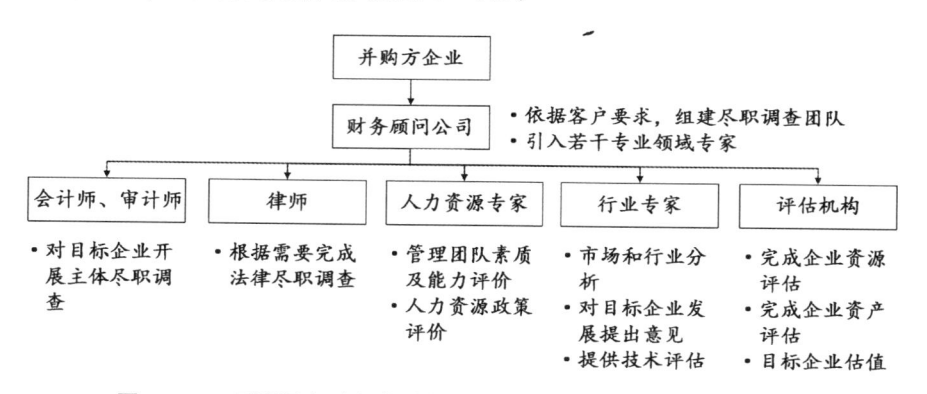

图5-14　尽职调查过程中财务顾问与其他专业机构的配合（示例）

实际操作过程中，需要利用各种信息渠道获得相关信息，诸如运用互联网、大数据技术获得公开信息，或者致电给公司专家、客户、经销商等各方人员寻求帮助，甚至可以与竞争对手相关人员进行座谈。通过灵活处理各类数据，用各种方法对原始数据进行核实，辨识真伪。事实上，提高透明

缩小并购双方在尽职调查上的文化差异，有助于进一步促进投资并购活动的顺利开展。

度、尽可能提供完备的资料是降低双方交易成本、提升交易成功概率的最有效方法。

稳步推进尽职调查工作

尽职调查团队组建完之后,就需要对各种信息来源加以研究,确保在具体调查开始之后,工作能有序进行。因此,团队成员要根据信息内容寻求各种可能的信息来源(参见图5—15)。

信息来源	需回答的一般问题
业务计划和历史财务数据	• 对目标企业的总体观点 • 尽职调查和价值评估的基础
专业网络	• 目标企业的历史业绩/问题 • 商业/投资银行以及资产管理公司对类似企业/市场的总体观点
管理层	• 管理质量 • 业务观点的清晰度 • 主要战略、竞争对手和营运问题的明确信息
客户/分销商访谈	• 目标企业和其他竞争对手的定位 • 市场主要趋势
市场报告	• 总体市场观点和价值链 • 市场趋势 • 目标企业与竞争对手的定位
行业内部人士	• 市场趋势 • 目标企业与竞争对手的定位
现场实地检查	• 以外观作为指标,管理质量 • 明显问题(如环保、安全、员工士气)
供应商访谈	• 行业整体问题 • 目标企业与竞争对手评估
收集竞争对手信息/分析报告	• 主要财务数据比较(如利润率、增长率)
剪报	• 目标企业和行业的最新信息 • 隐含的变动或不连续信息

图5—15 并购信息来源和需回答的一般问题

"最糟糕的计划也比没有计划好",这是一个通用原则。一个人、一个团队甚至一家公司之所以工作效率低下,关键原因在于没有具体的工作计划,缺乏明确的目标;反之,要想提高尽职调查工作效率,就必须制订详细的工作计划(参见图5—16),用这个计划来指导尽职调查的实施。

尽职调查准备工作做得越充分,其成功的概率就越高(参见图5—17)。在具体实施过程中,还要保证调查项目小组的充分沟通和交流。

尽职调查报告和质询

尽职调查团队在进行相关的调查过程中,只有进行合理的统筹安排、运用科学的调查方法,并保持与被尽调企业相关人员及部门的良好沟通,最终

第 5 章　详尽的并购尽职调查

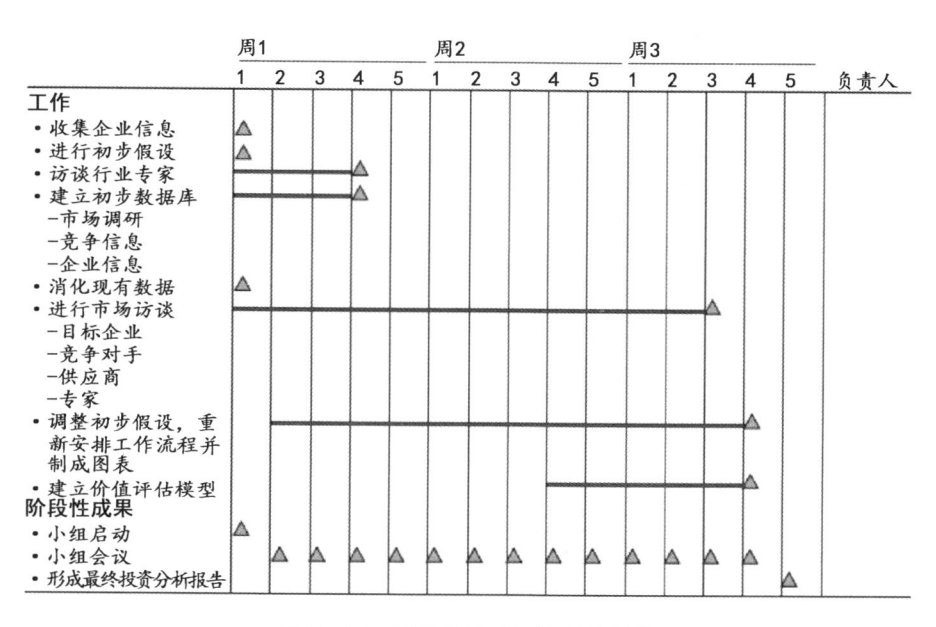

工作	周1					周2					周3					负责人
	1	2	3	4	5	1	2	3	4	5	1	2	3	4	5	
• 收集企业信息																
• 进行初步假设																
• 访谈行业专家																
• 建立初步数据库																
-市场调研																
-竞争信息																
-企业信息																
• 消化现有数据																
• 进行市场访谈																
-目标企业																
-竞争对手																
-供应商																
-专家																
• 调整初步假设，重新安排工作流程并制成图表																
• 建立价值评估模型																
阶段性成果																
• 小组启动																
• 小组会议																
• 形成最终投资分析报告																

图 5－16　尽职调查工作计划（示例）

最佳做法	说明	启示
消化已有数据	• 小组成员接触的主要资料 　-客户调查 　-市场调研 　-媒体信息 • 项目经理阅读非核心文件，向小组成员提供相关信息 • 小组成员寻找与工作相关的资料数据	• 确保信息分享 • 尽早建立知识库 • 在合理限度内最大化利用组员的能力
制定假设	• "生动"的文字材料 　-总体假设 　-支持论据 　-每日修改 • 突出主要数据需求 • 根据项目小组进程 • 作为客户信息更新工具	• 将想法推进到下一个层次 • 从一开始就对项目工作进行组织 • 对主要问题/分析进行排序 • 突出必要的数据/分析差距
小组会议	• 每日小组更新 • 证实/更新初步假设 • 成果控制 　-数据 　-分析 　-图表 • 确定并消除障碍	• 修改答案 • 保持势头 • 在交易破坏因素出现时能够辨认出并摆脱

图 5－17　尽职调查准备工作（示例）

才能出具有价值的财务尽调报告,为投资决策者所用。通过详尽的尽职调查,对收集到的数据和事实进行分析和整理,出具完整的《××项目并购尽职调查报告》(参见表5—3)。

表5—3　　　　　　　　××项目并购尽职调查报告　　　项目编号:

目标企业						
收购方式		运营/运作		退出方式		
投资需求		投资周期		投资回报		
项　目	吸引力	具体内容	吸引力	数据支持	风险因素	
行业/竞争结构	高□中□低□	行业规模	高□中□低□			
		增长潜力	□ □ □			
		价格趋势	□ □ □			
		竞争结构	□ □ □			
		盈利能力	□ □ □			
目标企业	□ □ □	市场占有率	□ □ □			
		收入	□ □ □			
		成本	□ □ □			
		增长潜力	□ □ □			
管理团队	□ □ □	管理能力	□ □ □			
		管理意愿	□ □ □			
		梯队建设	□ □ □			
退出机遇	□ □ □	机会大小	□ □ □			
		退出时间	□ □ □			
投资分析综述						

尽职调查报告完成后,需要提交企业管理层,通过质询和研讨,最终对其进行审定(参见图5—18)。通过尽职调查质询会,有助于提升团队执行力。一方面,被质询者通过对下阶段工作的自我承诺,为自己设定了明确目标,使工作变得有方向、可执行;另一方面,质询作为一种检查手段,可以进一步督促被质询者完成承诺的目标。对于会上形成的会议决议,要有专门人员负责跟踪,确保会议决议的执行。

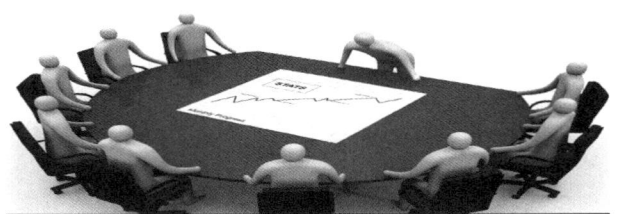

参会人员	质询会主要议题
• 公司高管 • 战略投资部 • 外部专家	• 事实和数据资料是否完整、准确？ • 调查结论是否科学、合理？ • 并购目标企业经营潜力如何？ • 目标企业管理层整体素质和能力如何？ • 企业并购和未来融资安排是否具有可行性？ • 并购整体可行性有多大？

图 5—18 对尽职调查报告的质询和研讨(示例)

质询会不仅能提高尽职调查团队执行力、促进团队与企业之间沟通交流，还是投资并购得以顺利实施的重要保障。

通常情况下，尽职调查质询会的流程为：首先，主持人宣布会议主题和议程；其次，尽职调查团队负责人汇报阶段工作完成情况或整体工作结果；再次，主管或专家点评汇报人的尽职调查汇报结果，并对有疑问的地方提出质询，被质询者答复质询；最后，尽职调查团队负责人提出下阶段工作计划，质询者与被质询者讨论修订工作计划。

资料链接5—3 "广东 XX 生物公司"的尽职调查报告分析

广东 XX 生物公司成立于2010年，经营期限50年，由香港公司独立投资，注册资本金为200万美元(到位人民币750万元)。经营范围：采用生物工程技术，提炼生物活性天然胶原蛋白并生产医用胶原蛋白功能产品。

1. 该公司于2014年10月提供2008～2010年开办费500万元，而2015年一季度末提供相同期间的开办费650万元，增长150万元，增长率为30%。按常理，2008～2010年的开办费已发生并确定，在4年后不应增加，现没有单据来核实。

2. 无形资产及其估值。该公司2014年10月自评自报研发技术价值1.5亿元，2015年一季度增长到2.4亿元，增长0.9亿元，增长率为60%。按常理，前3项技术应是进入该行业的基础门槛，但相比后面的技术要求更严、需要投入更多资金、尚未研发成功的人工脑膜和人工骨来说，其估值却更高。根据《会计法》相关规定，前期研发费用可正常支出，并在申请专利成功后可转为无形资产，按会计核算原则未取得专利前，不能确认为无形资产。

3. 参观试产的一条生产线，发现线槽内有灰尘，设备不多且报表显示近几个月无订单、停产，收入为0，应找专业评估公司评定其价值。内账显示总投入5 600万元，比其介绍的实际已投入4 000万元增加40%，但单据不全，无法核实。

4. 2010～2013年试产收入为0，2014年试产收入为38万元，但5年来试产支出3 200万元。从2014年试产收入和支出对比，收入只占6.24%，成本占收入的62.60%，与其介绍的不良次品率仅为0.1%、毛利率为90%以上有较大差距。

5. 2010～2014年费用账。工资822万元有原件可查，但放在内账，也没有计缴过个人所得税。折旧327万元为调入600多万元固定资产（没发票，自估数），按能使用8年分摊了4年；租金按2 000平方米×15元/月计算，每年36万元（未开具发票）；运输费按集团10台车分摊每月3万元，一年36万元；417万元为计提的业务支出、员工宿舍和伙食补贴，分摊门卫、后勤、医疗、财务、行政费用360万元，单据及分摊标准不详。上述研发费用占管理费的68.48%，较为合理。2014年是前3项产品试投产的第一年，实际收入是预估的6%，利润率是－49.5%，内外账合并亏损是税报的20倍，近5年亏损3 148万元，近7年亏损5 816万元。

6. 2010～2014年管理费用统计表。

7. 历年研发与收支财务数据对比表。

8. XX生物公司2014年合并资产负债表。

上述资产负债表是按其自报的内外账合并而成，更能直观地反映该公司现有三大指标：资产价值（无形资产——专有技术的研发价值），负债情况（借款1亿元），累计利润亏损额（5 815.60万元）。

9. 其他风险提示。该公司的厂房多年没有办到产权证，若补办，需要1 600万元左右的资金。据《YY政府会议纪要》，办证要求投产第二年缴纳税金5 000万元以上，按其估算，第二年收入尚达不到此值。此外，股东香港公司已经将位于内地的上游皮革厂300亩有证土地贷款1亿元，每年利息3 000万元已到期还本付息，被银行催收。该公司的技术、原料供应均由上游关联企业控制,存在转移资金到其他项目的风险。

从财务分析角度,投资该公司存在巨大风险:技术处于研发中,不知何时才能转入临床上市且无法确定最终能否取得专利,无形资产估值2亿多元与实现的收入37万元不配比。税务风险上没有土地产权使用证(土地是一切生产资料和开展经营活动的必要载体),资金流上存在资金链断裂的可能;会计处理上账册不规范,研发费用不能税前扣除,内账3 000万元费用无法核实。现和ZZ基金共同投资,最少需要投入资金1.5亿元左右才能甩掉历史包袱,超出原计划1亿元的预算。

10. 避险建议。(1)尽快把土地证办下来,盘活厂房可用于出租、抵押等。(2)争取省发改委创新资金扶持(据闻5 000万元/每年)。(3)签订业绩承诺,如确定什么时间完成研发、还要投入多少资金在该项目、什么时候实现盈亏平衡等。(4)另外多找一个投资方入股,以达到分摊短期1.5亿元资金的压力,转移、分担部分风险,并扭转该公司一家独大、资金使用一人说了算的局面。(5)建立重大事项董事会审批制度,从根本制度上改变其不规范的现状,从而为符合以后上市的各项要求创造先决条件。

上述分析从已知的财务数据而来,或许还有不得而知的其他情况或风险因素,笔者谨遵谨慎性、稳健性、合理性原则,从有理(合理支出收支配比)、有利(有投资利润和价值)、有节(现金流入及流出有节制、可控,单据齐全)、让集团投资资金保本的角度得出分析结果。因专业水平有限(仅从现状财务分析的角度,对其专利技术、市场前景、远景产值及可能损益不作评价),难免有错漏不足之处,仅供集团领导参考。有关最终结论,建议请第三方专业中介评估机构评定较为可信。

资料来源:钟梓盛. 关于"广东XX生物公司"的尽职调查报告[J]. 中国乡镇企业会计,2018(6):102-103.

5.4 尽职调查关键点

通常情况下,成功的并购尽职调查要抓住4个关键点(参见图5—19)。

明确尽职调查需求

并购尽职调查团队必须注重与投资方和目标企业的沟通,准确把握尽

投资并购实务：理念、工具和实践

```
1. 明确尽职调查需求        2. 注意尽职调查保密性
         成功并购尽职
         调查的关键点
4. 提高尽职调查效率        3. 取得目标企业的配合
```

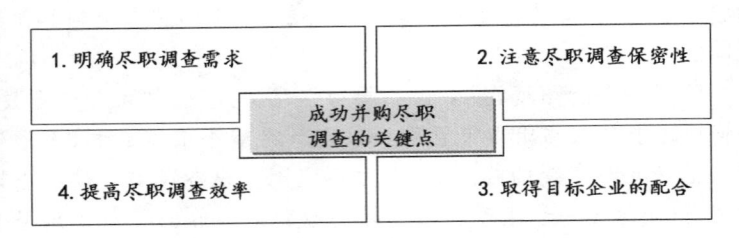

图5—19　成功并购尽职调查的关键点

调的真实需求。例如，企业并购的目标企业是一家高科技产业品公司，通过投入资金获取其股权，尽调团队需要对该目标企业的业务和财务进行全面调查，既要明确当前的目标企业财务状况，也要对该企业产品和市场发展具有一定的预测，明确未来的财务需求。

总的来讲，企业投资并购尽职调查是希望尽快且全方位地了解目标客户的整体信息。在进行尽职调查时，可以采用"由上而下"或"由下而上"的调查思路，即从行业、业务层面出发，分析对照会计报表及相应的会计科目、明细构成以及会计处理，或从会计报表、会计科目、会计处理出发，分析企业资产负债的构成情况、盈利指标、现金流量指标数值及变动情况等，由此上升到行业与业务层面，进一步考察调查对象业务与财务信息的合理性。

注意尽职调查保密性

尽职调查工作往往会与保密工作的要求发生矛盾，特别是在买卖双方中有一方或者双方均为上市公司的并购交易中，尽职调查工作容易引起消息泄漏，从而引发上市公司的股价发生波动。特别当并购双方是同行或是直接的竞争对手时，如果被收购方允许收购方进行全面细致的尽职调查，没有采取适当的控制措施，就会导致被收购方暴露更多的风险，影响收购方对自身价值的判断，也降低了双方成功交易的可能性。

有些企业并购首先签订合同，之后收购方对目标企业的实际情况进行尽职调查，依据结果调整并购协议具体内容。

针对保密性问题，要从3个方面进行着手：首先，重视保密性工作，提前做好保密计划和保密措施；其次，让相关人员（如客户、中介机构、目标公司等）签署保密协议，同时向相关各方特别是客户强调保密的重要性和相关的法律责任；最后，采用分阶段推进尽职调查的办法，在项目的最初阶段，先以公开信息为主进行内部研究，待双方基本商定合作意向后，再要求对方安排补充尽职调查，有针对性地解决若干问题,并在此基础上形成最终协议。

取得目标企业的配合

被调查企业主观上的积极支持和配合,对于尽职调查工作的顺利开展非常重要。尽职调查需要全面了解公司的情况,不可避免会涉及企业的宏观战略、商业机密以及一些较为敏感的信息。因此,企业常常会从自我保护的立场出发拒绝提供机密资料,甚至对整个尽职调查工作表现出不合作的态度,给财务顾问尽职调查工作的开展带来了难度。

针对这一问题,一般采用如下措施:

1. 与尽职调查各参与方签订严格的保密协议,对相关人员进行保密义务和责任的培训,明确相应的法律责任,并在内部注重长期、持续地建立诚信意识和形象;

2. 与受调查企业签订严格的保密协议,与企业沟通保密协议的作用和法律约束力,取得企业的支持和理解;

3. 对受调查企业进行培训,告知其尽职调查工作的重要性,说明尽职调查所涉及的重大法律责任;

4. 采用企业可以接受的尽职调查方式,比如将尽职调查人员控制在一定范围内,机密信息不复印、不外带等,消除企业的顾虑。

提高尽职调查效率

收购项目不同于 IPO 项目,对时间的要求很高,这会制约尽职调查开展的程度。主要原因如下:一是并购项目的进度很重要,时间越长,项目的变数就越多,泄密的可能性也就越大,容易导致项目失败;二是涉及上市公司的收购,监管机构对于相关信息披露的时间点有严格的要求,一旦公告,就进入自动的执行程序,需按时进行各种披露;三是客户一般对收购项目的完成时间也有较高的要求。针对如上几个问题,一般采取 3 项重要措施(参见图 5—20)。

1. 事先在内部做充分的准备

在尽职调查实地进场前,应根据前期掌握的信息,先拟订一份所需资料清单以及需要被调查企业配合的部门或人员情况,交由被调查企业提前准备。同时,充分熟悉背景情况,根据公开资料做充分的案头研究,保证参与尽职调查的其他人员也熟悉相关情况。

2. 制订周密的尽职调查计划

根据交易特点,明确调查重点,选择合适的形式,充分考虑各种可能的

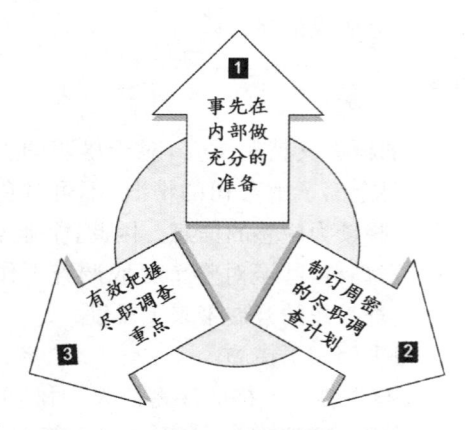

图 5—20 提升尽职调查效率的措施

情况。在与委托方就尽职调查业务达成一致后,应初步拟订尽职调查工作计划或方案,包括尽职调查范围、报告期间或基准日、项目组人员构成与联系方式、工作时间计划。工作时间计划包括预计现场调查时间,以及内勤整理、撰写报告、质控流程时间。调查方案应与委托方进行沟通并取得一致意见。

3. 有效把握尽职调查重点

前述的种种限制因素从客观上制约了尽职调查工作的开展,因此,尽职调查不应当总是"绝对的"、结论性的,而应允许有"调查不清楚"的情况。但关键是,尽职调查人员是否在相关文件中向监管机构、客户及投资者如实披露并提出了切实有效的应对措施。

资料链接 5—4　并购前的尽职调查工作

企业在并购完成后想要达到并购的预期效果,就应该做好并购前的尽职调查工作,深入了解目标企业的经营状况、财务状况和相关的规章制度等,这样可以明确目标公司的实际价值和发现存在的问题,为并购提供真实依据。同时,要深入分析并购前的各种风险并采取措施进行防范,确保并购工作的顺利进行,以便实现并购的预期目标,达到并购的效果。尽职调查对企业的并购至关重要。企业在进行并购前的尽职调查时,要力争做到全面无遗漏,主要包括以下几个方面的内容:

1. 对目标公司营运状况进行调查

对目标公司的营运状况进行调查,主要是根据自己的需要,调查和衡量目标公司是否有并购的价值。首先,对目标公司的基本情况进行调查,主要包括目标公司的注册资本、所有者的结构以及投资方式、主要产品生产等主营业务、管理模式等。其次,对市场环境和竞争环境进行调查。调查目标公司目前所处的市场环境和竞争环境,主要判断其是否有发展前景和竞争优势。市场环境主要是对目标公司所在的经济周期、行业形势、行业竞争力等方面进行调查;同时,在进行竞争环境调查时,先要对目标公司的产品进行调查,判断此产品是否有竞争力,了解产品的质量以及以后的开发能力;在此基础上对目标公司的竞争者进行调查,了解竞争对手基本情况,主要包括竞争对手的营销手段、定价方式等。最后,对目标企业目前的经营状况调查。主要了解其产品生产技术、产品定价、现有的营销策略和销售手段、客户关系以及分布情况、客户购买力和满意程度、供应商的合作关系、市场地位和竞争力等。

2. 对目标公司的规章制度、相关契约、法律方面进行调查

(1)在规章制度方面,必须调查目标公司组织章程中的各项条款,主要包括其章程的修订程序、股东和董事的权力以及重大事项的表决权等、是否规定有特别的投票权限等,确保在之后的并购过程中不会受到阻碍,避免出现争议问题;同时,也可以调查股东大会、董事会的会议记录。

(2)在相关契约方面,调查目标公司的全部书面契约,主要包括使用外界的商标和专利权的契约、授权他人使用本公司专利的契约、租赁契约、技术授权和借贷等契约、公司与供应商和代理经销商之间的契约、员工工资福利等契约。尤其需要注意的是,在并购后目标企业的控制权发生改变,原契约是否继续有效;同时,对目标公司的债务关系进行调查,了解债务中的利率、期限约定以及债务人的要求。

(3)在法律方面,了解目标公司以前的诉讼案件,认真分析这些案件是否会影响并购后企业的整体利益;还应了解与员工之间签订的劳动合同是否存在法律问题,并购后是否会对劳资关系产生影响。

3. 对目标公司的财务进行调查

对目标公司进行财务调查,可以借助会计师事务所的力量,从财务报表入手,了解目标公司提供的财务报表是否真实反映了公司的实际情况,对并购提供真实的依据。若在调查中发现问题,可以让目标公司及时进行调整。

(1)在资产方面,注意是否有虚列或虚增资产的情况和以后年度收不回的资产。主要调查在账面上是否有以后年度收不回的应收账款,

长期股权投资所对应的被投资公司的经营状况、财务状况,对无形资产、土地、建筑物是否按照双方约定进行评估等。

（2）在负债方面,要调查是否存在未列示的负债,在必要的情况下要对未列示的负债开出证明,明确在并购后该部分负债的承担者;还需要调查税务方面,调查目标公司相关的税务程序和政策,查清之前是否有偷税漏税的行为,是否存在应缴未缴的税金;此外,还应该了解是否存在给别人的担保承诺,并购后是否会承担连带责任。

资料来源:步永欣．并购前尽职调查及风险分析[J]．会计师,2016(20):19—20.

注释:

[1]杰拉德·阿道夫,贾斯汀·佩蒂特,刘莉莉．并购的流程管理[J]．中国民营科技与经济,2010(1):76—79.

[2]李德勇．小议制造业企业并购流程[J]．财经界(学术版),2016(21):75.

[3]张云兵．企业法律顾问如何开展好法律尽职调查[J]．法制博览,2019(26):160—161.

[4]叶贤和．财务尽职调查流程及其内容探讨[J]．财会学习,2019(24):87+89.

[5]陈志岗．财务尽职调查的流程及内容研究[J]．中国市场,2019(10):163—164.

[6]陈璐．企业并购财务尽职调查应关注的重点[J]．国际商务财会,2019(7):38—41.

[7]刘凤委．成功并购尽职调查的目标与基本原则[J]．时代金融,2016(14):256.

第 6 章
科学的并购估值

经济全球化时代,国与国之间、地区与地区之间、企业与企业之间,越来越多的要素资源在其间交互和流通,随之而来的是,并购交易的规模和数量持续攀升,然而,囿于各种原因,很多企业存在盲目并购的问题,具体表现为尽职调查的缺乏、过高的估值、过高的并购溢价等,给企业并购后的持续发展能力以及业绩的提升带来了巨大的挑战。

估值与定价是企业合并中的关键环节,也是很多并购问题的源头。 并购活动中,企业能否取得成功,首要问题是合理评估并购中目标企业的价值,而评估的核心内容就是估值。传统意义上,在企业估值研究及实践过程中,往往将视线聚集于目标企业的财务因素,而忽视了非财务因素对并购估值的重要意义,这会给实践中的并购带来很大障碍,也无法对目标企业进行科学估值。

6.1 并购估值是并购的核心

企业在并购前期主要面对的是定价风险,由于信息的不对称性,并购企业可能很难获得有关被收购企业的真实、可靠信息,而且被收购企业为了获取更大的经济利益,可能会故意粉饰财务报表、抬高价格,因而造成价值的低估或者高估。如果对目标企业的评估价值过低,目标企业可能会拒绝被收购;而如果估值过高,则会造成后期的实际经营效果与预期出现偏差,从而企业出现财务压力,严重情况下可能会导致企业陷入破产危机。

高度重视并购估值

企业并购行为十分普遍,估值对于企业管理者、所有者正确分析自身企业和相关目标企业的价值和发展前景,进而做出并购、出售等有关资本运营的重大战略决策具有十分重要的意义。

能否对企业资产进行高精度估值,就成为并购能否顺利实现的关键,也决定并购支付方式的选择。[1]并购实践中,存在两个主要问题:一是对目标企业尽职调查不完善,甚至是不进行尽职调查,导致并购估值更多地凭主观感受和个人经验,进而出现盲目的高估值或不合理的低估值;二是委托的并购估值机构缺乏独立性,无法坚持客观公正的立场,更多是迎合购买方关键决策者的意愿,从而无法发挥资产评估的重要作用。

> 战略并购的根本目的是企业价值最大化,既可以通过并购获取新的资源,又能够通过并购将过剩资源运用到新的领域。

具体来讲,并购估值是指购买方对目标企业进行全面的尽职调查,收集目标企业的业务、法律和财务等相关信息,聘请专业的资产评估机构对目标企业的资产价值进行评估,在此基础上,确定合理的并购价格。通过科学的并购估值,能够制定一个最为合理的并购价格,使得并购双方达成"双赢"。对于并购方来说,可以有效降低收购成本,提高并购整合成功的概率;对于目标企业来说,与并购企业实现优势互补,最大化双方的价值,提升企业的核心竞争力。通常情况下,目标企业估值的特征可以归结如下:

1. 它是并购企业/目标企业的主观判断。企业估值是建立在未来各期现金流量基础之上的,要对未来进行规划和预测,就会涉及主观的判断。

2. 估值和定价的过程需要将定量模型与定性模型结合起来,所有相关模型和因素都要作为分析的组成部分加以考虑,只有综合全部因素后才能最终确定并购价格。

3. 估值结果为并购企业/目标企业确定最终并购价格提供依据。

4. 估值结果体现目标企业的两部分价值:一是目标企业的独立价值,即不发生并购时,目标企业的持续经营价值;二是对并购企业而言的目标企业的战略价值,这部分价值来源于并购行为发生之后,由于协同效应及控制权改变等因素,目标企业可能产生现金流量的增加。

本书认为,企业估值是对并购目标企业的估值,是综合运用经济、财会、法律及税务等方面的知识和技能,在大量调查分析的基础上,借助数学模型对目标企业有形资产和无形资产的价值做出科学的评估。从并购企业的角度看,目标企业的估值等于目标企业被收购前的独立价值与并购方希望获得的目标企业资产增加价值之和,并在考虑众多定性因素的基础上,对定量模型得到的数值进行调整后的结果。

并购目标企业估值要围绕整体价值进行评估,依据其经营现状及未来发展前景,综合考虑产业环境和宏观经济情况等外部因素,判断目标企业市场价值。

并购目标企业估值包括两个部分:一是根据定量模型对企业未来经营状况、现金流、财务指标等因素进行预测,得到包括企业独立价值和附加价值在内的总价值;二是在考虑多种定性因素的基础上,对上一步得到的总价值进行调整。

理性对待并购估值

如果我们回顾并购发展史,就会发现很多失败的并购案例,其中支付过高价格往往是导致并购失败的最根本原因。例如,2000年1月,美国在线以1 470亿美元收购了时代华纳公司,旨在打造一家集电视、电影、杂志和互联网为一体的超级媒体公司。然而天不遂人愿,预期效果不但没有显现,仅仅一年后,这桩交易的价值就降到1 060亿美元左右,此次并购被业界人士称为"最失败的兼并范例"。究其原因,美国在线在并购前过分高估并购能带来的预期效果,造成估价过高,无法收回投资成本。由此可见,并购中对目标公司价值评估的准确性将影响并购方的命运,一旦并购无法达到预期效果,将会给并购方带来巨大的损失。因此,企业投资并购过程中,必须关注如下几个要点,避免目标企业过高估值(参见图6-1)。

企业必须充分重视并购估值,在并购时要聘用具有业务资质且勤勉尽责的资产评估机构对被并购企业进行价值评估。

投资并购估值关注的要点:
1. 并购价格过高会导致并购失败
2. 投资并购估值坚持客观、理性
3. 拒绝盲目投资并购"高报价"
4. 冷静对待"热门"并购项目

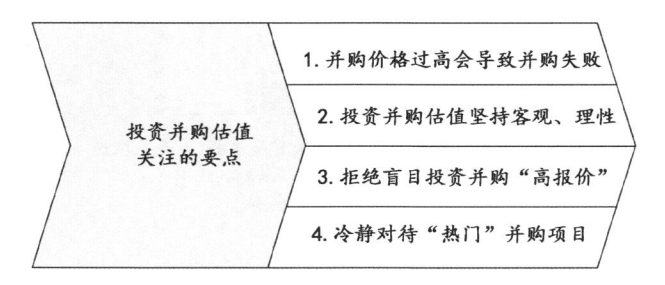

图6-1 投资并购估值关注的要点

1. 并购价格过高会导致并购失败

投资并购实践中,当目标企业价值被低估时,并购主导企业为了实现扩大资产规模的目的,可以选择投资并购方式控制目标企业,在这种情况下,并购方企业所付出的成本会更低。然而,很多企业在并购过程中,目光紧紧盯住"并购机会"而忽视了相应的风险,容易为目标企业支付过高价格,当并购协同效应所创造出来的价值无法弥补过高的并购溢价时,就会造成并购失败,给企业经营带来不可估量的损失。例如,2015年新日恒力(股票代码:600165)现金并购博雅干细胞80%的股权。根据双方签订业绩承诺,博雅干细胞需在2015~2018年分别完成3 000万元、5 000万元、8 000万元、12 000万元的业绩承诺。而新日恒力则由于并购博雅干细胞产生了约12亿元商誉,然而由于博雅干细胞没有完成业绩承诺,2016年进行减值测试后,高额的商誉减值直接使得新日恒力出现年度亏损。

2. 投资并购估值坚持客观、理性

企业要对并购价格保持足够的理性,而这种理性就来源于科学地对并购目标企业估值(参见图6—2)。对于并购方而言,并购目标企业的价值就在于通过并购取得协同效应和综合收益,也就是取得战略投资价值。但是一般来说,并购方应该以公平估值为起点开始谈判。在进入谈判程序前,并购方高管人员必须为谈判小组设立价格上限,即谈判小组可以向卖方承诺的最高价格。

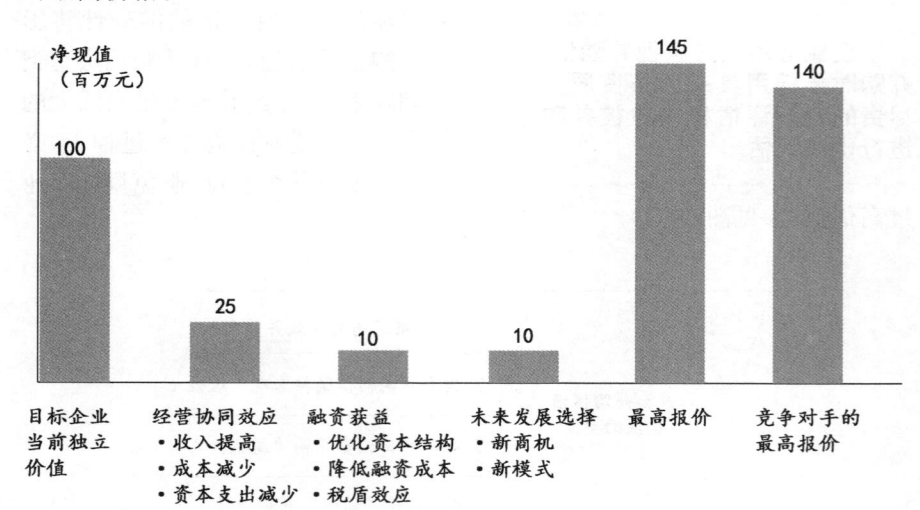

图6—2 科学的并购目标企业估值

并购应以并购双方各自核心竞争优势为基础,出于并购方自身的发展战略需要,为达到发展战略目标,通过优化资源配置,在适度范围内继续增强核心竞争力并产生协同效应,创造出大于各自独立价值之和的新增价值。例如,2016 年中国平安以 16 亿美元收购汽车之家 47.4% 的股权,正式成为汽车之家最大股东。二者通过共享彼此的消费客户,有效地实现并购协同效应。

对并购目标公司的估值必须理性和客观。其中,应尽量采取几种估值方法,同时还应借助专业机构进行估值。

通常情况下,企业财务管理的目标是企业价值最大化,企业各项经营决策是否可行,必须看这一决策是否有利于增加企业价值。而目标企业估值不仅是并购双方讨价还价的依据,而且是影响并购成败的重要因素。

3. 拒绝盲目投资并购"高报价"

投资并购高估值、高定价会导致并购交易产生高商誉[①],如果目标企业在并购后发生了亏损,并购所产生的商誉就存在着巨大的减值风险,有可能对主并购企业的财务报表造成巨大的冲击。以上市公司 *ST 巴士(股票代码:002188)为例,2015 年该公司以 16.85 亿元收购巴士科技 100% 的股权,然而巴士科技承诺的业绩未能兑现,导致 2017 年 *ST 巴士计提 15.37 亿元的商誉减值准备,进而导致亏损。因此,并购谈判过程中,切忌受到蛊惑而盲目报出"高价"。科学、合理地测定目标企业的价值,首要的问题就在于选择适当的估值方法。

企业投资并购的过高报价,在增加短期收益的同时,会带来更大的中长期潜在风险。

投资并购要执行科学的流程,通常情况下,首先进行尽职调查,获取目标企业的详细信息,然后聘请专业的资产评估机构选择适当的评估方法,对标的资产价值进行评估,最后确定购买价格。这样的估值与定价顺序有利于发挥专业机构在并购交易中的作用。

4. 冷静对待"热门"并购项目

对并购方而言,详细、深入的估值分析能优化其相对于目标企业的谈判地位,带来巨大收益。具体来说,主要体现在以下 5 个方面:一是有利于根据预期并购价格与目标企业内部现金流量,决定可行的融资方式;二是有利于对并购后企业成长机会的分析;三是有利于谨慎地评估并购对企业税收的影响;四是有利于增强对目标企业所在行业的了解;五是有利于增强与目

---

① 商誉是指上市公司并购时,收购方支付的收购价与被收购企业的净资产差额。

标企业谈判过程中的议价能力。

并购估值的合理性离不开并购时机的选择，资本市场高涨会使企业产生过多的溢价，导致并购方付出过高的价格。

当企业决定并购目标企业后，最核心的两个制约因素为并购中的融资问题和并购中的目标企业估值问题。企业估值并不是对企业各项资产的评估，而是一种对企业资产综合体的整体的、动态的估值。

全面认识并购估值

尽管投资并购一直在强调目标企业估值的科学性，但客观上来看，并购估值存在很大的主观性，因此必须全面认识并购估值，通过从并购前、并购中、并购后的全方位考量，对目标企业价值做出较为明确、合理的判断。

并购协同价值的直观体现是并购投资行为带来的未来期间企业价值的增量，也是企业支付并购溢价的主要依据之一。

从国内企业投资并购的实践来看，很多并购存在一定的政策导向性，例如国家或地方政府为支持战略性新兴产业的发展，而给予一定的产业并购政策或财税优惠政策。另外，从企业自身转型发展战略来看，为了尽快培育和建立新的增长点，通过高价并购策略，提升并购工作效率：一方面可能是为了击退有意图收购同家企业的竞争者；另一方面可能是看中了被并购企业的技术、业务、地理位置等优势。然而，企业必须将理论估值结果和实际企业发展状况相结合来考虑目标企业估值问题。

投资并购既要评估自己的并购能力，又要评估并购带来的利益。

如前所述，企业在推进投资并购工作中，眼光不能只盯在估值上，还得详细地评估自身并购能力，需要回答的第一个问题是"我有没有能力实现此次并购？"首先评价自身的资金状况、盈利能力、偿债能力，以及利用外部资源的可能性，综合研判推进投资并购的可行性。之后，对目标企业进行充分的尽职调查，考虑被并购方的业绩现状以及未来的发展前景，评估并购交易是否会给企业价值以及股东利益带来正面影响。总的来讲，企业的并购及对价支付决策应该是在综合考虑各方情况后做出的，如果仅基于"协同效应"的考虑而盲目并购，很可能导致企业的大额不必要支出，甚至对企业未来的持续发展能力造成威胁。

资料链接 6—1　有效控制并购交易成本的建议

并购是一个高回报、高风险、高成本的企业交易活动。要想控制好并购交易中的成本,需要明白企业并购的成本都有哪些,然后本着成本最小化、利益最大化的原则,学习和掌握并购交易的成本控制术。

1. 并购成本支出

一般来说,企业在并购过程中会有以下几方面主要成本支出:

(1)并购交易成本,即并购双方协议价格。作为并购方,并购交易成本是最主要的成本支出,这项成本支出的多少取决于双方谈判博弈的结果。其中,对并购交易价格影响较大的因素有并购前目标企业信息掌握程度、并购谈判的筹码多少以及所选择的价值评估机构及其方法等。

(2)中介费用。一般大中型的并购交易都需要有专业的中介机构参与,具体包括财务顾问、会计师、律师、评估师等。有的并购交易还需要额外的专业中介机构人员,比如行业专家、技术专家等。这些短期外聘的中介机构人员需要一笔不菲的成本支出。

(3)并购之后的整合成本。值得强调的是,很多并购方企业往往把整合成本给忽略掉,认为整合不需要太多的成本开支,是顺其自然的事情,这是一个严重的误区。鉴于整合对于并购交易的重要性,有的并购交易整合成本要远比并购交易本身的成本高。

(4)其他成本支出。比如信息获取成本、并购融资成本、税务成本、机会成本、公关沟通成本,以及差旅、工商变更等一些小的成本支出。千万不要小看这些小开支,累计起来会让你大惊失色。另外,中国企业的海外跨国并购交易中会有更多意想不到的成本支出。

2. 科学编制并购预算,强化成本控制

并购是为了创造更多的价值利益,但如果不能科学、合理地控制并购成本,并购价值创造就会大打折扣。因此,建议并购方企业委托并购战略委员会负责编制科学严谨的并购交易预算表,从制度上确保并购成本控制得到切实执行。

3. 任命成本控制专员,把责任落实到人

在并购战术体系中,要有明确的并购团队分工,其中一个非常重要的职位就是成本控制专员,成本控制专员同时向并购财务官和并购风险官汇报负责。赋予并购成本控制专员一定的专权,对并购交易过程中的任何一笔成本支出,无论大小都要严格审批把关。出了差错,成本控制专员要负最大的责任。

4. 不要高估并购的正面协同效应

有的并购方企业从并购一开始就对并购交易未来前景过分乐观,过高估计了并购之后双方企业的协同效应,认为相对于并购后的正面价值,并购交易的成本支出无所谓。正是这种盲目自信的潜意识,才导致并购过程中许多不必要的成本支出。

5. 创新并购交易方案,降低并购成本

并购相比融资、上市等其他资本运作的方式而言是最需要创新意识的,尤其是并购交易方案的安排更是需要创新的智慧:通过创新,巧妙地进行并购融资,降低融资成本;通过创新,合理地选用最优的价值评估方法;通过创新,精心安排并购交易谈判方案;通过创新,巧妙地设计并购支付方式、筹划并购各种税收等。这些都可以大大降低并购成本支出,而这些也都离不开时刻创新的思维和意识。

并购就是一个价值与成本相互博弈的过程,价值高出成本越多,并购交易就越成功;成本最终高于价值,并购交易就是失败。只有精益求精地打好并购交易的成本算盘,才能在价值与成本的博弈中收获成功,并购交易也才会取得最大的收益。

资料来源:宋向前. 如何做好并购交易中的尽职调查[J]. 山东国资,2018(10):100—101.

6.2　并购目标企业估值影响因素

准确评估企业价值,并为企业经营者和投资者的决策提供参考,已经成为企业并购成功与否的关键。理性的投资者和管理者通常会坚持"价值投资"理念,关注目标企业未来创造价值的潜能,并使用适当有效的估值方式,发现目标企业的真实价值。

估值外部影响因素

影响并购目标企业估值的外部因素主要包括环境因素、市场因素、行业因素(参见图6—3)。这些因素会从不同的角度,以不同的程度影响企业的价值,改变企业的综合实力。

1. 环境因素

环境因素包括政治环境、法制环境、政策环境和经济环境。政治环境的

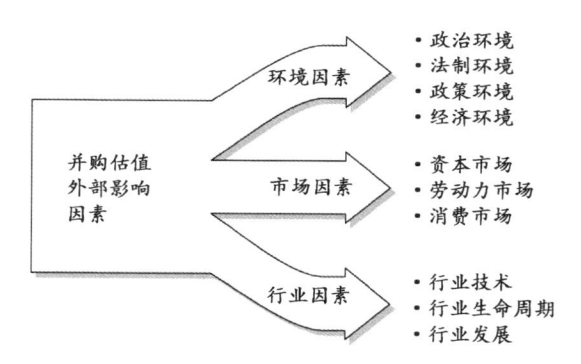

图 6—3 并购估值外部影响因素

稳定、法制的健全是企业生存的必要条件。如果政府政策有利于企业,那么将有助于企业价值的形成和实现。因此,政府政策是影响企业价值非常重要的因素之一。经济环境是企业生存发展的场所,其发达程度影响着行业的前景,从而间接影响企业价值。例如,当宏观经济形势严峻、资本市场萎靡时,企业价值可能被低估,此时资本市场中并购重组领域的动作开始频繁。

2. 市场因素

> 在中国产业结构转型升级过程中,传统的基建、房地产、大型制造业拉动模式出现重大调整,越来越多地依赖于消费和服务业的拉动。

市场因素包括资本市场、劳动力市场和消费市场。企业进行生产所必须面对的市场有资本市场、劳动力市场和消费市场等,这些市场会对企业产品和服务价值的形成提供机会或者使企业面临威胁。资本市场关系到企业资金的周转以及经营的正常开展;劳动力市场的大小决定着企业的劳动力成本大小和人员素质的高低;消费市场运行是否顺畅决定企业产品价值的实现,一旦运行不畅会威胁企业的继续生存,还会沿着生产链对上下游行业产生连锁反应。

从实践来看,影响企业并购的最主要因素为资本市场发展因素和利率因素。资本市场发展表现为两个方面:一是市场规模的扩大;二是资本市场结构的优化。[2] 当企业对未来的经济增长有乐观的预期时,企业会选择扩大投资,相对于其他发展模式而言,并购是企业进入新领域的首选投资方式。

> 在供给侧结构性改革中,很多产业链在洗牌和产业重组的过程中蕴含着非常多的结构性投资机会。

例如,蓝色光标(股票代码:300058)通过对外并购与其主营业务相同或相似的公司,不断完善业务内容,使其能够为客户提供全方位、多角度的品牌管理服务,以增强市场竞争力。[3]

3. 行业因素

由于全球市场对行业技术更新速度的要求越来越高,市场竞争格局也是瞬息万变,在变化的过程中,企业将行业发展周期和提升自身竞争实力有机结合,自然而然地孕育出不同的并购机会。回顾产业发展历史,通常情况下,某个产业经过 20~25 年的时间完成其整个整合过程,从初创到规模化,到集聚合,再到最后的平衡阶段。每个阶段都预示着特定的战略性和操作性,确定自己所属产业所处的演进阶段,能帮助公司及其领导者制定兼并战略和管理兼并的核心竞争力,产业演进阶段和并购成功率高度相关。

行业投资机会不单纯是靠成长驱动,更多来自价值驱动。 对目标企业的估值是一个非常复杂的过程,要制定出一个合理的报价,需要综合考虑当前的经济形势、目标企业的财务经营状况以及企业未来发展潜力等因素。例如,2016 年 5 月,美的集团对外宣布向德国工业机器人制造商库卡公司发出一项收购要约,以每股 115 欧元收购库卡公司。交易达成后,美的在库卡的持股比例将达到 94%,斥资 37 亿欧元,约合人民币 292 亿元,是近年来中国公司规模最大的海外主动收购交易之一。目前,机器人行业是全球的热点行业,美的收购库卡是看好未来机器人行业飞速发展带动其自身业绩。同时借助库卡的技术优势,美的未来的国内业务极有可能向智能硬件、机器人制造上拓展,提供新的业绩增长点。

通常情况下,行业自身具有相应的生命周期规律,它是一种动态的外部经济环境。 企业要想具有可持续发展活力、实现稳定的利润增长且动力不减,那么对行业生命周期(参见表 6—1)的把握就成为决定上述目标能否实现的根本。不同行业的经济类型与生命周期各不相同,其前景也各异,由该行业所产生的收益自然也不同,因此目标企业所处行业的特点是选择估值方法的一条重要依据。例如,以互联网为代表的新兴产业,增长速度远远高于 GDP 增长速度,因此如果企业并购强调成长性,那么"互联网+"行业就成为相对有吸引力的行业。

对于行业分析来讲,首先要了解行业历史及现状,并且对行业未来发展做出预测,主要分析内容包括行业市值、市场增长率、行业结构等因素。行业因素分析主要包括主导行业所处的发展阶段及发展趋势、该行业在社会经济中的地位和作用、该行业内部的竞争状况。行业因素分析为并购企业是继续在本行业发展还是转向其他行业提供了答案,为目标企业选择确定了行业范围。

表 6—1　　　　　　　　行业发展周期各时期的特点

行业生命周期	初创期	成长期	成熟期	衰退期
市场竞争	竞争小	竞争激烈	竞争趋于稳定	竞争者减少
市场增长率	比较高	很高	基本稳定	降低
资金需求量	大	不断增加	出现结余	持续降低
需求增长率	提高	加速提高	基本稳定	降低
企业盈利水平	负值	转为正值	稳定	降低或亏损
研发水平	高投入	技术趋于完善	技术稳定	低投入

估值内部影响因素

影响并购目标企业估值的内部因素是指目标企业内部已经具备的或潜在的、决定其内部综合实力的各种要素(参见图 6—4)。

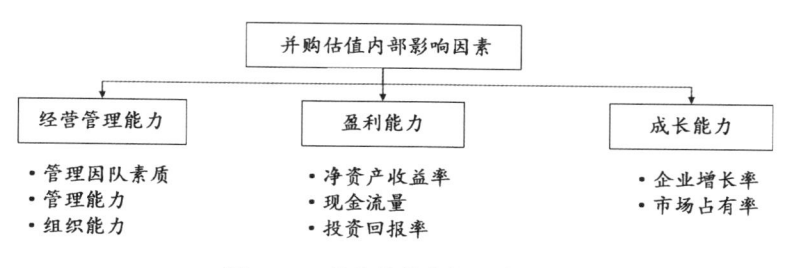

图 6—4　并购估值内部影响因素

1. 经营管理能力

经营管理是转移价值和实现价值的环节,经营管理的水平直接影响着企业实现价值的能力。如果企业拥有高素质的管理人才,采用先进的管理理念与管理风格,则有利于增强企业经营管理优势,提升并创造企业的综合价值;反之,经营管理能力低下将严重影响企业自身的发展,导致企业综合价值下降。另外,先进的经营管理能够保证企业各个环节高效运作,成本和管理费用大幅降低,从而增加收益。总之,企业经营管理的优势越多、经营管理能力越强,企业价值就越高。

实践中,需要对并购目标企业的经营管理能力进行全面分析,并与本企业的相关能力进行匹配并评判,确定并购模式,以及并购后如何进行有效整合。如果并购目标企业的目的是扩大企业规模、扩大市场占有率、产生规模效应,则重点选择与其技术、设备管理和业务匹配度高的企业进行并购;如果强调发挥协同效应,则必须重点关注与目标企业经营管理能力的互补性。例如,吉利汽车集团的海外并购之旅坚持"放虎归山""协同发展"的理念,即在共同的商业目标下,通过遵循共同的企业治理结构和价值观,充分授权管理层、员工和合作伙伴发挥积极性和创造性,实现快速发展,并在此基础上积极学习并购企业的长处,形成资源互补和规模效应。[4]

2. 盈利能力

企业的盈利水平和盈利的长久性是企业盈利能力的重要证明。企业利润率的高低与其盈利能力息息相关,总体来说,企业利润率与其盈利能力成正比,盈利能力强的企业往往会创造更多的利润。[5]通常情况下,企业寻求并购机会,既有战略方面的考虑;也有财务方面的考虑;也就是说,最好是寻找盈利能力突出的目标企业。因此,必须关注并购目标企业的盈利能力和质量,并重点对其盈利能力开展科学的评价和分析。

盈利能力是企业维持生存与继续发展的基础,反映了企业的各种要素在特定环境下融合后的综合结果。目标企业产生的现金流量和投资回报能力才是其真正的价值来源。盈利状况的好坏直接影响企业价值的大小。好的盈利状况会给企业带来更多的收益;如果盈利状况不佳,企业会出现资金周转困难,生存与发展受阻,价值迅速下降。因此,盈利能力是影响企业价值的核心内部因素。例如,2014年以来,深圳华强决定全面进入电子元器件分销领域,先后完成了对湘海电子、鹏源电子、淇诺科技、芯斐电子等多家电子元器件分销商的控股权收购,成功转型进入电子元器件分销市场,成为我国电子元器件、半导体分销商龙头之一。

3. 成长能力

实质上,并购是否能获得满意的绩效与并购方的能力休戚相关;也就是说,并购成功与否同自身的并购能力有很大关系,并购失败可以看作欠缺这种能力的一种体现。[6]若企业在并购前成长性不足,缺少相应的资源积累,那么并购后就难以达到预期的整合效应。

在激烈的市场竞争中,只有不断完善自身的经营管理、不断创新,才能开创新的局面。成长能力的优劣会影响企业前景价值的提升。如果企业具有成长优势,价值就会具有很大的提升潜力;反之,如果企业缺乏成长性优势,就会缺少价值增长空间,价值会萎缩。成长能力是影响企业价值的重要因素。

企业拥有了本行业领先的核心技术,就能够引领行业发展方向,获得巨大优势,从而获得市场、用户等资源。

企业的并购绩效也会依赖于企业的成长能力,企业成长性好,就可以比竞争对手更好、更及时地满足市场需求,顺应经济的发展趋势,市场占有率和市场份额更高,从而取得更佳的收益水平。实践中,成长能力强的企业会更好地识别投资风险、制定投资决策,成长性较高的公司在通常情况下企业价值则相对较高。[7]

资料链接6—2 跨国并购目标企业估值需考虑因素

企业估值是现代经济学和管理学重要的研究领域,也是跨国企业并购中最重要的环节。随着中国经济的增长,在金融危机及欧债危机持续发酵的背景下,中国企业跨国并购逐年增多。任何一种估值方法都不是完美的,在实际收购过程中,双方更多地会结合企业自身实力、发展需要和领导者的议价能力来决定最终的成交价格。

1. 目标公司的基本面

目标企业的成长能力和预期收益从根本上决定了对其估值的结果。如果目标企业成长性较强,能带来较大的未来收益,因而能赋予其较高的估值;而如果企业处于成熟期甚至衰退期,预期收益将不断下降,因而会降低对目标企业的估值。另一方面,影响目标企业未来预期收益能力的因素还包括企业的盈利能力、偿债能力、营运水平和发展规划等。

2. 并购企业和目标企业的市场地位

在跨国并购中,双方企业的市场地位是影响目标企业估值的重要因素。如果并购企业拥有强大的综合实力,可以通过其挤压目标企业的市场份额并影响其未来预期收益,使目标企业估值下降。在欧洲,家族企业较多,企业家对自己的企业有深厚的情感,即便在经济环境恶化时被迫出售,也仍希望将企业出售给实力雄厚、管理完善的并购方,确保企业被收购后能够得到良好的发展。

3. 并购市场的供求状况

当一家目标企业面对多家意向收购企业的收购邀约时,目标企业拥有较大的议价能力,最终会以较高的估值结果增加并购企业的并购成本。而如果只有少数几家收购企业存在,甚至一家收购企业拥有多个意向收购的目标企业,则收购企业具备较强的议价优势,可以对急需出售或重组的目标企业降低估值,从而获得更大的收购好处。

4. 适当的并购策略

并购方采取适宜的并购策略,往往能在收购过程中获得意想不到的效果。在经济不景气时,目标企业往往出于资金紧张、经营不善等原因才会考虑出售企业股权,如果收购方能迅速做出收购决策,将会在对目标企业估值上获得主动权,拥有议价优势。相反,很多优质企业一旦透露出售股权意向,收购效率较高的海外基金在收购价格谈判上就能够掌握较大的主动权。由于中国企业的跨国并购信息获取能力有限,决策流程较长,在海外并购中经常处于被动地位。

在具体交易过程中,中国企业还需注意支付方式的灵活应用,以确保交易安全。总而言之,中国企业既要把握并购良机,又要冷静思考,有效通过海外并购提升企业国际竞争力,实现发展目标。

资料来源:孟祥宇,朱欣凤.跨国并购目标企业的估值方法及影响因素分析[J].中国商贸,2014(2):54—55.

6.3 目标企业估值方法

在企业并购交易中,并购双方都希望得到更多的利益,如果不能对目标企业进行合理估价并为并购双方提供相对准确的交易价格,就很可能会导致并购交易失败。

> **并购估值结果的准确与否同多种因素相关,其中估值方法的确定就是估值过程中的一个关键要点。**

对并购目标企业进行估值,有多种估值模型及方法(参见图6—5)。传统的目标企业估值方法包括成本法、市场法和收益法。另外,针对折现现金流量法在评价投资项目时通常忽视经营柔性价值这一不足,Myers(1977)撰文指出,风险项目潜在的投资机会可视为一种期权形式——实物期权(real options),由此引发了对实物期权理论的探讨和实际应用。

成本法

成本法是目标企业资产评估基本方法之一,具有一定的科学性和可行性。特别是对于不存在无形陈旧贬值或贬值不大的资产来说,在进行计算的时候只需要确定重置成本和实体损耗贬值,从而确定两个评估参数的资料,计算依据又比较具体,因此该方法在国际上得到广泛认可。

第 6 章　科学的并购估值

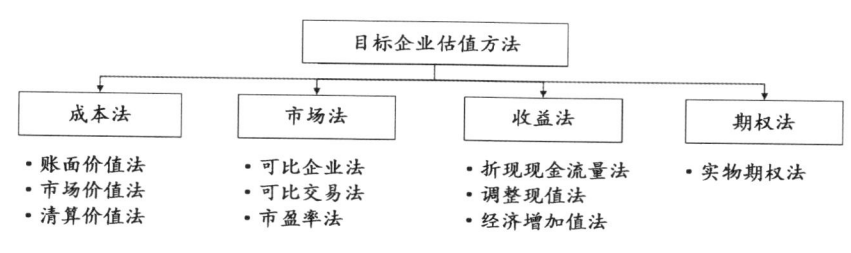

```
                    目标企业估值方法
        ┌──────────┬──────────┬──────────┐
      成本法        市场法        收益法       期权法
    ·账面价值法   ·可比企业法   ·折现现金流量法  ·实物期权法
    ·市场价值法   ·可比交易法   ·调整现值法
    ·清算价值法   ·市盈率法    ·经济增加值法
```

图 6—5　并购目标企业估值方法体系

1. 成本法的基本含义

成本法适用于单项资产价值易于评估的重资产型企业的价值评估。 成本法是以目标企业评估基准日的资产负债表为基础，通过合理评估表内及表外各项资产、负债价值，最终确定目标企业的价值。该方法是从构成企业整体资产的各项要素资产重建的角度来揭示企业的价值，依据企业提供的资产负债表对账面价值进行调整，从而得到评估价值，其基本思路是重建或重置评估对象。在具体运用中，通常是通过对目标企业的净资产进行加总来确定企业价值。

2. 成本法的基本假设

成本法有两个基本假设：一是企业各项资产的整体性较差，企业整体获利能力较低，企业收益水平不高，或企业收益难以预测；二是企业各项投入要素的重置成本能够加以确认计量。运用该方法确定目标企业的价值，关键是选择合适的资产评估价值标准。

3. 成本法估值类别

成本法一般是作为辅助方法存在，主要是因为企业的历史成本与未来价值之间并没有必然的联系，但确实可以作为一种参考。 实践中，根据不同的计算标准，可以把目标企业的净资产值分为账面价值、重置价值和清算价值。其中，账面价值以净资产的历史成本为依据，反映的是企业的静态价值；重置价值是扣除资产折旧和损耗之后的净资产现行市场价值；清算价值则是目标企业出现财务危机而破产或歇业清算出售时，把企业中的实物资产逐个分离而单独出售的资产价值，是目标企业作为一个整体已经丧失增值能力时的资产评估法。在这 3 种价值类别中，采用最多的是重置成本法，其理论基础在于，任何一个理性人对某项资产的支付价格不会高于重置或者购买相同用途替代品的价格。

市场法

当市场中具有足够数量的可比公司或可比交易案例,且市场信息披露充分、真实准确时,我们可以采用相对估值法中的可比公司法和可比交易法对目标企业价值进行评估。

1. 市场法的基本含义

市场法是指通过市场调查,选择一个或几个与评估对象类似的企业作为参照物或价格标准,分析比较参照物的交易条件,进行对比调整,据以确定被评估企业价值的一种估值方法。其基本原理是市场替代原则,即一个正常投资者为一项资产支付的价格不会高于市场上具有相同用途的替代品的现行市价。

2. 市场法的基本假设

市场法中常用的方法是参考企业比较法、并购案例比较法和市盈率法。市场法有两个基本前提假设:一是同行业中的其他上市企业可以作为被评估企业的比较对象;二是存在充分发达活跃的资本市场和证券交易市场,市场可以对这些企业进行正确的估价。通常情况下,要求目标企业的资产价值是在充分活跃的市场中的公允价值,由于数据主要来源于公开市场,计算过程相对简单,人为操作空间较小,相对于收益法来说不易被调整,从而得到预期的结果。

在选择可比企业时,应当关注业务结构、经营模式、企业规模、资产配置和使用情况、企业所处经营阶段、成长性、经营风险和财务风险等因素。在实际使用市场法来评估目标企业的价值时,一般先找出在产品、市场、目前获利能力、未来业绩增长趋势等方面与目标企业类似的企业,将这些企业的净利润等各种经营绩效与股价的比率作为参考,计算目标企业大约的市场价值。由于在计算和取值上的便利,可以认为市场法是折现现金流量法的一种简化形式,也是折现现金流量法的有益补充。

3. 市场法的类别

市场法估值的优点主要在于操作简单、直观,评估结果较容易被市场所接受。但是,如果市场法的前提条件得不到满足,或者市场信息不充分,那么该方法的应用也会相应受到限制。在运用可比公司法和可比交易法对企业价值评估时,通常采用乘数方法进行评估,如市盈率(P/E)法、市净率(P/B)法、市销率(P/S)法、企业价值倍数(EV/EBITDA)法等。

市场法适用于能够找到与目标企业相似的可比公司时的企业价值评估。运用各种方法考察目标企业的角度各不相同,在评估目标企业时可以结合各自的优、缺点进行相应的选择,具体的估值指标公式和各自的优、缺点如表6-2所示。实践证明,多种指标复合的评估效果要明显好于单一指标。

表6-2　　　　　　　　　　估值指标的优、缺点比较

估值指标	计算公式	优　点	缺　点
市盈率	每股市价/每股收益	计算简洁	容易受到会计政策、资本结构的影响,无法计算亏损公司数据
市净率	每股市价/每股净资产	每股净资产较为稳定	容易受到会计政策影响,对轻资产型企业计算意义不大
市销率	每股市价/每股销售收入	适用面广泛	无法反映成本变化
企业价值倍数法	企业价值/息税折旧摊销前利润	不受会计政策、资本结构影响,可用于不同国家、不同市场的企业	业务或子公司较多时估值有偏差

市盈率法(P/E法)是国外成熟的证券市场上常用的股票投资价值的评估方法,市盈率是指每股市价与每股收益的比值。历史市盈率对比分析是指将收购时目标企业所对应的市盈率与自身历史市盈率进行对比,通过历史各年度市盈率、最大市盈率、最小市盈率与收购时对应的市盈率相互比较,推断出目标企业的价值是被高估还是被低估。如果处于历史市盈率之下,则说明收购目标企业较为便宜。具体计算公式如下:

市盈率＝每股市价/每股收益

目标企业每股价值＝目标企业市盈率×目标企业的每股收益

最大市盈率＝年最高收盘价/每股收益

最小市盈率＝年最低收盘价/每股收益

采用市盈率法进行目标企业估值,必须是与同行业的企业市盈率进行比较。事实上,市盈率的高低都是相对的,如果一个企业能够持续地维持高盈利增长,比如高科技成长性企业,其当前市盈率维持较高是可以理解的,因为未来的盈利持续增长将会有效地降低市盈率;反之,对于传统企业

而言，较低的市盈率往往意味着其成长性较低，未来盈利增长难以维持。因此，进行市盈率法进行企业估值的时候，需要采用更为辩证的思维来看待，同时辅以多种估值方法作为参考。

收益法

收益法是指在企业持续发展的条件下，将预期收益资本化或者折现，确定评估对象价值的估值方法。从本质上看，收益法是建立在资金具有时间价值的基础上，以企业预期收益能力为导向。

1. 收益法的含义

收益法的表现形式多种多样，其中自由现金流量折现法是最常见的收益法模型。自由现金流量折现法作为现阶段应用最为广泛的评估方法，综合反映了企业的获利能力，符合长期战略发展的需要，能够较为准确地评价企业的价值。

现金流量折现法是对目标企业进行价值评估的最精确的估值方法，它估算目标企业未来预测时间内的自由现金流量和企业经营期间的价值，然后将结果分别折现到基准日再进行评价。

收益法需要预测收益和估计适当的折现率，如果目标企业目前的收益为正值且具有持续性，同时收益期的折现率能够可靠估计，则收益法更适用于评估。通常处于成长期和成熟期的企业有上述特点，适于采用收益法。

2. 收益法的运用

根据未来收益和折现率含义的不同，存在两种定价方法。一种是把股东作为对企业最终剩余的索取者，企业价值就是股东权益的价值，尤以股利折现法为代表。另一种是把企业所有的资金提供者（包括股东和债权人）作为对企业最终剩余的索取者，企业价值体现为包括普通股股东、优先股股东和债权人权益在内的企业整体价值。这种方法以收益贴现法与现金流量折现法为代表，但本质上是一个东西，即预期现金流量折现法（DCF）；换句话说，就是将企业未来的现金流量按照一定的贴现率（衡量风险的因子）贴现到当前的方法中。

DCF 的目标是计算公司未来所能产生的净现金流的现值。公司的价值取决于 3 个变量：现金流、贴现率、时间。关键计算步骤如下：

（1）预测公司未来 5～10 年间每年的现金流入和流出。

（2）根据公司本身内在固有的风险大小和资本市场的资金成本，决定合适的折现率。

（3）用确定的折现率贴现未来的净现金流，计算出净现金流现值

（NPV）。

（4）公式：

$$企业价值 = \sum_{t=1}^{n} \frac{CF_t}{(1+r)^t} + \frac{CF_n(r-g)}{(1+r)^t}$$

其中，n 为预测时间（5～10年）；CF_t 为企业在第 t 年的净现金流；r 为反映预期现金流风险的贴现率；g 为企业的永续增长率。

DCF 的基础是未来价值，其合理反映了重要的经济学观点：第一，资金具有时间价值；第二，确定资金的价值大于有风险资金的价值。

3. 收益法的局限

现金流量折现法的假设前提非常多，包括目标企业资产的终值、加权平均资本成本、关键业绩驱动等诸多因素。

从理论上来讲，投资并购估值的收益法是最完美的方法，符合企业价值的本质。与成本法相比，它考虑到了企业价值的整体性；与市场法相比，它又是对企业本身所做的评估，不需要寻找可比企业。然而，就像每一种估值方法都存在局限一样，收益法也有明显的缺陷。

投资并购实践中，估值取决于对目标企业未来整体价值的估计，通常情况下采用收益法，主要基于目标企业的获利潜质（盈利能力、创新能力和抗风险能力等）和外部经营环境（宏观政策和行业状况等）对企业的预期价值进行估计，这种情况意味着并购估值过程存在很大的主观性或艺术性，也为并购结果带来了较大的风险。

并购可行性分析的关键因素之一就是目标企业估值，因此，并购决策很大程度上取决于目标企业的估值结果。

收益法需要对未来收益进行预测，折现率和折现期的确定在很大程度上依赖于评估人员的主观判断。因此，参与目标企业估值的团队成员必须具备专业能力，全面了解目标企业的内外部环境，以审慎的态度对待评估过程，最终得出科学且合理的估值，为并购双方的合作提供坚实的基础。

期权法

传统的企业估值方法主要以当前收益为研究对象，忽略了企业价值的增长可能性。面对不确定性日益增加的经营环境，通过实物期权法能够对企业柔性经营活动的隐性价值进行估算，因此具有传统估值方法不可比拟的优越性。

1. 实物期权法的含义

Myers(1977)在其研究中提出,企业投资项目的实际价值不仅仅是资产未来收益的现值,还包括根据其战略潜在价值及与经营共性相关的未来权利选择的价值,也就是我们现在所说的期权价值。他提出用金融期权定价的方式来对未来投资权利进行估值,这一研究开创了实物期权这一全新估值法。

企业并购是典型的战略投资,并购的目的在于获得并购后所能产生的在未来取得巨大收益的机会,而不是指望当前就可获利。这个机会相当于并购方拥有看涨期权,并且可以延迟执行或取消。传统的用于企业并购估值的模型忽略了企业并购中的期权价值,从而低估了企业并购的价值,进而有可能错过有利的并购机会。西方企业估价方法的最新发展当属对期权思想的引进和应用。

期权是一种选择权,仅赋予投资者权利而不承担义务,持有者付出一定的成本就能获得这一权利,它使投资者能在规定的时间内(有效期)按预定的条件(如价格等)实施某种行为(如买卖特定的资产)。期权应用于现实资产时称为实物期权,它是相对于金融期权(作为金融衍生工具的期权)来说的,是指企业进行长期投资决策时拥有的、能根据决策时的不确定性因素改变行为的权利。

2. 实物期权法的应用

实物期权中的期权也是一种权利,其期权标的物不再是金融产品,而是具体的实物资产,如机器、厂房、设备等具体有形资产。

实践中,企业管理者往往会根据市场环境的变化灵活地调整经营策略。企业管理者对投资方案的实施与期权类似,由于其标的物是实物资产,因此称为实物期权。从某种意义上说,期权法估价比传统方法估价更科学、准确,更具有战略决策意义。期权定价理论的诞生为价值分析中对不确定性因素的评估提供了丰富的想象空间,使柔性分析有了有效工具。

常用的实物期权定价模型主要有 3 种:Black-Scholes 模型、二叉树模型与连续实物期权模型。其中,Black-Scholes 模型(简称 B-S 模型)只需要 5 个输入量和 1 个方程,简化了比较复杂的期权问题,并且得到了实证研究的有力支持。通过 B-S 模型估计企业价值时,首先将企业价值分为实体价值与期权价值,前者使用传统估值方法进行评估,后者则利用 B-S 模型进行评估,实体价值与期权价值的和就是企业价值。

B-S 模型定价公式如下:

$$C = S \cdot N(d_1) - X \cdot e^{-rt} N(d_2)$$
$$d_1 = \left[\ln(S/X) + \left(r + \frac{1}{2}\sigma^2\right)t\right] / \sqrt{\sigma^2 t}$$
$$d_2 = d_1 - \sqrt{\sigma^2 t}$$

其中：C 表示期权价值；S 表示标的资产当前价格；X 表示执行价格；σ 表示标的资产价格的年波动率；t 表示到期期限；r 表示无风险年利率；$N(d)$ 表示标准正态分布中离差小于 d 的概率,通过查询正态分布下的累积概率表获得。

在 B-S 模型中,看涨期权的价格与标的资产的期望报酬率无关,投资者即使对标的资产的期望报酬率有不同的评估值,也能接受同样的看涨期权价格。另外,投资者对风险的厌恶程度也不影响对该公式的应用。正是由于这些具有吸引力的特点,使得 B-S 模型受到广泛应用,成为期权定价领域的奠基之作。

3. 实物期权法的优势

实物期权法很好地考虑到了企业经营过程中的不确定性和经营灵活性。无论企业管理者是扩大规模还是收缩规模、是转变主营业务还是终止经营,实物期权法都能解决相应的企业估值问题。

实物期权法能够在企业成立时间较短、没有稳定现金流、具有高度成长性等不确定情况下,为企业的估值问题提供理论依据和评估方法。尽管实物期权法在企业估值中的使用不如成本法、市场法和收益法等具有普及性,但是它为创新型企业的估值提供了有效的方法,未来发展潜力巨大。

企业在并购估值过程中应该聘请专业的资产评估机构,确保评估时掌握对方足够的信息,先估值,后定价。

估值方法比较

由于每一种评估方法都有其自身的局限性(参见表 6—3),任何一种评估方法都不可能适用所有的企业,所以在进行企业价值评估时,需要根据被评估企业的特征选择合适的评估方法,从而得出相对合理的评估结果。

实践中,要依据并购项目的特色以及并购双方的实际情况,科学地选择企业估值方法。为了保证目标企业并购价值的准确性,必须确定一套合理有效的企业估值方法和模型,同时用其他的估值方法和模型加以验证(参见图 6—6)。

表6—3　　　　　　　　　　4种估值方法的优、缺点分析

估值方法	优　点	缺　点
成本法	①计算简便、直观易懂,适用于非持续经营下的目标企业估值; ②具有客观性,着眼于企业的历史和现状,不确定因素较少、风险较小; ③操作简单,资料比较可靠,人为因素的干扰较少。	①以企业拥有的单项资产为出发点,忽视了整体获利能力; ②不能反映企业的未来盈利能力,在企业资产整体获利能力较强的情况下,评估结果不具有说服力。
市场法	①克服了现金流贴现法存在的对输入参数的过度依赖问题; ②从投资角度看,它提供了整个市场目前对企业价值的评估信息; ③该方法及其理论都相对简单,特别适合于对新兴或不成熟市场中企业的估值。	没有提供目前估值的合理区域,即无法确定目前市场提供的估值是否合理。
收益法	①在西方估值体系中居于主导地位,是目前较为科学和成熟的企业估值法; ②把目标企业作为整体进行评估,比较全面地反映了企业的基本情况和获利能力,有利于对企业的经营情况进行统筹兼顾、全面把握; ③可以通过价值驱动因素对企业价值进行动态分析,了解各要素对企业价值的影响程度,从而更好地把握企业价值。	①运用这种方法可能会得到精确的估值,但表面上的精确可能会成为它最大的危险; ②对现金流的增长率、增长期以及现金流的预期折现率等因素的依赖性过大。
期权法	①充分考虑了经济环境不断变化这一事实; ②能更全面、真实地估算出企业价值。	①假定分红利率是不变的,与实际情况有时会产生偏差; ②模型中的有些参数难以估计。

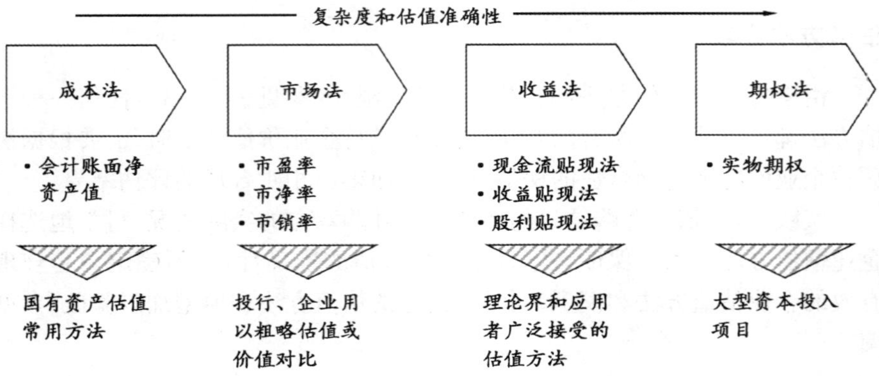

← 复杂度和估值准确性 →

成本法	市场法	收益法	期权法
·会计账面净资产值	·市盈率 ·市净率 ·市销率	·现金流贴现法 ·收益贴现法 ·股利贴现法	·实物期权
国有资产估值常用方法	投行、企业用以粗略估值或价值对比	理论界和应用者广泛接受的估值方法	大型资本投入项目

图6—6　并购估值方法的适用性(示例)

资料链接6—3　新日恒力并购博雅干细胞的估值分析

2010年，主业态为生物医药、干细胞的博雅干细胞在江苏无锡宣告组建成功。博雅干细胞是一家新兴科技生物公司，其主营业务包括以新生儿胎盘干细胞为主要来源的干细胞制备及储存以及成人细胞制备和储存业务，目前博雅干细胞在干细胞行业中属于龙头企业。

新日恒力与博雅干细胞经一致协商，采用未来收益法进行资产评估，在此基础上确定交易对价及业绩承诺。2015年11月19日，经评估，博雅干细胞100%股权作价19.57亿元，新日恒力以现金支付博雅干细胞80%股权，交易价格为15.656亿元，并购溢价高达16倍。此次并购，新日恒力以80%股权取得博雅干细胞的实际控制权。

1. 基于成本法的股权价值评估

将评估基准日设定为2015年6月30日，使用成本法评估股权价值，得出博雅干细胞的评估结果。流动资产、非流动资产账面价值分别为9 729.30万元、7 238.02万元，经评估后其价值分别为9 729.3万元、15 272万元，非流动资产增值111%，导致博雅干细胞总资产价值增加8 033.98万元，总资产增值率为47.35%。流动负债、非流动负债账面价值分别为4 492.82万元、3 489.46万元，这两项的评估无增值，则博雅干细胞的负债经评估无增值。通过资产及负债的评估，可以得知其净资产评估后较其账面价值增加8 033.98万元，增加了89.42%。下表为基于成本法的博雅干细胞股权价值评估情况。

基于成本法的博雅干细胞股权价值评估　　　　单位：万元

项目	流动资产	非流动资产	资产合计	流动负债	非流动负债	负债合计	净资产
账面价值	9 729.30	7 238.02	16 967.32	4 492.82	3 489.46	7 982.28	8 985.04
评估价值	9 729.30	15 272.00	25 001.30	4 492.82	3 489.46	7 982.28	17 019.02
增值率	0.00%	111.00%	47.35%	0.00%	0.00%	0.00%	89.42%

2. 基于收益法的股权价值评估

根据收益法对博雅干细胞的股权价值进行评估，得出其股权价值为19.76亿元，从而其80%的股权经评估的价格是15.808亿元。下表列示的是采用收益法计算企业股权价值的过程。

基于收益法的博雅干细胞股权价值评估 单位：万元

项目	净现金流量	折现系数	净现值	现值之和	加：非经营性资产溢余资产及其他	全部股东权益价值
2015 年下	1 662.42	0.97	1 613.11			
2016 年	5 183.40	0.89	4 595.21			
2017 年	8 813.01	0.79	6 936.38			
2018 年	16 747.25	0.70	11 668.53	190 887.65	6 722.83	197 610.48
2019 年	25 568.87	0.62	14 793.38			
2020 年	33 522.37	0.55	18 356.47			
2021 年后	30 839.98	4.28	131 934.57			

之后，参与交易的两家企业经过沟通，最终选择收益法评估结果作为参考，以此为依据来确定实际股权的交易对价。收益法估算的博雅干细胞全部股权价值为19.76亿元，则其80%的股权价值应是15.808亿元。很明显可以看出，采用收益法得出的评估结果大大高于博雅干细胞净资产的账面价值，收益法评估的增值率较高。

事实上，如此之高的评估增值是有其原因的。相关资料显示，目前全球干细胞市场规模已逾千亿美元。目前我国干细胞储存率还不足1%，相对于全球市场，我国的干细胞规模还有很大的提升空间，我国干细胞行业仍有较大的发展前景。走在行业前列的博雅干细胞拥有一支优秀的研发团队，其科研人员的水平较高，并且多年来在干细胞研究方面积累了丰富的经验。此外，博雅干细胞还提倡产、学、研一体化的方式，由此形成大量用以培养人才的学习平台，这样一来，也大大提升了企业的科研能力，有助于企业的发展进步。

不同评估方法下的估值对比情况 单位：万元

评估方法	账面价值	评估价值	增值率
成本法评估	8 985.04	17 019.02	89.42%
收益法评估	8 985.04	197 610.48	2 099.33%

上表展示了分别利用成本法和收益法对博雅干细胞进行股权价值评估的结果，账面价值为8 985.04万元的净资产，采用成本法评估仅增值了89.42%，评估值为17 019.02万元；而采用收益法评估，增值率高达2 099.33%。之所以产生这样的差异，是由两种价值评估方法的原理不同造成的。成本法也称为资产基础法，其根据企业的财务报表，

进而对其账面价值进行调整,从而得到评估价值。而收益法评估过程中,主要估算了企业未来收益能力,以此为依据来对其进行估值,所考虑的并不仅仅是企业各个单项资产价值的简单加总,而是进一步考虑各个资产之间的有机结合。

资料来源:党鲁梦.并购中高估值及相关风险管理研究[D].河南财经政法大学,2019.

6.4 并购估值的关键点

从并购实践来看,对目标企业的价值评估是并购过程中至关重要的一环。然而,在估值方法的实际运用中,每种方法都有其合理性和不足,因此,在实务操作时,要依据具体情况选择与特定并购活动相适应的估值方法,尽可能准确、科学地评估目标企业价值(参见图6-7)。

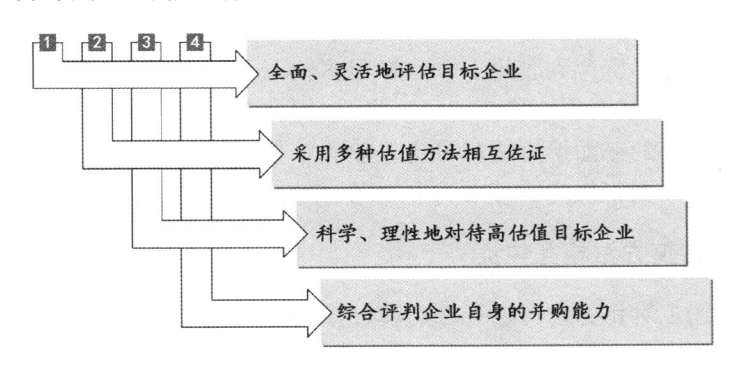

图6-7 投资并购估值的关键点

1. 全面、灵活地评估目标企业
2. 采用多种估值方法相互佐证
3. 科学、理性地对待高估值目标企业
4. 综合评判企业自身的并购能力

全面、灵活地评估目标企业

中介机构的意见仅供参考,不应成为公司确定交易价格的唯一依据,也不能代替相关违规主体的审慎义务。

知识经济时代,很多创新型企业越来越趋向于轻资产运营,其核心资源与传统企业有着很大的不同,比如独特且难以被模仿的创意、良好的客户关系、高效的渠道、精干的管理团队、高新技术储备等都是创造企业价值的资源。然而,上述企业资源无法体现在资产负债表上。

以联想并购 IBM 的 PC 业务为例。为了收购 IBM 的出现巨额亏损的 PC 业务部门，联想付出了 12.5 亿美元的代价。从财务标准看，这显然是一桩"赔本"的买卖。然而，在联想看来，此次并购中，非财务标准更为重要，应考虑非财务质量性指标，如并购对象必须能够与企业在生产、销售、技术等方面存在广泛的协同互补基础等。

任何一种现有的、通用的评估方法都存在缺陷，不可能将企业价值评估得分毫不差。

若只从财务的角度考虑其价值，并将并购企业与被并购企业的战略以及双方的意向结合起来考虑，可能导致一方或双方对评估值的不满意，从而使原本能成功的并购最终归于失败。在联想支付的 12.5 亿美元里，有 70% 的费用是以无形资产支付的，而无形资产的功能特性决定了其价值是最难评估的。因此，在谈判中，联想与 IBM 存在最大争议的核心问题之一就是收购价格的确定。

联想投资并购的目标是，通过本次收购获得满足客户需求的研发能力、挖掘客户需求的市场能力、满足客户需求的制造能力。这些资源是联想需要十年甚至几十年奋斗才可能得到的最宝贵的财富，因此，很难用财务标准来评估这些无形资产到底值多少。在很多情况下，并购目标企业之所以受青睐，是因为其具有创造价值的巨大潜力，因此在对目标企业进行估值时，若只考虑传统的账面价值法和可比企业法难免会低估其价值，应更注重并购后产生的巨大正效应所带来的丰厚现金流。

采用多种估值方法相互佐证

在市场上对目标公司进行并购，均是源自实现并购价值，这意味着目标公司必须是可持续经营的，会不断产生现金流，因此从理论上来讲，采用现金流法进行目标企业估算是比较准确的，可以作为定价的参考依据。然而，实践中囿于时间局限性或经营变动性等各种原因，只采用现金流折现法估值也会存在问题。

一个完整的并购企业价值评估应当考虑到协同效应的独特性，而不是仅仅计算其账面价值。

事实上，任何一种企业估值方法都无法保证给出恰当的估值。而且估值的目的、数据来源、公司交易中的控制权、资产的可交易性，以及被评估企业所在行业的市场竞争状况、企业战略规划、特殊股权结构、产业生命周期状况等许多因素都会影响估值方法的选择。特别是对于并购公司进行评估来说就更为困难，因为经过并购重组之后，公司的资本结构和经营状况可能会发生改变,风险特性也会改变,这些都会增加评估的难度。

> 选择并购估值方法,既要充分考量企业双方的经营特点与财务状况,也要注意外部环境因素对企业并购估值的影响。

如何在不同情况下运用不同的估值方法,进而获得符合市场运行规律的价格,是相关估值研究人员在当前需要考虑的问题。企业并购估值活动能够从源头上遏制企业财务风险与溢价风险的进一步提升。此外,通过企业并购价值评估,能够对并购双方的财务状况有更为深刻的认识,能够从宏观层面对于企业双方未来可能出现的各种风险进行风险规避设计。

科学、理性地对待高估值目标企业

企业不能为了扩张而盲目并购,并购时要尽可能考虑到各种不同的因素,尤其是企业文化和管理团队的价值观,这可能直接影响到并购后的整合效果,因而也可能对并购的成败产生影响。

> 影响并购目标企业估值的因素有很多,宏观环境、行业环境、企业环境都可以对估值产生重要影响。

合理、客观的并购估值能够决定整个并购活动的成败。收购价格比公平市值越高,交易为收购方创造的价值就越少,对收购方也就越没有吸引力。如果收购价格接近战略投资价值,那么将迫使收购方在并购完成后必须取得几乎所有预期的协同效应,而允许买方在未来经营过程中犯错误的空间非常小。因此,当卖方要价太高时,买方最好的选择就是拒绝这笔交易,转而寻找具有更大价值潜力的企业。

为了对目标企业的价值进行合理评估,并购企业可以聘请专业的第三方投资公司对企业价值进行评估,因为专业的投资公司往往具备很多这方面的专业人才,经验也更加丰富,因此能更加理性、客观地从第三方的视角对目标企业的价值做出准确的评估。[8]在评估企业价值时,要考虑到企业经营过程中的不确定性,同时尽量采用多种不同的估值方法进行评估。因条件限制而不能采用多种估值方法时,也要仔细分析对比不同的估值方法,从中选择最合适的估值方法,力求做到估值结果的客观公正。

综合评判企业自身的并购能力

投资并购是一种普遍的金融行为,因此,企业首要考虑的必须是风险因素,而不是收益因素。无论是跨国并购还是国内并购,从实践来看,收购方企业大多不能获取超额的收益,甚至可能出现负的收益;然而,目标企业却往往可以获得相对较多的超额收益。

作为理性的投资并购企业,必须做到"知己知彼",在确定并购价格之前,进行充分的尽职调查,考虑被并购方的业绩现状以及未来的发展前景,既要评估并购交易是否会给企业价值以及股东利益带来正面影响,又要综合评价自身的资金状况、盈利能力、偿债能力,确定是否有能力完成并购。

仅仅希望通过并购活动来达到大幅提升经营绩效的目标是难以实现的。

与此同时,并购企业应该关注并购对未来投资或筹资活动的影响。若一次并购耗费了大量资金,那么之后,企业还有没有能力抓住其他的并购机会?企业的并购及对价支付决策应该是在综合考虑各方情况后做出的,如果仅基于"协同效应"的考虑而盲目并购,很可能导致企业的大额不必要支出,甚至对企业未来的持续发展能力造成威胁。

资料链接 6—4　注意科创板并购重组的坑

2019年三季报落幕,科创板大部分公司业绩大幅增长成为新的亮点,投资者也颇为满意。科创板上市带动的业绩增长只是第一波红利,后面还会有并购重组带来的第二波业绩增长,但也需要注意,并购期间不能形成太多的商誉,不要从一开始就给后面的业绩"埋雷"。

科创板公司三季报业绩增长,背后有很多推动因素。其一,科创板公司在上市之初,资产负债率普遍较高,这就意味着,它们在经营的同时需要支付高昂的财务费用,在 IPO 完成后,最直接的效用就是大幅降低了利息支出等财务费用,这是利润增长的最直接体现。

第二,科创板公司的不少项目都是新经济,它们在巨大的宣传费用投入下,可以迅速产生效益,即 IPO 资金的到位可以让科创板公司短期内业绩快速增长,这也是它们三季报很"靓丽"的一个重要原因。

那么,科创板四季度乃至 2020 年利润能否继续高速增长,这才是投资者更加关心的问题。在本栏看来,科创板公司未来的业绩大概率将继续高速增长。其中,并购重组将是助推科创板公司业绩二次爆发的直接因素,这些并购重组将使科创板公司迅速发展壮大。

一家公司在完成科创板上市前,并不具备特别大的吸引力,盈利的高科技企业有很多,但能够吸引换股并购的并不多见。但是当它们登陆了科创板之后,这些公司的议价能力大幅提升,今后看到好的项目,可以不花一分钱,直接用换股吸收合并的方式就能完成重组,而对方的实控人也会乐于接受这样的重组模式。事实上,国际上很多"蛇吞象"

的并购重组都是依靠换股吸收合并完成,科创板公司的高股价正是对方看中的优势。

有了换股吸收合并这一利器,科创板上市公司将能启动第二波业绩爆发式增长,伴随着这一波利润提升,公司的市值也会出现快速膨胀,科创板公司中或许将有短期内市值增长10倍或更多倍的公司出现。科创板公司中,也有机会演化出第一批科创蓝筹股。

当然,凡是并购重组,都会涉及溢价的问题。按照并购重组的规定,这个溢价部分要形成商誉。但如果几年之后,这块资产没能达到预期的收益水平,这部分商誉就会下降甚至消失,此时就会给上市公司的未来业绩带来很大的负面影响。所以本栏认为,在科创板公司进行并购重组时,一定要尽量减少商誉的形成,以防止未来的利润"地雷"。

本栏提出一个方法,即在并购重组时,尽量压低并购价格,然后以向卖方赠送若干年后的认股权证的形式加以补偿,这样就不会形成太多商誉。如果收购项目业绩好,公司股价自然会上涨,认股权证也就有了很大的价值;相反,如果收购资产业绩不佳,股价就会下跌,那么卖方也就没什么利润可赚,避免了巨大商誉的形成,也就是规避了未来的业绩风险。

资料来源:周科竞. 注意科创板并购重组的坑[N]. 北京商报,2019—11—04(006).

注释:

[1] 鲍金良,塞寒. 现金持有、估值水平与企业并购支付方式[J]. 财会通讯,2019(30):99—103.

[2] 王林元,王晓慧. 影响企业并购的宏观经济因素分析——基于企业并购理论与中国市场实践的实证研究[J]. 吉林金融研究,2011(9):5—10.

[3] 王建利. 蓝色光标并购博杰广告案例分析[J]. 商,2015(50):88.

[4] 张文慧,杨学良:海外并购,从"放虎归山"到"协同发展"[J]. 商学院,2019(10):62.

[5] 侯鑫瑶,胡炜. 浅析企业的盈利能力[J]. 上海商业,2019(8):37—38.

[6] 陶瑞. 并购能力:概念、构成要素与评价[J]. 软科学,2014(6):108—112.

[7] 谢赤,樊明雪,胡扬斌. 创新型企业成长性、企业价值及其关系研究[J]. 湖南大学学报(社会科学版),2018,32(5):58—64.

[8] 时光林,徐晓辉. 跨国并购中的财务风险与防范——以双汇并购史密斯菲尔德为例[J]. 商业会计,2017(15):51—52.

第 7 章
双赢的并购谈判

谈判由"谈"和"判"两个字组成:"谈"是指双方或多方之间的沟通和交流;"判"就是决定一件事情。只有在双方沟通和交流的基础之上,了解对方的需求内容,才能够做出相应的决定。也就是说,谈判是让别人支持我们从对方那里获得我们想要的东西的一个过程。

谈判是现代社会中无时不在、无处不有的现象。实质上,谈判就是双方通过不断调整各自的需要而互相接近,最终达成一致意见的过程。当然,对于双方来说,都有一定的利益界限,而利益的确定取决于谈判双方的实力以及谈判的艺术与技巧。

并购谈判需要多方面的专业知识、技能和技巧,是一种复杂的、高层次的企业经营活动。

7.1 认识并购谈判

谈判是企业并购过程中一个极其重要的环节,它涉及相关项目的内容、价格、责任、义务以及其他条件,这些都必须通过谈判才能确定下来。一旦并购协议签署并发挥法律效力,那么所有的条件都不会轻易被变更。从这个意义上来讲,并购谈判的结果直接影响着并购各方的利益。

什么是并购谈判

并购是一个对多种专业技术,如法律、财会、金融、风险控制、交易后整合等要求很高的实践性主题。并购交易谈判通常是一项各环节环环相扣的系统工作,各种难题贯穿始终。事实上,在不同的交易阶段,买卖双方会围绕该阶段的侧重点,开展艰难的多轮次谈判。

最终并购交易价格可以通过双方协商、讨价还价而确定,在此过程中可能存在多家并购方企业激烈竞争而抬高收购价格的情况出现。

并购谈判属于商务谈判的一个分支,其核心是经济利益,是并购双方为了实现一定的经济利益而就并购条款进行沟通和协调的过程。并购谈判同时具有科学性和艺术性双重属性:就科学性来讲,并购谈判要借鉴谈判的内在规律性;就艺术性来讲,并购谈判要根据具体的环境和具体的对象有针对性地选择谈判技巧,同时,还要根据情况的变化对谈判技巧进行变通(参见图7—1)。

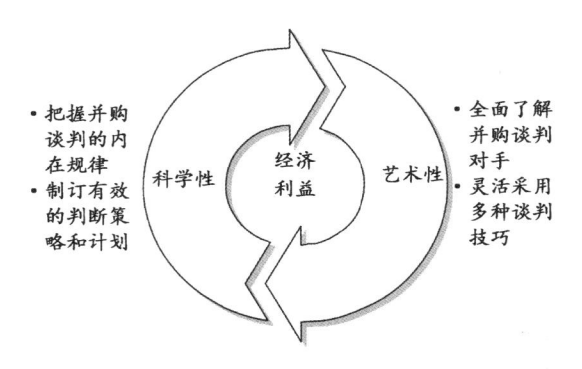

图7—1 并购谈判的内涵

通常情况下,投资并购谈判主要涉及并购的形式(股权、资产)、交易价格、支付方式、交易时间安排、人力资源安排、并购交易进程、双方权利和义务等重大问题,是对并购意向书的进一步具体化。通过双方谈判确定后的问题,需要逐条落实到合同条款中,形成待批准签订的合同文本。

并购谈判的关键特征

从形式上来讲,并购谈判与其他商务谈判并没有什么本质不同,但是,并购往往关系到企业发展战略,对并购双方来讲,都是极其重要的商务活动,这就决定了并购谈判具备4个重要特点(参见图7—2)。

1. 并购谈判是专业性很强的谈判

并购谈判团队成员一般情况下都是专业人士,需要熟悉自身专业领域,可以高效地沟通和解决问题。

2. 并购谈判更强调系统性

并购涉及很多专业领域,如工艺流程、财务、人力资源、营销、法律等,还

```
┌─────────────────────────────────────┐
│  1  并购谈判是专业性很强的谈判      │
并│                                   │
购│  2  并购谈判更强调系统性          │
谈│                                   │
判│  3  并购谈判对保密性要求很高      │
重│                                   │
要│  4  并购谈判的目的性很强          │
特│                                   │
点└─────────────────────────────────────┘
```

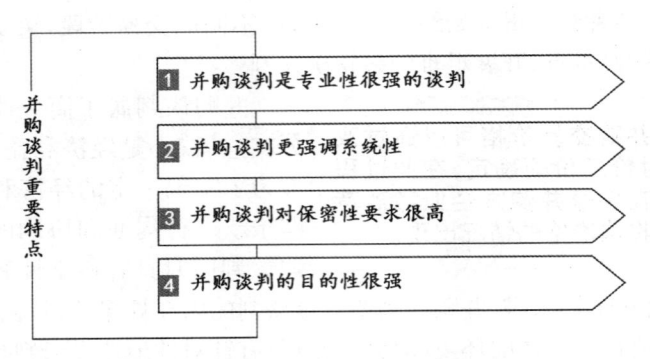

图 7—2　并购谈判的 4 个重要特点

关系到企业未来发展方向,因此,并购谈判是一个系统工程。

3. 并购谈判对保密性要求很高

这是并购的一个重要特点,无论是对上市公司的并购,还是对非上市公司的并购,大多数并购在前期完成之后会处于一种保密的状态,而在后期则是处于有条件的保密状态。

4. 并购谈判的目的性很强

任何并购都不是漫无目的地谈判,双方一旦在商业上确定了并购的可能性,或者在战略层面和产权层面具有合作可能性,基本上就要往前推进,促使并购目标达成。

正确认识并购谈判

并购谈判是一项理论与实践并重的活动,有其自身的特点和基本要求。正确的谈判意识是谈判成功的灵魂,通过实践,可以发现并购谈判的原则极其重要,也就是人们对并购谈判的认识。以美的集团并购德国库卡公司为例,从大的方面来讲,是"中国制造 2025"与"德国工业 4.0"的有效对接,有助于促进中德战略合作,实现共赢,因此获得中方和德方的支持;从小的方面来讲,是中国美的集团和德国库卡公司的双赢,美的集团不但可以获得市场,也能获得技术和投资,同时能够为德国的制造业赋能,促使中、德都能实现利益最大化。

> 并购谈判更加强调"双赢"或"多赢"意识,而不仅仅是片面强调己方利益。

实践中,并购谈判准备得越周全、越充分,谈判场上掌握主动的机会就越多。然而,由于时间、精力、费用的限制,所谓"万无一失"是不可能的,也是没必要的。并购谈判的复杂多变性决定了经常会发生不可预料的情况。因此,任何准备工作都有一个适度的问题。谈判准备的适度就是指在各种客观约束条件下的"相对充分",当谈判出现一些始料不及的情况时,谈判者依然能够镇定自若、从容应对。

资料链接7—1 原则式谈判的应用

原则式谈判最早是由哈佛大学的谈判研究中心所提出来的,因此又称为"哈佛谈判术",其中主要的代表人物有威廉·尤里、罗杰·费希尔。原则式谈判的内容可以概括为以下4点:人与问题分开、聚焦利益而非立场、制订双赢的合作方案、引入客观评判标准。原则式谈判与传统的商务谈判中双方讨价还价为自己争取最大利益的谈判方式不同,原则式谈判是根据最终价值,在谈判中寻求双方合作利益最大化的方案,从而实现双方合作共赢的谈判结果。

1. 人与问题分开

在国际商务谈判过程中,双方既要处理实际问题,也要处理双方之间的关系。因此,为了更好地促成合作,在谈判过程中就必须要将人和问题分开。具体可从以下几个方面着手:

(1)换位思考。谈判双方互换立场,站在对方的立场上考虑问题。在谈判过程中,多站在对方的立场,才能够更好地理解对方的情绪,从而促进谈判顺利开展。

(2)避免情绪化谈判。在商务谈判的过程中,矛盾是不可避免的,因此,双方应当要尽量控制自己的情绪,保持冷静。当遇到冲突时,应当等对方把话说完,然后再进行理性的思考,不让自己受到对方情绪的影响。

(3)加强沟通。商务谈判实际上就是双方针对某一问题进行交流和沟通的过程,双方在交流的过程中,找寻出最佳的解决方法。因此,在商务谈判过程中,双方都应当做很好的聆听者,而不是激进的辩论者,不然会使得谈判处于无休止的争辩过程中,这样也是无法解决问题的。此外,过于苛责对方,也会伤害到彼此的感情。

2. 聚焦利益而非立场

在大多数国际商务谈判中,买卖双方往往过于注重各自的立场,而忽略了谈判背后的利益。实际上,谈判双方并不是对立的立场,而是合作的关系,在双方争执的背后存在很多双方可兼容的利益。在谈判过程中,只有保证双方共同的利益,才是促进共赢结果的关键。在商务谈

判中探寻双方共同利益,具体可从以下两个方面着手:

(1)明确利益。在谈判之前需要明确会妨碍我方利益的对方利益,然后从不同的角度分析这部分利益,找寻出能够通过合作达到双方利益最大化的方案。

(2)讨论利益。在对对方利益进行总结和接受时,要提出自己的见解和问题。在解决问题的过程中,尽量不要追究过去的矛盾,应当向前看。

3. 制订双赢的合作方案

在国际商务谈判中,一旦双方站在自己的立场一味地讨价还价,就会令对方认为谈判结果非赢即输,这样谈判者就会将目光放在谈判的输赢上,而限制了人们的思维和创造性。要克服这种思想,具体可从以下3个方面着手:

(1)制订创造性的方案。首先必须将提出方案和评价方案这两个过程分开,即先提出方案,然后再决定是否采用方案。在谈判过程中尽可能地提出更多的方案,首先不用考虑这些方案的好坏,然后选出几个比较好的方案,评估其可行性。

(2)寻求双赢方案。在谈判过程中,要找到双方共同的利益。在每次谈判中都会有潜在的共同利益,这些共同利益就是谈判的关键,需要双方去主动寻找,这样才能够使得谈判更加顺利。

(3)寻求双方容易做出决定的方案。实际上谈判是否成功的评价标准为,对方的最终决定是否在我方的预期范围内。所以,在谈判过程中,应当要让对方更加容易地做出决定。只有当你提出的方案具有足够的吸引力,才能够帮助对方轻松地做出决定。

4. 引入客观评判标准

在国际商务谈判中,双方是以达成合作为最终目的。在这一过程中,双方都在尽自己最大的努力来寻求合作共赢的最佳方案,但是,往往会因为利益的冲突导致谈判陷入困境。在谈判过程中,双方如果是因为评价标准不同而无法确定最终合作方案的合理性和公平性,那么最好的办法就是引入客观评价标准。这一客观评价标准必须符合以下几点要求:

(1)客观标准必须独立于双方的主观意志之外,这样才能够不受到任何一方情感的影响;

(2)客观标准需要具备一定的合法性和实际性;

(3)客观标准需要具备一定的科学性和权威性。

综上所述,原则式谈判兼容了硬式谈判和软式谈判的所有优势,扬长避短,注重公平价值和公正原则,采用这种谈判方式进行国际商务谈判能够达到双方合作共赢的效果,符合现代谈判中互惠合作的宗旨,适用于各种商务谈判。因此,在国际商务谈判中,应当将这种谈判方式的作用充分发挥出来,从而实现合作共赢,促进国际商务的健康发展。

资料来源:郝轶君. 原则式谈判在国际商务谈判中的应用探讨[J]. 经贸实践,2018(20):223.

7.2 APRAM 谈判模式

如前所述,并购谈判是商务谈判的一个重要分支。一般情况下,它也遵循商务谈判的基本规律。从这种意义上来讲,并购谈判可以看作一个包括评估、计划、关系、协议和维持的持续不断的过程,即 APRAM(Appraisal,Plan,Relationship,Agreement,Maintenance)模式(参见图 7-3)。

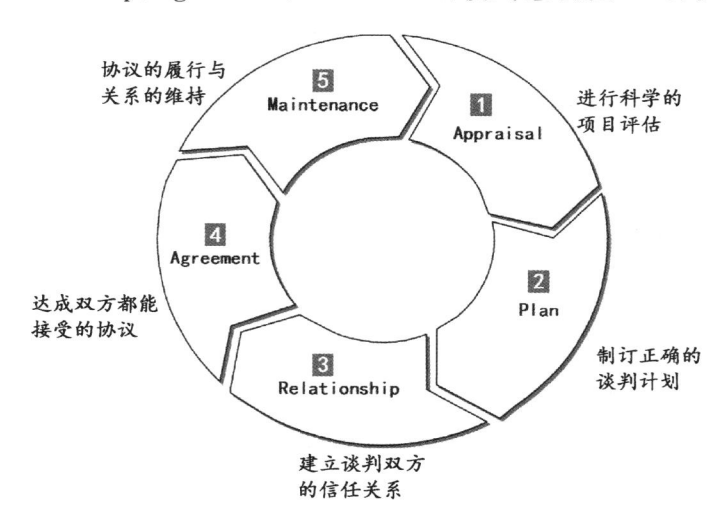

图 7-3 并购谈判 APRAM 模式

进行科学的项目评估

并购谈判能否取得成功,过去都认为取决于谈判者能否正确地把握谈判进程,能否巧妙地运用谈判策略。然而,事实证明,谈判能否取得成功,往往不取决于谈判桌上的你来我往、唇枪舌剑,更重要的是谈判的各项准备工作。

并购时机的选择包括宏观经济形势、行业生命周期,企业生命周期等因素。

例如,并购谈判要想取得成功,首先要在正式谈判之前对这项并购活动进行科学评估。如果没有进行科学评估,或者只是草率评估、盲目上阵,虽然在谈判时花了很大力气,达成一个看似令双方都满意的协议,但这里的"满意"恐怕是要打引号的。因为没有进行科学评估,或者评估不当,自以为其结果是令人满意的,其实是自欺欺人。

科学的并购评估是取得并购谈判成功的前提。从严格意义上讲,任何谈判都离不开科学的评估,可能有的完整一些、复杂一些,有的简单一些,但都是必需的。"没有进行科学评估,就不要上谈判桌",这应该成为并购谈判的一条戒律。

制订正确的谈判计划

正确的谈判计划中,首先要明确自己的谈判目标是什么、对方的谈判目标是什么,并把双方的目标进行比较,找出双方利益的共同点与不同点。

对于双方利益一致的地方,应该仔细地列出来,并准备在以后正式谈判时摆在桌面上,由双方加以确认,以便保持和提高双方对谈判的兴趣以及争取成功的信心,同时,又为以后解决利益不一致的问题打下基础。对于双方利益不一致的地方,则要发挥创造性思维,根据"成功的谈判应该使双方的利益和需要都得到满足"的原则,积极寻找使双方都满意的方法来加以解决。

建立谈判双方的信任关系

并购谈判中,建立谈判双方的信任关系是至关重要的。如果谈判双方建立了相互信任的关系,在谈判中就会顺利许多,谈判的难度就会降低,而成功的概率就会增加。

要注意并购谈判气氛,并购谈判只有在缓和、愉快的气氛下才能顺利进行,使双方容易接受对方的观点。

建立谈判双方的信任关系应注意以下3点:

1. 要努力使对方信任自己。例如,对对方事业及个人的关心、合乎规格和周到的礼仪、工作中的勤勉认真等都能促使对方信任自己。有时一句不得体的话、一个不合礼节的动作、一次考虑不周的安排,都会影响对方对你的信任程度。这对于初次谈判的对手更要引起特别的重视。

2. 要尽量设法表现出自己的诚意。在与不熟悉自己的人进行谈判时，向对方表示自己的诚意是非常重要的。为了表明自己的诚意，可以利用某些非正式场合向对方列举一些在过去的同类交易中以诚待人的例子；也可以在谈判开始之前特意安排一些有利于建立双方信任感的活动，使对方感受到自己的诚意。

3. 要记住，最终使对方信任自己的是行动，而不仅仅是语言。所以要做到：有约必行，不轻易许诺；准时赴约，不随便迟到；等等。对于对方的询问要及时予以答复，无论是做出肯定还是否定的答复，都必须及时告诉对方。对目前做不到的事要诚心诚意地加以解释，以此来取得对方的谅解和认可。

达成双方都能接受的协议

在谈判中，要弄清对方的谈判目标，然后对彼此意见一致的方面加以确认；而对意见不一致的方面，则通过充分交换意见、共同寻找使双方都能接受的方案来解决。需要强调的是，达成令双方满意的协议并不是并购谈判的最终目标。并购谈判的最终目标应该是协议的内容得到圆满贯彻执行，使双方的利益得到实现。

协议的履行与关系的维持

很多人认为，并购协议一旦达成就万事大吉了，殊不知这只是"万里长征"的第一步，并购的关键在于协议的实施以及之后的整合。另外，一定要记住，即使并购协议签订得再严密，但仍然要靠人来履行。为促使对方履行协议，要认真做好两件事：

1. 要求别人信守协议，首先自己要信守协议。这一点看起来很自然，而实际上常常会被忽视。有时人们埋怨对方不履行协议，但冷静地细细分析，问题却出在自己身上，是自己工作的失误造成了协议不能完整履行。

2. 对于对方遵守协议的行为给予适时的情感反应。行为科学理论告诉我们，当某人努力工作并取得成功的时候，给予适时的鼓励能起到激励干劲的作用。同样，当对方努力信守协议时，给予适时的肯定和感谢，其信守协议的做法就会保持下去。当然，情感反应的形式有很多，可以通过写信、打电话来表达，也可以亲自上门拜访表示感谢。

完整的谈判过程可以分为准备阶段、接触阶段、实质阶段、协议阶段和执行阶段。有人把谈判仅仅看作谈判桌上的针锋相对、讨价还价，认为谈判过程仅包括接触、实质、协议3个阶段,并认为这种三步式谈判是经典的、一成不变的,这显然是有失偏颇的。事实上,在并购谈判中,准备阶段与执行阶段的工作对于谈判的顺利、圆满完成有着举足轻重的作用,上述5个方面是相辅相成、缺一不可的。

资料链接7—2　并购交易谈判的九大误区

无论是交易参与方还是投行中介机构,掌握基本的谈判技巧可令交易成就的概率增大。谈判安排不好,或因经验不足、认知局限,甚至是源于骨子里面的价值观从而痛失好局的情况也时有发生。

1. 零基础,不做功课就开始谈判

尽管交易的博弈贯穿交易始终,但是作为交易博弈的最关键阶段,谈判时必须做好充足的准备。只有精心准备的谈判才是最有效率的,也才有可能获得相对有利的结果。

投行需要在谈判之前与客户进行必要的分析与沟通,主要是全面地评判各种可能出现的结果。例如,利弊分析并不是简单的条件分析,而是基于交易细节条件和交易达成的战略考虑进行综合平衡,简而言之,既要有具体的战术安排,又要跳出细节来算大账。

2. 不对等,一方能拍板、另一方不能

在博弈过程中,老板在幕后也是全程掌控的,当执行管理层经过努力也无法达成共识时,就需要双方老板参与到谈判中。因为老板是大人物,故此谈判氛围通常看似轻松,嘻哈寒暄间将不可调和的分歧化解,既有效率又有面子。谈判中最怕老板参与特别细节的谈判,有些老板喜欢事必躬亲、全程参与,与对方律师争论协议条款表述,与对方副总激烈地谈价格。这种不对等的磋商让谈判变得非常被动。

3. 伪强势、口气硬,但手中没牌

即便在交易中占有谈判优势,也没有必要过于强势,毕竟并购交易不是简单的零和博弈,更多还是基于产业或者上市公司平台的合作。若在交易中处于劣势,需要考虑的是如何争取对自己有利的条件。最不应陶醉于自己在谈判中的强势带来的快感。强势与占据优势完全是两个概念,伪强势会破坏交易氛围而让交易的柔性不够,令原本可以达成的交易破裂,或者令对方不舒服,给后续执行和整合留下隐患。

4. 不诚信,阶段性共识上总反悔

并购交易博弈是一个渐进的过程,谈判通常不可能一蹴而就。在谈判过程中已经达成的共识通常需要采用谈判备忘的形式予以巩固。

但在实践操作中也经常有反复,对于阶段性的共识也常发生"翻烧饼"的情况。这看似交易诚信的问题,很多时候是因为交易方准备不足而导致交易识别能力弱,无论是许诺还是反悔都很随意。

5. 不交锋,一到关键点就"绕啊绕"

中国文化的特点是相对含蓄,经常要顾及谈判之外的诸多因素,在寒暄中进行各种试探,但对关键的交易分歧却欲言又止,导致谈判效率极为低下。比如有一项并购交易谈判,对方企业资金链面临断裂,需要通过并购方式来引入增量资金。但是在交易过程中,卖方不停地谈论经营理念及企业文化,声称钱不是问题、价格不是问题,每次提及具体的交易报价都遮遮掩掩。

6. 拎不清,大事糊涂、小事较劲

有些拎不清的例子发生在交易之外。比如参与交易谈判的客户总裁对于交易的具体条件全无感觉,但是特别热衷于同中介机构彻夜开会讨论文件申报程序。也曾经见过参与谈判的副总,因为没有给安排套房认为对自己不够尊重而勃然大怒。有些拎不清的例子发生在交易中,谈到最后基本上变成了非理性较劲,但是在最关键的条款上却轻易地无条件让步。

7. 大杂烩,内外部博弈、乱战

实践中也有缺乏经验的交易方为了偷懒,试图采用群殴的谈判方式来完成交易,将所有利益主体都拉到谈判桌上,让交易谈判变得极为复杂。殊不知谈判中每增加1个参与方,达成协议的难度都会翻倍。比如诸多股东参与的谈判肯定是复杂且混乱的,创始投资人与PE股东的想法不同,即使同为PE股东,也会因入股成本不同及基金是否到期的差异而有不同的诉求,这些应在卖方内部协调,而不是通过外部谈判来通盘解决。

8. 不交换,单维度博弈顶牛

在交易中单维度的交易条件上"顶牛"容易剑拔弩张、激化矛盾,而不同维度的条件交换就是润滑交易的核心策略,更何况中国的文化讲究礼尚往来。若你跟我谈价格,我就跟你谈支付;你跟我谈支付,我跟你谈对赌。在各种条件的交叉协商与利益交换中,容易达成有退有进的综合利益平衡。另外,让双方感觉进行了充分的博弈,对于谈到手的条件是基于让步换来的,也更容易心安理得地接受,进而增强博弈结果的稳定性。

9. 不阳光,总想靠蒙人取胜

在并购交易中进行阳光博弈是基本原则,尤其对于投行而言,在并购交易中拥有组织者和协调者的身份,有时类似于公平性的裁判,要巧妙地揭穿交易双方的"小心思"。坚持阳光博弈看似会让某些小伎俩目的落空,有时候也会让客户不爽,但是基于阳光博弈达成的交易也最稳定。阳光博弈不仅是交易谈判技巧,同时也是深层次的价值观与智慧的体现。

资料来源:劳志明. 并购交易谈判的九大误区[J]. 中国房地产,2017(26):54—56.

7.3 高效的谈判团队

并购谈判成功的核心要素是谈判人员,因此,并购谈判对于谈判团队成员、谈判团队领导者,乃至跨国并购谈判中的翻译人员,都有很高的素质要求,不仅其知识要具有专业性和互补性,而且要具有很强的团队合作意识,具有高度的责任心,同时要能创造性地解决谈判中的难题。

团队谈判的优势

投资并购是一项系统性的复杂工作,仅仅依靠少数人的力量很难高效完成,因此投资并购需要建立一个高效的谈判团队,一方面可以应对谈判过程出现的各种问题,另一方面可以大大提高谈判效率。通过充分发挥各个团队成员的优势,相互配合,共同完成并购谈判(参见图7—4)。

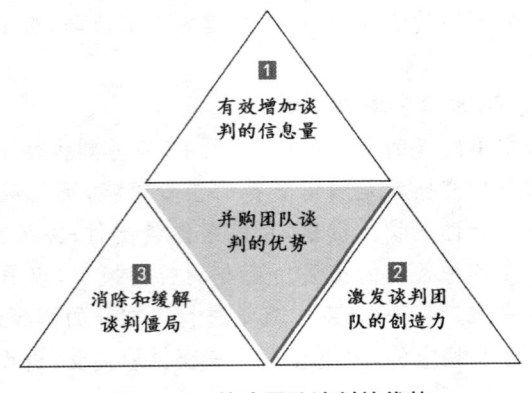

图7—4 并购团队谈判的优势

1. 有效增加谈判的信息量

在投资并购谈判中,由于并购信息不对称问题的存在,因此必须不断获取相关信息,以增加对投资并购项目的认知,做出科学的判断和决策。通过建立并购谈判团队,更加高效地实现项目信息的收集和共享,通过成员间的互动沟通,有利于把握谈判要求,创造性地找到符合所有谈判方利益的解决方案。

2. 激发谈判团队的创造力

高效的并购谈判团队能够激发成员的创造力,使得团队成员之间实现知识、能力、性格等方面的互补,明确并购谈判的目标,强化团队的创新精神,能够更好地运用谈判谋略和技巧。

3. 消除和缓解谈判僵局

团队谈判有利于谈判人员采用灵活的形式消除谈判的僵局或障碍。 投资并购谈判进入实质性阶段后,往往会由于观点分歧而相持不下,使谈判陷入僵局。对于个人而言,谈判团队会更加理性和客观,认真分析双方的利益所在,从各自的眼前利益和长远利益两个方面来看问题,寻找双方都能接受的平衡点。

组建谈判团队

优秀的专业谈判人员不仅要具备丰富的专业知识和熟练的谈判技巧,还应该拥有强大的自信心,并且胆大心细,有自己的判断力,敢于创新(参见图7-5)。企业高管需要充分理解并购谈判团队中每个成员的角色定位,并促使这一角色使命的完成。例如,首席谈判代表要责任心强、心胸开阔、目标坚定、知识广博、精通商务与其他有关业务、经验丰富、有娴熟的策略技能,思维敏捷、善于随机应变,同时又富有创造力和组织协调能力,具有上通下达的信息渠道,善于发挥谈判队伍整体力量,最终实现预期谈判目标。而谈判小组的其他人员则应在各自专长的基础上,善于从思想和行动上紧密结合,确保内部协调一致。

商务谈判参与人员的素质和能力显得尤为重要,选择什么样的人员组建怎样的谈判团队将直接关系到谈判的最终结果。 谈判队伍一经形成,就要制定相应的谈判工作规范,明确各成员的职责分工。如有必要,特别是对于经验不足的谈判人员来讲,应安排对他们在专业知识、谈判技巧和策略以及行为礼仪等方面进行必要的培训,以适应并购谈判的需要。

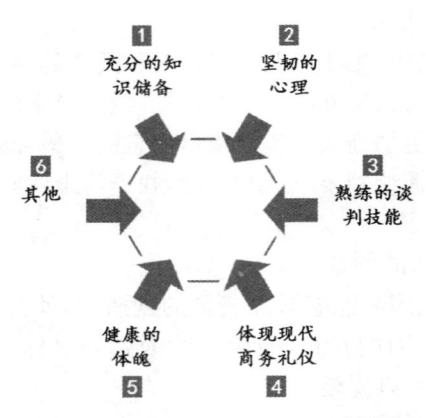

图 7—5 优秀并购谈判人员的素质

1. 充分的知识储备

通常情况下,谈判人员除了要具备管理、营销、贸易这些必备的专业知识外,还要把心理学、经济学、法学、会计学、政治学、历史学等方面的知识纳入自己的专业范畴。并购谈判会涉及许多法律问题,不仅在讨论合同条款时要做到尽可能仔细、详尽,而且要注意合同存在争议时有关法律适用的规定。对于跨国并购谈判来说,谈判者要了解有关国家或地区的社会历史、风俗习惯以及宗教等状况。

2. 坚韧的心理

耐心、毅力是一个谈判人员应该具备的基本素质。有时谈判是一项马拉松式的工作,在长时间的谈判中始终如一地保持镇静、信心和机敏委实不是一件易事。在商务谈判中,有些谈判方也会以拖延时间的方式来试图消磨对方的意志,以求获取更好的谈判条件。对付这种伎俩,没有毅力是不可能成功的。

3. 熟练的谈判技能

谈判人员具备丰富的谈判技巧,可以创造性地解决问题,如明确了解:谈判的进程如何把握?谈判在什么时候、什么情况下,可以由准备阶段进入接触阶段、实质阶段,进而达到协议阶段?在谈判的不同阶段要注意重点的转移,应采取何种技巧和策略?对于跨国并购谈判人员来讲,最好还应有较强的人际交往能力,特别是要注意积累各方面的关系,同各国的政府官员以及金融机构、工商企业等各界朋友建立广泛的联系。这样,在谈判时就可能获得一个方便的信息渠道或若干义务咨询顾问,这无论是对谈判对手的了解、谈判方案的确定,还是对谈判僵局的突破都大有益处。

4. 体现现代商务礼仪

礼仪是知识、修养与文明程度的综合表现,它在人际交往的许多细小环节中都会体现出来,如赴约要遵守时间,既不要早到,也不要晚到;参加宴会要注意主人对就餐位置的安排;在正式场合,要注意穿戴合适。并购谈判人员要十分注意社交规范,尊重对方的文化背景和风俗习惯,这对于赢得对方尊重和信任、推动谈判顺利进行,特别是在关键场合与关键人物的谈判中,往往能起到积极的作用。同时,注重礼仪的内容还包括谈判人员在谈判破裂时能给对方留住面子,不伤感情,并为以后的合作与交往留下余地,做到"生意不成仁义在"。

5. 健康的体魄

商务谈判往往是一项牵涉面广、时间长、节奏紧张、压力大、耗费谈判人员体力和精力的工作。特别是赴国外谈判,还要遭受旅途颠簸、生活不适之苦;若接待客商来访,则要尽地主之谊,承受迎送接待、安排活动之累。所有这些都要求谈判人员必须具备良好的身体素质,这同时也是谈判人员保持顽强意志力与敏捷思维的基础。

提高谈判绩效

投资并购谈判过程中,受多种因素影响,会遇到各种各样的问题和障碍,因此需要具有高超谈判技术的团队负责人,不仅要保证团队任务的达成,还要能够激发团队成员的积极性,有效提高并购谈判绩效(参见7-6)。

提高并购谈判绩效的方法:
1. 明确并购谈判目标
2. 有效的团队沟通和协调
3. 实施科学的团队管理
4. 借助现代化的管理手段

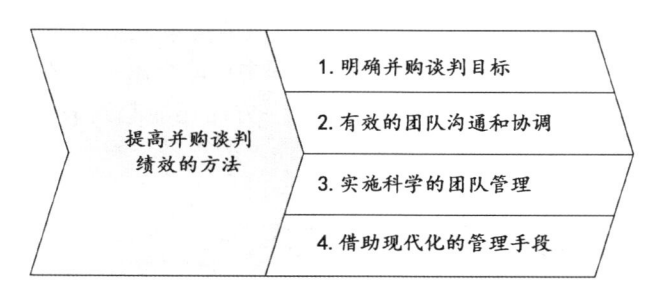

图 7-6 提高并购谈判绩效的方法

1. 明确并购谈判目标

> 投资并购谈判过程中,要树立正确的商务谈判意识,做好相应的商务谈判准备,掌握一定的谈判技巧和策略。

谈判目标是指你想通过这次谈判得到什么,谈判底线则是指在这次谈判中你不能失去什么。在投资并购谈判之前,谈判团队要把目标和方向了解清楚,不要贸然行动。谈判团队要设定明确的、可测量的目标,所有的谈判工作都应该围绕该目标来进行。[1]谈判成员在总目标的指导下,明确自己的任务和职责。如果发现该目标偏离了本来的方向,要及时进行评估和调整,这样才能保证谈判的成功。

2. 有效的团队沟通和协调

有效的沟通可以使团队关系和谐,组织内耗减小,团队效能增大。由于并购谈判成员存在特点与能力的差异,必须通过持续高效沟通才能完成团队任务,因此加强团队沟通就成为团队管理者的重要职责。一方面,要加强谈判团队内部的沟通和协调,推动谈判工作有序开展;另一方面,要重视与团队外部的沟通与协调,不断地获取资源和支持。实践中,并购谈判的形势变化迅速,如果能够及时、准确地获取更多的信息,那么在谈判中就更容易占据主导地位。

3. 实施科学的团队管理

"没有规矩,不成方圆。"为了有效地提高并购团队的工作效率,谈判团队负责人必须对团队进行切实有效的管理和激励,明确团队规范和合理的工作流程,以面对项目中的各种难以预测的风险。另外,为谈判团队成员的工作绩效设定科学的考核标准,激励团队成员,令其在工作中具有更强的成就感和使命感。

4. 借助现代化的管理手段

对于重要的投资并购谈判,企业有必要根据自己掌握的情况,借助于现代科学技术手段,对并购谈判决策进行数据分析,利用定量的分析方法对谈判中的行为进行风险性预测,及时、准确地提供决策依据。同时,还可以进行模拟谈判,一方面能够全面展现谈判过程中可能会出现的情况,及早发现问题,及时解决,进一步完善谈判计划;另一方面还能起到锻炼谈判人员的目的,提高谈判人员的临场应变能力。

资料链接7—3　如何建设高绩效团队?

在当今复杂多变的环境中,以团队的形式开展工作更为灵活,成员之间的相互协作以及思想撞击有利于组织创新、提高企业竞争力。高绩效团队具有自我驱动力,团队成员能根据外部环境和工作要求的变化进行自我学习与自我管理,不断寻求各方面的突破,提升组织效率。

1. 建立有效的团队沟通机制

杰克·韦尔奇说:"管理就是沟通、沟通、再沟通。"团队建设的关键问题也就是沟通问题。那么,如何才能实现组织内的有效沟通呢?首先要破除影响组织成员沟通的障碍。随着企业规模的扩大,组织内层级化及职能化的结构会越来越严重,影响沟通的边界越来越多,常见的障碍有来自职能部门之间的、由地理分布导致的和跨管理层级的,跨部门、跨层级沟通会严重影响员工的工作成效。打破管理者与基层员工之间的"层级边界"需要组织扁平化结构的支持,并且建立开放沟通的企业文化,让员工参与到决策中来。以腾讯为例,腾讯内部建立了有效的员工沟通渠道,普通员工通过内部沟通渠道可以直接与腾讯任何部门的任何员工(包括高级管理人员)实现联系,这也是腾讯能够迅速响应市场、快速发展的重要原因之一。

另外,团队能否实现有效沟通与团队领导者也有着直接的关系。优秀的团队领导者不仅要具有远见卓识、识人善用、合理授权,还要耐心倾听团队成员的需求与建议,建立团队的沟通机制,采纳合理意见,推动成员间建设性地讨论与协作,激发团队成员的热情和创造力,使每个成员的价值都得到最大化发挥与实现,建立起一支有凝聚力、创造力的高绩效团队。

2. 设定明确绩效目标

团队的本质在于共同承诺。基于共同承诺,团队成员组成了一个强有力的集体绩效单元。共同承诺要求团队有一个所有成员都相信的宗旨,可使团队确定行动方向,感受工作的意义,获得动力与情感力量并做出承诺。一个卓越的团队会把宗旨转化为十分明确并有吸引力的工作目标,以此跟踪工作进展,承担相应责任,并且在目标设定的过程中促使全员参与,且保持目标实现的紧迫性,以激发团队潜能,使团队实现最佳的工作表现。

3. 根据工作要求和所需技能来挑选队员

人员是构成团队的最重要因素,确定的团队目标、定位、计划等都只是为团队取得成功奠定基础,团队能否取得成功、能否达到目标最终取决于成员表现。因为不同个体有不同的特点,团队成员间的关系也是影响团队是否成功的因素,因此,在组建团队之前需要明确团队的合适规模、成立团队的目的、工作要求,以此确定成员所需具备的技能、学识、经验和才干等。另外,在挑选队员的时候,还要注重队员的发展潜力。随着社会环境与组织的发展变化,团队任务也将变得更加复杂,工作要求会不断提高,选择有发展潜力的队员有利于提高团队的反应速度,增强团队的学习能力,成员不断进行自我更新,使团队能够快速成长。

4. 充分利用各种激励机制,挖掘团队潜能对团队成员适时有效地激励能挖掘团队潜能,开发团队创造力。团队的激励机制应该将长期激励与短期激励相结合,长期的激励目标要与团队的长远发展规划相结合,短期的激励与具体的工作任务相匹配,长期与短期激励目标要保持一致。并且,激励内容要与具体的员工需求相结合,激励手段要物质与精神并举,保证激励措施能满足每个团队成员的需求,达到最佳效果。重视正面激励,奖励更能激发团队成员产生成就感,公开的奖励可以帮助塑造对团队绩效至关重要的激励行为,因此要充分运用正面激励机制,强化激励作用。同时,团队激励要与团队绩效考评相结合,防止团队成员的"搭便车"行为,这有助于保证团队激励的公平性。如果在奖励分配上没有依据客观的绩效事实,做出突出贡献的团队成员将产生不公平感,那么此类激励行为必将适得其反,损耗士气和团队效率。

此外,团队氛围也是影响团队绩效的重要因素,良好的团队氛围的形成需要在组织内建立诚实、开放、信任的文化,而这种文化的建立,需要企业建立与员工的共同愿景,在内部建立有效开放的沟通机制,并且以公平、公正的奖励机制为基石。高效的团队成员要与其他成员进行开放而坦诚的沟通,学会面对差异、解决冲突,并能将个人目标升华为团队利益。

资料来源:邓春梅. 基于"互联网+"的高绩效团队建设[J]. 价值工程,2017,36(20):40—42.

注释:

[1]彭诺敏. 简述谈判团队[J]. 企业导报,2011(9):193—194.

第 8 章
灵活的并购谈判技巧

并购谈判的过程非常复杂,双方既有竞争关系,又有建立合作的关系。因此,在整个谈判过程中,必须灵活地运用谈判技巧,通过恰当的语言表述和肢体语言来表达意见,做到有张有弛,避免谈判陷入僵局。

8.1 并购谈判前期技巧

谈判的成功率直接决定了投资并购的成败,其中谈判前期准备工作是并购谈判中不可缺少的部分,良好的前期准备有助于保证谈判目标明确,有效提高谈判成功率(参见图 8—1)。

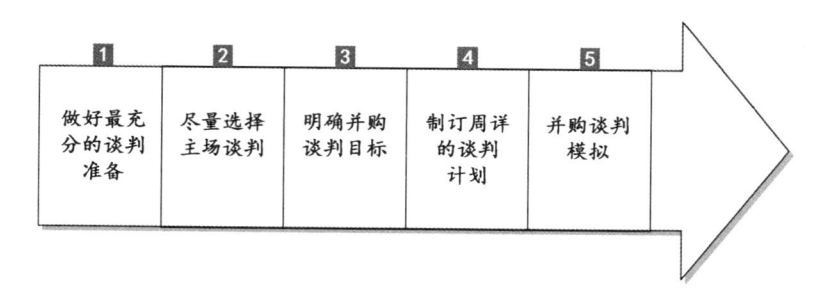

图 8—1 并购谈判前期的主要技巧

做好最充分的谈判准备

在对自身情况进行全面分析的同时,谈判者还要设法全面了解谈判对手的情况。一般在正式谈判之前,并购方企业会对目标企业完成详尽的尽职调查。通常情况下,在并购谈判准备过程中,对并购目标企业的调查和了解主要包括如下内容:(1)并购目标公司的基本情况,如公司发展历史、产品情况、竞争地位、财务状况等;(2)并购目标公司的真实需求和谈判诚意;(3)对方谈判人员基本情况等。

要想促成并购交易,必须清晰地了解目标企业的出售目的、能够接受的价格等基本要素。

只有做好谈判准备工作,才能够做到胸有成竹,进行针对性的讨价还价。在谈判的准备期间就要把调查中各种必要的、有利于并购方的事实依据列出来,形成谈判方案策略。务必确保在谈判前明确谈判的重点与底线,对于先谈什么、后谈什么,对方有可能会对哪些问题提出反对等各种细节要做到胸有成竹。

尽量选择主场谈判

恰当的地点常常有助于取得谈判中的主动。以谈判地点的不同而论,谈判分为主场谈判、客场谈判和中立地谈判。选择主场谈判具有很多有利之处:熟悉的环境会使自己产生一种安全感;可以依靠自己的信息渠道,充分收集各种资料;能随时与自己的上级、专家顾问保持沟通、商讨对策;等等。相对来讲,客场谈判不仅要受旅途劳顿之苦,而且也会因为不适应环境而在谈判中出现心理紧张、情绪不稳定。

时间和地点作为并购谈判的基本要素,需要正确选择。

通常情况下,并购谈判中尝试尽地主之谊,争取谈判中的主动,对于国际商务谈判经验不够丰富的人来说,往往是一项有很好回报的小投资。但要注意,即使在主场谈判,还有一个谈判地点选择问题,例如,是把对手请到自己的谈判室来,还是去对手下榻的饭店并由对方安排场所?有些大公司原则上规定,一旦客商来到公司所在地,必定请客商来公司的谈判室进行谈判,这种做法不无道理。

明确并购谈判目标

谈判目标是对主要谈判内容确定的期望水平,一般包括目标价格、技术条款、商务条款等,其中,核心是目标企业价格。并购信息收集人员具有一定的甄别能力,及时选出合理的资料,保证信息的可用性。

目标企业的关键信息包括该技术实力、市场影响力、发展规模或运营状态、财务实力以及银行贷款等基本信息。

通常情况下，谈判目标要有弹性，可以分为最高目标、中间目标和最低目标 3 个层次。最高目标是一个理想的目标境界，在必要时可以放弃；中间目标是力求争取实现的期望值，只有在迫不得已的情况下才能放弃；最低目标则是达成交易的最低期望值，否则不如不交易。当然，要具体确定某个项目的谈判目标是一件复杂的事情，它要依据对许多因素的综合分析才能做出判断。

制订周详的谈判计划

并购谈判目标一旦确定，就可以对整个谈判进程制订具体计划。第一，团队组成后要对各自分工职责予以明确；第二，充分落实各项准备工作，如选定所要征询的专家、收集必要的文件资料、测算分析有关数据等；第三，要掌握谈判过程的进度，将整个谈判过程合理划分为若干个阶段，并配置相应的时间，对于谈判最后期限的确定要十分慎重，保持适当弹性，向对方透露自己的最后期限应该是策略性的，而不应该是随意的、不明智的；第四，将谈判的总体目标分解成若干子目标，并将实现子目标的工作作为各谈判阶段的具体任务；第五，要制定每一阶段的谈判策略，充分估计对手的反应和各种可能出现的情况，对各种僵局的化解要找出有力的对策，要有适当的替代方案可供选择。

实践告诉我们：一个周详、可靠而不失灵活的谈判计划可以使谈判人员胸有成竹，在关键时刻能处变不惊，一如既往地去争取谈判目标的实现（参见表 8-1）。

并购谈判模拟

尽管企业可以在谈判之前制订详细的计划，但这还不能成为谈判成功的充分保证，因为计划不可能是尽善尽美的，其背后仍然掩藏着许多不为人知的问题。为了更直观地预见谈判前景，对一些重要的、难度较大的并购谈判，可以采取模拟谈判的方法，通过科学的流程，全面呈现谈判过程，从中发现问题，以改进和完善谈判的准备工作（参见图 8-2）。

表 8-1　　　　　　　　　　并购谈判计划表（示例）

谈判主题	
谈判团队成员	1. 主谈人员；2. 辅谈人员；3. 角色分工
谈判准备	目标企业基本资料
	并购目标和动机
谈判内容	
谈判目标	1. 最高目标；2. 可接受目标；3. 最低目标
	目标可行性分析
应急预案	
领导审批意见	

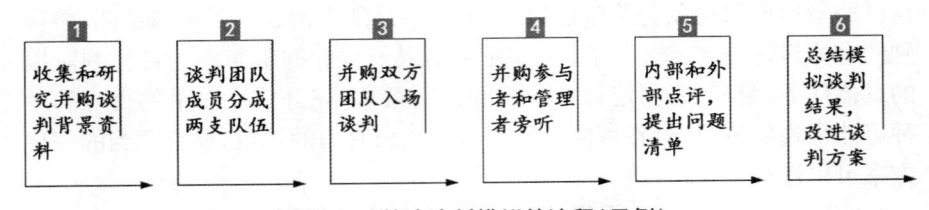

```
┌─────────┐   ┌─────────┐   ┌─────────┐   ┌─────────┐   ┌─────────┐   ┌─────────┐
│ 1       │   │ 2       │   │ 3       │   │ 4       │   │ 5       │   │ 6       │
│ 收集和研 │→ │ 谈判团队 │→ │ 并购双方 │→ │ 并购参与 │→ │ 内部和外 │→ │ 总结模  │
│ 究并购谈 │   │ 成员分成 │   │ 团队入场 │   │ 者和管理 │   │ 部点评， │   │ 拟谈判  │
│ 判背景资 │   │ 两支队伍 │   │ 谈判     │   │ 者旁听   │   │ 提出问题 │   │ 结果，  │
│ 料       │   │         │   │         │   │         │   │ 清单     │   │ 改进谈  │
│         │   │         │   │         │   │         │   │         │   │ 判方案  │
└─────────┘   └─────────┘   └─────────┘   └─────────┘   └─────────┘   └─────────┘
```

图 8-2　并购谈判模拟的流程（示例）

通常情况下，可以将谈判小组成员一分为二，一部分人扮演谈判对手，并以对手的立场、观点和作风来与另一部分扮演己方者交锋，预演谈判的过程。这种不用担心失败的尝试，从检验既定谈判方案可能产生的效果出发，不仅可以使我方谈判人员注意到那些原本被忽略或轻视的重要问题，而且通过站在对方角度进行思考，可以使我方在谈判策略设计方面显得更加机智而有针对性，同时，也将丰富我方在消除双方分歧方面的建设性思路。对于将要谈判的各个问题，我方应明确考虑可接受的解决方案和妥协方案。

这种非常有用的谈判准备方法要做到真正有效，还有赖于这种练习仿真程度的提高，即参与模拟谈判的人员要进入角色，要"谈"得像真的一样。在此基础上，对并购谈判的准备做出的调整才是可信的和有价值的。

资料链接8—1　如何准备企业并购重组谈判

企业并购重组谈判归属于经济谈判,是并购重组最重要的程序之一。作为并购重组财务顾问,实践体会最深的一点是:除了有针对性的学习、大量深入的思考外,成功的关键在于充足的准备。经济谈判是一种具有高度说服力的艺术,实践性、应用性很强,需要经济谈判者经过多方面的反复训练和多次的亲身谈判,才能真正掌握其中的规律。

1. 制订谈判计划

谈判时间、地点、谈判内容的先后顺序这3个要素(以下简称"议事日程")如果能够得到各方当事人及中介顾问的书面确认,将会减少误会、提高谈判效率,为谈判的顺利进行奠定基础。除了需各方确认的议事日程外,各方当事人都需要确定己方的谈判期望目标和临界目标,确定组织分工和备选方案,制订完整的谈判计划。期望目标是己方在经济谈判中所追求的最高目标,临界目标是己方在经济谈判中可以接受的最低目标水平。

在制订谈判计划中的议事日程时,要注意3个方面的问题:一是合作性。既要维护己方的利益需要,又要兼顾其他各方的实际利益和困难。二是简洁性。在一次谈判中,由于时间和人的记忆力有限,如果要求谈判人员应对全部议题,将无法确保谈判效果,所以应每次限定谈判的议题数量。三是顺序性。把要谈判的问题整理成一个系列,根据问题系列的内在逻辑要求,依顺序安排每次谈判的议题,这是富有技巧的选择。

2. 模拟谈判

模拟谈判是正式谈判前的"彩排",它是从己方人员中选出某些人扮演谈判对手的角色,提出各种假设和臆测,从对方的谈判立场、观点、风格等出发,与己方主谈人员进行谈判的想象练习和实际表演。如果没有条件安排模拟谈判或不想安排(如为了缩小保密范围),主谈人员在思考中也要想象性地模拟一下。模拟谈判的关键是条件假设,既假设对方,也假设自己。

3. 草拟合同

草拟合同能有效地提高谈判效率,使谈判的准备和谈判的过程更有针对性、更实际、内容更完整。要注意的是,不能被草拟合同的条款"框死"。在谈判中什么事情都可能发生,修改合同条款是常见之事,只要条件出现,并购重组的方式也有可能改变,所以,草拟的合同可能并不只是一份。

虽然合同是谈判的结果,但也是谈判的目标,草拟合同的过程是确定控制风险内容的过程,因为依靠对方的道德约束是不够的,只有把交易中可能存在的风险在合同上采取措施加以控制才是有效的。

4. 草拟备忘录

企业并购重组谈判的内容多、要求的知识面广、谈判的过程艰苦,这些因素决定了一次谈判后就成功签约的概率很小,常见的是多次、分步谈判后才最终握手签约。笔者采取的措施是针对每次谈判限定的议题,草拟好备忘录,在谈判中修改,由谈判各方在谈判现场确认签字。

5. 组织谈判班子

谈判班子是指参加一场谈判的全体人员组成的群体。组织一个好的谈判班子,是进行一场成功谈判的重要保证。根据项目的大小、难易程度不同,选择的谈判人员数量、阵容构成也是不同的。

资料来源:叶金林. 浅谈如何准备企业并购重组谈判[J]. 中国注册会计师,2012(12):114-115.

8.2　并购谈判中期技巧

并购谈判双方的接触和沟通十分重要,通常情况下,并购双方的初次接触多是通过中介实现,这样可以有效地降低双方的不信任感。另外,可以采用考察、学习、业务交流的名义进行初步接触,如果可能的话,尽量保持低调,避免在目标企业高管层引起关注。在完成了与目标企业的接触、说服工作以后,并购谈判正式开始。这时,并购谈判的重点就转移到了并购交易的重心,也就是交易框架、价格、条款等方面。在并购谈判中期阶段,要充分注意谈判技巧的正确运用(参见图8-3)。

建立良好的谈判氛围

通常情况下,并购双方初次接触,不要急于进入实质性洽谈,相反,倒是可以花一定的时间,选择一些与谈判无关的、令双方感兴趣的话题随便聊聊,诸如各自的经历、共同交往过的人、一场精彩的足球比赛,甚至天气、当天新闻等话题都可以使谈判双方之间形成轻松、和谐的气氛,这将使双方感到彼此有共同语言。在这种闲聊气氛和其他无声信息——如握手、仪态、情绪等——的传递下,一种诚挚、轻松的洽谈气氛就能形成,为心理沟通做好

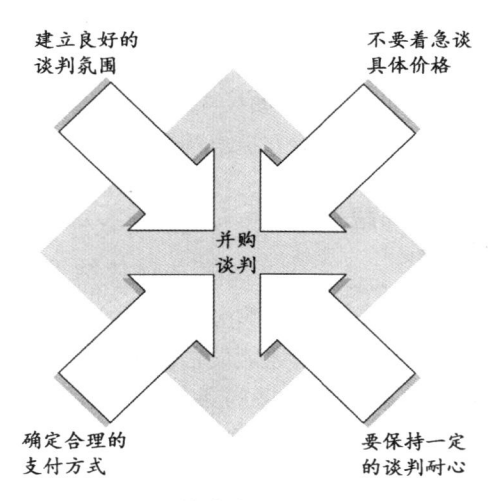

图8—3 并购中期阶段谈判技巧

准备。

谈判者要做的第一件事就是获得对方的好感,在彼此之间建立一种互相尊重和信赖的关系。

这里要注意的是,初次接触要学会委婉地表达并购合作意向,尽量不要用并购、兼并这样的词语。同时,针对不同类型的企业,采取的意向表达方式也会有所不同。例如,对中小型民营企业来讲,可以直接或间接找到企业主洽谈并购意向。如果是大型企业,一般是通过专业中介机构传达并购意向,过程中更要注重保密性,这样做的好处主要有两个:一是照顾对方的心情;二是避免引起其他竞争对手的警觉。如果是外资企业,就可以更加直接一些;如果是国有企业,则必须了解主管单位的意向。

不要着急谈具体价格

在谈判的中期阶段,不必急于讨论收购价格问题,可以先从探讨一些非财务的基本问题或个人问题入手,如企业未来的发展计划、卖方关键人物在新公司的角色等,在买卖双方之间建立起基本的信任关系,同时也可以对新公司的经营能力做出比较明确的预期。

当进入并购价格讨论程序时,请记住一句话:"卖方的价格,买方的条款。"收购价格所代表的价值并不是一成不变的,它可以深受交易条款影响,如有关交易中现金比例的条款、交易结构(股票/资产/现金)条款、不参加竞争的限制性条款、卖方人员的雇用或咨询合同、卖方并购融资条款、抵押物及证券协议等条款。

由于以上这些条款的存在，实际上的并购价格并不等于买方支付的并购价格。因此，比较常见的情况是：如果买方能够达到或接近卖方的心理价位，卖方也能够比较灵活地考虑买方提出的条款。

并购谈判中的估值问题是一个十分敏感和关键的问题。

市场上信奉的是"一分价钱一分货"和"货真价实"，片面强调"价廉物美"往往使结果不尽如人意。总之，谈判绝不是简单地讨价还价，因为影响公司估值的因素有很多，只有掌握了这些因素的规律并持积极的立场，才能使估值更加合理、公平。

没有不合适的价格，只有不合适的条款。要明白，价格不是单纯的价格，价格的背后还有许多附加条款，比如支付方式、兑现期限、税收安排、董事会安排、后期的整合安排等。所以在并购谈判的一开始不要太着急谈具体的价格，先慢慢地求同存异，谈一些双方比较容易达成一致的条款，等到对目标企业的谈判策略有一些了解以后，再涉及比较敏感、复杂的谈判部分。

要保持一定的谈判耐心

一家好企业可能拥有许多优势，但是如果投资成本太高，就会成为一项不好的投资；反之，如果购买价格低于未来可以取得的收益，一家不好的企业可能是良好的投资机会，尤其当收购方具有相应优势来弥补目标企业的劣势时更是如此。

因此，并购谈判是一件耗时费力的事情，尤其是当并购陷入谈判僵局的时候，更需要具备一定的耐心，不要轻易放弃，也不要盲目冲动、头脑发热，以免因急躁造成谈判失误。

实践中，约有 80% 的投资并购谈判无法达到预期效果。即使谈判没有达到预期效果，但更为重要的是放眼长远，为日后的合作奠定基础。

在并购的沟通与谈判中，一方面要引导对方露出自己的底牌与商业秘密，利于自己处于主动地位；另一方面也要注意保护自己企业的重要商业秘密不外泄，以免被对方抓住把柄。各种沟通谈判的技巧往往都是相通的。并购谈判中，也可以运用一些通用的沟通谈判技巧，比如常见的有：多听少说，谋定后动；巧妙地应用开放式的提问方式，尽量少用绝对性词语来回答问题；等等。

确定合理的支付方式

选择企业并购的支付方式在公司的并购活动中,是完成交易的最后一个环节,也是一宗并购交易能否最终成功的重要因素之一。并购的主要支付方式有现金支付、股份支付、混合支付3种,但在实践中,公司并购的出资方式有其自身的优、缺点,选择何种出资方式要视具体情况而定。

现金收购相较而言是一种最简单与快捷的支付方式,它是由并购公司支付给目标公司股东一定数额的现金来达到收购目的的最常见的支付方式。现金支付对目标公司股东而言会涉及较重的税负,适合小规模的公司并购交易和敌意并购。

股份收购被称为"无本买卖",是指并购方直接以股份为支付方式来替换目标公司的资产或股份,从而实现收购目的。股份并购的优势在于,它不受现有资金的限制,现金负担小,财务风险较低,交易规模相对较大,交易价格相对较低,且并购完成后,目标公司的股东不会失去其所有者权益,并可以获得纳税方面的优惠。同时,股份并购也有其不足的地方,例如,并购后,并购方的股权结构有所改变,股东收益和公司控制权都会被稀释,具有逆向收购风险,且运用股票支付方式并购所需时间较长。

混合收购是指并购方不仅采用现金、股份作为支付方式,还采取了公司债券、优先股、认股权证和可转换债券等多种形式。混合收购的并购方和目标公司的收益需要具体情况具体分析,在纳税方面则是现金支付和股权支付两种方式税负相结合,支付价格和财务风险也介于两者之间,现金负担较小,适用于交易金额较大的并购。

资料链接8—2　格力电器并购珠海银隆谈判博弈

广东珠海格力电器公司成立于1991年,是一家以空调为主要产品,并集技术研发、工业制造、产品销售、售后服务为一体的国际化家电企业,其生产的空调系列产品以"核心科技"为标榜。2018年公司实现营业总收入突破2 000亿元,逐步完善以空调、生活电器、高端装备和通信设备为主要支柱的四大业务领域。

2016年2月,格力电器董事会披露公司拟通过发行股份的方式收购银隆新能源股份有限公司。11月发布公告称,经调整后的并购方案未能获银隆新能源董事会审议通过,格力电器与银隆新能源双方决定终止本次交易。

1. 确定交易对价

确定并购标的后,双方进入谈判并且确定具体并购方案。其中,交易对价应当是方案的核心内容。通常,交易对价是基于市场法或收益法下计算的结果,但在实际操作中,交易对价又与并购战略紧密相关,尤其是在一级市场中交易对价具备谈判空间的情况下,如面临竞争性并购、并购要求时效性等问题时,往往会通过适当溢价的方式达成并购目的,而不仅仅是资产评估公司一纸报告所能最终决定的。而在格力电器并购银隆新能源的案例中,存在格力电器为快速切入新能源汽车领域和高效达成业务转型期战略而适当溢价的可能。但是,仅从交易书列出的130亿元来看,这一数字是符合资本市场价值判断的。

2. 确定交易方式

即便交易对价的数字是合理的,但一个完整的并购方案还包括交易达成的方式及交易后的资金安排等关键部分,这些部分实质上也是并购战略的体现。在并购支付方式方面,不同的支付方式既对应了不同的目的,也能体现出并购双方的利益诉求。譬如,现金收购通常是以财务性投资为目的,并且可能存在被并购方股东对现金的诉求或者并购方希望从速完成收购的意图;股权收购通常是以战略性重组为目的,双方将利益与风险相互捆绑,能够更加有效地实现并购效益,与此同时,也可能体现出并购方股票价值得到被并购方的认可或者并购方对经营现金流的考虑。不能忽视的是,采用股权收购的方式必然会改变公司的股权结构,对各方利益带来一定影响。新引入的股东将会在合并完成后扮演怎样的角色、股权结构的改变对于原股东特别是中小股东的利益带来怎样的影响、原股东在并购后效益提升带来的正面影响及股份稀释后带来的负面影响之间将做出怎样的权衡,都是并购方案制定过程中应当提前考虑的问题。

3. 规划后续资金安排

如果并购方案还包含后续资金安排的问题,那么除了考量资金规模及融资方式等关键问题外,涉及股权利益关系的,应当经过缜密的探讨与权衡。本案例中,格力电器在现金充足的情况下选择低价定向增发的方式为银隆新能源筹集配套资金。以中小股东的视角来看,这一行为是缺乏商业逻辑且有失公平的,而经过发行股份购买资产及定向增发融资两步之后,中小股东的持股份额显著下降,作为一家高分红型企业,对中小股东利益造成了直接的负面影响,从而也就导致了本次并购的失败。显然,在并购方案制定过程中,格力电器的董事会与管理层没能够把握好各方利益的尺度,也低估了中小股东的力量,最终的结果其实也是可以预见的。

4. 并购失败原因分析

格力集团是国有股股东,利益诉求是保持股份比例不变,否则会被视为国有资产流失,在保证格力集团的股份比例不变这一条后,格力电器的股东会与董事会的利益一致。

当时,格力电器的资本市场价值被严重低估,并购方案大大稀释了中小股东的股份占比,而中小股东具有否决议案的能力。并购谈判中格力电器对珠海银隆的让步太多,并且对珠海银隆的估值偏高。由于珠海银隆是唯一的并购对象,因此珠海银隆占据优势地位。客观上看,格力电器应该多方筛选并购对象,给珠海银隆施加压力,由此可能会使珠海银隆对格力电器并购概率预期降低。

资料来源:孟庆泽. 格力电器并购银隆新能源案例分析[D]. 广东外语外贸大学,2018:39—40.

8.3 并购谈判后期技巧

谈判双方在起草合同前,有必要就整个谈判过程、谈判内容作一次回顾,以便最后确认双方在哪些方面达成了一致;而对于那些没有达成共识的问题,有必要进行最后的磋商与妥协。通常情况下,谈判回顾要以双方会谈的书面记录为依据,当一切不再有疑义时,就可向对方发出结束谈判的信号。

珍惜已取得的谈判成果

任何一次投资并购谈判都像一场"马拉松",其间存在着各种变数,并购谈判双方都会投入大量的资源,争取更优的并购条件。作为一名有经验的谈判者,必须明白一个道理,并购谈判的结果不是在最后一分钟决定的,而是在整个漫长的过程中不断积累的,因此,谈判双方都必须珍惜已有的谈判成果。

在并购协议签署以后,沟通与谈判的重点又转向了并购之后的各种整合工作。

经过前面的沟通谈判,并购协议的签署预示着并购交易告一段落(参见图8—4)。接下来是更为重要的整合阶段,在这个阶段,沟通与谈判,尤其是真诚、巧妙的沟通更是发挥着巨大作用。

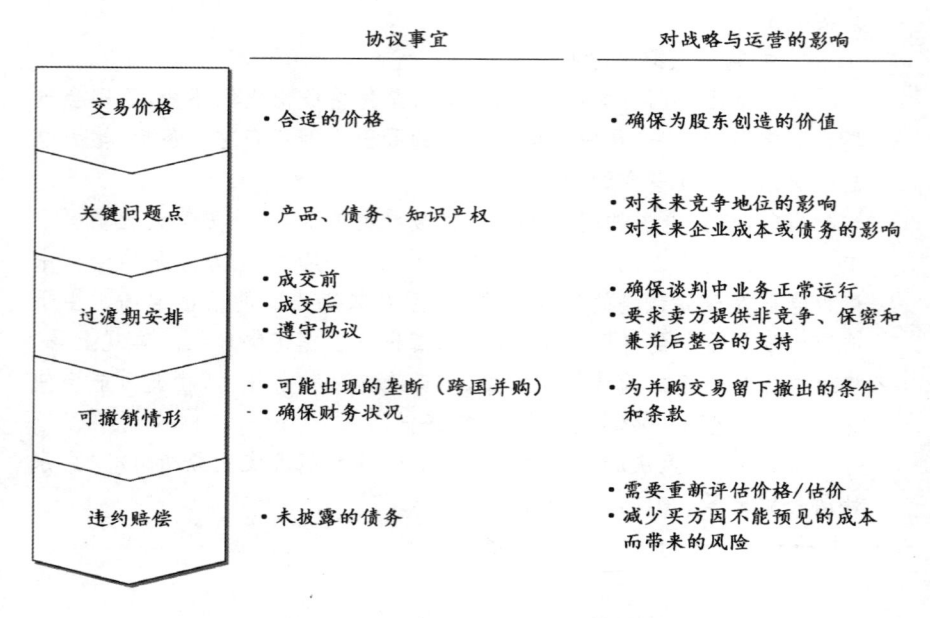

	协议事宜	对战略与运营的影响
交易价格	・合适的价格	・确保为股东创造的价值
关键问题点	・产品、债务、知识产权	・对未来竞争地位的影响 ・对未来企业成本或债务的影响
过渡期安排	・成交前 ・成交后 ・遵守协议	・确保谈判中业务正常运行 ・要求卖方提供非竞争、保密和兼并后整合的支持
可撤销情形	・可能出现的垄断（跨国并购） ・确保财务状况	・为并购交易留下撤出的条件和条款
违约赔偿	・未披露的债务	・需要重新评估价格/估价 ・减少买方因不能预见的成本而带来的风险

图 8—4　并购协议中注意的关键问题

注重全方位的并购沟通

在并购之后的整合阶段，最重要的一项工作就是双方企业的人力资源的整合。在人员整合过程中，沟通是第一原则。没有及时有效的沟通，并购之后的员工必然忧心忡忡，这将直接影响企业的经营效率，给企业造成损失。

只有提出合理的需求，才有利于并购谈判，实现双赢。

一般在并购之后的整合阶段，沟通的策略和技巧主要包括：

1. 在整合初期就拿出一整套沟通方案，涉及各级人员、市场客户、供应商、经销商，对于特别重大的交易，还要制订对政府监管部门和舆论公众的公关沟通方案，做到有备无患。

2. 无论是与哪个部门的沟通，都要坚持真诚、平等、公正的原则。

3. 开展沟通工作时要注意营造开放、尊重、友善的良好氛围，并注意把沟通策略与双方企业的文化很好地衔接起来，让沟通发挥更大的整合作用。

4. 注意选择合适的沟通工具和方式，针对不同阶层、不同部门的人员采取不同的沟通工具和方式。

5. 对于特别重要的高管和部门，要采取特定的沟通方案。必要时，要不惜一切代价留住关键人员和部门。

6. 在沟通过程中，不但要主动讲解，更要注意用心、有效地倾听，也就是要建立"双向沟通"的沟通机制，做到双方甚至多方互动的良好沟通局面与效果。

关注并购双方的核心利益

投资并购谈判以经济利益为目的，核心是价格谈判。从中长期角度来看，投资并购谈判尽管涉及双方或者多方相互博弈，但并非只追求自己企业的全胜，而是既要坚持原则底线，尽量追求利益的最大化，同时还要兼顾对方的利益和诉求，必要时牺牲自己企业一定的利益，做出妥协让步，谋求双方的共赢。[1]因此，在并购谈判中应坚持平等互惠、求同存异、公平竞争、客观真诚、讲究效益的原则，只有这样才能最终达成一致意见，实现谈判成功。

> 投资并购谈判时，不要把对人的主观感情带入谈判中，从而影响自己的判断与决策。

事实上，只有切实关注并购双方的核心利益，有效实现"双赢"或"多赢"，才更有利于并购成功和并购后的整合管理运作。综观众多成功的投资并购案例，会发现在并购后，很多目标企业仍然享有很大的自主权，与并购方实现良性互补，共同做大"蛋糕"。

为并购整合奠定良好基础

在很大程度上，投资并购谈判过程就是并购双方全面深入沟通的过程，通过双方的全面深入接触，会增进双方之间的深层次认知。通常来讲，并购目标公司并不是全盘接手管理层，而是需要目标企业的管理层持续经营，因此投资并购谈判必须着眼于未来的并购整合，通过"谈"和"判"，掌握更多的信息，以便制定良好的整合策略。

资料链接8—3　商务谈判的常见报价策略

报价作为商务谈判的核心环节，在使用上十分重要，关系到整个谈判的过程。而影响谈判价格的因素有很多，比如市场行情、谈判者的知名度、谈判者本身等。因此，谈判各方在进入价格洽谈阶段前，都会拿出各自的价格方案，确认最后的保留价格，并在洽谈过程中使用策略加以诱导或伪装，让对方对于自己的价格无法做出判断，从而为自己赢得尽可能多的利益。其中的报价就是一种策略。

1. 报价时机策略

报价时机策略依靠的是谈判者的经验,在适当的时机提出报价。有的时候,卖方提出的价格较合理,但买方并没有产生交易的欲望,因为对方更关注的是商品的使用价值。所以在价格谈判中,应当让对方对商品发生兴趣后再来谈价格。对于报价的时机,有先报价和后报价两种方式。先报价的优点在于能先对方一步在价格上划出一个谈判的价格区域范围,基本上最终价格也将在这个范围内实现。并且,如果价格和对方的预判有出入,此策略往往让对方的谈判计划出现失误或落空,从而对对方的价格判断造成干扰。当然这个策略也存在一些劣势,对方先得到了你的报价后,可能会调整原有的计划,在价格上发起进攻等。后报价的优势在于能以静制动,尤其适合自己对于价格没有把握或摸不清对方想法时使用。

2. 报价差别策略

对于价值或成本相同或相似的商品,当顾客购买量、需求度、交易时间或支付方式等方面不一样时,报出不同的价格。这种价格的不同往往代表着市场的需求方向。例如,对于老客户或大量购买的客户,可适当实行价格折扣;对于新客户,如因开拓市场的需要,也可以适当让价。相反,对于一些需求弹性较小的商品,应实行高价策略;若对方需求量较大、时间较紧,价格也不宜降低;旺季销售时,价格可以适当提高;当交货地点较远时,也应适当加价。对于支付方式,一次付款较分期付款或延期付款,也应给予优惠。总之,差别报价的最终目的是让对方感觉愉悦,适时感受到优惠,为双方的长期合作做好铺垫。

3. 报价对比策略

此策略是指向对方提供同类商品不同商家的报价单,但在价格上(如性能、质量、服务与其他交易条件等方面)是有利于本方的,以此作为报价的有利依据。因为该策略依靠有效证据,所以对于对方而言,具有极强的报价可信度和说服力,一般能取得好的效果。不过在使用此策略时,价格上一定不可弄虚作假,对于价格上的对比,可以从多方面进行:本商品与可比商品的价格直接进行对比,以突出相同价值的不同价格;本商品及其附加利益后的价格与可比商品不附加利益的价格进行对比,突出不同价值的不同价格等。

4. 报价起点策略

报价起点策略的使用方式为:作为卖方,尽可能开高价;作为买方,尽可能出低价。采用这种报价策略时,双方都能在下一步磋商环节给予一定的还价空间,从而给最后的成交带来实质性的影响。不过要注意的是,此策略在运用时必须把握好"度",开盘报价要有一定的合理性,不可以开口就漫天要价,这样会导致谈判破裂,从而失去谈判和交易的机会。

5. 报价分割策略

这个策略的使用方式是尽可能地将商品的计量单位细小化,按最小的计量单位报价,让对方感觉质优价廉。

总而言之,报价作为商务谈判的核心,直接影响到谈判的结果,这就要求我们掌握好基础的报价策略,从而在谈判过程中立于不败之地,获得价格优势。因此,在商务谈判前必须做好足够的准备,事中知己知彼、把握主动权,最终获得谈判的胜利。

资料来源:尚丰阳. 商务谈判报价的策略[J]. 环渤海经济瞭望,2018(7):28.

注释:

[1]张俊奇. 浅谈企业的商务谈判策略[J]. 现代商业,2019(21):153－154.

第 9 章
完善的交易结构设计

投资并购成为近年来的一个"热词",越来越多的企业参与到并购过程中,并购活动的规模和数量呈现出爆发式增长。与此相对应的是,并购交易的内外部环境发生了巨大的变化:一方面,收购方越来越成熟,需要通过有技巧的设计去满足监管的要求和利益相关方的诉求;另一方面,并购的监管法规和执法制度也越来越完善,因此并购的交易结构设计逐渐复杂化。

并购交易是一个体系,交易结构设计需要具备全局视角。

9.1 交易结构设计

交易结构设计是并购项目进行过程中的重要环节,也是成功关键点之一。无疑,交易各方的利益并不总是一致,甚至可能存在较大的利益冲突,交易结构设计正是为了实现各方权利、义务和风险的平衡,在遵守法律法规的前提下,寻找一种满足双方需求的最优化结构以实现并购交易。有效的交易结构设计是一个不断反馈的循环(参见图 9—1)。虽然经济问题的本质和谈判者的行为决定了消除所有延迟和复杂性是不可能的,但是优秀的领导能够最小化它们的影响。

并购交易结构的内涵

并购所需的资金一般数目巨大,若全部选用现金支付,无疑会加大企业的偿债压力,导致企业资金的流动性变差。因此,企业结合实际,尽量选用

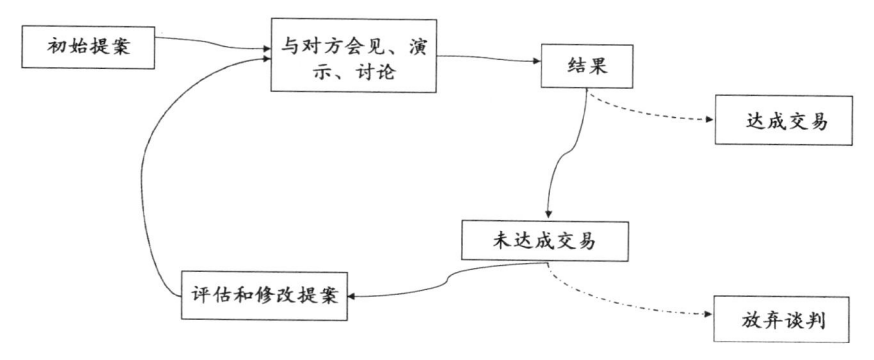

```
初始提案 → 与对方会见、演示、讨论 → 结果 ⇢ 达成交易
                ↑                    ↓
         评估和修改提案 ← 未达成交易 ⇢ 放弃谈判
```

图 9－1　交易设计是一个不断反馈的循环

多元化的融资方式和支付方式进行互补,规避风险。由于公司必须迅速地整合和成长,它们必须注意其在财务上的承担能力。在产业整合的浪潮中,增长和收购的强烈需要有时会超越公司自身的财务承担能力,导致营运资金紧张而增加借贷成本,最终使得公司在看起来有价值的收购下挣扎。如果一项收购未整合好,这一问题会更加恶化。

企业应制定合理、科学的并购策略,并应根据实际情况选择合理的并购支付方式。

交易结构是指并购双方在现有的法律法规下,以合同条款形式确定的、协调并实现双方最终利益的一系列交易安排。交易结构设计是并购谈判问题的有机组成部分,目的是寻找令双方都满意的交易安排。交易结构是一个体系,实践中应该多方面协商,即同时处理一系列的维度,而不是单方面协商(参见图 9－2)。实践中并不存在一个完美的交易结构,只能在多个可行的交易结构中找到一个较能满足决策者目标的方案。

选择并购支付方式就成为主并购企业、标的企业甚至整个资本市场共同关注的焦点。

通常情况下,并购交易安排的内容包括并购方式(资产还是股权)、支付方式(现金交易/股权互换)和支付时间、交易组织结构、融资结构、风险分配与控制和退出机制。投资并购市场上,目标企业不是一个标准化产品,而是一个动态的开放系统。尽管通过大量的并购项目,在财务评价、资产评估、税务评价等方面已积累了许多经验,但在交易的可量化度和准确性方面仍然留下很大一块相当模糊的空间,并购交易结构设计就是将这块模糊的空间尽可能地澄清,使买卖双方比较容易找到利益的平衡点。

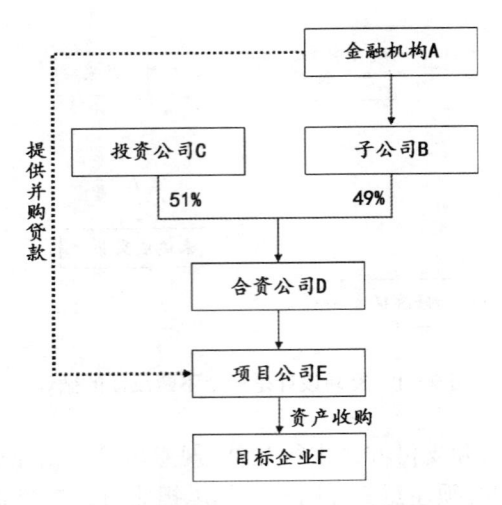

```
                    ┌─────────┐
                    │ 金融机构A │
                    └────┬────┘
         ┌───────────────┼────────────┐
    提   │         ┌─────▼────┐   ┌───▼────┐
    供   │         │ 投资公司C │   │ 子公司B │
    并   │         │   51%    │   │  49%   │
    购   │         └─────┬────┘   └───┬────┘
    贷   │               └─────┬──────┘
    款   │                ┌────▼────┐
         │                │ 合资公司D │
         │                └────┬────┘
         │                ┌────▼────┐
         └───────────────▶│ 项目公司E │
                          └────┬────┘
                          资产收购│
                          ┌────▼────┐
                          │ 目标企业F │
                          └─────────┘
```

图9－2　并购交易结构(示例)

交易结构设计的原则

良好的并购交易结构设计能够满足并购双方的交易目的,有效平衡各方的风险和收益,并提供灵活的退出方式。因此,在设计并购交易结构时,必须坚持以下四项基本原则(参见图9－3)。

```
  1  2  3  4
  │  │  │  │
  │  │  │  └──▶ 追求并购综合效益
  │  │  │
  │  │  └─────▶ 有效降低并购双方整体风险
  │  │
  │  └────────▶ 采用创新方法处理复杂问题
  │
  └───────────▶ 充分考虑并购政策和相关法规
```

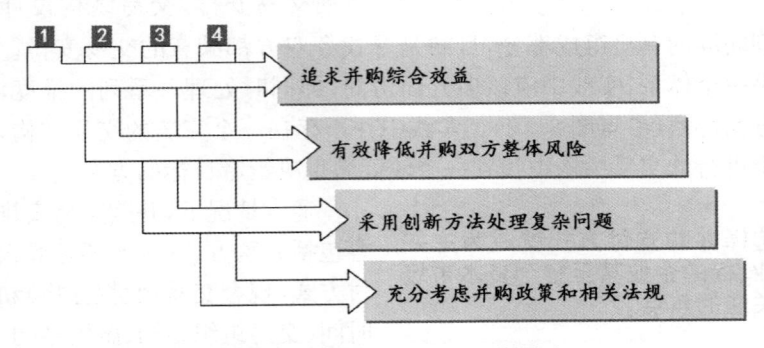

图9－3　并购交易结构设计原则

1. 追求并购综合效益

企业之所以开展并购活动,目的是通过资本结合,实现业务整合,以达到综合效益最大化,包括规模经济、财务税收、获得技术、品牌、开发能力、管理经验、营销网络等。企业并购成功与否不只在于交易能否实现,更在于企业的整体实力、盈利能力是否提高了。因此,在为企业设计并购结构时,不单要考虑资本的接收,更要考虑资本结合后业务的整合目标能否实现。

2. 有效降低并购双方整体风险

安排复杂的交易结构是为了降低交易风险,但过于复杂的交易结构本身却可能带来新的交易风险并提高交易成本,因而需要在结构的复杂程度、交易风险与交易成本之间取得最佳平衡。实践中,并购交易双方的利益存在一定的矛盾。通常而言,对一方便利的情况对另一方却是不便利的,这种不便利常常集中体现在税收和风险承担方面。因此,各方的权利、义务和风险应当平衡。

3. 采用创新方法处理复杂问题

企业并购活动的复杂性决定了交易结构设计方法的复杂性、多样性和挑战性,因此交易结构设计过程中所使用的方法通常不能用某一种或某几种已知的方法概括,而必须采用创新的方法,灵活处理并购双方的目标、不同的法律环境等。通过创新,在复杂的条件约束下找出并购双方的契合点,或者在现有的法律结构缝隙中找出实现并购的最佳途径或构建反并购的屏障。

4. 充分考虑并购政策和相关法规

政府的税收政策、利率政策以及在某些情况下的外汇管制政策、行业准入政策、对跨国并购的行政审批政策、国有资产转让的特殊政策等及其变动,对跨国并购的交易成本和交易风险都很重要。并购交易结构设计必须是在不违反法律法规的前提下,选择一种法律安排,以便尽可能满足交易双方的意愿,在交易双方之间平衡并降低交易成本和交易风险,最终实现并购交易。

交易结构设计关键点

并购交易结构涉及多种因素,如税务处理、债务安排、企业存续、收购方式、收购载体、支付方式、融资方式、融资结构、对价管理、法律法规等。在设计交易结构过程中,需要关注如下几个关键点:

1. 关注并购交易双方的需求

交易结构设计的本质是为了更好地完成交易,最大化交易各方的利益,所以应当充分体现交易各方的需求,解决交易各方关注的问题。例如,卖方如果偏好现金,则在交易结构中尽可能多地安排现金;买方认为标的未来经营不确定性较大、风险较高,则在交易结构设计时考虑分步购买;交易各方对交易价格及标的资产未来的盈利能力存在较大分歧,则在交易结构设计时可安排对赌条款(估值调整条款);买方担心交易完成后标的资产核心人员离职,则可在交易结构设计时加入核心人员离职比率以及相关补偿性条款和竞业禁止条款等。

2. 交易结构必须合规且具有可操作性

在进行上市公司并购重组交易结构设计时,需要考虑《公司法》《证券法》《上市公司重大资产重组管理办法》《上市公司收购管理办法》等法律法规的限制,若交易结构不具备合法性,则再好的交易结构设计也将通不过监管机构的监管。此外还要考虑方案的可操作性,例如涉及重大资产剥离和人员安置时,就应当考虑资产剥离的难易程度、人员安置的可操作性等潜在风险。

3. 降低并购交易税负

从税务等角度来看,资产收购对于买方的便利在于,既可以降低收购后的风险,又可以通过计提折旧获得税后的利益。但资产收购对卖方来说存在一些不便利,要面临双重纳税(企业所得税和个人所得税)。股权收购对买方而言的不便利在于,他承担了收购后的风险(或有负债的风险),同时,如果采用权益法进行收购后的会计处理,它将无法获得税收上的好处。股权收购对卖方的便利在于,只需在日后股权出售时产生的利得缴纳所得税。另外,资产收购还可能面临多种税负,除所得税、印花税外,可能还需要缴纳金额较大的增值税、土地增值税、契税等。但是,股权收购一般只涉及所得税、印花税等。

4. 对并购交易进行有效的风险控制

在信息不对称的情况下,目标企业比收购方更能了解自己公司的真实价值。因此,并购交易存在着巨大的风险:一是与并购交易本身有关的风险;二是并购交易后与企业运营有关的风险。在这种情况下,若采用现金支付方式,那么并购企业会独自承担支付过多的风险;然而,若采用股票支付方式,目标企业股东就会成为收购方的新股东,进而承担并购的风险。

对赌协议分为两部分:交易时先支付给目标企业的对价;交易结束后基于目标企业未来业绩表现支付的对价。

企业并购活动的复杂性决定了交易结构设计方法的复杂性、多样性和挑战性。因此,交易结构设计过程所使用的方法通常不能用某一种或某几种已知的方法概括,而必须采用创新的方法,灵活处理并购双方的目标、不同的法律环境等。[1]恰当的交易结构设计有助于管控并购交易的风险,例如通过对赌协议,基于目标企业未来的业绩表现实行部分支付,以此来留住并激励目标企业的管理层,同时降低信息不对称的风险。

资料链接9—1　潍柴并购凯傲集团的交易安排

潍柴并购凯傲集团交易难度大、耗时短、整合效果好。其在交易结构设计、股权收购安排、标的企业市场重构、并购后整合等方面有独到的运作，与以往的跨国并购案例有着明显的区别。

1. 交易结构：两层架构设计，确保大股东长期利益

施普雷德初期的计划是出让凯傲集团部分股权以获得5亿欧元现金，缓解集团公司债务压力。凯傲集团的财报显示，该集团净资产截至2011年为－4.88亿欧元，截至2012年上半年达到－5.32亿欧元，已经资不抵债。以潍柴的实力，当时可以进一步压低价格。潍柴考虑到后续的长远发展，最终决定支付7.38亿欧元。凯傲集团当时负债27亿欧元，潍柴注资之后可以使之降至20亿欧元，20亿欧元正好可以确保凯傲集团重获IPO符合要求。潍柴在并购之时，就考虑到了将来凯傲集团再次上市实现资产证券化和社会募资的重要战略目标。

潍柴最为青睐的是凯傲集团旗下的林德液压。初期采用对凯傲集团增资25%股份且购买林德液压70%股份的方式，既确保了资金用于凯傲集团以降低财务杠杆，同时也获得了林德液压的控制权。这种两层架构的设计具有以下两个重要作用：一方面，潍柴获得凯傲集团25%的股权之后，施普雷德仍为公司最大股东（持股34.5%），这样既可以确保凯傲集团在经营上保持平稳，也有利于推进凯傲集团在德国法兰克福的IPO工作，同时把施普雷德的利益和潍柴及凯傲集团长期紧密捆绑在一起；另一方面，也使潍柴以较小代价获得高端液压系统核心资产，以实现潍柴在工程机械领域的纵向一体化发展。

2. 收购安排：签署《一致行动协议》，双方配合资本运作

在双方签订收购协议时，潍柴被赋予几项认股期权，在未来一定条件下潍柴有权进一步增持林德液压和凯傲集团的股份。2013年5月，潍柴与施普雷德达成《一致行动协议》。

2013年6月28日，凯傲集团成功上市，潍柴持股比例增持至30%。2014年1月15日，潍柴向施普雷德购买其持有的凯傲集团3.3%的股权，从而持有凯傲集团33.3%的股权。交易完成后，潍柴不仅持股比例增加，还获得了更具优势的公司治理安排，如监事会主席职位等。2014年6月12日，施普雷德将持有的凯傲集团股份由34.5%减持至26.9%，潍柴成为第一大股东。根据《一致行动协议》，潍柴对凯傲集团有关重大事项拥有合计60.2%的投票表决权，对凯傲公司实现纳入合并报表。

在凯傲集团IPO之前,潍柴均通过增资方式获取凯傲集团的股权。这样既能避免施普雷德将运营的重担全部压给潍柴,又将公司的长期利益与施普雷德捆绑在一起。施普雷德作为财务投资者,有减持获利的压力。在IPO后,潍柴受让其股份,将凯傲集团顺利纳入潍柴旗下。

3. 市场重构:划定势力范围,介入亚太市场

收购协议约定凯傲集团的亚太地区业务,潍柴具有主导权。2013年1月,林德(中国)叉车有限公司总裁兼CEO郭进鹏被任命为凯傲集团亚太区CEO,并进入执行董事会出任董事。凯傲集团CEO李斯克(Gordon Riske)负责亚太区之外的业务。2012年起,凯傲集团旗下的凯傲宝骊(江苏)叉车有限公司开始尝试在2.5吨到3吨的叉车产品上装配潍柴发动机,并在2014年形成批量配套。潍柴在自身势力范围内,对凯傲中国境内的业务进行协同管理。凭借凯傲的国际化运营经验,潍柴通过其渠道将相关产品出口至亚太地区。

交易完成后,液压业务由林德液压独立运营,继续在全球市场沿用"Linde Hydraulics"商标,而凯傲则继续保留其在公司的战略性股份。通过与潍柴合作,林德液压不断扩大自身规模,并进军新的市场,特别是高增长的亚洲市场。2014年,林德液压开始在潍坊工业园建设生产线,对潍柴的相关产品进行配套。

4. 暂缓整合:借鉴以往经验,谋求平稳过渡

借鉴以往对博杜安和法拉帝两家公司的收购经验,潍柴在对凯傲和林德液压的整合中,保留了原有的管理团队。这样做,一方面能够保证交易顺利达成,另一方面能够使并购整合更加平稳。为消除标的方工会对并购的疑虑,潍柴承诺不裁员、不转移东道国产能。此外,潍柴还与施普雷德达成协议,在交易达成5年内潍柴持有凯傲集团的股权不超过50%;而施普雷德亦不能将股权出售给潍柴的竞争对手。

交易达成后,潍柴控股的林德液压即着手投资5 000万欧元在德国建立新的工厂以满足欧洲以外市场的需求。潍柴还组织德国工会代表来中国观摩潍柴在重卡产业链上的布局,这让德方感觉到中国大股东是长远的产业投资者。

资料来源:周英超,李东红. 在合作共赢中实现跨国并购整合——以潍柴并购凯傲集团为例[J]. 国际经济合作,2019(4):108—114.

9.2 交易结构影响因素

并购的交易结构是综合各种影响因素设计的,但从整体上来讲,最为主要的 4 个因素分别是并购交易税务处理、并购交易债务安排、目标企业存续情况和投资并购载体选择(参见图 9—4)。

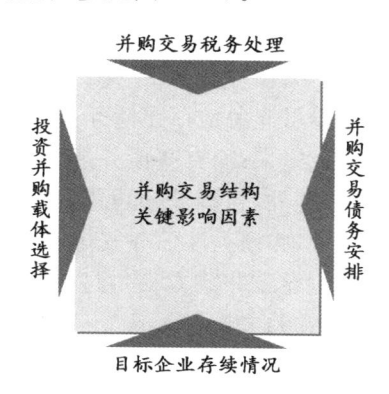

图 9—4 并购交易结构关键影响因素

并购交易税务处理

并购重组业务涉及的交易金额以及涉税情况的复杂性要比一般性的商品(服务)交易大得多,2018 年国内发生的几个并购案,如陌陌并购探探、阿里收购饿了么、美团收购摩拜等交易的标的金额高达数十亿元人民币。[2] 并购重组过程中,通常会涉及增值税、土地增值税、所得税、契税、印花税等,结合并购重组相关税收政策,在并购重组的交易设计过程中充分考虑税收因素,能够大大降低并购重组的税负成本。

税收是企业并购重组交易中的一项重要成本,交易双方都可能成为纳税义务人。

并购交易结构设计对于税款的缴纳金额和缴纳时间等具有重要的影响;反之,税收因素对于并购交易风险、并购交易成本等也具有重要的影响。因此,必须设计优化的交易架构,包括收购方式(如股权收购和资产收购)、控股架构和合理的融资方案,实现 3 个目标:一是降低交易实施过程中各环节的税负;二是降低持有该项投资的税收成本;三是避免或减少未来投资退出成本。

合理选择税务及会计处理方式,对企业今后发展具有重要意义。例如,根据《关于企业重组业务企业所得税处理若干问题的通知》(财税[2009]59号),对符合一定条件的并购重组,适用特殊性税务处理规定。在实践中,很多并购交易通过收购企业股权实现企业整体收购。由于在股权收购过程中涉及收购企业、被收购企业、被收购企业原股东三方涉税主体,需要统一转移各自股份。在股份转让过程中形成的所得税,企业需要结合实际缴纳对应税款。[3]

并购交易债务安排

目标公司经营过程中不可避免地存在债务:有些债务是显性债务,能够在资产负债表中清晰地体现出来;而有些债务是隐性债务,随着公司的持续经营,将会逐步体现出来。此外,目标公司可能还存在恶意遗漏、瞒报债务的情况。在并购交易安排中,必须关注债务安排问题,否则目标公司利用隐性债务低估负债、高估股权,导致并购方支付过高的并购价格,将严重影响企业的扩张战略,甚至导致并购失败。[4]

通常情况下,设计投资并购交易结构时,可以选择债务继承和债务隔离。债务继承是指在收购后继承目标企业的已知负债和或有负债,承担债务风险;债务隔离是指在收购后只继承目标企业的资产,而将负债隔离在并购交易之外,规避债务风险。

如果企业采用股权收购的方式,则在收购完成后,不仅将继承目标企业的资产和已知负债,还需承担企业的或有负债。所以如果在收购前尽职调查不到位,在并购后目标企业隐瞒或者遗漏的债务暴露,将导致目标企业财产被扣押、拍卖,从而使得目标企业的实际价值大大低于交易对价,降低并购价值。

目标企业往往会有已知负债和或有负债,收购方如果只想获得目标企业的资产,不想承担目标企业的负债,则可以采用资产收购的方式,只对目标企业的资产进行收购,而将目标企业的负债隔离在并购交易之外;反之,则可以采用股权收购或合并的方式,继承目标企业的资产和负债。[5]例如,吉利集团将核心竞争力从成本优势转变为技术优势和品质服务,对技术和品牌产生强烈的诉求,因此通过收购福特旗下沃尔沃资产实现并购协同效应。

目标企业存续情况

投资并购完成后,并购双方企业的存续安排是一个重要问题。通常情况下,并购双方的存续分为以下 4 种:一是以目标企业的形式存续,在收购完成后,将收购载体注销,保留目标企业,此种方式通常需要设立特殊目的载体或者壳公司作为收购载体去收购目标企业;二是以并购企业的形式存续,在收购完成后,将目标企业注销,保留收购载体(参见图9—5);三是双方同时存续,收购完成后,目标企业作为收购载体的子公司,两者都存续;四是双方都不存续,收购载体和目标企业合并成立一个新公司后,注销收购载体和目标企业。通常情况下,为了保留目标企业的品牌影响力以及市场认可度,会选择存续目标企业,或者双方都存续。

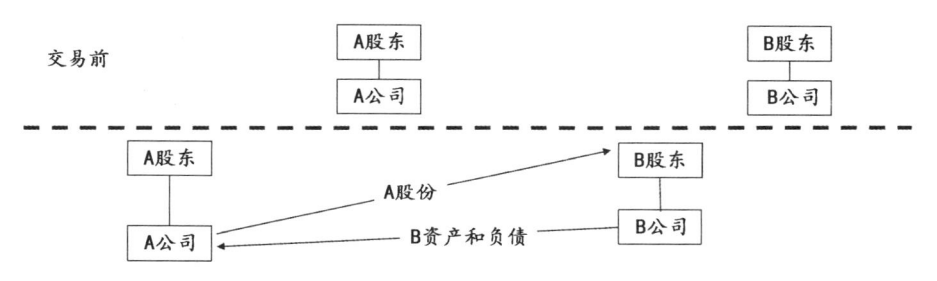

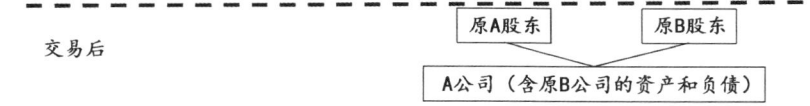

图9—5　A公司换股吸收合并B公司(示例)

投资并购载体选择

投资并购交易过程中,必须确定对目标企业进行收购的主体。通常情况下采用主并购公司作为收购主体;除此之外,为了提升并购效率,会采用壳公司作为收购主体(参见图9—6)。壳公司类似于SPV(Special Purpose Vehicle),是专门为并购目的而设立的法律实体。与传统的公司相比,壳公司仅仅是为了实现并购的主体,不具有独立的经营、业务等职能。跨境并购由于并购活动涉及复杂的法律关系及税务安排,在标的企业所在国或所在地设立并购壳公司,可以使并购交易在同一国内进行。

> 收购方是并购交易实际主导者,但并不一定直接参与交易,可选择合适载体作为直接参与并购交易主体。

采用壳公司作为并购主体,主要目的包括:一是隔离并购风险,防止或有负债以及并购后的亏损影响母公司的正常运营,恶意收购通常会设

最终结果：

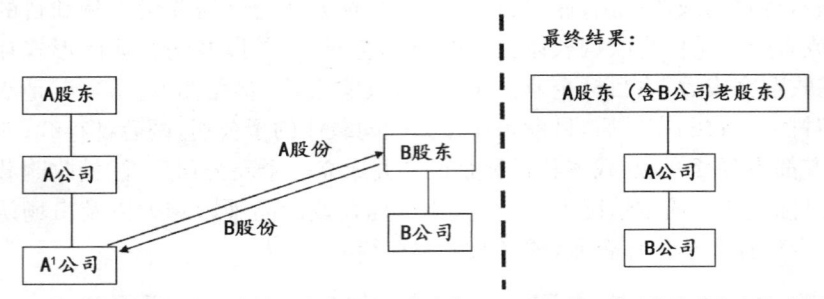

```
A股东                                      A股东（含B公司老股东）
 │         A股份                                    │
A公司 ──────────── B股东                           A公司
 │                   │                              │
 │   B股份            │                             B公司
A¹公司 ←──────── B公司
```

为绕开A公司股东大会对后续并购的批准手续，A公司以自己的股份设立壳公司（SPV）A¹作为并购运作的平台。公司用设立时获得的A公司股份收购全体B公司股东所持B公司股份，该交易通常只需要A¹公司的股东即A公司批准即可，不需要获得A公司股东大会的批准。
最后，A¹公司与B公司合并。

图9—6　壳公司(SPV)作为收购载体(示例)

立壳公司，因为恶意收购情况下无法通过尽职调查对公司进行深入了解；二是保留目标企业品牌、专利等资源，因为若是母公司直接收购，一般会注销目标企业，而设立壳公司，则可以将壳注销，保留目标企业的法人资格，进而保留目标企业的品牌、专利等资源；三是降低并购成本，包括税负成本、管理成本、时间成本等，因此壳公司通常选择设立在与我国有双边税收协定的国家或地区、税收洼地以及目标企业所在地。例如，越秀集团并购创兴银行时，考虑创兴银行控股股东对中国境内审批时间不可预估，影响收购方选择，为尽量减少中国境内审批环节，越秀集团在香港新注册成立越秀金融控股公司作为并购主体。

资料链接9—2　蓝色光标的并购交易结构

　　蓝色光标是一家典型的外延式、并购战略明确、经营业绩好、成长速度快的文化产业上市公司，在业内具有很强的代表性。公司主要从事品牌管理服务，于1996年在北京成立，主营业务是公共关系服务，包括品牌传播、产品推广、危机公关、活动管理、数字媒体营销、企业社会责任一体化等链条式服务，客户涵盖多个行业领域。自2010年在创业板上市以来，蓝色光标以成为一流专业传播集团为战略目标，致力于业务专业化、多元化，采用内生式成长与外延式并购的双重举措向这一目标迈进，连续多年保持高速成长。

　　1. 融资及支付方式

　　一是并购融资方式。在资金来源方面，蓝色光标在创业板上市时公开发行股票2 000万股，共募得资金净额6.2亿元，公司资金相对充裕。随着蓝色光标并购进程的加速、募集资金的不断消耗,公司采取更为丰富的融资方式,包括非公开定向发行股票、一般债务融资和可转债融资等。

二是并购支付方式。蓝色光标在支付方式上几乎都是现金支付,只有在个别通过非公开定向增发的案例中采取了股权置换的支付方式。在蓝色光标并购初期,采取的是股权转移和价款支付同时进行的方式,随着并购手法的成熟,蓝色光标进行支付价款按比例分期支付,如并购美广互动、精准阳光、Wear every social、密达美渡等案例。这种方式不仅降低了公司流动性资金需求,还能有效控制标的公司业绩不稳定带来的风险。

2. 并购估值

蓝色光标对并购的标的公司主要采取市场法、收益法和基础资产法3种估值方法,其中以市场法较为普遍。市场法简单实用,相对收益法的估值复杂、不确定因素多、估值波动范围较大等特点,更容易在一般并购案例中被采用。市场法本身也带有协商的色彩,在协商过程中上市公司议价能力一般相对较强,对优质资产更容易取得相对较低的价格,因此在蓝色光标收购案例中以市场法为主。可以发现,市场法估值中全部以利润指标作为估值基础,包括当年承诺利润值、上年实现利润值、EBIT、EBITDA等,并给以8~12倍的市盈率,其中还包括控股权溢价。

3. 对赌条款

蓝色光标的对赌条款设计全部以业绩为指标,主要包括扣除非经常性损益后的税后净利润及其增长率,这是由文化产业轻资产的特征所决定的,将利润和利润增速作为最重要的衡量业绩的指标。单向对赌的类型较多意味着蓝色光标作为上市公司的议价能力相对较强,同时双向对赌的存在证明公司也愿意为并购标的的高成长性付出一定的溢价。综合来看,除了西藏博杰的对赌还没结束,大多数控股收购的对赌结果都实现了业绩要求而以双赢告终,但也发生了对赌执行不严格的情况。

4. 其他风险控制手段

一方面,在对被并购公司的管理上,蓝色光标一般选择控制董事会,并且保持原管理层不变,同时通过竞业禁止协议保留公司最为重要的管理团队,从而最大限度地减少并购对公司原有业务的影响,并通过未来的整合发挥协同效应。值得注意的是,蓝色光标对被并购公司委派财务主管,可以避免业绩造假与利益输送的风险。另一方面,蓝色光标得以频频并购,离不开本公司控股股东及实际控制人赵文权等 5 位股东组成的一致行动人的团结合作。

随着风险控制能力增强和收购手法的日益成熟,公司逐渐更多地以母公司对标的公司进行收购。例如,2014 年的大量收购由母公司直接进行,从中可以明显感受到公司并购方式的变化。

蓝色光标在并购中喜欢分步走,很少直接进行 100% 股权并购。早期公司习惯先并购标的公司 51% 股权,对其完成控股,同时签订对赌协议,确认其盈利能力后再分步收购;后期采取参股形式较多,根据经营状况考虑收购或出售,周期相对较长,而在收购过程中不断对业绩要求精细化。例如,并购美广互动的案例中,在 2011 年完成两次收购,完成 51% 的控股并签订对赌协议,又在其完成当年业绩之后,第二年根据实际经营情况修正业绩要求,对并购环节管理不断精细化。

资料来源:张玉琴. 文化产业上市公司并购交易结构研究——以蓝色光标为例[J]. 财会通讯,2017(5):92—96.

9.3　交易结构基本模式

企业并购需要依据自身实力、行业现状和市场情况,选择适合自己的并购模式和并购交易结构。当前,国内并购市场中一般有现金支付、股份支付和混合支付 3 种方式,不同的企业在发生并购时应根据自身的特征选择合理的支付方式。

选择合理的并购支付方式不仅能实现较好的并购绩效,还能促进并购后企业资源的整合能力和竞争能力。

传统并购案例中,大部分企业采用现金收购,随着资本市场的不断成熟以及股权分置改革的不推进,股份支付、现金与股份相结合的混合支付方式越来越成为主流支付方式。

现金收购

通常来讲,并购是企业的一项大规模投资行为,受其现金持有状况的影响。如果企业持有较高水平的现金,那么管理层更倾向于选择现金支付方式完成并购,这样既能保障股东的利益,又能向外界传递出企业盈利能力较强、资金实力雄厚的信号,有助于提升其在股票市场的表现。另外,当企业估值水平偏低时,其股票价格低于企业资产的真实价格,如果采用股份支付方式,那么一方面对企业控制权有较大的稀释,另一方面也不容易被目标企业所接受,因此并购双方会采用现金收购的方式。

1. 以现金吸并整体目标企业

采用现金支付方式实施并购,能显著提升现金持有价值,保障股东的控股权,并向外界传递利好信号。

企业采取现金支付的方式购买目标公司,吸收合并企业。通过现金整体收购,目标企业股东获得现金回报,收购方企业取得目标公司的全部资产和负债(参见图9-7)。如前所述,由于存在并购信息不对称情况,并购企业面临着巨大的债务风险,这里主要是隐性债务风险。为了防止公司原法人和股东对公司债务有所隐瞒,避免审查人员审查遗漏留下隐患,在财务人员做出原公司资产报告的同时,要求原公司法人及股东共同签署一份《公司资产状况承诺书》。

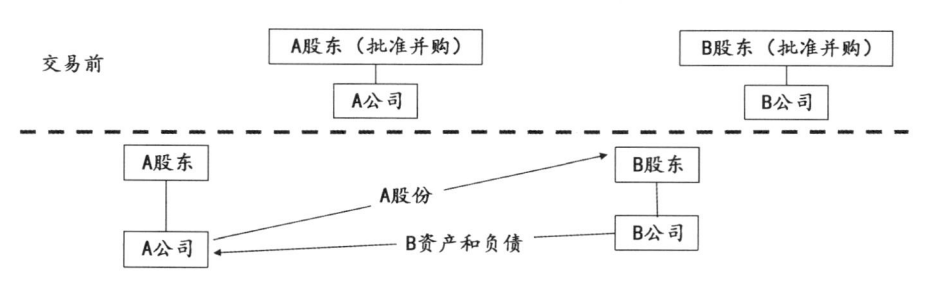

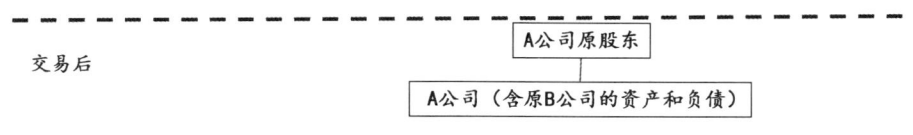

图9-7 现金吸并目标企业(示例)

现金吸并又分为倒三角现金吸并和正三角现金吸并。收购方为规避目标企业的或有风险,会通过子公司或设立SPV对目标企业进行收购,这种情况下往往出现倒三角现金吸并和正三角现金吸并交易结构。倒三角现金吸并是指收购载体并入目标企业的现金吸并,目标企业存续,收购载体注销。正三角现金吸并是指目标企业并入收购载体的现金吸并,收购载体存续,继承目标企业的负债,目标公司注销。

2. 现金收购目标企业股权

现金收购股权是采用现金支付方式购买目标企业股权。交易完成后，双方都存续，目标企业的许可证、品牌等均得以保留。

跨境股权收购一般采用现金式股权收购，尽管在法律层面上，跨境换股未被明确禁止，但事实上，证监会从未批准过跨境换股。因此，至少上市公司要采用换股方式支付海外并购的交易对价，在监管上是有障碍的。

3. 现金收购目标企业资产

现金收购资产是指采用现金支付方式购买目标公司资产，收购方适用一般性税务处理，买方隔离目标公司债务。采用现金收购资产，有3个重要的特点：一是资产收购的标的是出售公司的某一特定资产，且不包括该公司的负债；二是资产收购行为完成后，收购公司与目标公司各自保持自己的独立法律人格；三是资产收购的法律关系虽然较为简单，但也可能发生相应的交易成本。海尔支付54亿美元收购GE集团家电业务相关资产，将GE的负债隔离在并购之外，对海尔的自身安全起到保护作用，其中海尔的并购目的只是为了收购家电业务，不需要为此继承GE的负债风险。

现金式资产收购中，资产可能有相关权利人，如抵押权人、专利权人等，出售这些资产，需要得到他们的同意。例如2018年12月，红太阳（股票代码：000525）发布《关于收购重庆中邦科技有限公司100％股权暨关联交易的公告》，拟以11.86亿元现金收购重庆中邦100％股权。在公司董事会审议通过《关于提请召开2018年第二次临时股东大会的议案》之后，必须召开临时股东大会，审议该项收购案。

股份收购

成熟的资本市场中，股份定价机制完善，可以充分体现企业的价值，因此并购过程中，更多地采用股份进行支付。实践中，很多大规模并购案的支付数额巨大，正常企业很难有如此巨量的现金，因此更多地采用股份支付。例如，美国资本市场上的大型并购案多采用换股或换股与其他支付方式组合的手段来完成。

1. 以股份吸并整体目标企业

采用股份支付方式吸并目标企业，并购双方仅存续其中一方。倒三角换股吸并是指收购载体并入目标企业的换股吸并，目标企业存续，收购载体注销。正三角换股吸并是指目标企业并入收购载体的换股吸并，收购载体存续，目标企业注销。

2014年11月，百事通和东方明珠同时公布：百视通和东方明珠将实施战略合并重组。交易完成后,东方明珠(600832)从上海 A 股退市,百视通为存续公司,新公司名为东方明珠新媒体股份有限公司,股票代码延续之前百视通的 600637,股票更名为"东方明珠"。百视通和东方明珠顺应未来传媒业发展新趋势,为实现"互联网+"战略转型奠定了基础,开启了传统媒体与互联网新媒体相融合的新篇章,形成一个千亿级别的新型传媒集团。

2. 以股份收购目标公司股份

收购方与目标企业进行协商,按一定比例进行股票互换,完成并购后,目标企业以子公司形式存续(参见图9-8)。采用这种交易结构,可以有效避免收购方的现金流出,还可以有效隔离目标企业债务风险。但目标企业的负债在未来仍有可能会影响母公司的收益,因此在收购前要对目标企业的负债情况做深入调查。

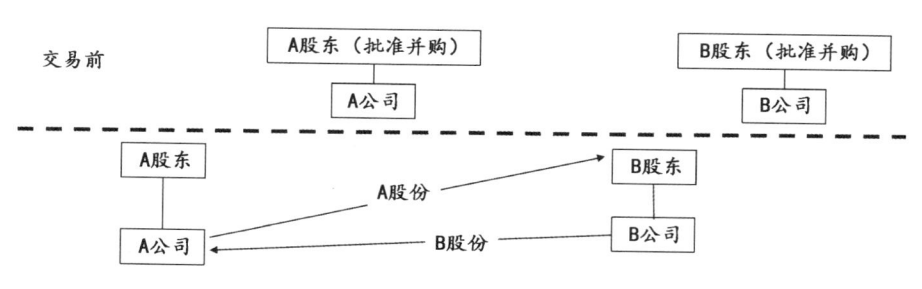

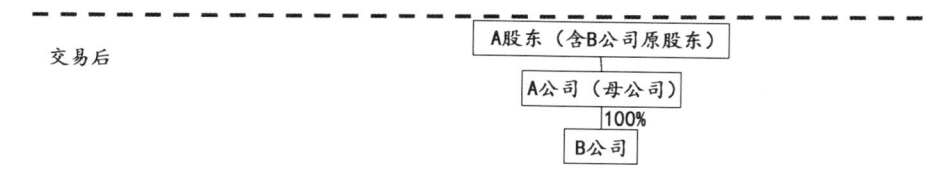

图9-8 股份吸并目标企业

> 通过股份置换,一方面给公司带来优质资产和先进技术,另一方面规避现金骤减带来的风险和压力。

尽管股份互换式并购可以缓解财务压力,增强人力资源稳定性,但也有一些不利的方面,比如定向增发之后有可能会带来股权的稀释,从而影响盈利能力。[6]因此,虽然市场上有诸多的并购方式可以选择,但是必须考虑自身的实际状况,慎重地进行决策。

3. 以股份收购目标公司资产

股份式资产收购是指收购方向目标企业或其股东发行股票换取目标企

业的资产,这种交易结构应用较少,因为采用发行股票换取资产的方式会稀释收购方原股东的股权,甚至导致原股东丧失控制权。股票式资产收购在一定条件下适用特殊性税务处理,买方隔离目标公司债务。

混合收购

许多并购交易会在基本的交易模式之上进行组合设计,通常的做法是包括:将换股收购和现金式股权收购,组合成股份加现金式股权收购;将股份式资产收购和现金式资产收购,组合成股份加现金式资产收购;将换股吸并和现金吸并,组合成股份加现金式吸并(参见图9—9)。

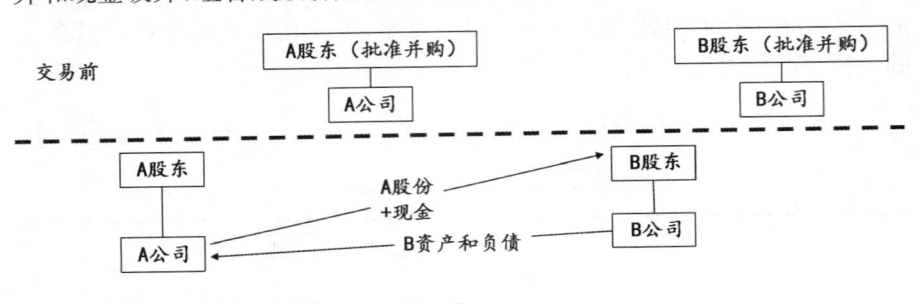

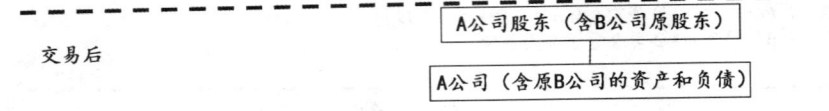

图9—9 混合式(股份+现金)吸并目标企业(示例)

实践中,企业要依据自身实际情况,灵活地选择交易结构模式。通常情况下,尽可能采用股份支付方式,为企业留存更多的自由现金流,为并购后的资源配置调整和资本结构调整等提供坚实基础。

资料链接9—3 帝王洁具"蛇吞象"并购欧神诺

四川帝王洁具股份有限公司(股票代码:002798)于1994年成立,是国内首屈一指的亚克力洁具制造商。自公司成立以来,帝王洁具一直专注于卫浴领域的发展,成为一家集设计、研发、生产和销售高品质卫浴及配套产品为一体的现代化大型卫浴集团。2017年度,为了获得消费者认可和提升公司品牌知名度,帝王洁具完成与佛山欧神诺陶瓷有限公司的重大资产重组交割事项,实现了销售渠道和产品品牌的强强联合,为公司的可持续发展奠定基础。从双方的经营业绩来看,无论是营业收入还是净利润,欧神诺陶瓷都远超帝王洁具。

1. 并购双方召开董事会会议达成共识

2016年12月14日,帝王洁具发布公告称,公司已于2016年12月11日与欧神诺实际控制人鲍杰军签署了《重组框架协议》,拟通过发行股份及支付现金共计20亿元购买欧神诺100%股权,重组完成后,欧神诺将成为上市公司控股或全资子公司,欧神诺部分股东将持有帝王洁具5%以上股份。随后,帝王洁具于2016年12月29日召开第三届董事会第五次会议,经过各方表决,会议通过了帝王洁具发行股份购买资产并募集资金的议案。公司随后与鲍杰军等欧神诺36位自然人股东签署了《发行股份及支付现金购买资产协议》。第二天,帝王洁具发布相关公告,承认公司将购买佛山欧神诺陶瓷100%股权,购买方式主要为发行股份和支付现金。其中公司拟支付现金对价人民币2亿元购买佛山欧神诺陶瓷10%股权,拟向其全体股东发行约3 084万股购买佛山欧神诺陶瓷90%股权。由此帝王洁具并购欧神诺得以证实。

2. 采用发行股份和支付现金方式并购

由于与部分股东未能协商一致,帝王洁具于2016年12月29日与欧神诺36位自然人股东达成了相关并购协议。最新《发行股份及支付现金购买资产协议》显示,帝王洁具将花费19.68亿元人民币并购欧神诺98.39%的股权。经过公司董事会一致商议,帝王洁具决定采用现金和股份的混合支付方式。帝王洁具将支付2亿元现金和3 084万股股份给欧神诺的股东。关于本次并购的交易对价,帝王洁具采用支付多数股份和少量现金的方式。一方面,公司可以减少现金数额的支出,从而降低短期资金不足的风险;另一方面,公司通过发行股份,能够减轻融资的压力。而对于目标企业欧神诺来说,其主要股东愿意接受该交易方案,说明他们对并购后上市公司的未来发展满怀信心。

3. 获中国证监会并购重组委员会审核通过

在经过为期一周的审核后,上市公司发布公告称,中国证监会无条件通过了该交易方案。帝王洁具并购欧神诺的交易方案获得通过,标志着帝王洁具正式进入中高端建筑陶瓷产业。

4. 实现双方优势互补,提升公司价值

并购前,帝王洁具以"卫生洁具"作为其主要业务板块,欧神诺以"建筑陶瓷"作为其主要业务板块,两者的业务板块都属于建筑材料领域。通过并购重组,双方可以充分利用其客户群体上的重合性,并且由于帝王洁具与欧社诺在产品开发和营销渠道上有深厚的积累,双方能够在充分利用稳定客户群体的基础上形成良好的互补性。公司年报显示,经过多年的经营,帝王洁具已在全国内地 31 个省、自治区和直辖市建立了经销网络,特别是在西南及华东部分地区,公司的销售网点已经深入到重点县域城市,并与各地经销商建立了稳固的合作关系。而欧神诺也具有成熟完善的营销渠道网络和终端服务配套设施,其不仅重视线下营销渠道的布局和服务体验的质量管控,还建立了以"欧神诺在线"网站为核心的线上管理平台。综上所述,一方面,帝王洁具可以迅速进入中高端建材行业,并享有欧神诺完善的营销渠道网络和终端服务配套设施,从而进一步拓宽上市公司的市场范围;另一方面,欧神诺也能充分利用帝王洁具广泛的客户基础,增强自身的市场实力。因此,在收购欧神诺后,并购双方能够充分发挥产业及渠道的协同效应。

资料来源:彭丰.EVA 估值模型在帝王洁具并购欧神诺中的应用[D].江西财经大学,2019.

注释:

[1]罗智愉.国有企业对外投资并购交易结构设计的法律问题(下)[N].中国贸易报,2018-09-18(007).

[2]颜月清.关于税务问题对并购重组业务的影响分析[J].财会学习,2019(29):154-155.

[3]夏华丽.试析企业并购的会计与税务问题[J].纳税,2019,13(30):9-10.

[4]刘静芳.谈并购业务中债务接管的方式和隐性债务的防范[J].财会学习,2017(22):144.

[5]于文姣.企业并购重组中交易结构设计的研究[D].北京交通大学,2017:9.

[6]黄晶,李丽.企业换股并购行为财务效应分析[J].财会通讯,2018(5):83-86.

第 10 章
全面的并购整合

企业并购面临诸多问题和困难,但最为关键的是并购后的资源整合,这几乎决定了并购的绩效和成败。作为企业高层管理者,必须思考一个问题:并购后的企业如何才能打造未来持续发展和长期盈利的独特竞争优势?并购不仅仅是买下目标公司,更为重要的是选择那些独特和互补价值的公司,通过成功的并购整合,真正创造出协同效应,从而最终赢得市场领导地位。

> **投资并购的价值主要源自交易后的并购整合,而不是并购交易本身。**

10.1 科学,还是艺术?

没有有效的整合,并购双方就不会创造出价值。并购的协同效应是衡量并购活动是否成功的关键要素,而战略匹配性、组织匹配性等并购整合因素是产生并购协同效应的根本所在。并购整合主要包括对并购后企业的业务活动、组织结构、管理制度、企业文化、有效资产、人员安置等要素的整体系统性安排,从而使并购后企业能按照特定的并购目标、方针和战略组织运营(参见图 10—1)。

并购是一把"双刃剑"

企业并购整合是指,当并购企业获得了目标企业的资产所有权、股权或经营控制权之后,进行的资产、人员等企业要素的整体系统性安排,从而使并购后的企业按照一定的并购目标、方针和战略组织运营。实践中,很多中

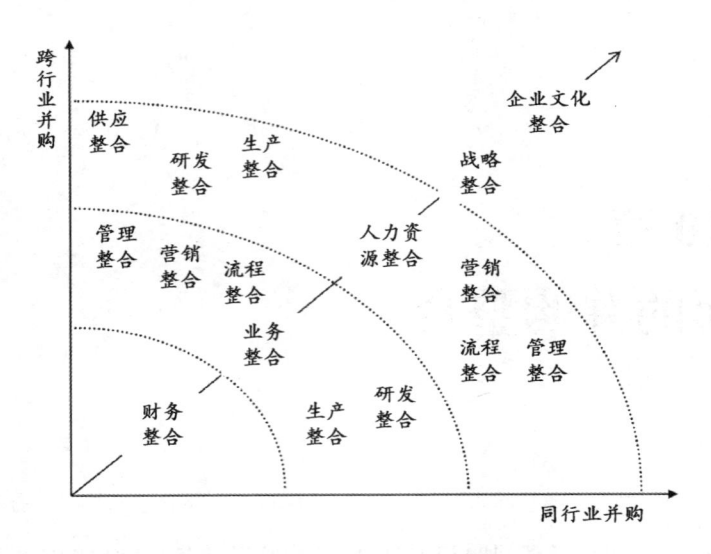

[图示：企业并购整合序列示意图，纵轴为"跨行业并购"，横轴为"同行业并购"，包含财务整合、管理整合、营销整合、业务整合、流程整合、生产整合、研发整合、供应整合、人力资源整合、战略整合、企业文化整合等内容]

图 10—1　企业并购整合序列（示例）

国企业创造性地开展并购整合工作，实现有效整合，比如北京第一机床厂并购德国科堡公司、中国蓝星并购法国安迪苏公司，等等。

1. 并购整合是企业成长加速器

对于并购整合的相关研究指出，并购活动的价值创造过程大多集中在并购整合阶段。 核心竞争力是企业的综合优势和能力，是企业获取持续竞争优势的基础，它需要企业经历长期的内部资源、知识、技术等的积累和整合过程。从企业核心竞争力的形成规律来看，一般有两条基本的形成途径：一是内部开发；二是外部获取。

现实中，一些人把并购简单地理解为联合、收购或兼并其他企业或进行资本运作，在通过外部并购获取了建立核心竞争力的要素后，不注重技术、管理、文化等竞争力要素的整合，使这些要素没能发挥应有的作用。更重要的是，这种并购不仅难以形成新的竞争优势，反而会因并购后企业结构的复杂性，引发各种"大企业病"，还不如各个企业单独经营更有效率。

并购的价值将通过合并后公司竞争能力的提高体现出来，这一结果将增加股东价值。 企业并购整合是一项系统工程，内涵十分丰富，不仅包括有形资产整合，还包括无形资产整合。只有消除了并购双方在管理、人员和文化等方面的摩擦和冲突，经过全方位的融合和重整，才能保证并购的最终成功。

2. 整合事关并购成败

如果并购做得好,就会促进企业加速发展,但是如果做得不好,它对企业来讲可能会是一场灾难,使得企业走向失败。因此在实施并购战略时,对并购行为具有正确的认识和评价就显得极为重要。事实上,全球大型企业几乎都有过很多次成功并购的经历,也正是这种并购加快了它们的发展速度,造就了它们今天的规模与竞争实力。然而,行业的真正领导者并不仅仅在于企业规模大小,还要具有足够的财务优势或市场地位作为支撑,只有这样,企业规模才能带来市场领先的价值。

投资并购某个目标企业,不仅要有能力整合目标企业,还要能够更高效地运营,创造出更大的价值。

众所周知,世界性大企业几乎无一例外是经过多次的企业并购与重组才逐步发展起来的,并购给企业注入了新的活力。但如果对并购后的企业没有采取及时、有效的整合措施,往往就会使经过艰苦努力实现的并购功败垂成。因此,要使企业并购达到预期目的,任何企业在推进管理变革的过程中,都要特别注意战略、组织、技术、人员和文化等因素的整合,这是实现并购价值的基本前提。

3. 整合是一个"大难题"

在决定并购整合的内容时,需要坚持"计划获取所有权""在需要整合的方面迅速行动""把企业文化置于重要位置"和"保持核心业务的竞争力"等原则,并购成功与否与并购完成后的整合程度密切相关。通常,并购后期的整合主要包括"管理层的整合""文化的整合""智力资本的整合"及"并购关键部分的整合"等内容。

成熟的市场环境以及稳定的社会结构有利于并购整合的顺利实施。

"一语不能践,万卷徒空虚。"并购后的整合需要将原来不同的运作要素(管理、生产、营销、服务、企业文化和形象)有机地融合成一个运作体系,这是整个并购过程中最艰难也是最关键的阶段,并购后的整合不力将导致整个并购前功尽弃。企业并购的实质是产权转让,但取得了被并购企业的经营控制权,仅仅是走完了第一步,并购后整合的好坏将更直接影响企业并购的效益和并购后企业整体的经营状况,甚至影响并购企业整体的生存。

如何有效缓解并购双方的矛盾冲突,协商一致完成并购后的整合工作才是重中之重。

许多著名的并购案例中,失败的主要原因就是并购后未能实现有效、迅速的整合。例如20世纪90年代,加拿大科技巨头北电网络是世界级电信巨头,整个公司对研发进行大量投资,在通信产品研发上下了重注,并在市场上大获成功,甩开最大的竞争对手朗讯。然而,1995 年走马上任的新 CEO 罗世杰(John Roth)发现,老老实实做研发、搞产品创新,远不如通过并购等资本运作手段提升股价来得快、准、猛。于是,从 1997 年底到 2001 年 10 月,北电网络花了 321 亿美元收购 Bay Network、Aptis、Qtera、Cambrian 等公司,这些公司的净资产总额实际只有 11 亿美元,但资本市场认可了北电网络的并购题材,公司股价一路上扬,市值一度高达 2 670 亿美元。至于关系到北电网络未来的研发,则被置于最不重要的位置。北电网络受并购的拖累,从此由巅峰跌向谷底,逐步衰落,并在 2009 年宣布破产。

整合决定并购绩效

两个企业后期能否整合成功,对整个并购是否成功起着至关重要的作用,而后期整合也往往是被很多企业忽视的一个环节。处于不同环境的两个企业必然在诸多方面存在差异,比如会计制度及经营理念、战略规划、人力资源、企业文化等,因此企业的后期整合也需要涉及方方面面,任何一个环节出现失误,都可能导致收购失败。1998 年,美国《商业周刊》在评选"20 世纪 80 年代最为成功与最为失败的交易"时指出:"并购后精明、谨慎的整合是交易成功最为重要的因素。"

科尔尼公司在 1998～1999 年对全球 115 个并购交易案例的调查表明,58%的并购交易未能达到最高管理层预定的价值目标;在超过 50%的案例中,并购双方没能将新企业带到一个更高的水平,而是以支持者失望、合作者不努力工作和价值被破坏而告终。通过对并购失败的发生阶段进行研究,发现并购失败有 50%以上出现在并购整合阶段(参见图 10—2)。

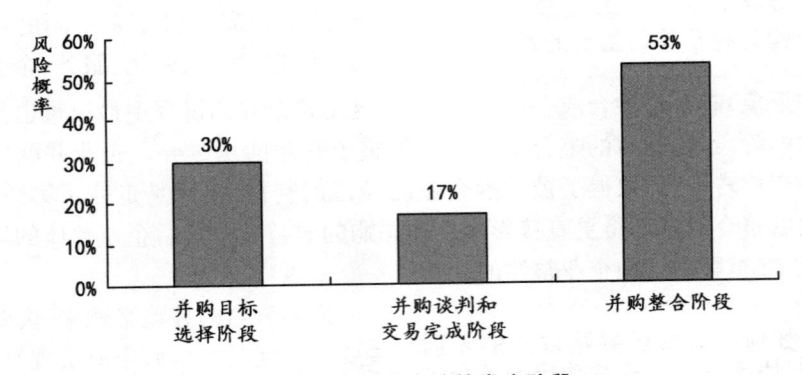

图 10—2 并购失败的发生阶段

企业并购是否成功,不直接表现在并购本身,而关键在于并购后的整合。美国著名并购专家拉杰科斯于 1998 年对企业并购失败的原因进行分析,得出并购后整合不利对企业并购失败影响率高达近 50% 的结论,其中主要源于对并购后整合工作没有加以足够的重视。

> 只有并购双方将优势资源进行有效组合、重组以及融合,才能确保实现企业并购的预期目标。

并购成功的关键在于,并购后要再完成战略整合、产业整合、人员整合和文化整合。但是,很多企业仍然没有认识到并购整合的重要性,因此,在并购完成后并没有对目标企业进行深入、全面的经营战略和组织文化上的整合,从而也就没有取得经营、管理和财务上的协同效应所带来的经济效益。

整合贯穿并购全过程

无论是国内并购还是跨国并购,企业通常抱有良好的预期,以高度的善意去包容目标企业,甚至在并购时可能根本就没有想到还有整合的任务。然而,实践中缺乏投资并购经验的企业,更普遍存在并购整合意识缺失、低估整合难度等现象(参见图 10—3)。对于拥有成功并购经验的企业来讲,对于并购整合的思考置于并购交易的前期,在通过详尽的尽职调查、评估整合目标企业成功的可能性后,据此做出并购决策和制定整合策略。

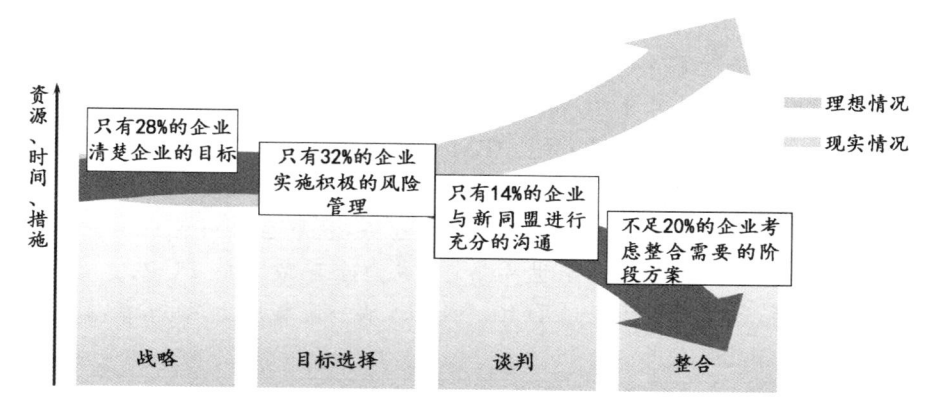

图 10—3 并购整合的理想和现实(示例)

成功的并购后整合措施能够通过整个流程增加投入资源,并明确地定义整合的目的和风险。企业并购成功后,能否成功进行整合才是整个项目投资成败的关键。为了使并购后的企业实现优化配置、强强联合、更上一层楼的目标,并购后的整顿工作也十分重要。在未来的几十年中,并购整合能力将是中国企业最应该发展的核心竞争力,但这一竞争力并非能够独立培育,往往是企业在良好的战略管理、基础管理、技术水平、企业文化的基础上形成的综合竞争力的集中体现。

并购整合阶段的工作重点是管理者运用各种措施来影响并购方和被并购方,从而实现并购的价值增值。

并购整合不是买方购买了卖方以后,将原有的痕迹完全抹去,也不是买卖双方完全相互独立存在、除了法律所有权外毫无关系,而是买方根据企业双方的实际情况和需求,将原来两个不同的经济运作体系统一地结合成一个运作体系,以达到提升合并整体价值的目的,实现全体股东价值的最大化。要使企业并购整合成功,就要将整合的思想融合到整个并购过程中,整合工作的重点是将双方企业整体价值最大化和一体化,实现被并购企业平稳过渡到正常生产经营活动中。只有两个企业真正融合在一起,企业并购的目标才能够实现。

资料链接10—1 联想并购IBM全球PC业务的技巧和经验

作为全球电脑市场的领导企业,联想从事开发、制造和销售可靠、安全、易用的技术产品并提供优质的专业服务,帮助全球客户和合作伙伴取得成功。联想公司主要生产台式电脑、服务器、笔记本电脑、打印机、掌上电脑、主板、手机、一体机电脑等产品。从1996年开始,联想电脑销量一直位居中国国内市场首位。

2004年12月8日,联想集团宣布以12.5亿美元(6.5亿美元现金和6亿美元的联想股票)并购IBM公司全球PC业务部门。联想进行这次跨国并购主要出于3个方面的考虑:一是调整战略,回归主业;二是获取先进核心技术;三是扩展海外业务,获取世界一流品牌。2013年,联想电脑销售量升至世界第一,成为全球最大的PC生产厂商。2015年,这项并购已经过了10个年头,从一定程度上来讲,该次并购取得了不错的效果。

事实上,对我们启发最大的,还是在这次并购中所展现出的并购技巧,归纳如下:

技巧1:聘请国际级的中介机构参与并购谈判。联想在并购IBM全球PC业务过程中,从一开始就聘请国际知名度和信誉度高的中介机构协助调研与谈判。2003年底,联想开始进行细致的尽职调查,并聘请了诸多专业公司协助谈判。例如,聘请麦肯锡作为战略顾问,全面了解对IBM的PC业务整合的可能性;2004年春节过后聘请高盛作为并购顾问,聘请安永、普华永道作为财务顾问,聘请奥美公司作为公关顾问。

技巧2:注重公关游说工作。2005年1月26日,美国3位"大牌"共和党议员对联想收购IBM全球PC业务交易提出质疑。当时,联想能否突破美国国内的政治壁垒,成为并购IBM全球PC能否成功的关键所在。为了使交易能顺利过关,联想开始了大量的游说工作,聘请了一些有影响力的人物,开展了大量的公关工作。

技巧3:选择灵活的支付方式。在联想与IBM交易过程中,根据双方签订的资产购买协议,联想向IBM支付12.5亿美元,其中,6.5亿美元为现金,另外6亿美元则以联想股票作价。对于采用现金、股份混合支付方式,并购双方均结合公司的发展战略做出了精心安排,既分享了两种支付方式各自的优点,又有利于合作双方在未来的合作中共享利益。

技巧4:"曲线并购"中国台湾地区IBM的PC事业部。由于受制于中国台湾当局政策的限制,难以直接并购IBM在台湾的PC事业部,对此联想采取了"曲线并购"的方式,即由荷兰IBM的PC部门在中国台湾地区设立分公司,合并台湾IBM的PC部门,再与联想在香港的分公司进行"海外合并",从而避开台湾"陆资公司在台并购外商公司"的"适法性"问题。

如果说以上4种技巧积极推动了并购项目,那么并购后的整合也对联想的未来发展起到了至关重要的作用。(注:关于联想最近遇到的战略难题,不在讨论之列,毕竟花无百日红,任何一家民营企业在发展过程中都是如履薄冰。)归纳联想并购整合经验如下:

经验1:制定清晰的战略。联想主打中国市场,IBM主打国外市场;IBM主打高端市场,而联想主打消费类产品市场。同时,并购后的新联想规模更大,能够享受到规模采购带来的价格优势与制造成本更低的优势。

经验2:制订了整合计划。第一阶段,从宣布收购之日起,新联想着力兑现其对客户、员工、股东的承诺,包括维护联想已有的客户,保持产品领先性、高效的业务运作,主动推广和提升公司品牌,激发员工的工作积极性。第二阶段,新联想着力通过品牌、效率和创新,提升自身的竞争力,包括提升运营效率,增加Think品牌资产,在世界各地推广Lenovo品牌,建设全球创新和绩效文化,目标明确地开发新的产品和新的市场。第三阶段,通过在选定市场的强势投入,扩大投资,实现公司主动的盈利增长。

经验 3：吸引战略投资，化解财务危机。由于联想预料到了现金流压力，因此在高盛和 IBM 的协助下，与以巴黎银行、荷兰银行为首的 20 家中外资银行签订了 6 亿美元的融资协议（其中 5 亿美元为定期贷款），用于收购时要支付的现金。之后，联想又获得了美国三大基金 3.5 亿美元的战略投资（1.5 亿美元作为收购资金，2 亿美元作为日常营运之用）。这两笔交易确保了对 IBM 全球 PC 的顺利收购，同时也使得联想有足够的现金维持企业运作。

经验 4：多种营销方式保留 IBM 的高端品牌形象。通过体育营销、合作营销、公关营销等多种营销方式，不仅巩固了 ThinkPad、Think Centre 的品牌影响力，而且加深了它们与联想的联系，提高了品牌关联度；更重要的是，联想的自主品牌 Lenovo 在传播中不断提高自身的知名度、美誉度，扩大了国际影响力。

经验 5：国际化人力资源管理增强竞争力。联想集团并购 IBM 公司 PC 部门完成后，首先对高层组织机构进行了整合。2006 年，联想在美洲、亚太地区和欧洲削减 1 000 份全职工作。通过人员调整，联想节约开支、降低成本，提高集团的全球竞争地位，提高运营效率。

经验 6：在妥协、促进中进行文化整合。在并购前，联想集团成立了一个工作团队，对双方的企业文化进行了系统的调查分析和评估，并从各种渠道了解原企业宗旨、管理者的个性特征、员工甄选标准等，在此基础上对并购后的文化整合情况进行判断，最后再做出是否进行并购的决策。

资料来源：倪箫吟．中国上市公司跨国并购的整合效应分析——以联想集团并购 IBM PC 业务为例[J]．全国流通经济，2019(13)：7—9．

10.2 并购整合模式

企业并购后的整合，依据并购双方的战略依存度和经营自由度两个指标，可以分为 4 种类型：财务型、控制型、战略型和融合型（参见图 10－4）。

整合不同企业文化、不同管理风格、不同价值观的企业，进而创造更多的价值，对并购双方都存在巨大的挑战。

从战略依存度来看，主要是指并购双方的相互依赖程度，在不同的情况下，这种依存度有高低之分；从经营自由度来看，目标企业在并购后受到收购企业的管控，主要取决于放权程

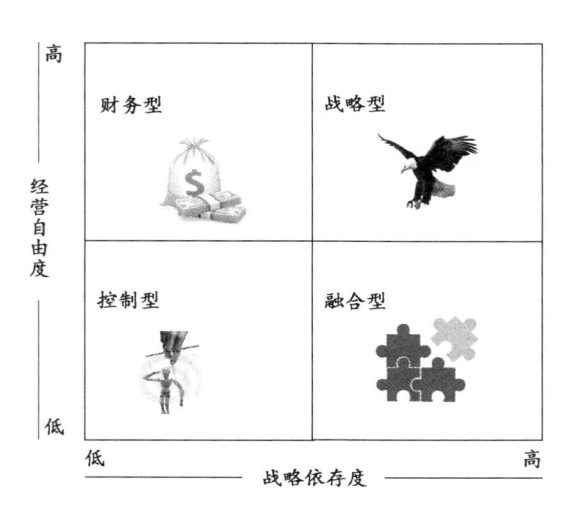

图 10—4　并购整合的类型

度的大小。并购整合应当以战略为导向,根据不同的管控类型,选择不同的整合模式。

财务型整合

财务型整合只是获得目标企业的产权,主要包括目标企业的股权和资产等,同时被动地获取相应的收益。在很大程度上来讲,这只是名义上的并购,并购方没有获得目标企业真正的控制权,也不能影响目标企业的战略、经营,更不能实现管理和文化的整合。正因为并购方对被并购企业没有控制权,它除了能将被并购企业的资产和收益体现在自身报表(合并报表)中之外,不能主动地控制被并购企业的现金流和分配的股利,而只能被动地获取收益。

> 由于整合能力的差异,股权比例的大小往往不能完全替代法律赋予的权利和义务。

许多以合并报表、上市圈钱为目的的并购就属于这类整合。例如,国内中小创公司普遍估值很高,特别是成长型的中小创企业,往往估值为 40～50 倍甚至更高。然而在一级市场上,这些企业的估值只有 10～20 倍。有些上市公司通过定向增发从一级市场上购买企业,注入二级市场,从中赚取巨额收益。

控制型整合

对于控制式整合,并购企业在进行并购活动之前,优先考虑的不是获得战略上的协同,而是看重被并购企业的资源。这种模式适用于并购双方战略依赖性不强、组织独立性需求很低的并购活动。并购方应侧重于考虑并购双方资产管理整合的问题,充分利用资产,最大限度地达到并购的目标和预期效果。

并购方能获得被目标企业的控制权,并在一定程度上影响被并购企业的战略、经营和财务,能主动要求分配股利。出于分散经营风险、降低交易成本、寻找增长点等一系列原因,企业依赖于并购扩大规模、放大经营杠杆,但由于目标企业与并购企业之间的战略依存度较低,双方在协同效应方面难以发挥明显的效果。此外,目标企业是完全不同的行业,并购方缺乏必要的运营经验、人力资源和社会资源,只是拥有一定的财务资源,因此不得不着重于结果考核。

2015年,黄河旋风(股票代码:600172)以4.2亿元收购上海明匠,曾经年利润超亿元。2018年黄河旋风发布两则公告,透露出由于上海明匠"不服从公司安排,拒不提供审计资料",黄河旋风已失去对其的控制。并购重组后子公司失控,相似的一幕也曾出现在新日恒力、华测检测、先锋新材等上市公司身上。

战略型整合

借助共生式整合模式,并购完成后,并购双方依然各自拥有独立的经营权,但在战略方面相互协同,相互借鉴和吸收对方的管理技巧。该模式最有吸引力,对管理者来说也最具挑战性,适用于并购双方在战略上相互依赖,同时双方组织独立性需求较高的情况。

并购企业会对被并购企业的战略、经营、财务进行调整和优化,并注重使被并购企业在战略、经营和财务上与并购方形成协同效应,创造新的价值,但是并购方常会保留被并购企业的品牌、管理风格、企业文化等。

2019年8月,伊利集团(股票代码:600887)宣布通过全资子公司香港金港商贸控股有限公司,以2.4亿新西兰元(约合11亿元人民币)收购新西兰第二大乳企Westland Co-Operative Dairy Company Limited(以下简称Westland)100%的股权。伊利表示,将通过本次交易获取优质、稳定的新西兰奶源,进一步提升公司的竞争力;同时,有助于拓展公司海外业务,丰富产品组合,提升公司整体品牌影响力。

融合型整合

如果并购双方在战略上相互协同,同时,并购企业的组织独立性需求程度较低,就可以把并购双方各自的组织、经营、资源以及文化等进行全面的整合。在这种模式下可以实现资源共享,避免重复提高经营效率。在对目标企业进行吸收整合时,目标企业将被并入母公司的结构之中。整合管理的重点不在于是否需要整合,而在于何时、以何种速度进行整合,前提条件是要允许并购企业能全面吸收和利用先进的管理技巧及文化理念。

并购整合成功与否,企业文化能否融合是其中的一个重要因素,也是决定并购整合企业在规模做大以后能否持续做强做优的因素。并购企业会调整被并购企业的管理风格和文化,用本企业的文化去融合被并购企业的文化,最终控制被并购企业的战略、经营和财务,使被并购企业与并购方在战略、经营和财务上形成协同效应,最终两家企业在管理风格和文化上融为一体。

在管理、经营、财务、文化等方面越是优秀或者越是强势的企业,其对目标企业的整合就会越深入。

并购完成后,必须将双方企业价值观的融合问题放在优先考虑的位置。企业文化融合的目标是共生、共创、共荣,企业文化的融合不是简单的文化兼并和渗透,而是文化的提升和再造,以追求整体成功。[1]从海尔成功收购三洋电机的案例可以看出,并购之前,双方有着接近10年的合作关系,在销售渠道、生产技术、人员交流方面有全面的合作,双方对彼此的企业文化都有初步认知。例如,将日本的酒文化融入管理中,运用酒文化与企业员工拉近距离,通过酒与他们深入沟通交流。此外,推出退休人员再雇佣制度,同时把关于奉献、团队合作、个人创新的海尔文化也带到日本,在日本生根。

资料链接 10—2　潍柴并购凯傲集团的并购整合效果

2012年9月,潍柴出价4.67亿欧元以增资的形式收购了凯傲集团25%的股权,成为公司第二大股东。同时,潍柴以2.71亿欧元收购凯傲集团旗下林德液压70%的股权,成为其控股股东。此后,潍柴在2013年6月和2014年1月两次增持凯傲集团的股份。至2014年6月,随着原有大股东施普雷德在二级市场上的减持,潍柴最终成为凯傲集团的控股股东,实现了对凯傲集团的并购。

1. 潍柴获得关键资产,发展进入快车道

世界上的高端液压件为德国博世力士乐、日本川崎、美国伊顿等公司所垄断。潍柴对凯傲集团旗下林德液压的收购，改写了中国液压产品落后的格局，有效改善了高端液压件严重依赖国际巨头的现状。潍柴借此搭建了"液压系统＋动力总成"的产业链条。同时，借助潍柴在国内完善的柴油发动机销售网络，林德液压的产品被应用到三一重工、中联重科、徐工集团等潍柴老客户的产品上。2014年，林德液压与潍柴在中国成立林德液压（中国）有限公司，并于次年形成产能。2017年，林德液压（中国）销量达1.24万套，同比增长104.3％，主流工程机械大客户的订单占比超过一半。此外，海外业务的发展使得潍柴在全球范围内分散了经营风险。2015年，潍柴的国内收入大幅下滑，依靠海外业务带来的利润实现了总体盈利。2017年，潍柴的营业收入突破1 500亿元，其中40％来自海外。

2. 凯傲集团成功上市，各项业务恢复造血机能

巨额财务成本一度是凯傲集团进一步发展的包袱。2012年潍柴注入资金后，凯傲集团的财务费用显著降低，并实现盈利。为进一步降低资产负债率，凯傲集团在2013年2月出售了林德物料搬运公司的集装箱搬运设备业务。2013年6月，凯傲集团成功在法兰克福交易所上市。2014年11月，凯傲集团在捷克投资生产林德前移式叉车，进一步巩固了在欧洲市场的地位。

此后，凯傲集团开始在市场布局较为薄弱的亚太和北美等地区发力。2016年，在潍柴的帮助下，凯傲集团以21亿美元全资收购了全球领先仓储物流集成商美国企业德马泰克。2016年凯傲集团营业收入达55.87亿欧元，比上年增长9.6％；2017年营业收入达64.25亿欧元，增长15％，叉车销售首次突破20万辆，占全球市场份额的15％。凯傲的股价也反映出企业的状况，2013年上市时为24欧元，2017年一度上涨到81.95欧元。

凯傲集团从与潍柴的协同中受益。从2014年起，凯傲宝骊叉车开始配套潍柴的发动机，宝骊叉车的市场推广也得到了潍柴的帮助。2016年3月，凯傲宝骊与潍柴的兄弟公司山重租赁达成合作协议，建立叉车融资租赁长期合作关系。2018年1月，凯傲集团与浙江中力机械达成全球独家战略合作伙伴关系，凯傲集团入股中力机械研发电动叉车。

3. 施普雷德逐步止损退出

潍柴未注资前，凯傲集团的资本由施普雷德运作。施普雷德作为

财务投资者,不仅持有凯傲集团的股权,还对其进行债务融资。凯傲集团上市前,施普雷德将1.181亿欧元的股东贷款转换为股权。2013年底,潍柴行使期权,购买施普雷德持有的凯傲集团3.3%的股权。2014年1月7日,施普雷德以29.50欧元的价格出售1070万股,约占总股本的10.8%。2014年6月和11月,施普雷德分别出售了7.6%和8.1%的股份,收回投资约4.7亿欧元。2015年一季度,施普雷德出清了剩余的18.8%凯傲集团股权,其中所持的4.95%股权转让给了潍柴。施普雷德总计收回投资约16亿欧元,相比当初资不抵债的状况,亏损已有所弥补。

从上述分析可以看出,潍柴并购整合凯傲集团获得了较好的效果,并购方、出售方及被并购企业都获得较好的发展。很显然,这一并购不同于常见的并购后立即寻求控制权的跨国并购整合案。首先,潍柴的交易方案中,最初仅对自己关注的林德液压进行了控股,对凯傲集团注资参股。在这一独特的设计中,并购不是追求一次性地实现绝对多数股权,甚至于在初始阶段并不追求第一大股东地位,而是谋求随着双方业务合作的加深再增持股份。其次,潍柴特别强调兼顾各方的利益,努力寻求各方在长期的合作中共同受益。并购在解决凯傲财务杠杆问题的同时,也兼顾了凯傲集团大股东的利益。再次,潍柴在整合过程中,充分尊重标的企业的利益。按照潍柴的初期设想,并购林德液压后,能够较快地实现其技术与国内生产的协同,实现"液压系统+动力总成"。不过,整合中,林德液压的员工表现出对技术转移的担忧。因此,潍柴在并购后并未着手在国内建厂,也没有强调技术向国内的转移。不仅如此,潍柴还将中国的订单源源不断发往欧洲交由林德液压。在并购两年后,德国员工的疑虑逐步消除,双方建立了良好的信任关系,林德液压开始在中国建设工厂和研发中心。最后,产业链嵌入性带来的互补作用促进了并购整合。从产业格局上讲,动力总成与液压系统在产业链条上互补。并购后,潍柴既不用出让自己的市场份额给标的企业,又能够将标的企业的产品嵌入自己的产业链之中。同时,潍柴可以通过自己的经营与销售经验,帮助标的企业更好地适应国内市场。

资料来源:周英超,李东红.在合作共赢中实现跨国并购整合——以潍柴并购凯傲集团为例[J].国际经济合作,2019(4):108—114.

10.3 并购整合管理

并购是一项高利润并伴随着高风险的商业行为,目前我国企业并购成功的例子并不多。完成并购并不难,难的是企业并购之后的整合,如果跨国并购后的整合不能达到实现战略、经营和管理等多方面协同这一预期目标,那么将最终导致企业并购的失败。企业外部环境的剧烈变化导致并购后的问题日趋复杂,新的整合问题层出不穷,因此企业必须加强并购整合管理,依据具体并购实践,创新并购整合方式,提高并购的成功率(参见图10—5)。

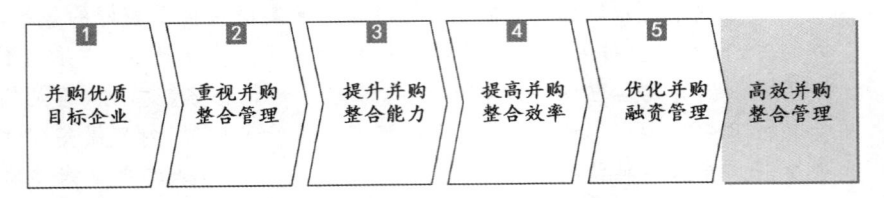

1	2	3	4	5
并购优质目标企业	重视并购整合管理	提升并购整合能力	提高并购整合效率	优化并购融资管理

高效并购整合管理

图10—5　并购整合管理的关键举措

并购优质目标企业

成功的并购整合方应当具备"三个代表"的特质:第一,公司应当是效率和效益的代表,代表先进的生产力;第二,公司应当具有先进的、代表社会和产业发展方向的企业文化;第三,并购方能为被并购企业的利益相关者(股东、员工、债权人、客户等)带来更好的利益或提供更好的服务。

> 收购者在收购时对潜在的协同效应和杠杆效应考虑越多,就越有可能产生良好的财务后果。

彼得·德鲁克曾指出:"公司收购不仅仅是一种财务活动,只有在整合业务上取得成功,才是一起成功的收购,否则只是在财务上的操纵,这将导致业务和财务上的双重失败。"如果并购目标是一些面临倒闭或经营不佳的企业,并购成功的可能性就会很低。企业要避免"捡漏"心态,在选择并购目标企业时,宁可以"高价"买入优质企业。"今年我们做了两项资产出售。资产卖完,人、资金腾出来,还可以寻找新的更合适的项目。这改变了一些人对中国国企'从来就是买东西'的不正确认识。"在五矿集团高晓宇看来,有了十几年海外矿业的经验,企业的发展理念更加成熟了。"我们要像国际矿业巨头那样持续地通过买卖资产

> 应选择优质企业,以强强联合的高质量并购为重点。

优化资产组合,把最优质的资产攥在手里。"[2]实践中,通过分析一些成功和失败的并购案例,可以归纳出并购交易应该遵循以下五项基本法则:

1. 并购必须有益于目标企业;
2. 并购必须具备一项促成合并的核心因素;
3. 收购方企业必须尊重目标企业的经营活动;
4. 在大约一年时间内,收购方企业必须能够向目标企业提供上层管理;
5. 在并购的第一年内,双方企业的管理层都应该有所晋升。

重视并购整合管理

尽管说并购是企业发展的重要战略手段,但是很多企业强调并购谈判和签署协议,对并购整合的重视程度不够。具体表现在以下 3 个方面:一是企业没有将并购与管理整合工作有效结合在一起,通常在签订企业并购协议以后,才能开展相关的管理整合,出现了较为明显的滞后性,不利于并购后管理整合水平的提高;二是缺少较为科学、完善的管理整合策略,很难就并购后的实际整合内容进行全面、系统的概括;三是企业在并购过程中并没有建立起完善、统一的沟通机制,严重阻碍了并购后企业管理者与相关人员的信息沟通与交流,企业的管理整合效率难以得到有效提升。[3]

企业要运用内外资源,建立起一套行之有效的并购整合模型。

企业必须提高整合管理工作的重视程度与认知程度,通过人力资源、文化、制度等方面来加强整合管理工作,其中尤其要关注企业文化整合,因为企业文化差异是导致并购失败的最普遍原因。在整合管理过程中,企业必须认真深入地进行调研和分析目标企业,通过耐心评估,不断地纠正偏差,充分发挥并购整合的战略价值,实现企业并购后的可持续发展。

提升并购整合能力

整合是并购价值创造的"主战场",企业只有具备或发展相应的整合能力,才能有效管理和推动整合的实施进程,实现并购战略和整合能力的完美对接。并购整合需要企业领导人具有非凡的眼光,要对所处行业具有很强的洞察力,能清晰地定位本企业在产业发展中的位置,同时采取有效策略(参见图 10—6)。

投资并购实务：理念、工具和实践

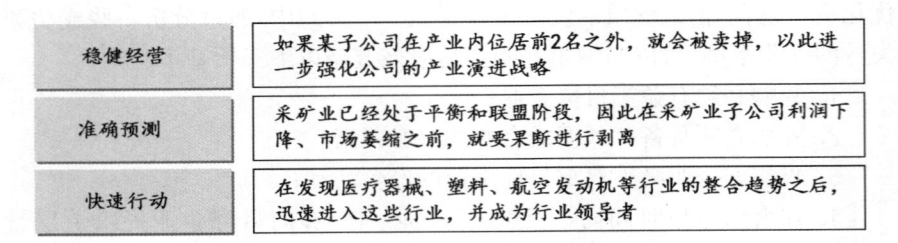

稳健经营	如果某子公司在产业内位居前2名之外，就会被卖掉，以此进一步强化公司的产业演进战略
准确预测	采矿业已经处于平衡和联盟阶段，因此在采矿业子公司利润下降、市场萎缩之前，就要果断进行剥离
快速行动	在发现医疗器械、塑料、航空发动机等行业的整合趋势之后，迅速进入这些行业，并成为行业领导者

图10-6 韦尔奇在通用电气的做法（示例）

随着企业并购整合流程的成熟，整合能力本身也会成为企业核心能力。

并购活动不仅仅是买设备、买技术、买土地、买股权、买品牌，完成并购手续只是并购的第一步。在并购整合的过程中，如果没有充分认识到被并购企业经营环境和整合互补的重要性，一旦处理不当，就会导致并购双方矛盾重重，造成不可挽回的局面。进入知识经济时代，企业管理出现了十大主要方向（见图10-7），这对企业管理能力提出了更高的要求。企业必须与时俱进，塑造学习型组织，不断提升整体管理能力。

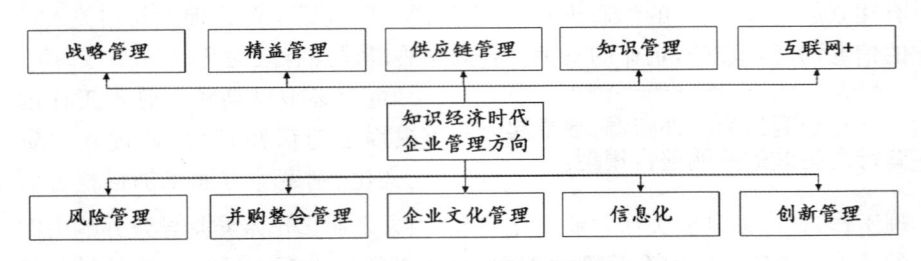

```
战略管理   精益管理   供应链管理   知识管理   互联网+
              ↓   ↓   ↓   ↓
           知识经济时代
           企业管理方向
              ↓   ↓   ↓   ↓
风险管理   并购整合管理   企业文化管理   信息化   创新管理
```

图10-7 知识经济时代企业管理方向

整合不利可以视为收购方缺乏并购管理能力的外在表现。并购运作能力、并购管理能力3个要素。[4]

并购初期给予目标企业充分信任，尽量保持目标企业原有的经营模式和人员结构，不要贸然改变，以免出现经营不善、人才流失等现象。

并购能力基于企业掌握的内外资源，通过一系列并购活动构建企业核心竞争力，包括企业拥有的资源、整合管理能力的高低直接决定企业并购绩效的好坏，是企业并购能力的重要组成部分，主要包括整合设计、整合开展、沟通与协调和吸收能力4个方面。

提高并购整合效率

并购交易后往往面临着企业资源重新配置问题,并购后整合工作如何快速、高效地实施,成为决定企业并购成败的关键性手段。并购整合时,关于管理层的结构,关键人员的留用、解雇,结构重组以及其他与职位有关的决定,应在并购协议签订后尽快实施,如果可能,最好是在几天之内宣布并实施。

建立一个具有扩展能力的信息平台,能够迅速整合被收购公司,使得运营和服务的混乱程度最小化。

如果决定迟缓,让一些不确定因素和顾虑延续好几个月,就会把并购可能产生的价值消耗得一干二净。实践中,充分利用IT平台,可以有效地提升整合的速度。例如,在宝钢股份合并武钢股份过程中,制定了宝武整合"百日计划",成立公司联合重组工作领导小组,组建了营销、采购、研发、财务、信息化5个整合专项工作组,由公司领导挂帅分管。伴随"百日计划"的深入推进,逐渐探索形成了一整套工作机制,为宝武后续深化整合、融合奠定了坚实基础。

优化并购融资管理

在企业并购中需要在短期内投入庞大的资金,如果单靠企业内部积累是很难做到的,融资策略是并购成功与否的关键问题。在并购过程中选择合理的融资方式,可以大幅提升并购成功的概率,如果所选择的融资方式不当,将加重企业的财务负担。为并购活动专门开展的融资活动,必须与并购支付要求相匹配,如融资过多,会造成资金闲置浪费;反之,则无法满足并购需求。

通过对企业并购融资方式的分析,企业可以对不同并购融资方式进行全面的了解,在此基础上,企业还需要积极利用国家相关政策与有利的市场环境,积极拓展并购融资渠道,丰富融资方式,为企业并购融资提供更加有利的条件,确保企业并购成功。[5]

资料链接10—3　并购整合的成功之道

并购中,整合决定着并购项目的最终成败。对于语言有异、文化有别,且所处法律环境迥异的跨境并购项目来说,其整合任务尤为艰巨。在跨境并购项目整合案例中,文化冲突、管理不善、业务无法协同、人才流失、经营战略失误等因素是导致整合失败的主要原因。面对跨境并购的整合难题,"走出去"的中国企业应当如何制定整合策略,实现交易价值,需要相关人员进行更深入的思考。

1. 明确并购整合的战略目标

整合的前提是明确收购的目的,即企业开展此次收购的战略目标,以便对整合的关键问题做出回答。例如,是否需要整合被收购企业?被收购企业的哪些职能需要保留或放弃?管理模式和组织架构是否需要调整?既有人员如何安排?双方企业的市场、渠道、供应链、信息系统、财务及税务系统、研发中心、共享中心等如何协调?这些问题都应当在正式进入整合阶段之前,甚至在最终合同签订之前,在并购阶段就开始进行规划。

2. 妥善的人员安排

成功的整合需要提前对人员做出安排,包括承担整合任务的自有人员配置、外部专家的协调、被收购企业的人员调整3个方面。聘请合适的外部专家则可以弥补自身整合人才及经验不足的短板,有助于企业更好地运用访谈目标公司管理层、与工会沟通和进行经营激励等方式。对被收购企业人员的调整,则要以尊重对方的企业文化为前提,并在相应的人力资源尽职调查的基础上,通过建立关键人才识别模型,实施差异化的调整方案。在此过程中,不可忽视工会或当地传统文化的影响以及员工心理预期的变动,避免因大刀阔斧的人员调整而影响企业的正常运转或形成负面的社会影响。

3. 大力推进企业制度和流程的协同

实现两种不同企业制度及关键流程的协同,需要企业做好研发、生产、市场、财务、税务等不同职能部门的功能整合。企业内部的关键流程可以分为以下8个方面:一是销售流程,即从接单到完成供货、收款的整个流程,涉及企业内部不同职能部门的互相配合;二是采购流程,也包括从下单到钱货两讫的整个流程;三是固定资产管理,即企业所拥有的房地产、生产设备等各式各类的固定资产,从购买、维护、折旧到维修、报废的全部循环过程;四是库存管理,即对原材料、半成品、成品进行的存货管理;五是资金管理,对于跨国企业来说,涉及从现金流、银行存款到外汇管理、全球资金管理的更为复杂的流程;六是税务管理,企业跨国运营除了要了解本国税收要求,还需了解运营所在国家的税收要求,以及国与国之间的税收协议;七是人力资源的管理,即从招聘、入职、在职到离职的整个流程;八是财务数据的报告,即生成以人民币计价、符合我国会计报告准则的财务报告,涉及不同货币的汇率换算、不同会计准则的调整等内容。

4. 注重企业信息整合

双方企业都可能在过去的发展过程中，出于不同的管理需求，建立不同的管理系统，而每个管理系统又有不同的基础架构和供应商。由于这些管理系统都积累了大量的历史数据和关键信息，不能随意舍弃，因而在企业并购整合时，会面临在两家企业的错综复杂的管理系统间如何建立起互通有无的连接通道的挑战。这时，企业可能需要一些专业软件和整合工具的帮助，通过采集不同管理系统的具有价值的财务信息、生产信息、管理信息等关键信息，整合成为数据库，供企业随时调用。

资料来源：李茜．重塑并购整合思路[J]．中国外汇，2018(19)：58—59．

注释：

[1]徐立平，张志发．并购整合型企业文化融合的探索实践[J]．安装，2016(4)：18—20．

[2]刘志强．中国的跨国公司什么样？[J]．南方企业家，2017(6)：11—13．

[3]李芸．论企业战略性并购中的整合管理策略[J]．中国国际财经(中英文)，2017(3)：19+47．

[4]张娟．并购战略、整合能力与跨境并购——基于万向并购 A123 的案例研究[J]．中国商论，2017(25)：77—79．

[5]陈华．企业并购融资方式选择及优化研究[J]．营销界，2019(34)：59—60．

第 11 章
多样化的并购整合策略

企业并购是一项高利润并伴随着高风险的商业行为,正是这种"双高"特性,受到很多企业热捧。越来越多的并购行为出现在人们视野之内,不仅有国内并购,而且跨国并购也非常多。由于企业并购的高风险性,我们在实践中看到,并购失败案例比比皆是。

当硬资源和软资源发生矛盾时,要以软资源的整合为主,因为影响企业并购成功的关键在于软资源。

如果在企业并购整合过程中,硬资源和软资源出现矛盾,就要把软资源放在首要位置。通过调查分析软资源在并购整合过程中存在的难点和问题,采取有针对性的措施有效解决这些问题,保证企业并购工作能顺利进行。成功的并购整合始于系统、严谨的计划,为了更好地推进并购整合工作,需要制订任务计划表,明确主要阶段和目标,并确定责任人(参见图11—1)。

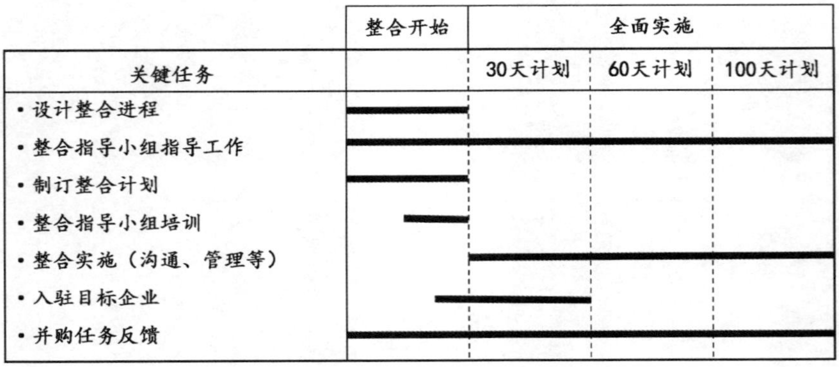

关键任务	整合开始	30天计划	60天计划	100天计划
·设计整合进程	■■■■			
·整合指导小组指导工作	■■■■■■			
·制订整合计划	■■■■			
·整合指导小组培训	■■			
·整合实施(沟通、管理等)		■■■■■■■■■■■■		
·入驻目标企业		■■■■■■		
·并购任务反馈				■■■

图11—1 并购整合任务计划表(示例)

11.1 企业战略整合

并购之难并非在于并购的完成，而在于并购之后的整合。

企业的战略是从宏观层面描述一个企业各种战略的统称，具体包含企业的技术、人才、发展、品牌、营销等多方面的战略。一个企业的战略是该企业运营发展的核心规划，不同企业根据自身的特点及目标形成了独特的企业战略，企业战略的差异性体既现在总体战略的差别上，也体现在各个具体战略的差别上。

战略整合内涵

并购企业的战略是否一致影响着并购整合能否成功，也关系着企业的未来发展，所以并购前对不同的战略进行分析，强调战略方向的一致，才能提高并购整合的成功率。具体来看，企业战略整合是指并购企业根据并购双方的内部和外部环境，将目标企业纳入其自身战略发展规划，根据对战略业务的评估结果，进行一系列战略安排和调整，使并购双方产生战略协同效应，形成企业真正的核心业务和核心能力。

对战略业务的整合要坚持集中优势资源、突出核心能力和竞争优势的原则。

战略整合贯穿于企业并购的全过程。通过并购双方的战略整合，基于双方的具体业务，进行战略上的优化组织，有效对接业务优势，更好地满足市场需求。其着眼点不在于普通的业务，而是各自的战略性业务，也就是那些从企业发展战略角度出发，构成企业长期主要盈利能力的、相对独立的业务。

战略整合内容

战略性并购可以有效地增强企业核心竞争力，而并购双方战略和价值链的整合有助于实现协同效应，从而使企业资源得到最优配置。同时，要知道对于成功的战略整合，并购双方必须要有良好的企业文化、合理高效的企业结构、严谨的战略整合体系以及强有力的并购整合管理作为支撑，从愿景使命、战略目标、竞争战略等多个层次进行全方位整合(参见图11-2)。

1. 企业使命和战略目标整合

企业使命是指企业在生产经营活动中所遵循的基本思想和行为准则，体现了企业的发展方向和理想目标，并渗透在企业经营的具体活动和整个

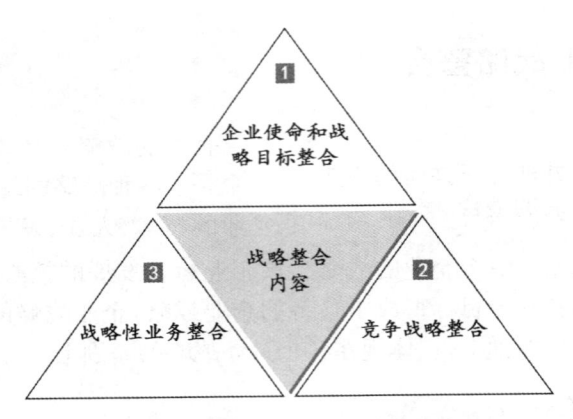

图 11—2　投资并购战略整合的关键内容

发展战略之中,反映了企业管理者的价值观和企业希望自身树立的形象,揭示了本企业与同行业其他企业在目标和手段上的差异,界定了企业的主要目标市场、客户、产品和服务范围。而战略目标是对企业战略的具体化,是企业在某一段期限内所要达到的预期结果,隐含了企业对某种竞争优势的追求。

企业具体工作要以战略为导向,围绕战略目标的实现而开展。

通过企业使命和战略目标的整合,可以让并购双方更好地融合在一起,明确战略发展方向,增强企业的凝聚力,实现长期持续稳定的发展。

2. 竞争战略整合

并购双方企业不仅存在使命和战略目标的差异,而且在竞争优势方面同样存在巨大差异,因此企业重新审视自己的竞争战略,明确核心竞争力,制定出适当的竞争战略,尽快传达给企业的所有员工。

并购采取新型"伙伴策略",即保留被收购企业的独立性并允许其自主经营,以渐进的方式实现融合与共赢。

通过竞争战略整合,明确并购双方在特定的产业或市场中的竞争地位,集中优势资源改善竞争地位,力争赢得竞争优势。如果没有正确的战略指导,不仅不能取得并购的成功,甚至可能危及整个企业的生存和发展。事实上,只有在不断追求发展壮大战略的指导下,企业的并购活动才能促进企业的长远发展,通过强强联合创造出新的竞争优势。

3. 战略性业务整合

并购方在综合分析目标企业情况后,会把它纳入自己的企业发展战略,对目标企业的资源进行综合配置,使并购双方企业的经营相互融合、相互支持。对于我国很多产能过剩的行业(如钢铁、家电、玻璃、煤炭和电子行业等)来讲,如果不寻求更高的战略目标,就会在产业整合过程中被淘汰。因此,必须从战略角度来审视整个行业的发展,争取进行主动并购,占领先机。企业战略整合的重点在于战略业务重组,围绕核心能力构建战略资产。

> 企业并购可以实现对管理效率的优化和提升,通过双方资源的重新配置,实现管理提升,促进企业业绩增长。

战略整合策略

如果被并购的企业不能很好地与企业的整体战略相互融合,就很难发挥出相应的协同效应。[1]进入并购整合阶段,无论是拥有的资源数量还是所处的环境都出现巨大变化,因此企业必须重新盘点现有的资源,从整体角度出发,采取多种有效策略,优化配置资源(参见图11-3)。

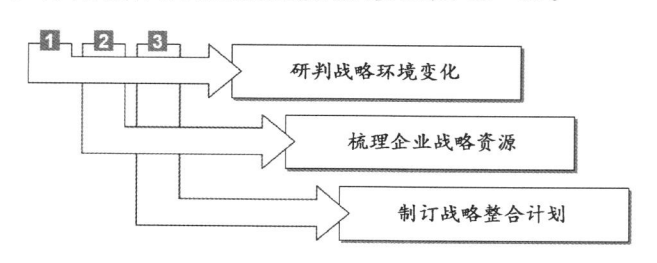

图11-3 投资并购战略整合策略

1. 研判战略环境变化

战略环境的变化会对企业的行为起到制约作用,而且能影响企业面临的机会和威胁。只有深入、细致地对战略环境进行调研和分析,才能准确把握市场需求,认清公司自身的优势和劣势。战略环境分析直接关系到公司投资方向、投资规模、研发投入、营销策略和公共关系等一系列决策。从更广阔的视角来看,任何一个大商机的出现都是对社会大势的反映,只有洞悉并准确判断这种社会大势,才能充分利用这种商机。

2. 梳理企业战略资源

企业在发展过程中必须全面考虑各方面的情况,包括结构、制度、风格、员工、技能、战略、共同的价值观等。也就是说,企业仅具有明确的战略和深思熟虑的行动计划是远远不够的,因为企业还可能会在战略执行过程中产生失误。因此,企业必须详细梳理战略资源,诸如财务资源、市场资源、人力资源等,只有将战略资源进行合理有效的配置,才能更好地发挥战略协同作用。

3. 制订战略整合计划

为了实现企业战略上的协同,除了拥有科学、合理的战略整合体系和高效的整合管理之外,还必须制订可操作性的战略整合计划。实践中,战略整合计划的制订是一个反复修改的过程,随着内外部环境的变化而不断发生变化。

企业并购的成功不仅取决于整合方案的设计和实施,还与整合过程的管理和监控有一定的关系。根据并购后新企业的使命与目标、总体战略、经营战略,运用科学的方法与技巧,将"刚性""柔性"工具和方法结合在一起,采取有效措施,实现战略的真正融合,推动企业整体竞争力不断提升。

资料链接 11—1　战略整合七要素法

并购后战略整合任务是最复杂的公司治理活动,涵盖现代管理学范畴中绝大部分研究对象和课题,本文所研究的 7 个核心要素是战略整合过程中最具代表性的治理维度,在中国企业境外并购实践过程中有相当大的普遍性和现实意义。

1. 公司愿景与定位

并购后的公司整合战略需要详细的规划与定位(程畅,2016)。作为战略整合的第一核心要素,公司愿景与定位是其他六个要素的基础以及公司治理的决策基石,是企业合并之后上层建筑的优化和重构,也是公司战略整合进程中最关键的宏观治理任务。只有具备了明确的发展方向和准确的战略定位,整合才开始迈出实质性的一步,以应对并购后治理层面上的微观问题。限于研究范围,这里不考虑个案的具体战略定位,而是讨论并购方在面对众多可能性时如何选择与目标企业相适应的愿景和战略定位。企业愿景和定位反映的是并购方的核心价值与经营理念,与其他核心要素相互作用,服务于新企业的战略整合进程。同时,作为并购交易后最高层级的工作任务,需要大量时间进行前期研究,执行团队必须时刻保持重构企业的勇气和心态。

2. 商业模式

无论公司愿景与定位如何选择,并购之后作为一个整体,必须重新调整或优化公司赖以生存的商业模式。无论是并购方还是被并购方,也不论并购的过程多么完美适配,在未来,团队、技术、市场和竞争格局都在变化,为了实现新的使命和战略目标,必须对商业模式进行适当的调整和优化,以适应新的变化。商业模式的调整和优化是一个动态过程,尤其在涉及价格战略与利润目标、市场占有率等有关并购绩效的取舍上，还需服从公司整体经营战略与发展目标。

3. 经营战略与目标

大多数交易未能实现并购目标的直接原因，是为企业设定了不科学或不切实际的经营目标，从而难以实现预期并购绩效。并购是在时间、资本、团队等多种条件约束下的一项复杂的项目管理（刘传艳、刘文锋，2016）。从形式上看，并购与公司重构和企业再造相当；从难度上看，整合风险伴随全过程，充满难以想象而不可预知的新问题；从过程管理来分析，为并购设定切合实际的经营指标就显得尤为重要了。

4. 人事与激励

并购完成后的战略整合过程中，应重新制定和优化人事整合与激励战略，确保实现并购后的预设经营目标。战略实施首先是要解决人的问题，其次是战略本身，否则宁可不为，也不要盲目推动一个看似诱人的交易。上述3个方面均为整合战略层面上的"布局"要素，人事组织与激励则是整合战略中的"人"的因素，由人来实施战略是整合的关键所在，往往也是最难逾越的一道坎。不同于其他战略核心要素工作，人事和组织需要大量外部顾问介入，包括招聘培训、解聘方式、期权计划等涉及人力资源优化的整合任务。

5. 战略实施

从执行力角度讲，战略即执行，再完美的战略若没有强有力的实施行动，则一文不值，尤其是境外并购，执行意味着一切。世界上最优秀的公司强调执行力的重要性，依赖超强的执行力完成并购后的战略整合。但中国企业境外并购整合往往缺的不是执行力，而是完整、详实的战略执行计划，主要体现在如何建立内部决策管控与应对机制上。由于战略资源和环境是一个动态博弈过程，执行整合战略应根据不同阶段战略目标而有所变化。

6. 战略优化

在前面的战略制定及战略实施过程中，由于受到战略资源配置条件约束、执行过程中的效率原因、受到其他外部条件的冲击，战略需要根据所有现实情况不断优化和调整。战略优化不会频繁地进行，但为优化做准备的工作需要贯穿并购整合全过程，比如需要关注战略绩效和预算进程等。

7. 整合战略之上

前面1~6项任务均属于非系统性风险下的内生工作，与之对应，一项交易的整合战略之上的工作则属于系统性风险下的外生任务。整合战略之上工作的影响因素包括企业再并购、同步多并购等内在因素，以及世界经济环境、自然灾害、战争、政治、宗教等外在因素。

总之，战略整合七要素法是一套项目任务细分和解决问题的方法集合，与企业治理和项目管理的其他方法一样，具体运用时也有前提条件：(1)战略整合者自身的企业治理状况良好，有完善的管理体系及健全的运营制度；(2)为境外并购储备了充足的资本并且获得国际金融机构的信贷支持；(3)核心团队稳定，在并购标的所在国具备拥有丰富经验的市场、运营、法律等人才，这一切都会为并购本身和后续战略整合提供保障，也是战略整合七要素法实施的前提。

资料来源：夏光华．中国企业跨境并购中的战略整合策略[J]．产业经济评论，2016(6)：87－104．

11.2 企业文化整合

实践中，很多并购之所以未实现预期目标，大部分是由并购双方的企业文化冲突导致的。企业文化整合的效果直接影响企业技术、业务、人力、财务等方面的整合，文化差异造成的沟通障碍、矛盾冲突在很大程度上阻碍了并购企业的成长与发展。[2] 企业文化整合是整合的核心之一，只有被并购方充分了解企业文化的发展方向，并购后的双方才能形成合力（参见图11－4）。

> 并购可以看作两个或两个以上具有不同文化体系的企业结合在一起，以期实现文化协同效应的过程。

企业文化整合内涵

企业文化是企业的灵魂，是推动企业发展的不竭动力。它包含非常丰富的内容，其核心是企业的精神和价值观。这里的价值观不是泛指企业管理中的各种文化现象，而是企业或企业中的员工在从事经营活动时所秉持的价值观念。并购整合不仅要获取目标企业的资源和经营控制权，还需要通过企业文化的整合，获取并购后企业发展所需的无形资源，推动以企业文化为核心的无形资源整合，并通过重组与协同的方式来实现新的价值创造。

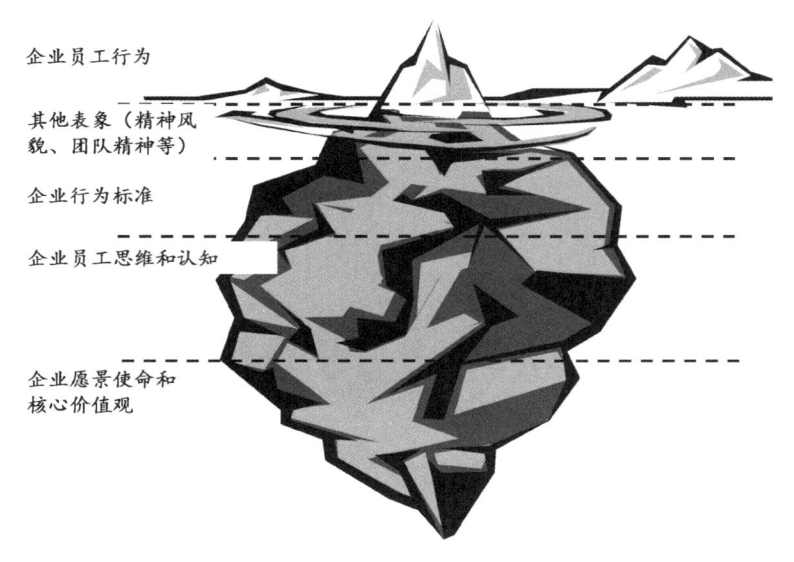

图11-4 并购整合受企业文化影响巨大

不同的企业文化没有优劣之分，只有适合与不适合的区分。 由于企业面对的经营环境、战略目标、竞争对手不同，因此并购双方有不同的企业文化，这是在其不断发展过程中所独立形成的文化，体现企业员工共同的价值观、制度体系和行为准则。例如，在吉利集团并购沃尔沃的案例中，并购双方就不可避免地存在巨大的文化差异，吉利更注重控制成本，而沃尔沃则更注重质量、安全舒适以及高价位、高品质。

企业文化形成的长期性决定了文化整合的长期性和艰巨性，因此企业并购时不能简单地将本企业的文化生硬地植入目标企业。

企业的经营理念是企业活动的根本准则，是通常情况下企业的日常管理运营都必须遵循的根本思想。

成功的企业文化整合是推动企业持续发展的关键动力，能够引导员工的思想和行为，有效实现并购双方企业的高效融合。如果在并购整合过程中，无法及时化解并购双方的企业文化冲突，那么就容易导致并购双方矛盾重重，缺乏凝聚力。反之，如果提前做出谋划，采取有效措施实现企业文化的整合，那么就能够激发员工的积极性和创造性，实现"1+1>2"的协同优势，达成并购的预期目标。

企业文化整合难题

在企业并购案中,发生了许多因并购后双方公司文化不兼容,未能合理处理文化差异,由此产生文化冲突并导致并购失败的案例(参见图11-5)。

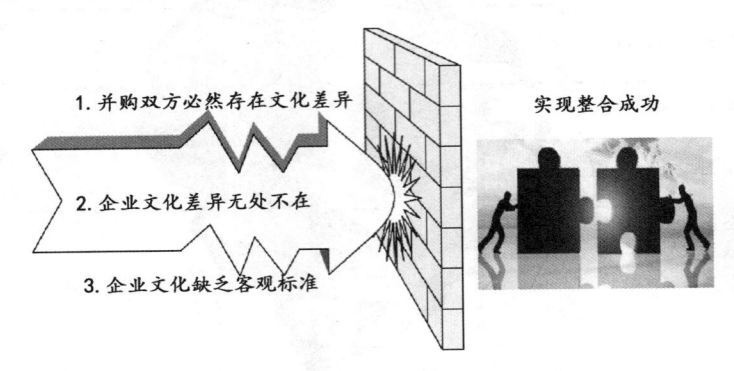

图11-5　企业文化整合存在的难题

1. 并购双方必然存在文化差异

如前所述,并购双方企业都在发展过程中形成了独有的企业价值观,即企业在运营中遵循的基本理念和追求的目标。这些企业文化是员工共同遵循的,也是支持员工工作的精神支柱,能够产生巨大的凝聚力,激励员工团结工作。

实践中,企业在并购过程中更多是从宏观战略层面出发,而对具体层面的制度关注不足,缺乏相应的计划,造成并购后难以整合双方的具体业务,对并购产生不良影响。[3]

有的收购方为了实现对目标公司的"控制",从母公司派出不熟悉当地市场环境和规则的人员进入目标公司管理层,结果不仅没有达到"控制"的目的,还可能造成管理失序。

2. 企业文化差异无处不在

如果并购双方企业文化融合不好,管理风格和员工价值观、行为模式的差异过大,则会引发内部冲突。然而,很多并购企业在整合过程中往往会忽视企业文化整合,从而导致并购失败。

企业文化的差异和冲突表现在很多方面。例如,有的收购方不尊重当地规范和价值观,不尊重目标公司原有企业文化,导致信任危机和核心人才大量流失;有的收购方违背或者不尊重当地习惯和规则,导致当地公司联合反对;有的收购方过于追求短期成本节约而损害了目标公司长期价值的提升。

> 文化整合是成功并购的"润滑剂"和"助推器",缺乏企业文化整合的企业难以获得持续性的发展后劲。

并购企业与被目标企业之间的文化整合,是影响企业并购战略与长期经营业绩的关键因素。事实上,只有企业文化整合顺利完成,并购双方才能在战略和管理上实现协同,并购企业才能从真正意义上影响被并购企业。

3. 企业文化缺乏客观标准

从很大程度上来讲,企业文化难以用客观标准进行衡量。企业文化并不存在最优模式,只有最适合的模式。企业文化作为一种企业意识形态,缺乏客观、统一的评价标准,这使得企业文化整合面临诸多障碍。

> 要保持原有核心文化,并培育强大的文化以吸引被收购公司。成功的文化整合的核心是排除两家公司之间差异,建立起统一的、强有力的管理团队。

企业文化受多种要素和力量的影响,并购双方的文化整合过程是长期的,需要双方员工长期共同努力、协作,并在生产经营和管理活动过程中进行磨合,不可能一蹴而就。因此,在并购整合正式开展之前,通过对并购双方的经营理念、管理方式、思维方式以及企业价值观等多方面进行分析和评估,确定企业文化整合的方案,可以帮助双方识别和预警可能发生的文化风险,从而选择合适的文化整合方案,降低文化整合失败的风险。

对于跨国并购来讲,企业文化整合更加重要。据统计,过去30年间全世界大约有65%的跨国并购没能避开失败的结局。其中有85%的CEO承认,巨大的文化差异是造成跨国并购失败的最主要原因。

在并购之前,并购双方的企业文化有很大的差异。并购后,重新调整企业文化,选取双方优秀的文化进行分析并完美地结合起来,从而克服并购双方的文化冲突。文化的统一离不开高层领导者的支持,并购后对企业的中高层要合理安排岗位;如果安排不合理,会加剧员工的抵触情绪,降低工作效率,严重的话还会导致中高层离职,随之带动相关部门人员的离职,同时可能会带走企业的核心机密,造成企业隐患。文化的整合,必须要打造一套新的文化体系,使双方员工能融洽地一起工作。

企业文化整合策略

并购前,并购双方一般都已经形成了自己独立的企业文化,因此,并购整合必须考虑到各自企业文化因素的影响。如果并购双方在企业文化上的差异巨大而导致互不相容,将增加并购整合的难度并耗费巨大的整合成本,从而影响并购双方经营战略的有效实施,降低企业价值创造能力。对于并购双方企业而言,采取有效的企业文化整合策略,实现双方文化的高度融合,无疑会极大地实现企业整合的效能(参见图11—6)。例如,美国艾默生电气公司在全球有90%的子公司是通过并购形成的,它选择并购对象的原则只有一个:"只并购与我们的价值观和文化相符的公司。"

企业文化整合是确保并购整合成功的关键环节。

企业文化整合的成功策略
- 全面了解并购双方企业文化思想
- 提高管理者的企业文化整合意识
- 制订企业文化整合计划
- 关注企业软实力

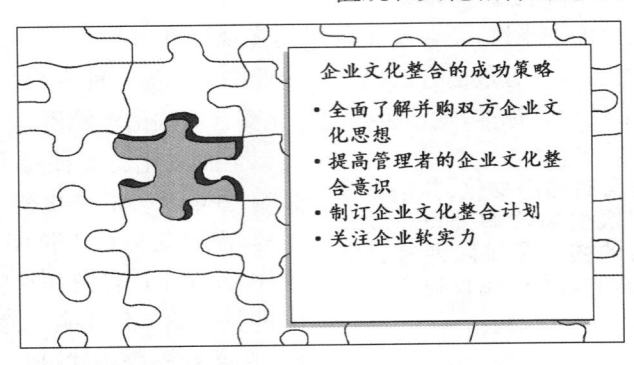

图11—6 企业文化整合的成功策略

1. 全面了解并购双方企业文化思想

并购整合过程中,企业必须对目标企业的文化进行全面调研,充分了解并购目标企业的文化,为文化整合明确科学的方向。要建立并购双方相互尊重和学习的平台,树立适合本企业的文化价值观,制定企业的管理准则。

明确企业双方存在的文化差异,才能够发现并掌握企业文化整合的要点。

任何一家企业在制定并购战略前,应做好全方位的调查和研究,不能仅仅从财务的角度考虑问题,还要对被并购方的企业文化、管理模式等多方面进行分析评估,明确并购双方的企业文化差异,寻找并购后不同文化兼容的突破口。因为企业文化决定着企业的价值观,文化整合对并购后的其他整合至关重要。

2. 提高管理者的企业文化整合意识

企业并购过程不仅仅是企业有形资源的优化组合,更重要的是企业无形资源的优化组合,即企业文化的整合。企业文化及其整合问题,既是企业并购决策的关键因素,也是并购后进行管理整合的首要问题。

并购企业和目标企业高层管理人员的态度及文化差异可能导致并购整合失败。

并购活动可能会带来企业股东和高管的变更、企业战略的重塑、企业各部门和人员的调整,稍有不慎极有可能导致员工情绪不稳。并购活动引起员工内心不安,会导致员工对企业缺乏信赖和归属感。而此时,并购方更应该严格履行并购协议中的执行条款,特别是涉及裁员、员工福利调整以及对被并购方的投资承诺等方面,这些都关系到被并购企业和员工的切身利益,要考虑周全。

文化不能够凭空而建,它既需要形式上的创新,又需要有实质的内容,更需要以具体的事例为依托。2015年3月,58同城CEO姚劲波正式确认全资并购安居客,标志着58同城正式向房产O2O领域发力。在并购后的文化整合方面,58同城与安居客存在显著的文化差异,尤其是并购双方的经营管理方式和价值观具有较大不同。58同城企业文化倾向于公司化,而安居客的创业性更为明显。不同的企业文化所吸引的客户群体也存在差异,并购后的文化整合过程中如果没有对客户需求予以充分考虑,则会造成客户的严重流失。在该项并购交易完成后,58同城作为大股东优先考虑自身的发展需求,限制了企业文化的融合,也束缚了财务协同效应功能的发挥。

3. 制订企业文化整合计划

企业文化融合不可泛泛而谈,必须根据并购双方的实际需求制订科学的计划,将文化整合与具体的企业经营活动结合在一起,明确整合内容和标准,确保绩效考核与文化整合的有机结合。例如,文化的塑造需要一个氛围,并需要在薪酬等整合的前提下,让员工对新的管理团队建立信任的基础,再推行文化整合的方案。

制订企业文化整合计划要坚持实事求是、取长补短和促进经营的原则,决不能停留在口头上或流于形式,既要讲究方式方法,又必须全面、具体、切实可行(参见表11-1)。通常情况下,无论并购双方企业文化如何,都需要经过双方文化相互接触、交流、吸收、渗透直至融为一体,塑造出新的统一的企业文化。

4. 关注企业软实力

如何避免因不同企业在整合过程中产生巨大内耗而导致并购项目在之后经营失败,高管层需要从并购战略的选择阶段开始关注企业文化。企业在提升硬实力的基础上,也要注重提升企业的责任感、道德水准等软实力,做有责任感的企业。例如,一些国外公司担心我国企业的跨国并购只是为

表 11-1　　　　　　　　　推进企业文化整合的抓手

序号	关键抓手	主要内容
1	知己知彼	在并购前期了解潜在的文化差异和冲突
2	整合愿景	树立合并后企业的发展方向,并进行沟通
3	从我做起	主动吸收其他企业先进的文化来创造"共通点"
4	重点突破	通过管理变革带动文化变革
5	借助外力	聘用具有文化整合能力的人来管理合并后的企业
6	关注机制	掌握企业文化形成的机制,推动企业文化的整合

了获得技术和生产设备、转移产品、获得品牌,一旦转移完成,我国企业马上就会离开,留下一堆烂摊子。在跨国并购中,尽管我国企业已经把跨文化整合管理提到了相当重要的地位,但是,实际并购执行过程中,企业文化管理易于形式化,这一点值得注意。

资料链接 11-2　文化整合路径:识别—定位—融合

企业文化整合是指企业在并购过程中将相异或矛盾的文化特质在相互适应和认同后,形成一种和谐、协调的文化体系。以美国在线—时代华纳合并案为例,传媒并购的文化整合路径基本可分为以下三大步骤:

1. 并购双方文化的识别与评估

文化识别就是通过掌握和比较并购双方在经营理念、价值观和行为模式等方面的差异,借以鉴别两者相互冲突以及可融合的领域。文化评估则是在分析文化差异的基础上,依据一定的指标体系对双方文化因素进行精确的评价和估量。如前所述,文化差异往往会成为并购后企业文化冲突的主要成因,因此并购双方文化识别与评估是消除文化冲突的前提条件,以便增强并购双方文化的吸引力,为企业文化的融合和重建创造必要条件。其中,区分强势文化与弱势文化是文化整合的基本前提。但这种区分往往是复杂的,不能武断地加以归类。类似美国在线—时代华纳这种具有较强互补性的纵向并购个案,强行区分"强"与"弱"并实行一厢情愿的同化,其结果只会造成更激烈的文化冲突。

2. 文化整合模式的确定与实施

在完成并购双方企业文化的识别和评估的基础上,依据双方企业的不同特点、并购类型等因素,确定适宜的文化整合模式;同时充分考虑和分析文化整合中存在的风险问题,确立文化整合的方式和时机,继而实施确定的文化整合方案。这个过程是文化整合的定位阶段,直接关系着文化整合的效果及其影响。在此过程中,选择、确定文化整合模式成为十分关键的环节。

根据并购类型和双方的文化包容度,可将文化整合模式分为3种类型:

(1)同化型。通常并购企业将自己的文化注入、嫁接到被并购企业以期完全同化对方,或者反之。同化型往往用于横向或纵向并购且强弱结合的重组。

(2)转化型。通过糅合并购方和被并购方的优秀文化,使之相互渗透并有机融合,从而形成一种混合的、超越单个组织的新文化。这种模式较适用于横向并购且并购双方的文化包容度都较强的情况。

(3)多元化型。当并购双方员工希望保留原有文化,对外来文化均表现出排斥倾向时,为了避免文化冲突造成内耗,在相当长一段时间内允许双方企业在极其有限的文化接触、交流的前提下,彼此保持各自文化的独立,以维持各自优势。这种模式较多用于纵向并购且双方的文化包容度都很有限的情况,尤其适用于强强联合的企业文化整合。

3. 并购企业文化的融合与管理

文化整合是一个长期而复杂的过程,其中文化的融合和重建都极其重要。所谓融合,并不仅仅是两种文化之间的相互适应和叠加,而是不同文化之间的接触、交流、渗透、内化的一体化过程,其中涉及对异质文化的科学"扬弃",保留并弘扬两种企业文化中优质的、科学的成分,从而塑造新的企业文化。对于多元化型的文化整合模式,融合通常意味着双方对异质文化的包容和认同。美国在线—时代华纳并购案中,两种具有显著差异的文化由于缺乏对彼此的包容和认同,使得文化整合一直难以达到预期目标,文化重塑更无从谈起。

基于融合之上的文化重塑应特别注意对弱势文化的识别和评估,从中萃取优秀的文化成分并加以创新、吸收,同时对强势文化的复杂成分也应注意科学甄别,不可向被并购方强行推行强势文化。因此,对于融合后的文化成果,有必要进行持续的文化管理,才能及时应对外部环境的变化,进一步巩固文化整合成果。文化管理主要着眼于两方面,即加强新文化传播、实行新文化再造,使并购企业保持可持续性发展。

资料来源:张立勤. 传媒并购的文化冲突成因及其整合路径——美国在线—时代华纳并购败局的启示[J]. 中国记者,2010(5):94—95.

11.3 人力资源整合

在知识经济时期,企业价值创造更加依赖于组织的研发能力、企业资本和人力资源。其中人力资源是企业并购整合中的主要因素,也是决定企业并购整合成败的关键。通过分析企业并购中的失败案例,发现有80%的并购失败案例是由"人"的因素导致失败。

人力资源整合内涵

人力资源整合是指原本就职于不同公司的人力资源队伍进行重新分配与调动,通过一定的手段与一定的奖励措施和政策,重新组建一支富有生机、目标一致、具有高效的工作效力和竞争力量的团队。[4]通过人力资源的有效整合,能够留住优秀人才,将员工的思想与企业的战略目标联系起来,实现员工和企业的双赢结果(参见图11-7)。

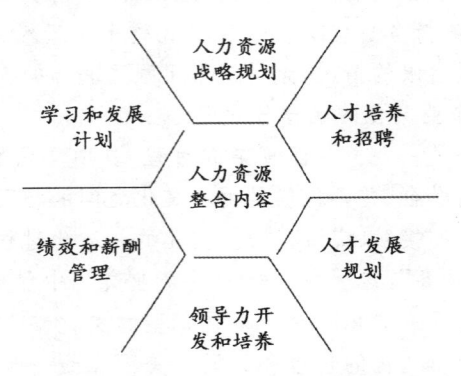

图 11-7 人力资源整合的关键内容

并购后需要聘请专门的人力资源管理人员进行协助,对并购企业的组织框架融合以及各层级人员的安置进行合理指导。

人力资源整合是并购后整合工作的重中之重,并购后如果没有足够重视消除被并购方的疑虑、获取他们的信任、调动员工的积极性,就会导致关键人员大量流失;企业并购后经常会面临裁员的问题,如果不能把握好时机与火候,将会加剧并购双方的矛盾与冲突,直接影响并购整合的效果;同时,人力资源的整合是否有效,也是决定企业并购活动成败的关键因素。

在并购过程中,有很多关于人员的问题关系到成败,但是通常只有

35%的高级人力主管会参与到并购中来。因此,有研究得出以下的结论也就不足为奇:80%的并购失败缘于没有做好并购计划、高级人力主管参与太少太迟、缺少内行的人力资源管理人员以及失败的组织改变。

人力资源整合难点

人力资源整合方面的问题涉及面较广,不仅包含人员整合方面的问题,而且包括人力资源管理体系整合方面的问题。通常情况下,在企业并购后的人力资源整合过程中,要解决管理岗位设置、整合期间如何平稳过渡以及如何实施统一的人力资源制度等问题,主要考虑3个关键点(参见图11—8)。

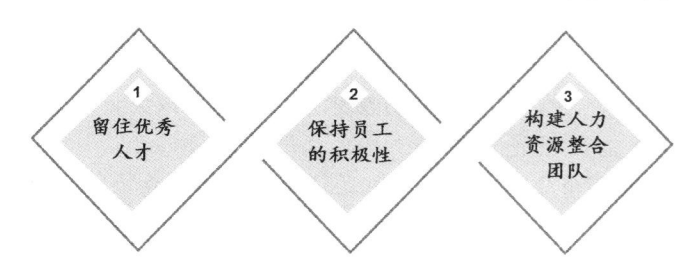

图11—8 人力资源整合的3个关键点

1. 留住优秀人才

企业并购的一个重要原因是吸引优秀人才,管理层要做到平等对待所有的员工,避免由于态度差异和排斥等原因导致人才流失。人力资源整合要讲原则,更要讲技巧,态度既要积极坚决,又要谨慎稳妥,减少整合中的阻力。并购活动发生后,被并购企业员工内心不安,会产生压力和焦虑,这可能造成关键人员大量流失,并购的效果就会大打折扣。

有效减少人员流动的途径就是稳定人才、留住人才,这是人力资源整合的首要问题。

实际并购过程中,部分目标企业员工往往会因为自己职业的变动、薪金的变化而最终选择离开公司,这种情况也是企业并购过程中所不可避免的。然而"千军易得,一将难求",企业的关键人员是企业的战略性资产,也是企业未来成功的关键,企业应采取积极的人才措施来避免人才流失。

能否留住被收购企业的关键员工,直接关系到并购整合的效能。

企业并购后没有正确处理人才问题,导致大量的人才流失,使得并购整合企业不能正常运营。[5]人力资源整合的意义,是要通过并购整合使双方员工接受并购,并能相互理解和融合,接受各自的差异,达成对未来共同的愿景,以实现并购的最终目标。一一般来讲,提升对目标企业高层管理人员、核心技术开发人员、市场营销人员以及公司一线管理人员的关注度,可通过岗位和物质激励的方式,确保核心团队的稳定。

2. 保持员工的积极性

企业的发展依靠人的智慧,人的积极性是各类要素中的最关键要素,只有在整合过程中充分调动和发挥人的积极性,才能尽快实现整合的目的。人力资源整合需要制定统一的管理制度,科学有效地对人力资源工作进行探讨与分析,提出最符合企业现状的管理方法,使人力资源整合能够真正为企业服务。

对并购目标企业的人力资源整合要有计划、有策略地进行。任何方式的整合都应服从并服务于调动人的积极性的目的,不应拘泥于某种固定形式,而应机动灵活,综合使用各种方法来调动人的积极性。

3. 构建人力资源整合团队

现实中,很多企业在并购中将目光盯在资产和财务整合方面,基本上围绕财务、生产、资产、渠道等方面进行整合,而对人力资源的整合关注度不够。还有更多的情况是,尽管企业也很重视人力资源整合,但是缺乏相应的专业人才,导致人力资源整合难以推进,目标企业无法融入本企业,协同效应发挥不出来。

根据 D. 鲁滨逊和 P. 普里切特的调查研究显示:在企业并购的第一年,超过46%的高层管理人员会辞职;在并购的3年内,有71%以上的员工会选择离开,而剩下的员工中,很少有人依然保持爱岗敬业的工作热情。这使得并购企业必须花费大量的时间招聘可代替离职员工的新人,其间会给企业本身的效益带来很大损伤。同时离职员工带走了他们的技术和手中客户,这不仅削弱了企业的实力,还增强了竞争对手的实力。

人力资源整合具有极强的实务性,需要考虑的并购因素繁多,且情况也相对十分复杂,不可控的因素太多。因此应该建立专业的领导小组,负责完成人力资源整合的全部运作过程,推动整合的进程,使整个并购过程变得有条不紊。

人力资源整合策略

人力资源整合工作是一项复杂的、充满变化的系统工程,需要并购企业有极强的操作能力,这就要求并购企业能够在实践中摸索出更好的对策,使并购真正成为推动企业价值提升的有效手段(参见图11—9)。

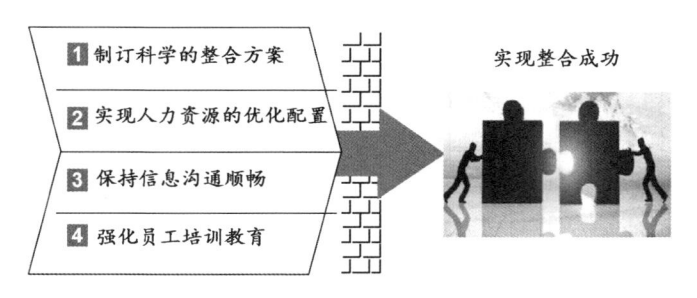

图 11-9　人力资源整合的四大策略

1. 制订科学的整合方案

分析评价目标企业人力资源状况，进行充分的管理沟通后，制订目标企业人力资源整合的方案。针对人力资源整合容易出现的问题，明确应对方案，同时加强事中与事后控制管理，将人力资源整合与企业的发展相匹配，适时进行调研和优化。

人力资源并购整合方案，一方面，要有系统性考虑，设置阶段性目标，要让决策层和全体员工能够在较短时间里看到变革的成果，防止关键员工流失，保持和提升组织能力，有效解决目标企业的发展问题；另一方面，要有具体的计划安排，组成专门的整合小组，负责研究企业的信息系统、人力资源、运营现状、客户服务及其他重要业务，提升决策层对人力资源整合的信心和支持。

2. 实现人力资源的优化配置

思科 CEO 钱伯斯曾说："如果你希望通过你公司的购买获取 5~10 倍的回报，显然它不会来自今天已有的产品，你需要做的是，留住那些能够创造这种增长的人。"当前，很多战略性并购与其说是并购企业，不如说是并购人才。如果并购造成企业员工大量流失，那么所购买的企业无异于一个空壳，失去了产生价值的源泉。

通过人力资源整合管理，积极地与员工进行管理沟通，向员工传达企业的发展前景 赢得员工对于并购工作的支持与理解，建立组织凝聚力。首先要明确领导管理团队，为了减少并购整合中的人为阻力，很多情况下在领导团队中需要设定过渡性或临时性岗位；其次是用好关键员工，尽快与需要留用的员工沟通，说明并购意图、新企业发展愿景、岗位重要性及职业发展方向，在沟通中了解他们在并购中的需求；最后是裁减冗余人员，这是整合中阻力最大的一个环节，通常需要指定专人负责相关准备工作，同时应与当地政府、企业主管上级、企业工会、职工代表等沟通并取得支持。

3. 保持信息沟通顺畅

并购方应该给被并购企业明确的目标和可以满足被并购企业的需求和利益的表示。当然，除了物质层面的目标，还有精神层面的目标。确定了沟通目标后，还要制订一个详细的、人性化的沟通方案，应涵盖沟通对象、方式和内容等方面。通过管理沟通，让员工能够及时了解并购的目的、进程以及自己在未来的定位，这样才能有效地缓解员工的心理压力及恐慌感，还可以提升员工对并购企业的信任度。企业员工之间的沟通和交流需要在公平的环境下进行，尤其是上下级之间的交流和沟通应该突出员工的主人翁地位，保证员工内心的想法能够及时得到反馈和认可。

通过加强员工沟通、促进文化融合和必要的激励手段等途径，可以有效缓解与人力资源有关的可能风险。

人力资源整合中人员之间信息的不确定性增加了并购整合失败的风险。公司关键人才和高管的离职不仅与并购带来的组织架构改变和不确定性导致的心理波动有关，信息的缺失和不对称也是关键因素。

整合中出现的许多误解和对抗是由沟通不畅造成的。

在整合过程中要注意相关信息的及时公开，与员工保持积极有效的沟通，以避免员工因为得不到官方消息而产生心理压力，导致员工工作效率低下或离职，影响企业的正常运营。在组织沟通的形式上，利用公司半年度总结会、季度经营总结会、月度经营研讨会的形式，做好管理上的活动，强化组织变革的氛围。

4. 强化员工培训教育

企业并购活动会对公司日常经营活动造成一定程度的影响，员工情绪及公司稳定性应在并购整个过程中被充分考虑并进行相应关注。对目标企业开展有针对性的人力资源相关培训，让员工接受并购企业的培训意图和内容，并应注重评价员工的适应性和工作动力，确保整合后的人力资源顺利度过磨合期。

通过培训教育，全面了解目标企业关键员工的思想动态和素质能力，基于岗位需要，进行优化配置，将合适的人员放置在科学、合理的位置上，最大限度地避免由于裁员等行为导致问题出现。管理好目标公司和并购方员工的预期和期望，是并购交易整合工作中需要重点关注的一项任务。

资料链接 11—3　博大制药并购后人力资源整合方案

　　吉林省博大制药股份有限公司经历了两次股权变更：一次是在2007年9月至2010年9月期间，原股东先后将所持股份转至江苏先声药业有限公司;另外一次是在2013年6月,江苏先声将所持博大制药所有股份转至工银国际旗下投资公司"融通资本"。为推进并购后人力资源整合,制定实施方案内容如下:

1. 设置变革实施小组

成立"博大制药并购后人力资源整合方案"实施领导小组,负责方案的目标修订、实施推进及问题总结,因考虑变革实施范围广、影响层面高,故以公司董事长为实施小组组长,以公司总经理为实施小组副组长,公司全体副总和总经理办公室主任、工会主席为组员。实施小组在方案落实前,召开实施研讨会,确定实施方向,部署实施细节,明确实施分工,落实实施责任。每周召开实施跟进周会,确定实施情况。

2. 加强组织沟通

对于一个并购企业来讲,尤其是在近几年的时间内,经历数次控制权变动,不同的控股股东所属行业和发展历程具有很大差异,对于企业的经营和发展方向的设定便会产生根本性的差异。作为企业的管理者,在推动企业进步时需要获得股东的认可、理解和支持。人力资源对于组织的整合,需要获得新任公司董事长、总经理的认可和支持,同时也需要获得企业副总的认可。

为获得公司决策层的支持,在方案设计时,以开放的心态,采用访谈法,获得公司董事长和总经理对于企业管理的认知,以及他们心中对于企业的定位,了解公司所有者和总经理对于企业发展的追求以及企业并购后管理发展的方向。因为职业和专业的限制,公司董事长和总经理并不是专业的人力资源专家,因为在企业整合目标的设置上,需要将所有者的目标整合设置成人力资源专业的形式。要利用人力资源专业知识和技能来实现最高决策层对于企业发展的期望。

管理是一个逐渐深化的整合过程,对于博大制药并购后存在的管理问题,以人力资源审计的分析形成专业的意见,并分析在管理上存在的隐患,让决策层认可组织变革的必要性。同时对于问题的分析,以企业实际发生的问题为切入点,让决策层能够在管理变革的方案上获得坚定的信任与支持。

作为人力资源系统的负责人,离不开企业其他系统,如生产、质量、研发、销售、物控、工程、财务等的负责人的认可和支持。没有他们的配合与推动,企业组织变革方案便会失去实际的执行力。要获得其他系统负责人的支持,需要让他们看到管理变革为他们的日常管理带来的价值,也让他们获得日常管理工具,逐渐推进,强化他们获取变革价值的意识。

在组织沟通的形式上，利用公司半年度经营总结会、季度经营总结会、月度经营研讨会的形式，做好管理上的活动，强化组织变革的氛围。

3. 预算编制

作为一个新三板挂牌的公众企业，对企业费用实施严格的预算管理模式，对于企业薪酬福利的调整和产生费用的组织变革需要，在争取到公司最高决策层支持后，需先争取到预算费用的支持。企业作为一个经营体，需要满足公司股东对于利润的诉求，因而在工资福利预算的时候，需要综合考虑企业盈利能力提升的可持续性。结合年销售增长率为10％的指标，拟订薪酬福利增长5％的空间；同时结合国家社保政策对于企业发展的支持力度，利用企业社保降低的费用，转嫁员工薪酬提升空间。从而能够在企业人力综合成本增长5％的空间下，在员工薪酬方面赢得10％的增长，让员工获取更多直接利益。

组织的进步、下属综合能力的提升，也是决策层领导所追求的管理目标。经过理论总结和实践验证，企业对于培养费用的支出，会获得两倍以上的回报，因而让企业管理层在看到培养效果的同时，获取培养预算的增加，以双赢的效果获得良性投入的支持。

4. 榜样引导

因企业发展阶段和区域经济的差异，作为东北企业，与江浙和广深企业相比，在管理理念和管理规范性上存在较大差异。博大制药虽然经历了3年的先声药业同质化的管理变革，并取得新三板挂牌资格，但在总体管理水平上与南方先进企业相比还存在较大差距。因此，向先进企业学习，去先进企业参观，让企业管理人员和核心力量认识到博大制药在管理上的差距，同时让管理人员明确努力改进的方向。

另外结合企业发展历史，先声药业作为有6家药品生产基地的集团化医药企业，其江苏先声东元、海南先声、烟台麦得津等是集团下属企业中的管理模范。博大制药安排员工代表和基层主管去其他样板企业学习，让员工亲身感受到博大制药在管理上与其他兄弟企业的差距。这样的过程也能够让全体管理者更直观了解企业从先声药业分离后，在内部管理上需要持续改进的方向。

设置内部推动和革新的标杆，公司给予奖励，以此激发内部员工支持和推动变革的积极性。

资料来源：郝伟伟. 吉林省博大制药股份有限公司并购后人力资源整合研究[D]. 吉林大学, 2019：31—33.

11.4 财务整合

财务管理为企业并购以及资源整合提供强大的支持,有效的财务整合能够帮助企业实现资源的有效控制,同时并购战略意图得以实现。在企业展开并购时,由于并购双方的实际经济背景与企业财务管理结构都有所差别,因此企业并购以后,并购企业实施高效优质的财务整合措施,是确保企业达到价值最大化的重要基础。[6]

财务整合内涵

企业并购必须详细了解企业财务状况,树立正确的并购目标,优化资源配置,实现稳定经营。当并购双方进入整合阶段后,需要对企业各项财务资源进行系统性梳理,实现双方财务资源的协调,最终形成统一的财务管理体系。财务整合主要包括制度体系的整合、现金流转方面的内部控制整合以及存量资产与负债之间的整合等。[7]

财务整合是并购企业不断发展壮大、实现利益最大化的需要,是发挥并购后企业财务协同效应的基础,也是并购方对被并购方实施有效控制的根本手段。

财务整合过程中,需要关注原来的财务结构是否符合标准,必须详细掌握财务运行状况,进而优化财务管理模式,达到企业并购的目标。当然还需要对财务管理方面重新整合,安排好相关人员的工作岗位,明确岗位责任制,做到财务管理的责任到人,带动企业并购之后的资产运行,以协调效应为基础,协调财务不平衡现象,帮助企业获取更多经济利润。

财务整合内容

财务整合是指对并购目标企业的财务制度体系、会计核算体系进行管理和监控,使其能够按照并购方的财务制度进行运营,最终实现对并购目标企业经营、投资、融资等财务活动实施有效管理和收益最大化(参见图11-10)。

1. 财务管理体制整合

通过企业财务管理制度建设可以帮助企业健康发展,并购前双方企业存在诸多差异,因此必须推进财务管理制度体系的整合。同时针对不同行业,在具体方面进行适当调整,使整合后的财务制度体系更加符合被并购企业的特点,增强制度的适用性和可操作性。[8]

只有采取统一、健全的财务管理体制结构,被并购企业的财务活动及行

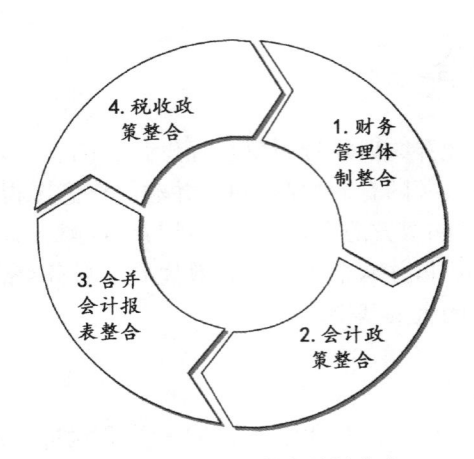

图 11-10 财务整合关键内容

为才得以约束,进而提升被并购企业财务管理的规范性。所以,财务体制的优化及统一同样是并购企业需要进行财务整合的关键部分。

财务管理制度整合主要是在企业经营过程中对企业经营活动管理、投资管理和融资管理的一系列整合。对于并购后企业的财务管理制度整合主要侧重在以下几个方面:货币资产管理、确定货币资金定额、加快货币资金周转速度、降低财务费用、及时清理非正常欠款。

2. 会计政策整合

会计政策是国家执行国家会计制度,规范资产、负债、所有者权益、收入、成本、费用,以及进行利润核算与管理的基本原则和具体要求,也是对外披露信息的必然要求。会计政策选择将影响企业、政府、投资者、债权人等信息使用者的决策行为,从而影响利益相关者的根本利益。

并购活动发生后,并购企业就要对被并购企业的会计政策进行统一,以便能够正确地反映企业的财务状况和经营成果。会计政策的统一涉及国家相关会计制度、会计核算基础、会计科目、流动资产、无形资产、固定资产管理、费用支出管理、会计报表等。

3. 合并会计报表整合

合并会计报表的财务理论和实务之间存在着巨大的差异,会计系统是围绕它所核算的对象逐渐形成的,并且反映它所服务对象的整个资金流动环节。

目前,合并会计报表的会计信息失真及利润操纵问题是我国会计报表存在的最大问题,特别是上市公司的合并会计报表改变了人们对会计信息的看法,会计报表造假行为已经严重干扰了资本市场的正常运行,也影响到投资者的热情。

并购后的企业要注重会计信息的管理，这不仅仅是准确、完整、及时反映独立核算单位经营和管理情况的需要，也是企业决策层的需要，要对报表种类、编报内容、编报期间、编报格式进行统一管理。

4. 税收政策整合

对于跨国并购来讲，还要进行税收政策整合。企业之间的跨国并购活动导致国际资本流动极为频繁，企业在激烈的国际市场竞争过程中，降低企业税收、缩减成本费用成为提高企业市场竞争力的一个重要途径。如何在本国与国际法律允许范围内合理筹划企业的各种税金，实现并购后的企业在税收优惠政策上的资源共享，实现合理的节税、避税，使企业税负最轻，也是并购企业在财务整合过程中需要考虑的问题。

财务整合策略

财务整合是并购整合中不可或缺的关键环节。通常情况下，并购后的财务管理容易出现混乱局面，而且需要融资手段的帮助，拓展融资渠道，寻找更多融资途径。因此，财务管理要将并购战略作为重要的战略抓手，以创新资本管理为重点，依据并购的具体需求，制订财务整合方案（参见图 11-11）。为保证并购双方在财务上的稳定性以及维持它们在金融市场和产品市场上的形象，并购双方必须在财务制度、资产管理和使用上协调一致。并购双方在现有的财务资源、财务制度以及财务管理方式上的差异，会使得并购后的财务整合存在诸多具体困难，影响并购整合效率。

| 1 制订完善的财务整合方案 | 2 审慎调研目标企业财务数据 | 3 提升财务整合管理能力 | 4 对财务管理制度进行整合 |

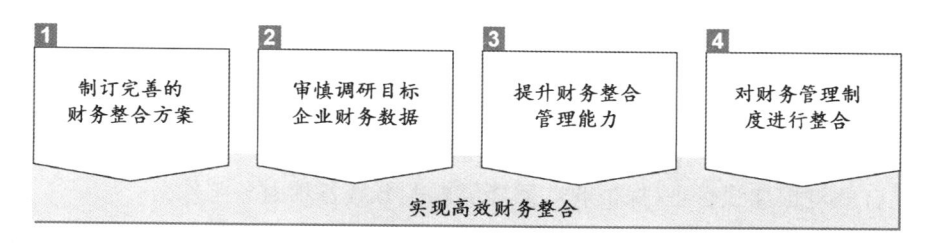

实现高效财务整合

图 11-11　财务整合的关键策略

1. 制订完善的财务整合方案

与所有的整合活动一样，企业必须制订完善的整合方案，全面摸排目标企业的财务状况，并预测未来的发展趋势。之后，结合本企业的财务资源情况，着眼于未来并购双方的整体发展，制订合理的实施计划。

财务整合方案要基于相关法律法规及各项规章制度，与双方企业的发展目标保持一致,结合企业自身的状况,整合企业财务数据,制订全面的整合计划方案,并针对方案进行全面、透彻、深入的分析,使财务整合体系做到最完善、最合理,由此指导企业并购活动的进行。[9]

2. 审慎调研目标企业财务数据

财务数据是反映企业经济效益最直接的资料,推进财务整合,必须基于客观事实,也就是说,需要对目标企业的财务数据进行严格的审查。

财务整合不可能一步到位,需要不断将预期和实际结果进行对比分析,适时调整财务整合策略。

财务整合的目的不仅是对制度的重新梳理、职责权限的重新分配以及具体问题的解决,更重要的意义在于发挥整合后的资源整合效应。财务整合是持续不断的行为,需要把握两个重要的方向:一是对目标企业的财务状况核查,并购后企业会取得什么样的经营成果,也是从财务数据上看出来的;二是在财务管理上进行适当的调整,包括会计政策、审批流程、成本控制、财务风险防范等方面。

3. 提升财务整合管理能力

财务整合是收购活动之后一项重要的财务管理内容,具有重要价值。企业的财务信息为决策者做出投资等决策提供可靠信息,并且能够将企业的经营情况集中体现出来,这是企业能否实现生产经营目标的唯一评价标准。

企业完成收购活动后,整合收购方和目标企业的财务信息是非常关键的内容,这对于企业在收购之后是否能够长久、稳定地发展发挥重要作用。企业必须在掌握收购双方财务基本情况的条件下,加强对财务的整合管理,在开展财务整合工作之前加大对被收购方的财务审查力度,了解其债务和资产的全部信息;同时,根据被收购方的财务报表评估其财务情况,通过分析结果预测其发展前景。[10]此外,在收购活动结束之后,企业还需要对财务整合的过程加强管理,保证收购后能够顺利开展各项财务工作。

4. 对财务管理制度进行整合

很多企业收购活动之所以失败,主要是由于在完成收购之后忽视财务整合工作的重要性和价值,没有采取科学的方法进行整合,没有将其与企业的发展战略放在相同的高度,并且将主要精力放在企业人力资源和资产等方面的整合上,增加企业发展过程中的财务风险,且资产结构的合理性受到影响。[11]

很多企业的收购活动会受到没有明确收购目标的影响,导致企业在收购后的财务整合工作中,无法选择合适的途径和方法落实整合,而是只能进行简单的整合,严重影响企业收购过程中各项活动的开展。企业并购过程中,尤其要加强对企业财务管理的重视程度,企业要及时、有效地开展财务整合活动,促进企业平稳实现企业战略目标,加强对财务管理人员的业务培训,增强财务整合意识,制订完善的财务整合计划,构建完善的财务整合机制,对企业财务内部的组织进行合理调整,职责明确,有序分工,确保企业财务管理整合取得良好的效果,为企业并购奠定坚实的基础。

资料链接11—4　阿里巴巴并购优酷财务整合启示

阿里巴巴主要的经营业务是多元化的互联网业务,阿里一直在做全面的努力,以创造便捷快速的交易渠道为目的。2014年,阿里巴巴的并购进入了一个新的时代。阿里巴巴先后并购了文化中国、中国传媒、UC光学等公司。阿里巴巴通过两个阶段并购优酷:2014年,阿里巴巴与云峰基金共同出资,成为优酷第二大股东;2015年10月,阿里巴巴宣布通过现金的支付方式,收购优酷剩余的全部流通股,获得优酷公司控制权。

1. 提高对并购财务整合的认识

很多学者研究表明:造成企业并购后绩效不好的原因主要在于缺乏有效的财务整合,所以企业在并购后要进行很多整合,而这些整合中最核心的就是财务方面的整合。只有当企业拥有成功的财务整合之后,才能使其在并购之后有效运营。企业如果想要拥有强大的竞争力,就必须通过完整的财务管理体系将并购双方进行有效的财务整合,不然企业将会变得非常离散,竞争力得不到正常发挥。

财务是具有信息功能的,想要清楚了解被并购企业的财务信息,并购双方就必须有统一的财务管理标准。阿里巴巴是互联网行业的巨头,虽然十分强大,但是为了满足其扩张的目标,它选择了并购和投资的方式,期望可以在这种经济形式下获得优势,扩大与竞争对手的距离,促进企业的多方面发展,进入新市场,扩大原有市场份额,保持收益增长,降低风险。企业应该根据原有双方企业中存在的各类发展战略,制定统一的战略目标,重视并积极开展整合工作,整合后企业之间要进行合理的调整,构建专门的组织机构,尤其要加强企业对财务整合相关内容的认识。

2. 财务整合过程中加强成本管理

成本控制的优劣是能表现企业经营是否成功的方式之一。要使得企业财务整合快速、有效地实施,就必须通过整合后企业的财务控制来保障。财务控制一般概括为 3 个方面:一是对责任中心进行控制,确保企业在整合阶段责任和分工明确;二是企业成本最小化,可以通过成本控制来实现,即需要加强成本管理;三是控制资金的流转,并购企业应当控制被并购企业的资金流入与流出,这也与成本控制相关。企业不能让成本管理在经济环境中一直不变化,不然它就是没有效果的,而任何一种有效的模式都可以根据大环境的变化而变化。

3. 财务整合要与其他整合相协调

企业在并购后的整合工作中,会涉及财务、人力、销售、生产等保障企业正常营运的诸多部门的共同整合,这种整合工作是全方面、系统的整合,而这其中,财务部门是所有整合部门的核心。阿里巴巴应花费时间将财务整合与其他整合相协调,重视长期整合效果,有条不紊地推进整合措施,同时减少因为与其他整合分立造成的标准不统一、资源重复使用的问题,这样才能提高财务整合效率。

4. 提高资产管理有助于财务整合

企业若想使自身的财务风险降低,应该将被并购企业中对集团无意义的资产及时清理掉,避免因过长时间的折旧、损坏等问题造成资产流失。为了使协同效应有效发挥,对不符合合并企业的资产设备及时清理,以此获得资产方面的收益;同时在企业负债方面,分项对企业的不良负债重组,以此来获得重组收益。

5. 提高财务风险的监督与管控

在实践过程中,阿里巴巴将重点放在了并购双方资金往来情况和对优酷的资本管理方面,而对其他方面稍有忽略,造成其对风险的监督和管控略有不足。无论对企业权利如何划分,企业都必须加大并购后的财务风险监管力度,将控制权掌握在自己手中,保证企业的良性发展。

资料来源:谢文婷. 阿里巴巴并购优酷财务整合绩效评价[D]. 哈尔滨理工大学,2019:35—39.

11.5 其他关键整合

现代企业是一个复杂的组织,与周围的产业生态有千丝万缕的联系,这就决定了并购整合同样涉及方方面面,不仅要抓住重点领域的整合,诸如战略、文化、人力资源和财务等,还必须依据实际情况,整体推进其他各方面的整合(参见图 11—12)。

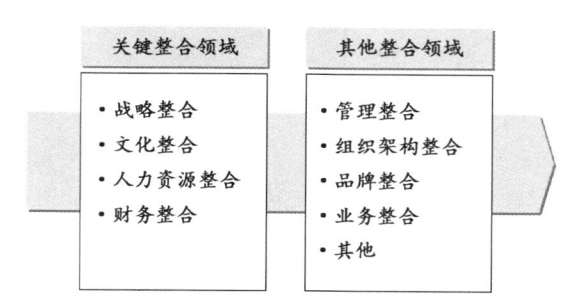

```
关键整合领域          其他整合领域
• 战略整合            • 管理整合
• 文化整合            • 组织架构整合
• 人力资源整合         • 品牌整合
• 财务整合            • 业务整合
                     • 其他
```

图 11—12 并购整合是一项系统性工作

企业突出整合重点,重点解决并购中的各项融合问题,降低并购的风险,加强对目标企业的管理和控制,提升绩效。 实践中,并购双方要想整合成功,必须综合分析复杂的外部环境及其未来发展趋势,根据自己的资源和能力情况,动态地采取针对性的措施,从而有效地根据环境变化及时调整,获得更大的保障。并购整合过程中,需要充分发动各部门人员的智慧,在很多情况下还须借助于外部专家或智囊团体,共同推进整合工作的高效开展。

管理整合

不同的并购目的和方式对应不同的并购后管理整合的方法和手段,在管理整合的前期,并购方需要明确并购目的,明确并购后管理整合工作的目标和方向。

实现并购后的管理提升,一般会采取流程再造或管理整合的方法。 管理整合需要企业系统思考影响管理效果的各要素,并对这些要素进行整体设计、系统规划、系统控制,以确保实现预期目标。并购后的管理整合能力是企业的一种核心管理能力,其核心是将企业的所有理念、制度、组织、活动等归结在一个系统下,发挥其强大作用(参见图 11—13)。

1. 管理思想的整合

通过管理思想的整合,能够统一并购双方的管理思想,树立现代管理理念,引进先进的管理方法,拓展新视野,追求新境界,以先进的管理思想指导企业管理活动。

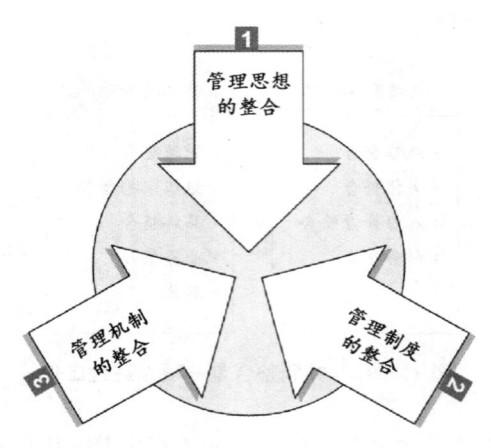

图 11－13　管理整合的关键内容

2. 管理制度的整合

管理制度的整合为并购双方企业指定规范、完整的管理制度，替代原有的制度，作为企业成员的行为准则和秩序保障。管理制度的整合就是要求双方在职能管理制度上实现统一化、规范化、系统化，从而实现优势互补，发挥协同效应。

3. 管理机制的整合

为目标企业建立一套管理运行机制，明确各项事务的管理权限，做到在授权范围内充分放权，在管理范围内严格监督，掌握审批权，实行决策、执行、监督的科学领导体制，从而实现企业管理机制的优化和管理水平的提升。

组织架构整合

并购企业要选择合适的组织架构，才能与新战略进行适应和匹配。如果不能对目标企业职能部门的责、权、利进行更加清晰的界定，将导致管理效率低下、管理成本上升、制度得不到落实。在组织架构的整合过程中，要关注 3 个核心问题（参见图 11－14）。

1. 明确新的企业愿景和目标
2. 对组织架构进行重构
3. 对原有企业制度进行调整

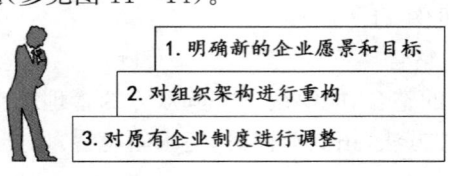

图 11－14　组织架构整合的 3 个核心问题

1. 明确新的企业愿景和目标

组织架构整合涉及组织内外利益相关者及其相关利益,并贯穿并购整合的整个过程。在战略指导下明确新的发展目标和方向,可以使企业上下一心,增强大局意识,树立高度的使命感和责任感。

2. 对组织架构进行重构

组织架构重构是全面性的、体系性的,是组织变革的重中之重。在此过程中,不仅会调整董事会和管理层,也会对各个部门和员工进行重新配置;同时,还会涉及部门职责、人员职责等内容的调整。最终目标是并购后并购双方能形成规范、高效的企业,吸收精华,形成一个开放性与自律性相结合的组织体系,使并购双方的管理内容、管理层次和管理内涵更加科学和先进,各职能部门的责、权、利更加清晰,提高管理效率,减少管理成本。

3. 对原有企业制度进行调整

围绕并购双方人、财、物进行调整和建立新制度,使并购双方在管理制度上进行优势互补。通常情况下,并购目标企业的制度和管理都相对落后,需要植入先进的管理制度和文化。但是,对这种软性要素变革的困难程度一定要有心理准备。软性要素变革需要更多的技巧和投入,在此过程中,有效沟通和耐心引导是必备利器。

品牌整合

品牌资源整合也是影响企业并购整合的关键环节之一。在《品牌整合战略》一书中,作者约瑟夫·莱普勒和林恩·帕克提到:"品牌整合战略是一个组织战略,指明了公司及其产品的方向,并推进公司及其产品向该方向前进。"因此,品牌整合并非只具有广告效应,事实上它与企业的战略定位、经营管理模式和企业文化等息息相关。

将不同企业组合在一起并使之快速发展,品牌建设就成为非常重要的事情。

并购双方品牌资源整合是企业跨国并购的延续,同样也是决定企业并购成败的重要因素。无论是并购企业还是被并购企业,品牌资源都是企业发展过程中不可或缺的重要资源,品牌整合的构建是不可或缺的战略措施,决定着整合工作带来的协同作用能否实现。在品牌整合过程中,可以采用4种方案(参见图11—15)。

1. 选择使用自有品牌

当并购企业有良好的品牌优势时,并购活动可能会被员工和顾客认为是对劣势品牌的升级,同时也传递了一个信息,即并购企业是成功者,被并

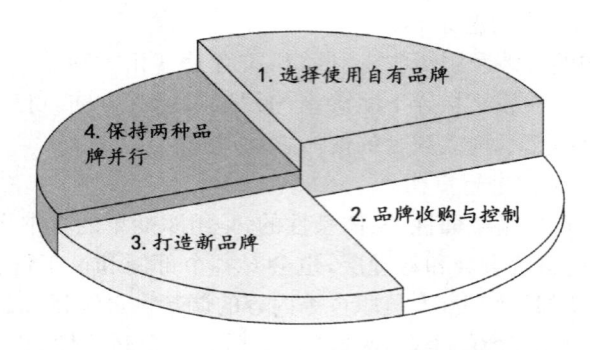

图 11-15　品牌整合的常见方案

购企业是失败者。为了避免并购企业与被并购企业的员工处于认识上的误区，影响被并购企业与老客户之间的关系，建议首先应用复合名字，经过一段过渡期后再采用并购企业的品牌，这将逐步提升劣势品牌价值，也能给被并购企业的员工和客户一定时间逐渐适应和接受，缓冲因被并购所带来的冲击，培养他们对新品牌的忠诚度。

这种方案适用于现有品牌在市场上已经具有一定知名度，下一步将在市场上进行重点宣传和推广的企业。

2. 品牌收购与控制

这种方式适合在制订并购方案时，希望将被并购企业的品牌资源提高到战略性高度，欲通过并购获得对被并购企业的品牌资源的控制权。使用被并购企业的品牌可以消除并购双方之间的对立情绪，并购方如果将其成熟的运营能力与被并购企业的客户资源融合在一起，将获得更多创造价值的机会。

并购企业也可以借助所并购企业的品牌及其背后的客户关系、渠道等资源，将自己的品牌打入市场，扩大市场销售份额及提高销售收入，从而在竞争中做出更合理的布局。

通过快速品牌收购，尽管并购方获得了品牌所有权，但由于文化背景和品牌管理能力存在差异，品牌收购后的品牌效应发挥不一定能达到预期水平。因此，并购企业不仅要具有强大的资金运作实力作为基础，还要具备卓越的品牌运作管理能力对品牌进行管理，这样才能使品牌战略得以顺利实施。

3. 打造新品牌

并购双方可结合自身实际情况以及市场环境和当地文化氛围，重新打造一个全新的本土化品牌，建立一个全新的公司形象，主要服务于当地市场。

新品牌结合了当地文化元素,因此相比于其他入驻的外来品牌,更容易获得当地消费群体的认同和接受。但新品牌的树立需要投入大量的资源和精力。如果并购企业与被并购企业原来的自有品牌市场影响力有限,那么通过整合资源打造一个新的本土化品牌也是一种不错的选择。

4. 保持两种品牌并行

保持两种品牌并行往往是基于两个品牌具有互补性和拥有忠实的客户群。当其中一个品牌的价值难以在短时间内提升时,另外一个具有相似价值的成熟品牌可能会影响市场、吸引更多的客户。保持两个品牌并行,实现强强联合,能突出核心竞争力,积极参与市场竞争。

另外,两个相似的品牌联合在一起,能提高彼此客户的忠诚度、提升品牌价值,如索爱品牌就是索尼和爱立信的结合。当然,采用这种策略的企业既要考虑双方品牌的相似性,也要考虑双方品牌文化的融合性和互补性,否则会影响到并购双方原有品牌的价值。

业务整合

并购整合包括战略、企业文化、人力资源、财务、业务等多个方面的整合。其中,业务整合是整合速度要求最快且应当最先实现的整合工作,也为后续其他整合提供较好的经验与物质基础(参见图11-16)。并购业务整合是整个管理整合中最显性的部分,往往既是最先展开的部分,也是管理整合的基础。市场整合和生产运作整合的程度越高且整合的速度越快,就越有利于并购目标市场业绩的实现。

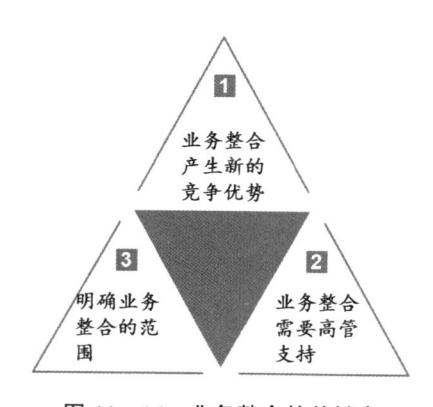

图11-16 业务整合的关键点

1. 业务整合产生新的竞争优势
2. 业务整合需要高管支持
3. 明确业务整合的范围

剥离拖后腿的业务,对发展潜力巨大的业务大力扶持,充分发挥目标企业的优势。 业务整合按整合对象的界限可以分为外部整合及内部整合。外部整合涉及企业所在产业链的上下游关联业务之间的整合和企业的外围整合及调整过程,以实现企业综合竞争力提升的目的。在外部整合中,会伴随管理重组、股权重组、资产重组、债务重组和人员重组等相关过程。内部整合则对企业内部产业及业务进行调整和配置。

1. 业务整合产生新的竞争优势

并购交易的目标企业往往是一些具有独特竞争优势的企业,它们拥有一些独特的、其他企业难以获得的战略性资源,这些资源在其全部资源中处于核心地位。并购交易的双方需要明确这一核心资源,在并购交易后采取综合有效的整合措施,保持核心资源的竞争优势,进一步提升核心资源的辐射带动能力。并购交易的双方需要进行企业资源全方位的整合、置换、配置或迭代,以便产生可持续的竞争优势。

2. 业务整合需要高管支持

并购后组织整合程度较高能增强并购的协同效应,具有互补业务的企业并购最有利于协同效应的实现。 企业实施业务整合,主要目的在于整合集团资源,形成优势竞争合力、重塑公司主营业务及品牌形象。在实际业务整合中,应注重可操作性、规模效应性及可持续发展等相关原则,避免集团企业之间的相互竞争,实现集团资源的最优组合及配置,提高资本利用价值。

在业务整合过程中,公司内部高管至关重要,高管是获取公司内部资源及信息支持的重要保障,在业务整合决策及执行力方面需要获得高管的快速响应及执行,避免出现政策不落实、决策无法执行的局面。同时,需要高管对整合团队相关人员在授权范围内进行充分的放权及授权,高管在其管理范围内进行严格的监督及审批,保证方案和决策的制定及有效实施。[12]

3. 明确业务整合的范围

业务整合是一个全面、系统的综合过程,需要公司上下部门、内外关系的相互配合。业务整合首先需明确所涉及的相关部门,对其整合内容及范围进行定位,确认业务整合的实施主体、实施主体授权范围及汇报机制。明确业务整合主体机制后,对业务部门的业务整合内容进行制定;在部门执行目标制定后,将主要业务整合计划的执行目标进行分解并进行目标的具体量化,为后续绩效评估的考核提供考评依据。

资料链接 11—5　中际旭创创新机制推动并购后整合

中际旭创股份有限公司的前身中际电工装备股份有限公司在2017年通过重大资产重组，收购了资产规模、营业收入和净利润都远超自身的苏州旭创，这是当年资本市场并购重组的经典案例。苏州旭创管理层及其早期投资人凯风创投分别成为上市公司第二大和第三大股东，原实际控制人和控股股东仍保持对公司的控制权，公司控股股东、第二大股东、第三大股东都在董事会派出了自己的董事。因此，在公司主营业务和净利润95%以上来自收购标的的情况下，如何推动公司治理水平进一步提升、促进股东利益和经营层利益保持一致，成为一个重要的课题。

在并购完成后的整合期间，公司制定了《总裁工作细则》和《子公司管理制度》等各项治理制度，对总裁（由苏州旭创总经理担任）所代表的经营层和全资子公司苏州旭创在经营上进行分层授权；对对外投资、资产处置等方面的经营决策权限进行了明确界定，不超过权限的经营事项可以通过总裁办公会进行决策，这对苏州旭创能够保持良好的经营状态、实现盈利预测起到了重要的作用。

在上市公司及子公司层面的经营班子搭建（高管聘任和解聘）、财务管理、资产处置、对外投资、资金使用等方面进行明确授权，同时通过内控建设和内部审计两大手段，确保上市公司经营层和子公司的经营处于上市公司董事会的有效监督之下。

在重大资产重组完成后，上市公司在促进原有主营业务和新主营业务整合的基础上，充分发挥经营团队在不同业务领域的经营管理水平，实现上市公司股东价值最大化。此外，公司确保苏州旭创经营团队运营的相对独立性，维持现有经营管理模式、薪酬待遇等体系不变，并实施对经营团队和核心骨干员工的股权激励，大力支持苏州旭创快速发展。

公司在完成并购后，从沟通、薪酬、文化融合等方面开展工作，包括为双方企业共同筹划文艺汇演、双方员工进行多次交流、展示各自公司的产品供员工参观等。通过重组双方的努力与协调，逐步增加了双方企业的相互了解，管理层带头贯彻新的企业文化，公司形成了良好的氛围。

从一年多以来的实践来看，公司董事会成员严格按照公司章程、治理制度和相关法律法规规范运作，充分发挥各自在专业领域的作用；通过制度设计和创新，保障苏州旭创经营层能够在授权范围内做好经营管理；通过加强沟通交流，充分理解苏州旭创在经营、投资、战略方面的各项举措；促进了股东之间的相互理解和信任，把公司经营好、实现可持续发展、提升公司的投资价值成为股东的共同目标。

资料来源：中际旭创：创新机制推动并购后整合[J]．董事会，2019(Z1)：64．

注释：

[1]杜瑞丽．企业并购的战略整合模式选择及管理研究[J]．中外企业家，2016(6)：41－42．

[2]于海瀛，董沛武．跨国并购企业文化整合情景演化与系统仿真研究[J]．商业研究，2019(8)：100－109．

[3]徐朝霞．对企业并购整合管理的思考[J]．财会学习，2019(19)：178－179．

[4]徐尧．企业并购后人力资源整合问题研究[J]．商讯，2019(20)：192－193．

[5]郝广东．企业并购整合中的矛盾及其破解策略[J]．中外企业家，2016(36)：10－11．

[6]赵军．企业并购后的财务整合研究[J]．企业改革与管理，2019(13)：124＋133．

[7]鞠秀颖．企业并购后财务整合问题探讨[J]．知识经济，2019(28)：74－75．

[8]王巧琳．浅谈企业并购重组后的财务整合[J]．纳税，2019,13(19)：123＋126．

[9]鞠秀颖．企业并购后财务整合问题探讨[J]．知识经济，2019(28)：74－75．

[10]孙长峰．企业并购后财务整合存在的问题和应对措施[J]．经济研究导刊，2016(7)：84－85．

[11]吴月华．企业收购后的财务整合研究[J]．营销界，2019(25)：44－45．

[12]张伟华．并购整合的制胜之道[J]．中国外汇，2016(15)：63－65．

第 12 章
严谨的并购风险管控

投资收益和风险是共存的。并购是一项投资,存在着巨大的风险。柳传志在评价联想集团并购 IBM 的 PC 业务时说道:"联想集团这次破釜沉舟式的并购,为它拥有全球 PC 市场的定价权提供了可能,然而从交易本身来讲,联想这个项目'不是一飞冲天,就是被打入地狱'。"2017 年,德勤(Deloitte)发布《中国企业海外并购及并购后整合现状调查》,其中显示:中国企业在海外并购交易活动中,44%的海外并购被中断。对于中国企业而言,影响跨国并购交易和价值实现的主要原因是交易谈判失败以及在尽职调查过程中发现重大风险。

12.1 理解并购风险

并购已经成为企业向外扩张和提高企业自身竞争力的重要手段之一,然而在企业并购的过程中,实际效果往往并非如我们所预期的那么大。一旦并购决策失误,或受某些内外因素的影响,并购失败或没有达到预期,很可能导致企业从此走上下坡路。在历史上,投入数十亿美元甚至数百亿美元用于并购,最后黯然收场的例子并不鲜见。

关注并购风险

虽然有众多企业进行了并购,但如果从实效上来看,真正的成功者并不多。风险无处不在,企业并购要冒很大风险,搞不好不仅不能达到并购的目的,还会给自己的发展带来不良影响(参见图 12—1)。因此企业在进行并购决策时,应进行详实的分析研究,以防范企业并购风险。例如,凯傲集团本就是由数家经营状况良好的叉车企业合并而成,并购前,其 2010 年和 2011 年的收入分别为 35.34 亿欧元和 43.68 亿欧元,增速分别为 16.7% 和 44.3%,息税前利润增长率分别为 13.1% 和 15.2%。凯傲集团当时主要的问题在于:高昂的财务费用阻碍了公司的发展。当时的大股东施普雷德为财务投资者,组建凯傲集团的资金 80% 为有息借款。2009 年,在全球经济低迷的情形下,凯傲集团依然并购了中国靖江的宝骊叉车。对经济形势的误判使凯傲集团陷入危机,2010 年和 2011 年的负债分别为 28.79 亿欧元和 30.05 亿欧元,净资产为负值。

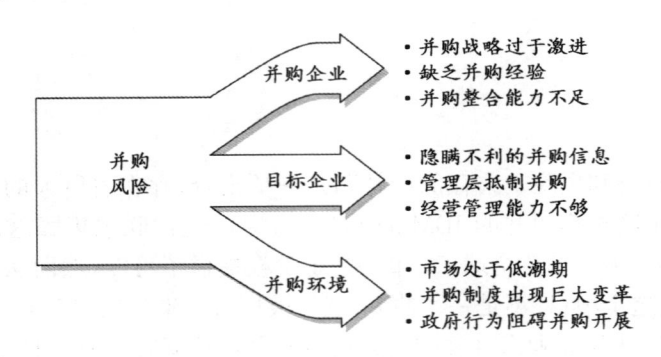

```
               ┌─ 并购企业 ─ • 并购战略过于激进
               │             • 缺乏并购经验
               │             • 并购整合能力不足
               │
并购风险 ──────┼─ 目标企业 ─ • 隐瞒不利的并购信息
               │             • 管理层抵制并购
               │             • 经营管理能力不够
               │
               └─ 并购环境 ─ • 市场处于低潮期
                             • 并购制度出现巨大变革
                             • 政府行为阻碍并购开展
```

图 12—1　并购风险复杂多变

再例如,2000 年 1 月,全球最大的互联网服务提供商美国在线与全球娱乐及传媒巨人时代华纳正式合并,涉及交易市值 1 850 亿美元,成为美国历史上最大一宗并购案。然而,合并的预期效果并没有显现。两年后,股东的 2 000 亿美元财富消失在了网络空间。2002 年,合并后的公司全年亏损额高达 987 亿美元,创下美国企业有史以来最大的亏损纪录。两家公司股票市值缩水近 80%,美国在线的市值更是锐减 1 700 亿美元之多,2003 年 10 月重新变回两家公司。此次并购最终被称为"最为失败的并购案例"。

> 企业并购是一项具有高技术性的工作,参与并购的所有相关机构都应该谨慎对待,防患于未然。

认识并购风险

尽管当前很多企业对并购风险有了一定的认识,并购也逐渐趋于理性,但是对并购存在的诸多风险仍然缺乏深刻认识。例如,并购实现后,必然面临企业之间整合的种种问题,并购后被并购企业的经营管理很容易陷入混乱的局面,特别是在恶意并购的情况下,可能导致企业的关键管理人员离开被并购企业,而企业的大量客户也可能随之被带走,企业的生产经营管理将会遭受巨大的损失。

并购风险是指由于外部环境的不确定性、并购项目的复杂性以及并购方自身能力与实力的局限而导致企业并购活动达不到预期目标的可能性及后果。通过并购风险管理,可以对并购进行系统化、科学化、合理化的风险管理,同时能够改善企业在并购中风险管理的思维模式,树立科学的风险意识(参见图12-2)。

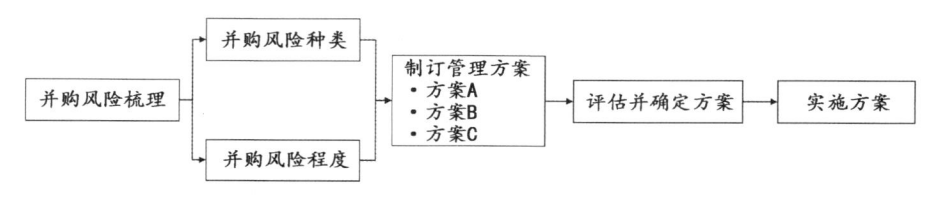

图12-2 并购风险管理(示例)

企业的兴衰史,也是风险管理的发展史。众多企业在风险出现时消失了,而管理优秀的企业则积极应对风险,保持持续的发展。随着技术更新速度的加快、市场竞争的加剧、人才竞争日趋激烈,应用全面风险管理理念逐步完善企业风险管理体系、提高企业风险管理的水平、增强企业抗风险的能力显得意义重大。

并购风险的来源

并购风险主要存在于3个方面:一是并购过程的失败,这种失败是指企业经过一系列的并购运作后并购行为的终止,所花费的成本没有起到作用;二是并购后的盈利无法弥补并购的成本,这主要是由于管理者对目标企业或目标市场的高估;三是并购整合过程的失控,由于企业的战略与目标企业的效用往往不能匹配,这种情况时常发生。调查结果表明,中国企业的并购交易未能实现预期战略或财务目标的主要原因有交易前的交易价格过高(17.5%)、未能在尽职调查过程中发现重大风险(18.3%)、交易后外部市场环境发生重大变化(19%)、未能实现协同效应(20.3%)、并购后整合计划及执行不周(19.4%)以及其他原因(5.5%)(参见图12-3)。

在跨国并购交易的诸多环节中,并购战略的制定、并购目标的搜寻和筛选、目标企业估值与交易谈判、整合计划的制订与执行是目前中国企业跨国并购面临的主要问题。希腊历史学家希罗多德的名言"伟大的功绩通常建立在巨大的风险之上"也适用于并购这个话题。但问题是,太多的公司没有

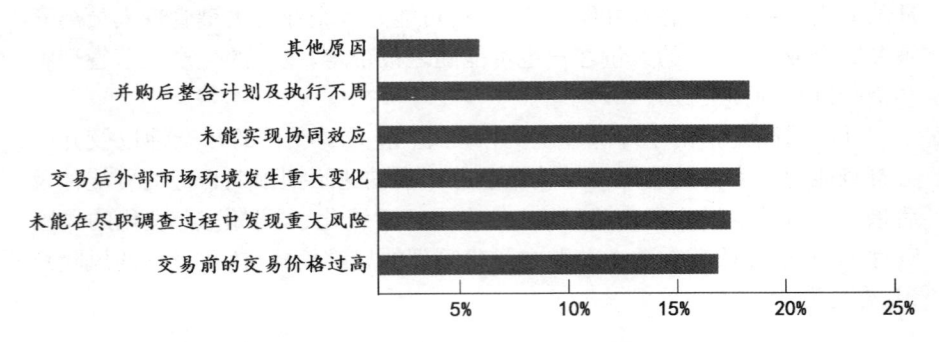

图 12—3　国内并购交易未达预期的原因(示例)

准备好应对并购中各类复杂的风险。[1]

资料链接 12—1　百度并购及整合 91 无线的风险分析

　　百度,全球最大的中文搜索引擎、最大的中文网站,现在广泛应用于日常的互联网生活,被列为"中国十大世界级品牌",成为中国最有价值的品牌之一,它是唯一以互联网形式存在的公司。91 无线诞生于 2007 年,以手机助手起步,于 2010 年 9 月成立了专注于无线互联网业务发展及扩充高科技的网龙企业。91 无线开发出了很多优秀的产品,为中国互联网和手机用户提供了很多便捷功能,成为中国最大的第三方应用分发平台之一。

　　从市场占有额角度看,百度稳坐中国互联网上的老大位置,一直是中国最大的 PC 流量入口,但在流量入口产品方面并没有取得应有的成绩,尚没有一款产品能在互联网上得到全面应用。可见,百度自身在无线入口市场上存在弱势,收购 91 无线之举将使百度在无线渠道市场方面取得很大的优势。

　　1. 过分强调战略意义加重并购的价值评估风险

　　从战略意义上来讲,目前移动互联网在国内获得了空前高速的增长。而在 PC 端获取流量霸主地位的百度在移动互联网上相比腾讯、阿里却优势不再。此次收购迅速弥补了百度在移动互联网上的生态布局,从外部环境来看,百度收购 91 无线具有极其重要的战略意义。

　　百度在并购 91 无线之前,除了考虑了 91 无线的优势资源和收购的战略意义外,还对 91 无线做出了评估定价,然后在评估价格的基础上进行协商谈判,最后百度成功用 19 亿美元拿下 91 无线。根据网龙 2013 年发布的第一季度财报显示,旗下 91 无线收入 1.44 亿元,环比增长42.0%,同比增长218.8%。如果能继续保持该增速,该年预计收入会在10.5亿元人民币左右。而百度此时市盈率21倍,如果再加上业绩对赌,对于迫切需要布局移动互联网的百度来说,从战略投资与财务投资并重的角度来看,似乎这笔买卖相当划算。然而,以上估算只能算是理想情况下的猜想。目前移动分发平台的竞争已经全面进入白热化和寡头竞争时代,91无线是否能够在市场竞争中继续保持高速增长仍是一个未知数。由于过分强调战略意义以及外部环境的影响,给百度并购91无线的定价评估带来了极大的高估值风险。

2.91无线的分散持股现象加大支付风险

在现代企业并购活动中,并购支付是并购交易的关键环节,关系到并购双方的切身利益。据网龙公布的相关数据,91无线并非其全资子公司。考虑到91无线分散的股权现象,显然现金支付是最适合的并购支付方式。然而,反观百度在并购前的2009~2012年,净收益一直呈上升态势,而且上升幅度比较大;再看百度收购91无线那年,百度净收益基本0增长,在支出大量增加和净利润却增幅不大的情况下,百度面临支付风险危机。使用现金支付来解决91无线分散持股的难题将给百度日后的战略收购和保持良好的现金流运营造成极大的风险。2013年的支出数据显示,百度面临着巨大的支出压力。

3. 企业体系的差异增加了资源和财务整合难度

对于百度而言,收购91无线的交易活动中存在的最大的不确定性是未来双方的整合风险。百度在媒体面前关于并购91无线后如何整合相关内容只字未提,相反,网龙方面却对被并购后的整合给出了想法。在并购之后的业务对接中,如何协调好各个业务成了难题。此外由于每个企业的财务资源、财务制度以及财务管理方式的差异,企业并购完成后必然会在财务管理上面临一些整合风险。并购是一个非常复杂的系统工程,既关系到并购业务本身,也联系着中介机构,参与并购活动的政府机关也应谨慎对待,否则,会产生直接或间接的财务风险,从而影响整个并购活动的成败。

4. 人力资源整合不利,引发企业动荡风险

并购活动的战略意义不仅在于获取目标企业的业务、关键技术或市场占有率,更重要的是要获得目标企业的高级技术人才和管理人才,人才是企业运转的"血液"。百度并购91无线之后,人力资源整合的首要风险就是该业务最高负责人的选择,能不能挽留住关键管理人员与技术员工,对百度并购具有重要意义。并购后权利再分配及并购后职

位的调整,必然会调整百度与 91 无线之前的职位和利益,这样可能会迫使一些员工尤其是高层管理人员和专业技术人员流失。顾客可能因为企业文化的变化、人员变动甚至是性质的变动而改变企业在顾客心中的形象,改变原有的信赖度和适应性,导致顾客流失,进而影响企业的营业额。

资料来源:张春梅. 企业并购及后续整合的风险管理研究——以百度并购 91 无线为例[J]. 现代商贸工业,2018,39(5):63—64.

12.2 并购风险类型

并购作为企业进行资本运作和经营的一种方式,在并购活动中必定会遇到各种风险(参见图 12—4)。企业并购后面临的风险包括经营整合风险、战略协同风险、文化协同风险、人力资源协同风险、业务协同风险、用户整合风险等。

并购风险并非一成不变,它总是在不断变化着。 尤其是随着市场不断细化,经营环境日趋复杂,并购企业或许面对新的市场和新的经营模式。这些全新的挑战是企业未曾接触过的,并且整合的风险更加复杂多样,并非简单的个别风险。企业如果未能准确识别整合中的风险并制定相应的对策,那么企业将会出现严重的并购失败的风险。

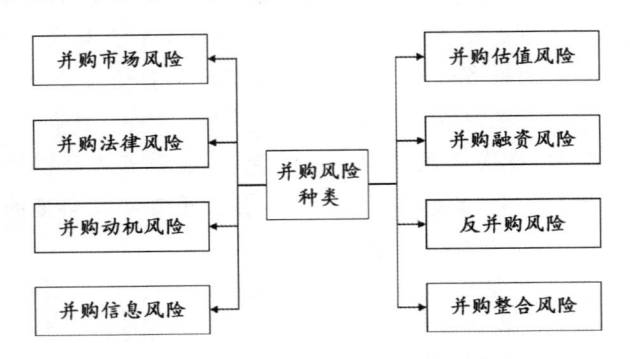

图 12—4 并购风险的主要类型

并购市场风险

市场风险是指由于资本市场的发育不完全,完全通过市场运作实现并购存在诸多阻碍因素的风险。市场风险主要来源于 3 个方面:市场需求的变化、竞争环境的变化、要素市场的变化。在进入一个行业之前,需要进行深入的调研,了解行业的发展前景和市场状况,对并购项目进行可行性研究。

企业进行并购,由于涉及目标公司资产或负债的全部或部分转移,需要对目标公司的资产、负债进行评估,但是由于评估部门的评估方法、评估参数和标准不同,会导致评估结果有一定的误差。

并购法律风险

企业并购受到法律的影响巨大。各国关于并购重组的法律法规的细则一般都会增加并购成本和并购难度,如果有关细则要求的程序较为复杂,则会造成收购成本上升。另外,一些企业在制订并购方案时违背法律规定,或操作失当、疏忽,与某些法律背道而驰,造成败诉,都会使企业深陷法律风险。

并购动机风险

在并购开始之前,企业应当充分明确自己的战略意图和企业所需要的资源,确定所需要的企业类型与其占有的销售渠道。只有充分了解本企业的优势和劣势以及企业所面临的机会和威胁,才能明晰并购的动机。然而,在一些并购案例中,管理者往往忽视战略上的考虑而盲目地选择目标公司,最终导致并购失败。

管理层为了让企业做大做强,具有天然的并购动机,为了获得并购成功,往往会选择支付较高的并购价格,对交易价格的敏感性较低。因此,企业的内部治理应该注重抑制管理层盲目并购,而非鼓励管理层的高价并购行为。例如,如果管理层的薪酬考核标准为利润总额,容易使管理层更加积极地并购,以求合并后财务报表绩效提高。但事实上,高价并购后,合并报表上留存大额的商誉。由于商誉本质上并没有反映企业的价值增值,其存在本身容易扭曲企业对管理层绩效的评估,很多企业高价并购后盈利水平反而下降,市场出现负面反应。[2]

并购信息风险

在并购过程中,并购方应当全面了解被并购公司的财务状况、销售渠道、技术能力以及发展潜力等方面。然而,在信息获取的过程中,被并购方基于自身情况的考虑不会将自己公司的状况完全公开,这样就造成了并购的盲目性。

信息不对称在并购案例中一直或多或少地存在着,由于并购双方企业不可能完全公布所有的信息,部分非公开信息不会在并购期间提供给并购方公司,导致并购方企业在并购估值的过程中对目标企业的内部状况不能完全了解,使其浪费的成本过多,甚至可能出现财务指标数据的较大误差,最终导致并购估值过高且对于收购目标企业需要付出过高的额外成本。除了信息不对称问题,财务数据以及相关情况说明存在虚假或刻意隐瞒真实数据现象时,也会影响最终的估值结果。

由于各个企业的财务报告或多或少存在粉饰情况,如何能够辨认并合理选择数据就成为并购方的难题。 对于被并购方来说,如果企业为抬高并购价格,粉饰其为经营状况良好、利润增长较快,那么并购方可能会因为这些非真实的数据而提高对目标企业的收购价格,从而导致并购方的并购成本增加、并购估值风险加大,以及并购后财务状况明显下滑和经营不善的情况发生,一旦虚假数据与真实数据差距较大,将会给并购方带来非常大的损失。

并购估值风险

在选择了并购的目标企业之后,就要对目标企业进行价值评估。然而,不同的评估方法和手段会产生不同的评估结果,即使选择了最优评估的方法,也会导致理论值与实际值的差异。况且大多数评估工具都有一定的假设前提,这样就造成了评估风险产生的必然性,在对目标企业进行价值评估的过程中,我们应当注意3点:一是评估方法的选择;二是评估风险的测定;三是估值数据信息的选择,必须保证前端数据的正确性,否则无法获得有效的估值结果。

并购融资风险

投资并购最为关键的是保持资金链的稳定。并购少不了要融资,并购的融资风险主要是指能否按时筹集到被并购企业所需的资金总额,并保证顺利到账,这与并购能否成功进行密切相关。通常情况下,融资风险主要包括以下3种:负债风险、资产风险、资本成本风险。

负债风险是指因并购活动而借入资金,给企业正常运行带来的风险。在确定要进行并购后,就要对目标企业进行估值来确定所需要的资金。当资金的需求量大于企业的存储量时,就要借入资金。这类资金可能是通过银行机构或投资机构借入,也可能是通过企业发行债券和可转换公司债券来筹集。负债的种类有很多种,在借入资金后要确定资金的偿还时间,这对企业的财务结构有很大的影响,确认的时间不同会导致财务结构的巨大变化。

资产风险是指以企业的财务报表来计算企业价值时,由于汇率和通胀的影响而使企业价值远远低于实际价值所带来的风险。进入21世纪后,伴随经济的高速发展,我国的通货膨胀也变得日益凸显。对于制造企业而言,由于固定资产的支出占了很大的比例,这些固定资产在购买时一般按照历史成本来记账,当通胀水平较高时,这种记账方法会给目标企业的价值评估带来很大的误差。

资本成本风险是指当企业借入大量的资本或资本成本较高时,内外部环境的变化给企业带来的风险。这类风险通常以某一时期的经营恶化为导火索,企业无力承担当期债务,只能挪用其他期间的资金,于是形成恶性循环,最终使企业陷入财务危机甚至破产。

反并购风险

如果企业并购演化成敌意并购,被并购方就会不惜代价设置障碍,从而增加企业并购的成本,甚至导致并购失败。在并购谈判过程中,如果被收购方不满意并购方的并购条款而拒绝被并购,但此时的并购方战略计划早已部署,并购方资金也已全部到位,这时通常会强行实施并购,也即所谓的敌意并购。此时并购方应当注意反并购的风险。

并购整合风险

如前所述,当签署并购协议后,企业将着手在约定的日期进行产权移交,很多企业认为并购工作"已经大功告成",实际上这只是并购工作的前奏而已,真正的任务难点在于并购双方的高效整合。企业则进入整合过程,将不可避免地遇到各种整合风险,诸如战略整合风险、管理整合风险和文化整合风险等。只有当企业突破一个个整合障碍,让目标企业与本企业有效实现协同效应,产生价值增值,才可以说此次并购达到了预期的目标。

资料链接 12—2　腾讯收购 supercell 的风险分析

　　supercell 是芬兰一家顶级的手机游戏开发公司,成立于2010年6月,专注于开发免费游戏,通过游戏中的小额支付赚取利润。目前,supercell 已经推出了 4 款经典手游，诸如《部落冲突》《海岛奇兵》《卡通农场》等，其中手游《皇室战争》的收入高达 10 亿美元。

2016 年 6 月 21 日，中国最大的社交网络线上娱乐公司腾讯发布公告，宣布以 86 亿美元的价格收购日本软银集团、supercell 核心高管及关键员工持有的共计 83.6% 的 supercell 公司的股权。总对价分 3 期支付：腾讯公司将于交割时向对方支付 41 亿美元，并于延迟收购价发布日支付另外的 43 亿美元，在交割 3 年后支付剩余的 2 亿美元。有报道指出，这是中国国内互联网公司迄今为止最大的一起跨国收购案，腾讯也通过此次收购变身为全球游戏巨头。此外，协议还约定，此次收购不影响 supercell 公司 6 名创始人的控制权，supercell 的管理团队仍保持一定程度的自主权与控制权。

此次跨国并购的风险主要包括：

1. 定价风险

对目标企业进行价值评估是企业在并购活动中的重要一环，估值过高、偏离实际，往往会对企业的后续经营造成重大的压力，因此要对目标企业进行合理的估价。并且目标企业为了获取最大的经济利益往往会抬高自己的身价，对被收购企业造成误导，进而产生损失，所以企业在收购活动中要额外重视这一财务风险。腾讯收购 supercell 的财务风险主要表现在两个方面：一是腾讯获得的关于 supercell 公司财务信息的真实性、可靠性存在风险。因为腾讯的总部在中国，supercell 的总部在芬兰，二者位于不同的国家，二者的会计制度、文化以及环境的差异巨大，而且在一定程度上，由于地理距离过远，可能不利于二者的沟通谈判，进而导致信息不对称。二是 supercell 公司收入的稳定性存在风险。虽然目前 supercell 公司表现出良好的经营业绩，推出的游戏也基本均为爆款，但作为游戏公司，市场的不确定性过大，一旦 supercell 不能够推出深受大众喜爱的游戏，其市值无疑会暴跌。

2. 融资风险

企业能否在短期内筹集到并购所需的大量资金，以及筹集这部分资金所选用的方式都是决定收购能否成功的关键因素，一旦处理不当，就有可能导致资金链断裂，从而产生极大的财务风险。腾讯收购 supercell 的融资风险也主要表现在两个方面：第一，在腾讯与 supercell 达成买方协议的时候，腾讯的买方集团并未组建，即腾讯当时并未筹备到足够的资金，而且据《华尔街日报》显示，腾讯先是敲定了 44 亿美元的银行贷款，而后去寻求高龄资本的合作，这些都表明腾讯在收购时并未形成买方集团,具有较大的风险;第二,腾讯先是为此项收购组建了财团公司 Haiti S. A. 进行交易,而后引入 AVICT(HK)、中信资本、信银(香港)投资等多家企业,这些投资者以 8.5 亿美元的总对价持有 Haiti S. A. 50% 的股份,出让剩余的 50% 进行融资,在邀请了如此众多投资者的风险下,融资风险也就应运而生,任何一个环节出现差错,都会产生不利的影响。

3. 支付风险

支付风险的产生往往是由企业所采取的不同的支付手段导致的,而且与融资方式息息相关。支付风险往往会引发后期的偿债风险,以及杠杆结构不合理、企业信用评级下降等风险。腾讯收购 supercell 过程中,其总对价主要分 3 期支付:腾讯公司将于交割时向对方支付 41 亿美元,并于延迟收购价发布日支付另外的 43 亿美元,在交割 3 年后支付剩余的 2 亿美元。其财务支付风险主要体现在两方面:一是汇率风险,因为对价不是一次支付,而且是用美元进行结算,所以很容易受到美元汇率波动的影响,并且涉及的款项巨大,轻微的汇率波动都可能产生巨大的不利影响;二是现金支付的风险,一开始就要支付 41 亿美元,金额巨大,一旦收购后经营状况不好,会造成无法偿还巨额债务的压力,影响企业资金的流动性。

4. 整合风险

收购交易的完成并不意味着收购活动的结束,后续整合出现问题也会给企业带来不利的影响。造成整合风险的一个主要原因是双方所处的经济环境不同,所以文化、准则都会存在差异,由此双方编制的财务报表在一定程度上也会产生差异,收益也有可能会与预期产生偏差。腾讯收购 supercell 也不例外,一个为中国公司,另一个为芬兰公司,二者同样面对由于国家、地域、政策、文化等各方面差异带来的后期整合风险。例如,并购之后 supercell 的高级人才是否愿意留下、二者的经营理念是否匹配,这些都是后期会面临的问题。

资料来源:刘俞宏. 企业跨国并购中的财务风险分析及防范——基于腾讯收购 supercell 的案例分析[J]. 中国商论,2019(16):85—87.

12.3 并购风险管理的价值

成功的并购需要有效的风险管理来保证,即使是不成功的并购,也需要并购风险管理来减小并购可能带来的损失。众所周知,全球性大企业几乎无一例外是经过多次企业并购与重组逐步发展起来的,并购给企业注入了新的活力。尽管并购风险不可避免,却是可以进行管理的,成功的并购风险管理能够有效地降低并购风险水平,实现预期并购目标和企业发展战略目标(参见图12—5)。

> 并购交易中,作为风险调控策略之一的业绩补偿制度实质上属于一种对赌协议,具有无可替代的功能。

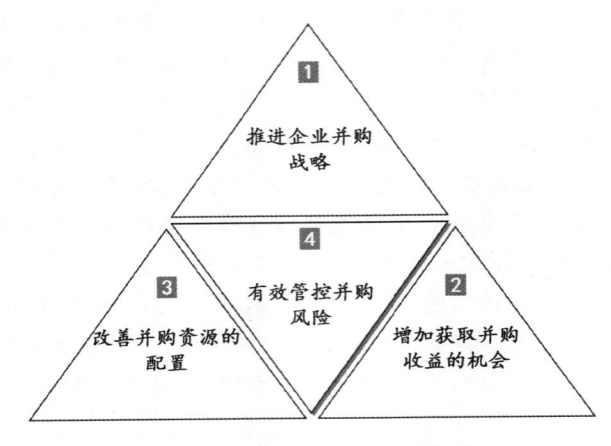

图 12—5 并购风险管理的价值

推进企业并购战略

在并购过程中,双方企业常常会遇到差异巨大的经营理念,甚至是具有冲突的理念,所以如何应对并购中出现的经营理念差异成为企业必须重视的并购环节。[3]制定和实施并购战略通常是企业谋求外部成长的关键经营行为。企业并购战略能否顺利推进,很大程度上取决于并购风险管理水平的高低。

> 并购双方企业的战略差异性越大,则面对的战略整合的风险就越大。

并购活动中充满多种多样的风险,因此从制定并购战略开始就必须做到充分了解可能的风险来源及性质,初步分析风险大小,预测风险发生的概率;到了实施并购战略阶段,就得面对具体的风险,选择相应的风险管理策略,做出风险管理决策,监督控制风险决策的执行。风险管理策略应服从于并购战略的需要,在并购进程中为并购战略的顺利推进起到保驾护航的作用。

增加获取并购收益的机会

风险最大的特征是会造成损失。并购风险是一种综合性风险,其破坏性很强,一旦集中爆发,将会给并购者造成巨大损失。对并购风险进行管理,就是要不断地深入了解风险的来源及其性质并衡量其大小,进而采取有效对策,实施防范和控制。显然,并购风险管理的过程就是一个不断减少风险损失的过程。此外,并购风险管理还能增加获取并购收益的机会。并购收益与并购风险相伴而生,在并购风险管理过程中只要灵活运用风险管理策略就能达到控制风险、发掘收益的目的,使并购价值凸显出来。

改善并购资源的配置

企业实施并购活动往往要耗费相当多的并购资源,这其中有较大比例是用于弥补并购风险损失的。企业并购风险种类繁多、复杂多变,破坏性不尽相同,因此并购者应根据风险的性质特征以及可能造成的损失大小,区分轻重缓急,合理组织并购资源以应对各类并购风险,使有限的并购资源配置趋于合理。基于并购风险的并购资源优化配置显然有助于提高并购效率。并购活动通常是一个复杂而漫长的过程,这个过程拖得越长,涉及的风险因素可能就会越多,这对并购者的整体并购策略是极为不利的。因此,通过并购资源的优化配置可以优化并购风险管理,尽可能地消除并购进程中的障碍,促使并购效率提高。

有效管控并购风险

"智者千虑,必有一失",并购者无法完全避免并购风险的发生,一旦并购风险爆发,其带来的后果就会很严重。并购风险的一个显著特征就是综合性,一旦局部风险爆发,往往会产生连锁反应,迅速蔓延并波及整个并购活动。

显然,及时有效地处理局部风险所产生的后果是相当必要和重要的,这也是并购风险管理的一个重要组成部分。为防止并购风险引发的连锁反应,并购者必须事前做到对可能的各类风险进行充分的识别和分析,制订合理有效的管理策略方案,即加强风险管理,尽可能地防范和控制风险。例如,在并购交易频繁的欧美国家,并购保险已成为较成熟的产品并得到投行、私募基金、并购律所的广泛认可,成为一种不可或缺的风险对冲工具。[4]

资料链接12—3　万达并购传奇影业风险防范

万达集团由商业、文化、网络科技、金融四大产业集团组成，2016年资产达到7 961亿元，营业收入为2 549.8亿元。万达文化产业集团是中国最大的文化企业，主要代表是万达院线（002739）。2015年1月，万达院线正式登陆A股市场，成为首家登陆A股的院线公司。传奇影业（Legendary Pictures）创建于2004年，是一家拥有电影、电视、数字影视和漫画的美国媒体公司，通过持有所有权或共同所有权，传奇影业建立了一个巨大的媒体属性库，并为自己树立了始终出品高质量产品并拥有许多世界上倍受欢迎IP的商业性娱乐公司的品牌。

1. 并购外部风险评估

（1）政治风险。不稳的政局和政策是带来政治风险的重要原因。美国对于海外并购的限制多在于"对美国国家安全造成威胁的系统和资产"，万达并购传奇影业并不属于该范畴，受到来自政府方面的阻碍较小。因此，在万达并购传奇影业整个过程中，政治风险发生的可能性很小。

（2）文化风险。就文化层面考虑，中国与美国对于文化的开放程度不同，美国观众对于电影内容的接受程度较大，而中国观众则相对保守，态度的不同会导致相同的影片可能在美国能够上映，而在中国却无法上映；此外，不同的文化差异造成了不同的文化偏好，如何跨越文化差异的鸿沟是万达并购传奇影业之后亟须考虑的一大问题。

（3）制度风险。美国电影市场实行的是电影分级制度，中国市场正处于刚起步的阶段，实行审查制，两种制度存在较大区别，导致双方主创人员在电影题材、拍摄手法及内容取材方面有所不同。在万达并购传奇影业之后的电影制作中，要在不失传奇影业风格的前提下保证影片安全过审，否则由于两国制度不同导致主创人员矛盾频发、合作破裂的风险将会大大增加。

2. 并购内部风险评估

（1）经营风险。自2009年起，万达院线市场份额连续8年位居全国第一；银幕数量方面，万达院线依托万达商业，同样位居全国第一。在万达收购传奇影业之前，在整个行业中处于优势地位，竞争力较强，经营状态良好。但从整体情况来说，受收购影响，未来的经营风险有上升的可能。

（2）人力资源管理风险。企业并购之后，其面对的人力资源风险核心问题是被并购企业员工尤其是知识型员工的整合。

(3) 财务风险。通过万达 2016 年各季度报表可发现,在并购传奇影业后,盈利能力及成长能力各项指标均出现了不同程度的下滑。

3. 并购风险的防范措施

(1) 了解东道国政治状况,提前做好必要的避险措施。首先,国际局势复杂多变,为此,企业在制订并购计划之前必须充分了解东道国政治情况,事先对东道国政治风险进行评估,并在企业内部建立海外投资预警机制,尽量选择政治局势较为明朗、社会稳定的国家或地区进行投资;其次,可在并购初期与东道国政府谈判,尽可能达成特许协议以降低因政治波动影响企业正常运营的概率;最后,多样化投资项目可分散因政治波动带来的投资风险。

(2) 进行市场调研。针对市场情况制定战略,采取符合东道国情感需求的营销方式。掌握一定的市场情况以及人文情况,根据调查结果制订战略计划能达到事半功倍的效果。企业跨国并购在一定程度上会给东道国人民带来一定的不安感,结合符合东道国受众感情需求的营销方式,可减轻并购给东道国人民带来的恐惧感,减少人民心中的排斥情绪,有利于并购后各项运营工作的开展。

(3) 积极了解东道国法律政策,培养跨国并购法律人才。中、美法律存在较大差别。种种差异使中国企业在海外并购困难重重,了解并熟悉东道国相关法律制度可以避免企业在并购过程中因法律差异导致的并购障碍。因此,为了更好地整合企业资源,建立企业自己的法务部门、培养本土跨国并购法律人才也是企业当务之急。

(4) 正确认识企业融合的困难,选择灵活多样的经营模式,揣度员工心理,注意知识型员工心理动态。面对矛盾,双方应该正确认识到融合的困难,以积极的态度相互磋商以解决问题,完善公司经营风险管理制度,合理控制经营风险,可尝试多种经营模式,增强企业灵活性,以免矛盾影响到合并后企业的运营。

资料来源:孟汉卿. 企业并购风险及其防范——以万达并购传奇影业为例[J]. 纳税,2019,13(23):183—184.

12.4 并购风险管控

针对不同阶段,建立风险识别、风险评估和风险应对机制,能有效管理风险,提高并购成功率。既然并购风险体现在并购的全过程中,因此风险管理应贯穿并购的全过程。风险管理的框架应体现在并购战略风险管理、目标评价风险管理、收购过程中的操作风险管理和并购整合风险管理等阶段。

> 并购风险管理是企业治理的重要工作,同时也是企业并购过程中的关键环节。

并购风险识别

在企业的并购活动中存在很多不确定因素,多种多样的风险因素存在于整个并购过程中,有的存在于并购前,有的存在于正在并购的企业中,还有的甚至存在于并购完成后的企业整合过程中。只有通过详细分析和评估企业并购风险,才能从风险来源、风险分布情况、风险对整个并购的影响大小入手,明确如何去应对和防范风险。

1. 识别并购风险因素

实践中,很多企业对并购风险认识不足,更多地从乐观角度去思考并购问题,认为没有必要建立风险管控团队和管控机制,通常也不会建立并购风险的防范机制。然而,客观上并购是一项风险性非常大的企业投资活动,风险一定会出现在并购的某些环节,当企业没有相应准备的时候,往往较小的并购风险也会给企业带来巨大的不利影响。依据作者多年主持和参与并购项目的经验,企业必须建立并购过程中的风险因素清单(参见表12-1)。不同的项目、不同的宏观环境、不同的企业,所遇到的并购风险是不同的,只有具备风险意识,才能更好地认识风险,优化风险识别的评价流程,对并购双方进行详细、科学的评估。

事实上,在并购的各个环节都需要明确并购阶段的关键风险要素,并在并购执行过程中按照风险报告流程中的决策程序,及时对风险做出应对措施,有效规避和利用风险,实现并购交易的成功。在影响并购成功的关键阶段——并购整合阶段,其风险要素同样具有多样性(参见表12-2)。有效规避表12-2中的风险,对整合成功、实现并购目标具有指导意义。

表 12—1　　　　　　　　并购全过程的关键风险因素(示例)

	关注事项	风险点	识别与评价	对策	实施	监督与评价
并购战略	公司整体发展战略	方向不明				
	行业发展规律为企业带来的机遇和挑战	增长缓慢				
	公司业务发展的阶段	高速扩张				
并购战略	竞争环境的分析	竞争激烈				
	公司扩张资源匹配能力(资金、人才、技术、管理、盈利能力等)	不足				
	国家政策的走向	不鼓励、限制				
	实现公司战略目标的模式	不清晰				
	现有业务单元的投资组合	失衡				
	基于期望的业务单元的ROE	低于期望值				
	收购后企业文化融合的风险	企业文化弱势				

表 12—2　　　　　　　　并购整合阶段风险要素

	关注事项	风险点	识别与评价	对策	实施	监督与评价
并购整合	战略的协同性	差异化				
	企业文化的相融性	不可融合				
	管理模式匹配性	不匹配				
	客户的稳定性	流失率大				
	技术资源匹配性	技术体系差异大				
	市场和服务的匹配	明显的差异化				
	人力资源稳定性	流失率高				
	整合管理的有效性	运转不畅				
	资产结构的合理性	债务负担重				
	盈利能力持续性	波动大、下降				

2. 建立风险分析报告机制

为了实现对并购全过程的风险管理,企业需要建立并购决策与执行机构,明确职责、规范决策程序,建立并购风险分析报告机制(参见图12-6),利用明确的职责分工与风险报告流程,强化风险管理意识,规范风险报告和决策流程。

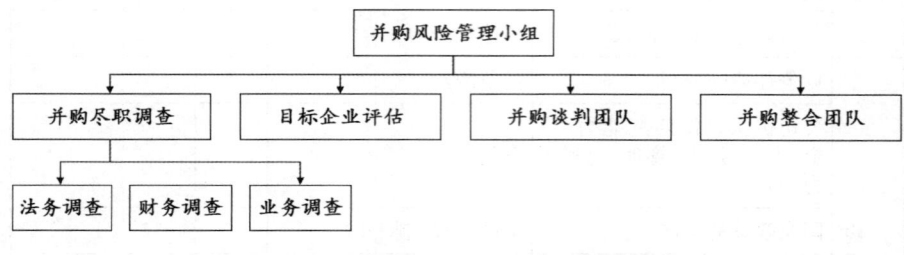

图12-6 并购风险分析报告机制(示例)

3. 构建风险模型

企业并购存在的风险复杂且广泛,仅仅通过团队会议或专家会议,难以明确地分析和评估众多风险因素的具体情况,因此需要构建风险模型,在一定程度上将企业并购中的不确定因素进行量化处理,让企业更清楚地认识到并购项目的风险水平,最终做出更好的决策。

并购风险评估

当需要评估的变量超过9个时,专家的主观评价就失去了意义,所设计的评估模型必须实现对各要素的结构化与有序化。[5]因此为了提高并购风险评估的有效性,需要借助风险模型,配合专家遴选出来的标准,细化各种风险。

1. 利用专家遴选出的风险评估标准

企业风险管控小组要充分利用内部和外部专家资源,基于并购企业双方的特点,对并购风险的评估标准进行清晰的界定,不仅要明确界定标准,还要通过数学或逻辑手段测算风险大小和发生条件。

2. 构建风险评估模型

对风险进行评估的模型有很多种,比如模糊综合评价法、德尔菲法(专家调查法)、层次分析法等。客观上来讲,企业必须对风险评估模型进行改进,契合企业的具体实际,确立各并购风险因子的等级评估标准和权重。

3. 输出风险评估结果

将企业并购风险相关数据和事实输入风险模型,得到不同风险的综合性结果,之后对最终结果进行排序,明确并购风险的重要程度,对其中比较重要的风险采取方法加以控制。

在企业并购活动中,评价并购中存在的重要风险,可以帮助企业在接下来的运作中更好地规避危险,更容易获得收益。因此,风险评价也是企业并购风险评估过程中不可或缺的一步。

并购风险防范

在进行风险防控措施的制定时,应基于具体的风险识别结果采取具体的措施,有针对性地应对风险,从而得到有效的防控效果。例如,企业在并购后要重视对双方业务的整合,使各方资源得到有效整合,包括用户数据、技术资源、先进的经营管理方式等。

1. 牢固树立并购风险防范意识

首先,确认并购过程中的风险,对企业并购的各个环节进行及时、准确的观察,如果在风险已经很严重时才发现,则化解风险将变得非常困难,管理成本也较高;其次,对并购活动要全面、深入地识别,并购风险产生于并购活动的各个环节,主要集中在目标企业的变化上,而且在并购的每个环节都会有不同程度的并购风险;最后,对并购活动进行连续、系统的分析。

总的来说,并购风险控制应该从并购开始之前就进行,并购前要制定好科学的总体战略规划,筛选出符合企业发展目标的企业。选择好目标企业后,要对其进行详细、科学的评估,评估该企业的财务、资产、技术等多方面的状况,及时发现潜在问题,做好应对策略。

2. 增强并购双方沟通、理解

并购企业和被并购企业在并购整合过程中要充分了解对方的信息和资料,相互信任和理解,只有在并购整合过程中做到知己知彼,才能保证并购整合工作顺利进行。但是在实际的并购中,双方企业都隐瞒自己的信息,使得"知己"和"知彼"存在矛盾。知己是指明确自己有没有足够的能力并购企业,知彼是指能详细掌握对方企业情况。但是在并购过程中,并购企业没有对自己的实际能力做出正确的判断,也没有充分了解和掌握对方企业的动态,到并购时才发现问题,为时已晚。并购整合中"知己"和"知彼"存在矛盾,不但会导致企业的经济效益下滑,还会降低企业的资源占有率。[6]

3. 建立风险防范机制

采取并购手段实施发展战略的企业,应当构建本书介绍的并购风险管理体系框架,规范风险报告流程,明确并购风险管理组织职责,对并购各阶段关键的风险事项予以充分关注,识别和评价风险可能产生的后果,制定相应的风险对策,有效化解或降低并购风险,这对于提高并购成功率具有积极的作用。

政府部门应加强企业并购过程中的信息披露与监督,引导并规范并购行为,为企业提供更为优质的融资平台,充分降低企业所面临的融资门槛,为企业并购提供更为有效的支撑。对并购过程中所能遇到的风险进行有效识别并评估,了解风险发生的概率及其造成的损失,结合并购双方的具体情况并对其他重要因素做分析,能对风险等级进行确定,以此为基础,依照"关键风险重点对待,一般风险不忽视"的原则,制定相应的风险防范措施及事后处理措施,以此来对并购全过程的风险进行防控(参见图12—7)。

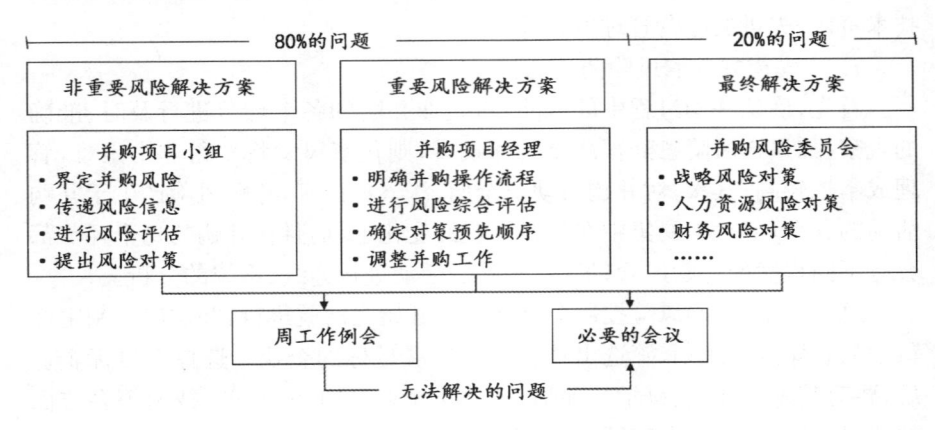

图12—7 并购风险过程防范(示例)

资料链接12—4 企业并购流程中的财务风险管理措施

随着全球经济一体化的深入,掀起了全球企业并购的浪潮,但是企业并购活动存在许多风险,其中最主要的就是财务风险。我国的企业并购活动相对于发达国家来说起步较晚,发展较为缓慢,并购市场的制度还不够完善。企业往往忽视了并购流程中出现的财务风险,导致许多交易不能达到预期的效果。在我国经济背景下,企业要加强识别和控制财务风险,提高企业并购的成功率。

1. 企业价值评估的财务风险管理

目标企业隐瞒或不主动披露企业经营信息是财务风险发生的一大原因。开展尽职调查是并购签约和决策前最重要的程序,能够最大限度地避免财务风险的发生。尽职调查主要是为了调查和求证并购的相关信息,在实际操作中需要签署相关的法律协议和聘请有经验的中介机构。目标企业的财务报表信息是进行企业价值评估最主要的资料来源之一,合理利用财务报表信息能够有效防范财务风险的发生。

企业在并购过程中使用的价值评估方法各有优、缺点。我国惯用的价值评估方法没有包括资产的时间增值与协同增值,导致主并购企业忽视了目标企业的价值提升空间和盈利的潜力。传统的企业价值评估方法难以估算协同价值,原因在于协同价值涉及的因素较多、过程较为复杂,且各个因素间又会相互影响,所以构建适合我国并购现状的评估方法能够实现企业整体价值的提升并发掘盈利潜力。

2. 融资与支付的财务风险管理

为了保证并购企业短期自有资金充足,首选的融资方式就是内部融资。在并购需要的资金较多时,可以选择合适的外部融资。在选择融资方式时,要根据自身实际情况,选择单一或组合的融资方式,同时并购企业的风险意识也是影响融资方式选择的一个重要因素。

单一的支付方式容易导致财务风险大大增加,采取灵活的支付方式,绕开现金支付的局限,不仅能够减轻企业的资金负担,而且能够规避一些潜在的债务风险。在并购活动中,如出现由于资金不足导致的财务风险,可以通过规划并购资金需求量、主动与债权人达成偿还债务协议的方式规避风险。

3. 后续整合的财务风险管理

为了防止企业在后续整合中出现财务风险,企业可以实时调整融资结构,降低短期偿债风险。企业通过并购的优势和信誉,减少短期贷款,增加长期资金融入项目,能够拓宽企业资金来源。企业还要增强资金使用效率,严格控制资金的使用,并且通过优化整合资产与负债,防止出现目标企业的资产利用率低和充斥不良资产的状况。只有创新整合组织机构与机制,才能使主并购企业经营策略与被并购企业的财务制度更好地融合在一起。科学地监督管理被并购企业的资产、负债和利润等情况,能够实现并购双方财务资源有效整合的目标。同时,委派财务主管行使主并购企业的财务权力,能够最直接有效地控制目标企业的财务运行。

由于企业并购是一项投资大、风险大的投资项目,其中财务风险尤其突出,且财务风险伴随着并购流程不断变动,因此,并购企业需要增强企业在并购过程中的财务风险意识,使主并购企业和目标并购企业实现双赢。

资料来源:谭金花.企业并购流程中的财务风险管理研究[J].企业改革与管理,2015(14):149.

注释:

[1]杰拉德·阿道夫,贾斯汀·佩蒂特,刘莉莉.并购的流程管理[J].中国民营科技与经济,2010(1):76—79.

[2]薛雨佳.企业并购中的估值与定价——以A公司为例[J].国际商务财会,2019(9):27—31.

[3]徐朝霞.对企业并购整合管理的思考[J].财会学习,2019(19):178—179.

[4]巩剑.并购风险与并购保险[J].中国保险,2019(9):49—53.

[5]顾晓安,陈钰颖.互联网企业并购的全流程风险识别与评估方法研究[J].电子商务,2019(8):59—61.

[6]张涵.探讨企业并购整合中的矛盾及其解决措施[J].中国集体经济,2016(6):45—46.

附录

附录1 并购项目尽职调查资料清单

序号	类别	主要内容
1	企业概况	1. 企业历史沿革、主要发展阶段； 2. 营业执照（正、副本）； 3. 企业章程、细则、内部管理条例； 4. 验资报告； 5. 股权结构的变化和资产重组情况； 6. 企业整体发展情况； 7. 对外投资情况； 8. 人力资源状况； 9. 董事、监事及高级管理人员的业绩和简历； 10. 高级管理人员和职工持股计划情况； 11. 其他。
2	组织架构	1. 企业组织管理架构； 2. 董事、监事和高级管理人员的名单及简历； 3. 董事会的构成，董事、高级管理人员和监事会成员在外兼职情况； 4. 企业股东结构、主要股东情况介绍； 5. 企业和主要股东业务往来情况； 6. 企业主要股东对企业业务发展有哪些支持； 7. 下属企业的有关资料； 8. 控股子企业的有关资料； 9. 其他。
3	供应链	1. 企业在业务中所需的原材料种类及其他辅料； 2. 原材料主要供应商的情况； 3. 各供应商所提供的原材料在企业总采购中所占的比例； 4. 企业主要外协厂商名单及基本情况； 5. 企业进口原材料的比重、国家对进口该原材料有无政策上的限制； 6. 企业与原材料供应商交易的结算方式、有无信用交易； 7. 其他。

续表

序号	类别	主要内容
4	业务和产品	1. 企业所从事的主要业务及业务描述、各业务在整个业务收入中的重要性； 2. 主要业务所处行业的行业背景资料； 3. 主要业务增长情况； 4. 企业产品系列、产品零部件构成细分及明细； 5. 企业产品结构，分类介绍企业所生产主要产品情况及其供求状况； 6. 企业是否有专利产品、有哪些保护措施； 7. 企业产品使用何种商标进行销售； 8. 企业产品所获得的主要奖励和荣誉称号； 9. 占公司总业务80%的子公司或部门名单； 10. 公司主要产品的发展方向。
5	营销销售	1. 企业产品国内外销售市场开拓及销售网络； 2. 企业主要客户情况； 3. 企业产品主要销售地域、销售管理及销售网络； 4. 企业是否有长期固定价格销售合同； 5. 企业扩大销售的主要措施和营销手段； 6. 营销机构、销售队伍与销售半径、主要销售商的清单； 7. 销售人员的地域分布及人数、素质及培训、销售市场及客户； 8. 企业营销策略情况； 9. 主要竞争对手情况； 10. 企业是否拥有进出口权； 11. 其他。
6	研究开发	1. 重要专利、专利申请、商标、服务商标、商号、品牌及版权清单； 2. 企业技术开发人员的结构、工程师和主要技术开发人员的简历； 3. 与企业合作的主要研发机构名单及合作开发情况、合作单位主要情况介绍； 4. 拥有的技术诀窍； 5. 企业每年投入的研发费用及占企业营业收入比例； 6. 企业目前正在研发的新技术及新产品有哪些； 7. 企业新产品的开发周期； 8. 未来计划研发的新技术和新产品； 9. 知识产权转让或许可协议； 10. 所有研发协议和咨询协议。

续表

序号	类别	主要内容
7	固定资产	1. 土地使用权和房产产权清单; 2. 划拨土地的划拨文件和国有土地使用证; 3. 企业主要固定资产的构成情况; 4. 企业主要在建工程情况; 5. 租赁的土地、房产清单; 6. 土地、房产租赁协议及其登记证明; 7. 租赁土地的土地使用证; 8. 其他。
8	财务报表	1. 历史财务报表; 2. 最近的审计报告; 3. 最近的评估报告; 4. 或有债务说明; 5. 租赁资产说明; 6. 公司业务计划(未来3~5年); 7. 损益表预测; 8. 现金流量表预测; 9. 资产负债表预测; 10. 企业执行的各种税率情况。
9	债权、债务	1. 贷款协议、债券及其他债务契据和借款安排; 2. 分期付款、融资租赁文件; 3. 债务担保和保证协议或履约保证; 4. 企业主要有哪些债权、该债权形成的原因; 5. 企业主要的银行贷款; 6. 企业对主要股东和其他企业及企业的借款进行担保及抵押情况; 7. 其他。
10	项目投资	1. 募集资金投资项目的主要情况; 2. 投资项目的技术含量、技术先进程度、未来市场发展前景; 3. 企业主要投资项目情况; 4. 其他。

续表

序号	类别	主要内容
11	企业税务	1. "税务登记证"； 2. 与政府税务部门之间的所有报告、备案材料、报税表及其他函件； 3. 税收优惠和减免； 4. 有关的所有会计师函件和分析； 5. 税务会计审查的报告； 6. 其他。
12	法律诉讼	1. 重要诉讼、仲裁、索赔、行政诉讼或政府机构的调查或质询； 2. 重要股东的涉诉情况； 3. 高管人员的涉诉情况； 4. 与专利、商标或版权侵权行为有关的函件； 5. 其他。
13	环境保护	1. 环境影响评价报告； 2. 环保部门下达的惩罚、奖励等文件； 3. 相关的环保监管法律、法规、政策、条例和行政规定； 4. 其他。
14	技术工艺	1. 企业技术和生产工艺情况； 2. 企业主要的经营优势、管理优势、竞争优势、市场优势和技术优势； 3. 其他。

附录2 股权投资尽职调查的十大要诀

一套简洁而有效的投资要诀显得非常有必要。股权投资尽职调查需对目标企业的10个方面及55个子项进行考察、分析、判断,最后得出专业的投资意见。

序号	类别	主要内容
1	看准1个管理团队	富有激情、和善诚信、专业敬业、善于学习。
2	发掘2个优势	(1)优势行业:优势行业是指具有广阔发展前景、拥有国际政策支持、市场成长空间巨大的行业。 (2)优势企业:优势企业是指在行业中具有核心竞争力的企业。 (3)在优势行业发掘中,寻找优势企业。
3	弄清3种模式	(1)业务模式:业务模式是指企业提供什么产品或服务、业务流程如何,包括业务逻辑是否可行、技术是否可行、是否符合消费者心理和使用习惯等,企业的人力、资金、资源是否足以支持。 (2)盈利模式:盈利模式是指企业如何挣钱、通过什么手段或环节挣钱。 (3)营销模式:营销模式是指企业如何推广自己的产品或服务,及其销售渠道、销售激励机制等。
4	查看4个指标	(1)营业收入。 (2)营业利润:PE投资非常看重盈利能力和成长性。 (3)净利率:即销售利润率,表达了一个企业的盈利能力和抗风险能力。 (4)增长率:可以迅速降低投资成本,让投资人获取更高的投资回报。
5	厘清5个结构	(1)股权结构:主次分明且合理。 (2)高管结构:结构合理,优势互补,团结协作。 (3)业务结构:主营业务突出,不断研发新产品。 (4)客户结构:既不太分散也不太集中,客户有实力。 (5)供应商结构:既不太分散也不太集中,质量有保证。
6	考察6个层面	(1)历史合规:企业历史沿革合法合规,在注册资金、股权变更等方面无重大历史瑕疵。 (2)财务规范:财务制度健全,会计标准合规,坚持公正审计。 (3)依法纳税:在照章纳税方面不存在任何问题。 (4)产权清晰:企业产权清晰、到位(含专利、商标、房产等),不存在纠纷。 (5)劳动合规:严格执行劳动法规。 (6)环保合规:企业生产经营符合环保要求,不存在搬迁、处罚等隐患。

续表

序号	类别	主要内容
7	落实7个关注	(1)制度汇编:查看企业的制度汇编,可以迅速了解企业管理的规范程度。 (2)例会制度:询问企业的例会情况(含总经理周例会、董事会例会、股东会例会),能够了解规范管理情况,也能了解企业高管对股东是否尊重。 (3)企业文化:通过了解企业的文化建设,能知道企业是否具有凝聚力和亲和力、是否具备长远发展的可能。 (4)战略规划:了解企业的战略规划情况,可以知道企业的发展有无目标,查看其目标是否符合行业经济发展的实际方向。 (5)人力资源:了解企业的员工培训计划、激励计划及使用办法,可以了解企业是否能充分调动全体员工发展业务的积极性和能动性,考察企业的综合竞争力。 (6)公共关系:了解企业的公共关系策略和状况,可以知道企业是否注重企业形象和品牌、是否具备社会公民意识、是否具有社会责任意识。 (7)激励机制:一个优秀的现代企业应该有一个激励员工、提升团队的机制或计划,否则企业难以持续做大、做强。
8	分析8个数据	(1)总资产周转率:反映资产总额的周转速度,周转越快,反映销售能力越强。 (2)资产负债率:反映总资产中有多大比例是通过借债来筹资的,也可以衡量企业在清算时保护债权人利益的程度。 (3)流动比率:反映企业的短期偿债能力,流动资产越多,流动负债越少,则短期偿债能力越强。 (4)应收账款周转率:反映企业取得应收账款的权利到收回款项、转换为现金所需要的时间。 (5)销售毛利率:表示每一元销售收入扣除销售产品或商品成本后,有多少钱可以用于各期间费用和形成利润,是企业销售净利率的最初基础。 (6)净值报酬率:反映股东权益的收益水平。 (7)经营活动净现金流:是企业在一个会计期间(年度或月份,通常指年度)经营活动产生的现金流入与经营活动产生的现金流出的差额。 (8)市场占有率:是企业在市场上所占有的百分比,是企业的产品在市场上所占份额,也即企业对市场的控制能力。

续表

序号	类别	主要内容
9	走好9个程序	(1)收集资料:通过多种形式收集企业资料。 (2)高管面谈:是PE投资的一个初步环节,也是非常重要的环节。 (3)企业考察:对企业的经营、研发、生产、管理、资源等进行实地考察。 (4)竞争调查:梳理清楚该市场中的竞争格局、对手的情况。 (5)供应商走访:了解企业的采购量、信誉,可以帮助判断企业声誉、真实产量和受欢迎程度,了解企业真实销售情况,了解竞争企业情况。 (6)客户走访:了解客户评价、客户自身的档次,有助于判断企业的市场地位、市场需求的潜力和可持续程度。 (7)协会走访:了解企业的行业地位和声誉,了解行业发展态势。 (8)政府走访:了解企业的行业地位和声誉,了解政府对企业所处行业的支持力度。 (9)券商咨询:针对上市可行性和上市时间问题,咨询券商对判断企业成熟度有重要作用。
10	报告10个内容	(1)企业历史沿革。 (2)企业产品与技术。 (3)行业分析。 (4)优势与劣势。 (5)战略发展规划。 (6)股权结构。 (7)高管结构。 (8)财务分析。 (9)融资计划。 (10)投资意见。

资料来源:聚将财经. 股权投资尽职调查的十大要诀[OL]. 2019-4-16. http://www.sohu.com/a/308316794_120065009.

附录3　测试：你是否适合并购谈判？

1. 你认为并购谈判（　　）。
   A. 是一种意志的较量，谈判双方一定有输有赢
   B. 是一种立场的坚持，谁坚持到底，谁就获利多
   C. 是一种妥协的过程，双方各让一步一定会海阔天空
   D. 双方的关系重于利益，只要双方关系友好，必然带来理想的谈判结果
   E. 是双方妥协和利益得以实现的过程，以客观标准达成协议可得到双赢结果

2. 在签订合同前，对方谈判代表说合作条件很苛刻，按此条件自己无权做主，还要报上司批准。此时你应该（　　）。
   A. 指责对方谈判代表：既然无权做主，就应该早声明，以免浪费这么多时间
   B. 询问对方上司批准合同的可能性，在最后决策者拍板前要留有让步余地
   C. 提出要见决策者，重新安排谈判
   D. 与对方谈判代表先签订合作意向书，取得初步的谈判成果
   E. 进一步给出让步，以达到对方谈判代表有权做主的条件

3. 为得到更多的让步，或是为了掌握更多的信息，对方提出一些假设性的需求或问题，目的在于摸清底牌。此时你应该（　　）。
   A. 按照对方假设性的需求和问题诚实回答
   B. 对于各种假设性的需求和问题不予理会
   C. 指出对方的需求和问题不真实
   D. 了解对方的真实需求和问题，有针对性地给予同样的假设性答复
   E. 窥视对方真正的需求和兴趣，不要给予清晰的答案，并可将计就计促成交易

4. 对方谈判代表提出几家竞争对手的情况向你施压，说你的价格太高，要求你给出更多的让步，你应该（　　）。
   A. 更多地了解竞争状况，坚持原有的合作条件，不要轻易做出让步
   B. 强调自己的价格是最合理的
   C. 为了争取合作，以对方提出的竞争对手最优惠的价格条件成交
   D. 问对方：既然竞争对手的价格如此优惠，你为什么不与他们合作

E. 提出竞争事实,说对方提出的竞争对手情况不真实

5. 当对方提出如果这次谈判你能给予优惠条件,保证下次给你更大的生意时,你应该(　　)。

　　A. 按对方的合作要求给予适当的优惠条件

　　B. 为了双方的长期合作以得到未来更大的生意,按照对方要求的优惠条件成交

　　C. 了解买主的品格,不要以"未来的承诺"来牺牲"现在的利益",可以其人之道还治其人之身

　　D. 要求对方将下次生意的具体情况进行说明,以确定是否给予对方优惠条件

　　E. 坚持原有的合作条件,对对方所提出的下次合作不予理会

6. 对方有诚意购买你整体方案的产品(服务),但苦于财力不足,不能完整成交,此时你应该(　　)。

　　A. 要对方购买部分产品(服务),能成交多少算多少

　　B. 指出如果不能购买整体方案的产品(服务),就以后再谈

　　C. 要求对方借钱购买整体方案的产品(服务)

　　D. 如果有可能,协助贷款,或改变整体方案,改变方案时要注意相应条件的调整

　　E. 先把整体方案的产品(服务)卖给对方,对方有多少钱先给多少钱,所欠之钱以后再说

7. 对方在达成协议前,将许多附加条件依次提出,要求得到你更大的让步,此时你应该(　　)。

　　A. 强调你已经做出的让步,强调"双赢",尽快促成交易

　　B. 对对方提出的附加条件不予考虑,坚持原有的合作条件

　　C. 针锋相对,对对方提出的附加条件提出相应的附加条件

　　D. 不与这种"得寸进尺"的谈判对手合作

　　E. 运用推销证明的方法,将已有的合作伙伴情况介绍给对方

8. 在谈判过程中,对方总是改变自己的方案、观点、条件,使谈判无休无止地拖下去,此时你应该(　　)。

　　A. 以其人之道还治其人之身,用同样的方法与对方周旋

　　B. 设法弄清楚对方的期限要求,提出己方的最后期限

　　C. 节省自己的时间和精力,不与这种谈判对象合作

　　D. 采用休会策略,等对方真正有需求时再和对方谈判

　　E. 采用"价格陷阱"策略,说明如果现在不成交,以后将会涨价

9. 在谈判中双方因某一个问题陷入僵局,有可能是各自过分坚持立场之故,此时你应该(   )。

A. 跳出僵局,用让步的方法满足对方的条件

B. 放弃立场,强调双方的共同利益

C. 坚持立场,要想获得更多的利益,就得坚持原有谈判条件不变

D. 采用先休会的方法,会后转换思考角度,并提出多种选择策略以打破僵局

E. 采用更换谈判人员的方法,重新开始谈判

10. 对方威胁,除非你满足对方的条件,否则对方将转向其他的合作伙伴,并与你断绝一切生意往来,此时你应该(   )。

A. 从立场中脱离出来,强调共同利益,要求平等机会,不要被威胁吓倒而做出不情愿的让步

B. 以牙还牙,不合作拉倒,去寻找新的合作伙伴

C. 给出可供选择的多种方案以达到合作的目的

D. 摆事实、讲道理,同时也给出合作的目的

E. 通过有影响力的第三者进行调停,赢得合理的条件

答案及解释

1. A:2 分   B:3 分   C:7 分   D:6 分   E:10 分
2. A:2 分   B:10 分   C:7 分   D:6 分   E:5 分
3. A:4 分   B:3 分   C:6 分   D:7 分   E:10 分
4. A:10 分   B:6 分   C:5 分   D:2 分   E:8 分
5. A:4 分   B:2 分   C:10 分   D:6 分   E:5 分
6. A:6 分   B:2 分   C:6 分   D:10 分   E:3 分
7. A:10 分   B:4 分   C:8 分   D:2 分   E:7 分
8. A:4 分   B:10 分   C:3 分   D:6 分   E:7 分
9. A:4 分   B:6 分   C:2 分   D:10 分   E:7 分
10. A:10 分 B:2 分   C:6 分   D:6 分   E:7 分

如果您得了:

95 分以上:谈判专家。

90~95 分:谈判高手。

80~89 分:有一定的谈判能力。

70~79 分:具有一定的谈判潜质。

70 分以下:谈判能力不合格,需要继续努力。

附录4 世界各国商务谈判的特点和对策

随着中国经济社会的发展和对外开放的扩大,跨文化的商务谈判越来越多,企业必须做好跨文化商务谈判。首先,要解决语言不同带来的障碍和问题;其次,要了解当地的法律法规,在谈判、合同协议的起草和签署等过程中遵守当地的法律法规,确保谈判各方的合法权益;再次,要了解当地的风土人情和风俗习惯,在谈判过程及社交活动中尊重当地的文化习俗;最后,要了解不同地区的谈判风格,针对不同的谈判风格采取不同的策略,以确保谈判的成功。

1. 德国人的谈判特点和对策

在对德国人进行演讲、与德国人进行谈判时应当注意,德国是一个注重理性的国家。德国人做任何事情都一丝不苟、细心谨慎,他们会把每一个细节、每一步计划都设计得十分周密,并且一步一步地去完成。

德国人的谈判方式显得很特别,他们的准备工作往往做得十分充分,一切都尽量达到完美无缺。这与他们的民族性格是相符的。德国人不喜欢含糊其词、躲躲闪闪。如果他们希望达成这笔交易,就会明确表示自己的意愿,愿意通过谈判来取得合作。在此过程中,对于如何交易、谈判的实质问题和中心议题,以及要达到一个什么样的目标,德国人都会加以详细考虑,并拟出一份完备的计划表,在谈判过程中会按照这份计划表一步步地去实施。

德国人在谈判中比较固执己见,不喜欢让步。例如,如果德国人在谈判中已经提出了产品的价格,那么这个价格往往难以改变,因为德国人是经过深思熟虑才提出的,他们会极力坚持自己的意见,你要想讨价还价会很难。

与德国人打交道,要做好打一场攻坚战的思想准备。在实际的谈判过程中,最好在谈判的实质问题上先行一步,比如产品价格,抢在德国人之前给出自己的目标价格,并表明立场,这也可算是对德国人的一种试探。

德国人比较聪明,一旦进入实质性谈判,他们善于占据主动,并按自己的意愿把谈判引入最终阶段。

2. 北欧人的谈判特点和对策

与北欧人进行谈判时应当注意,北欧人在谈判中一般都显得比较随和、平静,他们在谈判中不易激动,常常沉默寡言,在不该谈论的时候绝不主动表述自己的意见。他们讲话大多慢条斯理,并且有条不紊。

北欧人这种谈判方式的优点是,不易被对方窥探到秘密,在接下去的谈判中可以把自己的立场慢慢展示出来。其缺点是，如果所面对的是咄咄逼人的对手，就比较容易被对方压制，不利于提出谈判筹码，也不利于展开自己的观点。不过，北欧人在谈判桌上一般不玩花样，他们的态度通常比较坦率且客观公正。他们会向你表明他们对这场谈判的立场和态度以及其他相关情况，以此显示他们的诚意。

在谈判进行过程中，如果出现一些障碍，北欧人不是绕开它，而是提出一些建设性意见，做出一些有益的努力，使谈判的气氛重新开始好转。同时，北欧人通常也不会去威胁对方，他们往往会提出许多建议性的意见以供参考。他们不像法国人那样固执己见、斤斤计较，也不像美国人那样气势汹汹，总想为自己赚取更大的利益。

所以，当我们与北欧人谈判时，最好是投桃报李、以诚相待，不要过于死板，也不必拘泥于某一问题而拖延谈判，使得谈判陷入僵局。对北欧人应该采取灵活而有效的措施，积极寻找达成协议的最佳途径。因为对方是值得信赖的，所以我们就应充满信心地把事情谈好。

3. 美国人的谈判特点和对策

与美国人进行谈判时，应当先充分了解美国人的特点。在第二次世界大战之后，美国成为超级大国，一些美国人也把这种气势带到了谈判桌上。他们往往对对方不屑一顾，好像他们就是天生的主人。谈判本来就是双方的事情，必须互相尊重、理解，但是伴随着美国人而来的往往是施压、恐吓、不尊重、警告等强硬态度。这不但令亚洲人反感和不能接受，甚至连欧洲人也皱眉，表示不可理喻。

一位评论家曾这样批评一些美国人的谈判方式："美国总统的顾问们说话颇有火药味。他们就像炸弹一样容易爆炸，却根本不具有谈判的知识；往往还没弄清谈判的实质问题，就对谈判中大家应遵守的原则不屑一顾。同时，他们却还信心十足地奔波于各种谈判桌前。"

由此可见，一些美国人相对更崇拜力量，并且坚信他们的这套思维方式可以通行全世界、在世界的各个角落都会产生影响；认为只有自己的决定才是正确的，根本不愿去听对方的陈述。因此，他们往往使得谈判气氛紧张、难以进行。

与一些美国人谈判通常是极不愉快的事情，因为你不得不耐心地去听他们的强词夺理，你也不得不忍受他们的蛮横无理。由于这份合同是你需要的，即使场面无法忍受，你也必须忍受，因为你要赚他们的钱，不管怎样，先赚了再说吧！

与一些美国人打交道，首先要有充分的思想准备，最好是宽怀大度、机敏果断、以柔克刚。

一些美国人谈判喜欢用"不"字,这样的事常常发生在当他犹豫不决之时。他不喜欢说"等等,让我想想",而是干脆用"不"字加以拒绝。这些人所表现出的最明显特征是虚张声势和强硬态度。

一些美国人喜欢夸张,他们总是自高自大、自以为是。所以,他们的话不可全信,一切问题要在拥有真凭实据之后才能做出判断。

一些美国人的强硬手段往往令人发笑,他们显得毫无风度可言。一群"山姆大叔"一面猛捶桌子,一面大吼大叫,滔滔不绝地陈述自己的优势——产品性能如何可靠、价格如何优惠等。当然,性能可靠仅仅是以他们自己的观点来看的,价格优惠与否也是可以比较的。如果这些手段不能奏效,那么就对簿公堂、通知谈判破裂、发出最后通牒,这些都是他们的惯用做法。

美国人的谈判之所以常常出现这种情况,与一些美国人的性格特点有关。美国人的个人主义情绪十分浓厚,一些人一切以自我为中心。这种意识上的自我中心论,在行动上体现出来就是喜欢利用他人的成果来达到自己的目的。别人在他们眼里可能无足轻重,他们也不顾及别人的自尊心。如果有谁在竞争中失败了,美国人会认为是对方表现得不够好,他们会认为对方应该重整旗鼓,以期在下一轮的竞争中反败为胜。

4. 日本人的谈判特点和对策

与日本人进行谈判时,应当注意到日本人非常注重团结协助和团队精神。但是,就其个人能力来说,不是很强,特别是个人的语言能力。我们知道,谈判中相当重要的能力是语言能力,掌握好了语言技巧,就几乎等于成功了一半。而有些日本人说话枯燥、没有内容,听起来十分乏味。

一些日本人不擅长交际,其交际大多是在亲朋好友之间进行的,交际圈子也十分狭小,这是造成日本人语言能力差的一个主要原因。

日本社会里处处充满了集体主义,几乎一做事就是团体行动。在团体的配合上,日本人显得很默契,也做得非常成功。他们即使个人能力并不十分突出,甚至不能独当一面,但只要能与团体很好地配合,也往往会受到领导的重视,甚至被委以重任。日本是一个很重视配合的国家,这种观念也根植于日本人的脑海里,成为他们为人处事的一大准则。

在日本,人们并不十分强调个人的卓越能力,即使强调,也主要强调与团体的配合能力,而不是单打独斗的能力。因此,日本人一旦有事,首先想到的也是要借助团体。日本的各类团体遍布全国,形成一张张大大小小的网。有人说,日本人就生活在"网"里,受"网"的束缚,也得到"网"的保护。

通常来说,对于日本人互相配合的办事能力和办事效率是不可低估的。

但是,如果把日本人与组织分开,他们就会像离开了母亲的小孩一样感到茫然无措。在一对一的谈判或竞争中,失败的往往是日本人。因此,对日本人的谈判团体应当多采取分化瓦解的策略和手段。

与一些日本人谋事,切不要轻信他们做出的承诺,因为一些日本人的承诺是相当随便的,也不考虑后果。很寻常的例子就是,当你同日本人谈判,向他就双方之间的一些问题提出要求或做出承诺时,他会满口答应:"好的,好的,我们一定加倍努力。"他也可能会说:"请放心,我一定会办得非常出色,您尽可放心。"而事实上,当你离开之后,他可能根本不考虑去做。

一些日本人"开空头支票"相当大方,但在实际兑现时往往会令人大失所望。当你以为日本人的这些承诺必将兑现,因而过后询问相关事宜时,你极可能得到这样的反问:"我这样说过吗?"

5. 阿拉伯人的谈判特点和对策

与阿拉伯人进行谈判时应当了解,阿拉伯人主要生活在沙漠之中,喜欢结成紧密稳定的群体,其性格豪爽粗犷,待人热情。遇到能谈得投机的人,他们会很快把你视为朋友。阿拉伯人一般好客而不拘泥,最好是能和他们打成一片。

阿拉伯人的时间观念不是很强,他们不像欧洲人那样有精确的时间表、每一分钟都有自己该干的事情。他们做事通常随性决定,有时热情得令你不知所措,有时又会冷漠得令你无地自容。

在阿拉伯人的眼里,最为重要的是名誉和忠诚。他们认为,一个人名誉的好坏是人生的一件大事,名誉差的人无论走到哪里都会受人鄙视、遭人白眼;并且,一旦名声败坏,要想补救,就势必付出巨大的代价。因此,与阿拉伯人打交道一定不要干出格的事情,要赢得他们的信任,这样等于为你的谈判开了绿灯。

在谈判的开始阶段给阿拉伯人留下良好的印象十分重要,这是制造良好气氛的开端,有助于使谈判气氛更加融洽。也许这要花很多时间、费很大精力,但是,"磨刀不误砍柴工",有了良好的开端,接下来就会顺利得多。

谈判者可以在制造良好气氛、获取阿拉伯人信任的阶段,进行一些试探性的提问,看看双方达成协议的可能性有多大。当然这种提问要非常艺术,不能显得太露骨,否则会得不偿失。经过一段时间的努力,双方增进了了解、融洽了感情,在不知不觉中一笔生意也就做成了。

与阿拉伯人打交道,必须要有谈判会被随时打断的心理准备。许多外国谈判者都对阿拉伯人的这一特点感到沮丧,但又无可奈何,只好去重新创造机会。不过,对这一点也不必过于担心,阿拉伯人的情绪是很容易点燃的,要衔接刚才的谈判气氛也不会太费劲,毕竟谈判者在他们眼中是客人。

阿拉伯人信奉伊斯兰教,而伊斯兰教有很多规矩。因此,初次与阿拉伯人进行谈判的人必须特别注意,要尊重他们的信仰。

另外,最好不要对阿拉伯人的私生活表示好奇。尽管阿拉伯人热情好客,但因阿拉伯人所信仰的伊斯兰教规矩很严,他们的日常生活明显带有宗教色彩,稍有不慎,就会伤害他们的宗教感情。通常而言,这是一个话题的禁区。

6. 中国人的谈判特点和对策

中国有几千年的悠久历史和文化传统,受儒家文化熏陶和感染很深,因此中国人在谈判中也有自己独特的特点。

中国人善良好客,如果对其十分真诚,他们也将对你付以真诚,你把他们当成朋友,他们也会把你当成朋友。一般来说,只要你是善意的,即使做错了事,也很快能得到原谅,因为儒家文化讲究宽恕别人,认为人非圣贤,谁都难免犯错误,重要的在于及时认识到并加以改正。

中国人十分懂得尊重别人,因为中国人信奉一个道理——"尊重别人即尊重自己"。所以,谈判桌上他们一般不会盛气凌人、趾高气扬地采用威胁强制手段。他们更喜欢的是在亲切友好的气氛中把事情做好。

与中国人相处,你要懂得尊重他们的感情,尊重他们待人接物的方式。中国人一般都很谦虚、含蓄,因为儒家文化要求"内敛"。即使他们是某一方面的专家,也会在对方面前谦虚。当然,谦虚只是一种文化熏陶的结果,并不等于对这一领域不了解情况、没有自信。

了解了以上这些国家和地区的特点,我们就知道了,在对这些国家和地区的人进行演讲、与他们进行谈判时,哪些话能说、哪些话不能说、哪些话可以多说,而哪些地方又是话题的禁区,这对于我们发表演讲和进行谈判都是十分必要的。卡耐基先生也正是在这一点上多次向人们提出忠告,千万不可讲那些不合场合、使人难堪甚至伤人感情的话,否则,我们所进行的演讲和谈判就必然出现我们所不希望出现的效果,达不到我们所要达到的目的。

附录5　并购操作Q&A

Q1：我的公司是一家从事单一主营业务的公司，打算通过并购的方式进行多元化尝试，请问如何进行有效的并购？

A：任何并购都是围绕公司战略进行的，而公司并购战略的制定又是基于详细而科学的行业研究之上的。首先，根据公司战略，确定是实施相关多元化战略还是非相关多元化战略；其次，根据宏观环境分析和行业研究，确定进入哪些行业；最后，根据公司实际情况（外部资源、内部能力等）选择合适的并购对象，并精心组织、有效整合。

Q2：我的公司打算收购一家同行业的公司，但以前没有做过并购，请问如何组建并购团队并有效实施并购？

A：通常而言，并购团队隶属于公司投资部门或者业务发展部门，也可以临时组建跨部门团队，通常由业务、财务、法务等专业人员组成。在公司自身能力或精力有限的情况下，财务、法务尽职调查可以聘请外部中介机构（外包）来进行，但业务尽职调查最好是自己实施。

Q3：听说并购后的整合非常重要，请问在这个过程中有什么需要特别注意的问题吗？

A：是的，并购后的最初100天属于"蜜月期"，也称磨合期，这个阶段是否"幸福"，直接影响到并购后的整合效果乃至整个并购的成败。通用电气（GE）有一个著名的"整合100天"方法论，即在并购方案中，包含了双方正式签署并购协议或者并购交易交割完成后100天左右的时间内并购各方需要做的事情，具体包括并购方、被并购方、相关主管部门（政府、行业协会等）、主要供应商、主要客户的具体沟通内容，以及人员、业务、财务、IT系统的对接等。

Q4：我们是一家上市公司，最近和业内的另一家企业达成并购意向，但公司现金不是十分充裕，请问如何开展并购？

A：上市公司的并购支付方式除了现金支付以外，还可以采用股权（定向增发）支付的方式，即使在IPO（首发）暂停的情况下，再融资（定向增发）也是可以进行的。而且从理论上讲，上市公司并购同行业公司，只要市盈率（PE）不高于本公司，都是划算的。当然，具体并购价格和股权/现金比例还是要根据实际情况确定。本着"扶上马，送一程"的原则，让被并购公司的股东或经营层有一个逐步退出的过程。

Q5：尽管我们都知道，在并购前要对被并购企业进行深入而详尽的尽职调查,以挖掘被并购企业的潜在价值、揭示被并购企业的潜在风险,但很难面面俱到,请问如何规避被并购企业的或有风险?

A:被并购企业的或有风险通常包括合规风险(如劳动用工、环保风险等)、或有负债以及或有诉讼等。针对这些风险,可以通过下列财务手段或条款约定来尽量规避:测算合规所需要的金额,在并购价格中予以扣除或预提;或有负债以并购交易交割日为时间节点对双方的责任进行界定;或有诉讼可在条款里进行约定,甚至可以对被并购企业的实际控制人/大股东设置无限连带追偿责任条款。

Q6:我们公司看中了一家海外同业公司,双方也有并购的初步意向,请问如何提高跨国并购的成功率?

A:海外并购比国内并购的复杂程度更高,主要注意以下几点:(1)进行充分的行业研究,并初选几家备选企业;(2)选择合适的中介机构(律师事务所、会计师事务所、投行等);(3)设计优化的交易结构,做好资金安排;(4)精心组织并购团队,做好相关各方的沟通,如双方的董事会、政府主管部门(外汇管理局、商务部、证券交易所等)。

Q7:如何看待目前资本市场上比较流行的"PE＋上市公司"模式?

A:这是上市公司充分利用资本手段进行产业整合的有效工具,让PE根据公司战略,初步筛选并投资相关公司,能有效发挥PE机构的专业性,降低上市公司直接投资并购的风险。

Q8:能否详细讲一下并购尽职调查的细节?

A:对于尽职调查,我认为,细节反映成败(而非细节决定成败)。例如,我到一家公司去实地考察,老板为了表示重视,派出他自己的座驾——奔驰S600——到机场接我。

司机打开后备厢:"××总,请喝水。"我从他后备厢是否整洁就可以看出公司的5S管理做得如何,因为5S管理不仅针对生产车间,也针对职能部门的办公室区域(当然也包括汽车的后备厢)。

"××总,请入座!"——你基本可以判断他是否受过商务礼仪培训(因为汽车的座位位置是能体现尊卑的),进而能推断这家公司的培训体系是否完善。

一路上,我和司机闲聊:"小伙子很帅啊,80后吧?""是的!""以前干什么工作的?""当过兵!""怎么进公司的?""二叔是公司副总!"——你基本可以判断这家公司是用人唯亲还是任人唯贤。

"小伙子收入怎么样?"他一脸的自豪:"比别的公司高多了!"——你基本可以判断公司的薪酬体系,是处于市场的低位数、中位数还是高位数。

路牌限速 80 公里/小时，小伙子已经飙到了 120 公里/小时，你让他慢点，他回复："没事！交警队大队长是我同学！"——你基本可以判断这家公司是否有守法经营的习惯。

俩人一路谈笑风生，顺利到达公司，暂且按下不表。

到了公司，老板和一班高管早已在饭桌旁围坐，老板向你一一介绍 CEO、COO、CFO、CMO、CTO、CKO、CHO、CIO……这时，CMO（首席市场营销官）主动过来敬酒："××总，听说您也做过营销？我们公司的营销做得非常好……"你淡淡一笑，其实你已看过公司的财务报表：应收账款远高于行业平均水平！

于是，你就在各个高管之间东一榔头、西一棒槌地寒暄，其实你是在全面验证，尤其是验证财务报表数字的匹配度以及数字背后的原因。

这才是一份鲜活的尽职调查报告！